深圳律师实务丛书

撤销仲裁裁决

理由评析与实务延伸

组　编　深圳市律师协会商事仲裁法律专业委员会
主　编　贺树奎
副主编　曾超等　黄奕波

SETTING ASIDE ARBITRAL AWARDS
COMMENTARY AND PRACTICE

法律出版社
LAW PRESS · CHINA
北京

图书在版编目(CIP)数据

撤销仲裁裁决理由评析与实务延伸 / 深圳市律师协会商事仲裁法律专业委员会组编；贺树奎主编；曾超等，黄奕波副主编. -- 北京：法律出版社，2024
(深圳律师实务丛书)
ISBN 978-7-5197-9104-9

Ⅰ. ①撤… Ⅱ. ①深… ②贺… ③曾… ④黄… Ⅲ. ①仲裁裁决-案例-中国 Ⅳ. ①D925.705

中国国家版本馆 CIP 数据核字(2024)第 088721 号

撤销仲裁裁决理由评析与实务延伸
CHEXIAO ZHONGCAI CAIJUE LIYOU PINGXI YU SHIWU YANSHEN

深圳市律师协会商事仲裁法律专业委员会 组编
贺树奎 主编
曾超等 黄奕波 副主编

策划编辑 朱轶佳
责任编辑 朱轶佳 韩超群
装帧设计 鲍龙卉

出版发行	法律出版社	**开本**	710 毫米×1000 毫米 1/16
编辑统筹	司法实务出版分社	**印张**	28.25 **字数** 446 千
责任校对	王晓萍	**版本**	2024 年 8 月第 1 版
责任印制	胡晓雅	**印次**	2024 年 8 月第 1 次印刷
经　　销	新华书店	**印刷**	三河市龙大印装有限公司

地址：北京市丰台区莲花池西里 7 号(100073)
网址：www.lawpress.com.cn　　销售电话：010-83938349
投稿邮箱：info@lawpress.com.cn　　客服电话：010-83938350
举报盗版邮箱：jbwq@lawpress.com.cn　　咨询电话：010-63939796

书号：ISBN 978-7-5197-9104-9　　**定价**：106.00 元
凡购买本社图书，如有印装错误，我社负责退换。电话：010-83938349

深圳律师实务丛书
编 委 会

本书编委会

回归专业　潜心钻研
促进高质量发展

斗转星移，继往开来。深圳市律师协会自 2012 年启动“深圳律师实务丛书”（以下简称丛书）出版工作以来，至今已出版实务专著 39 部，内容涵盖诸多专业领域，全面展现了深圳律师业务的研究成果和实务经验，已成为深圳市律师协会推进行业专业化建设的品牌项目。

鼓励和引导律师著书立说是深圳市律师协会推动律师专业化的一项长期性的重点工作。丛书旨在充分发挥深圳市律师协会的业务指导作用，通过鼓励深圳律师和深圳市律师协会各专业委员会撰写实务专著，可以有效提升律师业务水平，增强律师业务能力，保证律师服务质量，以专业引领和成果共享助推深圳律师行业高质量发展。

本套丛书凝集着深圳律师的心血与经验，展现了深圳律师的专业水平。本套丛书在律师业务的众多领域，汇集了深圳律师的业务成果，总结了深圳律师的执业经验，体现了深圳律师的专业能力，彰显了深圳律师的职业精神。这一本本专著必将成为深圳律师专业化发展史上一颗颗璀璨的明珠，永远镶嵌在深圳律师专业化发展的史册上。

2023 年是全面贯彻落实党的二十大精神的开局之年，深圳律师要深学细悟笃行党的二十大精神，让党的二十大精神在深圳律师行业落地生花，要以习近平法治思想为指引，大兴专业研究之风，切实回归专业，潜心研究，深挖专业和实务问题，以高品质的法律服务保障行业的高质量发展。开展业务和实务研究不能脱离实际，必须密切关注经济社会发展和法治建设，聚焦其中的热点、难点、堵点问题，深入开展有针对性的研究，进而提出应用对策与实践指引，也期待深圳律师能输出更多的法律实务研究成果，并能形成专著与同行共享，这本身也是律师业务领域的一种先行示范。

希望本套丛书成为广大实习人员、执业律师期待、必备的好工具，也希望未来能够出版更多、更好的供律师们学习提高、掌握律师实务知识与技能的好专著！

张 斌

深圳市律师协会会长

2023 年 1 月 9 日

前　言

仲裁是仲裁庭基于当事人在自愿基础上达成的仲裁协议，对所涉争议进行审理并作出对争议各方具有拘束力的裁决的一种争议解决机制。这种争议解决机制以当事人意思自治为原则，以仲裁协议为前提，以国家司法机关的支持和监督为保障。[1] 仲裁作为替代性争议解决（Alternative Dispute Resolution）机制的一种，与诉讼相比，具有自愿性、保密性、快捷性等独特优势，在促进民商事争议的高效解决、减轻法院司法负担方面发挥着重要作用。当前，仲裁已经成为我国多元纠纷解决机制和社会治理体系的重要组成部分，也是市场化、法治化、国际化营商环境的要素之一。[2]

仲裁作为一种争议解决机制，历史悠久，可以追溯至遥远的古希腊、古罗马时期。公元前 621 年，古希腊城邦雅典执政官德拉古（Draco）整理的雅典成文法典中即记载有仲裁的内容。公元前 454 年至前 452 年，古罗马制定的举世闻名的《十二铜表法》对仲裁也有规定。[3] 从古罗马《十二铜表法》开始直到中世纪，仲裁还只是一种民间性质的争议解决机制。其特点在于当事人按照自己的意愿选择仲裁方式和仲裁员，仲裁裁决的履行依靠当事

---

〔1〕 参见江伟、肖建国主编：《仲裁法》，中国人民大学出版社 2016 年版，第 11 页。

〔2〕 参见北京市第四中级人民法院：《国内商事仲裁司法审查年度报告（2019—2021）》，第 1 页。

〔3〕 参见邓瑞平、孙志煜：《论国际商事仲裁的历史演进》，载《暨南学报（哲学社会科学版）》2009 年第 6 期。

人的自觉,国家不对其进行干预与限制,也不提供强制性保护措施。[1]

仲裁作为一种法律制度,肇始于中世纪。1347 年英国就有关于仲裁的史料记载。英国议会 1697 年正式承认仲裁制度,并于 1889 年制定《仲裁法》,在 1892 年成立伦敦仲裁院。瑞典于 1887 年制定了第一部仲裁法令,1917 年成立斯德哥尔摩商会仲裁院。法国、德国、美国等国家都陆续对仲裁作出明确规定和成立仲裁机构。19 世纪末 20 世纪初,由于国际经济贸易的发展,仲裁制度向世界各国普及。[2]

伴随世界经济发展进入新时期,世界各国的联系也越来越紧密,跨国性民商事纠纷逐渐增多,仲裁作为解决国际商事纠纷的途径也越来越受到重视。为了保护当事人合法权益,维护全球经贸正常秩序,国际仲裁裁决的强制执行迫切需要得到执行地所在国的司法协助。1923 年,在国际联盟主持下,16 个欧洲国家签署《日内瓦仲裁条款议定书》。1927 年,国际联盟主持签署《日内瓦执行外国仲裁裁决公约》,作为对《日内瓦仲裁条款议定书》的补充。[3] 第二次世界大战后,各国经济贸易的发展也推动了仲裁的蓬勃发展。1958 年,联合国在纽约联合国总部召开外交会议,通过《承认及执行外国仲裁裁决公约》(以下简称《纽约公约》)。截至 2023 年 10 月 10 日,《纽约公约》有 172 个当事国,被视为国际贸易法领域最为重要和成功的联合国条约之一,也是国际仲裁制度的基石。同时,为了适应各国仲裁立法协调统一的需要,联合国国际贸易法委员会于 1985 年主持制定《国际商事仲裁示范法》并于 2006 年修订。目前,许多国家或者地区参照《国际商事仲裁示范法》制定了本国或者本地区的仲裁法,也有不少仲裁机构的仲裁规则借鉴了《国际商事仲裁示范法》的相关规定。《国际商事仲裁示范法》反映了国际商事仲裁的主要规则在世界范围所达成的共识。

---

〔1〕 参见彭云业、沈国琴:《论仲裁制度中当事人意思自治的扩与限》,载《法学评论》2001 年第 4 期。

〔2〕 参见陈桂明:《仲裁法论》,中国政法大学出版社 1993 年版,第 4 页。

〔3〕 参见陈桂明:《仲裁法论》,中国政法大学出版社 1993 年版,第 150 页。

自 1954 年 5 月 6 日原政务院第 215 次政务会议通过中央人民政府政务院《关于在中国国际贸易促进委员会内设立对外贸易仲裁委员会的决定》以来，我国即建立涉外仲裁制度。改革开放之后至《中华人民共和国经济合同法》（以下简称《经济合同法》）[1] 1982 年施行以前，国内的社会组织之间的经济合同争议，都是“先裁后审”。1982 年施行的《经济合同法》建立了或裁或审、裁后可诉的制度。我国于 1986 年加入《纽约公约》，同时作出互惠保留和商事保留的声明。1991 年施行的《中华人民共和国民事诉讼法》（以下简称 1991 年《民事诉讼法》）建立了国内协议仲裁、一裁终局以及国内仲裁裁决和涉外仲裁裁决相区别的不予执行制度，完善涉外协议仲裁制度。1993 年修正的《经济合同法》规定了协议仲裁和一裁终局的制度。为适应社会主义市场经济发展的需要，1995 年施行的《中华人民共和国仲裁法》（以下简称《仲裁法》）用立法的形式统一规定了除劳动争议仲裁和行政争议仲裁外的民商事仲裁的原则和制度，其所确立的若干原则和制度与国际仲裁制度相符合，在与国际仲裁制度接轨方面迈出了重要的一步。[2] 此后，最高人民法院《关于适用〈中华人民共和国仲裁法〉若干问题的解释》（以下简称《仲裁法司法解释》）等司法解释的陆续出台推动了我国仲裁制度的完善发展。

近年来，随着我国经济社会的发展，仲裁机构受理的案件数量和标的日渐增加。例如，深圳国际仲裁院 2022 年受理仲裁案件 8280 宗（同比增长 18%），总争议金额 1272.61 亿元（同比增长 49%）。仲裁已经成为商事争议解决的一种重要方式。当然，仲裁的发展离不开人民法院的支持与监督。《最高人民法院关于审理仲裁司法审查案件若干问题的规定》（法释〔2017〕22 号，以下简称《仲裁司法审查规定》）规定，仲裁司法审查案件的类型包括：（1）申请确认仲裁协议效力案件；（2）申请执行我国内地仲裁机构的仲裁裁决案件；（3）申请撤销我国内地仲裁机构的仲裁裁决案件；（4）申请认可和执行香港特别行政区、澳门特别行政区、台湾地区仲裁裁决案件；（5）申请承认

---

〔1〕《经济合同法》于 1999 年因《合同法》施行而废止。

〔2〕参见沈木珠：《论我国仲裁制度的新发展》，载《法学评论》1995 年第 4 期。

和执行外国仲裁裁决案件;(6)其他仲裁司法审查案件。学术界有观点将仲裁相关的保全行为也纳入司法监督的范围之中,认为司法对仲裁的监督有以下五种方式:(1)确认仲裁协议效力;(2)证据保全;(3)财产保全;(4)撤销仲裁裁决;(5)执行仲裁裁决。[1] 按照我国现行的仲裁制度,司法对仲裁的监督主要为事后监督。其中,申请撤销仲裁裁决是我国仲裁司法审查实践中最为常见的案由。[2]

申请撤销仲裁裁决,是指仲裁裁决作出生效后,如果具有法律规定的情形,当事人可以申请法院撤销该裁决以维护其合法权益的法律制度。仲裁的高效性基于其特有的一裁终局制度,即当事人之间的纠纷经仲裁裁决之后,不得就同一纠纷再次向仲裁委员会申请仲裁或者向法院提起诉讼。在此种情况下,向法院申请撤销仲裁裁决是当事人的重要救济方式之一。《国际商事仲裁示范法》第 34 条规定,"申请撤销,作为不服仲裁裁决的唯一追诉",其基本内容沿袭《纽约公约》中关于拒绝承认及执行外国仲裁裁决的规定,对撤销仲裁裁决的情形进行了分类,即部分理由需要提出申请的当事人一方提供证据证明,而不可仲裁性和抵触公共政策的理由则由法院依职权查明。受 1991 年《民事诉讼法》的影响,《仲裁法》第 58 条关于撤销国内仲裁裁决情形的规定与 1991 年《民事诉讼法》第 217 条规定的不予执行的情形有相类似的部分;而关于撤销涉外仲裁裁决情形的规定则以 1991 年《民事诉讼法》第 260 条第 1 款为依据,该条款与《国际商事仲裁示范法》的相关规定具有一致性。我国实行国内仲裁裁决与涉外仲裁裁决双轨制的司法审查制度,相较于国内仲裁裁决而言,涉外仲裁裁决的司法审查更为强调程序的独立价值。

《仲裁法》第 58 条规定,"当事人提出证据证明裁决有下列情形之一的,可以向仲裁委员会所在地的中级人民法院申请撤销裁决:(一)没有仲裁协

[1] 参见宋连斌:《论中国仲裁监督机制及其完善》,载《法制与社会发展》2003 年第 2 期。

[2] 据《最高人民法院商事仲裁司法审查年度报告(2019 年)》记载,2019 年审结仲裁司法审查案件 20,513 件,其中审结撤销仲裁类案件 11,029 件,占比 53.8%。

议的;(二)裁决的事项不属于仲裁协议的范围或者仲裁委员会无权仲裁的;(三)仲裁庭的组成或者仲裁的程序违反法定程序的;(四)裁决所根据的证据是伪造的;(五)对方当事人隐瞒了足以影响公正裁决的证据的;(六)仲裁员在仲裁该案时有索贿受贿,徇私舞弊,枉法裁决行为的。人民法院经组成合议庭审查核实裁决有前款规定情形之一的,应当裁定撤销。人民法院认定该裁决违背社会公共利益的,应当裁定撤销"。其中,前六种情形要求当事人向法院提供证据证明,"违背社会公共利益"的情形则由法院依职权审查。此外,《仲裁法司法解释》《仲裁司法审查规定》以及最高人民法院《关于人民法院办理仲裁裁决执行案件若干问题的规定》(以下简称《仲裁裁决执行规定》)均对该条中的撤销仲裁裁决情形进行了具体化的规定。

作为法院对仲裁的司法监督方式之一,仲裁裁决撤销制度能够加强国家对仲裁活动的有效监督,"促进仲裁庭正确行使职权"[1],保障当事人的合法权益,更好地发挥仲裁在民商事争议解决中的积极作用。2014 年发布的《中共中央关于全面推进依法治国若干重大问题的决定》提出,要"完善仲裁制度,提高仲裁公信力"。2018 年 12 月中共中央办公厅、国务院办公厅印发的《关于完善仲裁制度提高仲裁公信力的若干意见》要求"研究修改仲裁法"。为贯彻落实党中央、国务院决策部署,司法部启动《仲裁法》修订工作,于 2021 年 7 月 30 日将《中华人民共和国仲裁法(修订)(征求意见稿)》(以下简称《仲裁法征求意见稿》)面向社会公开征求意见。值此之际,本书通过对近年来法院撤销仲裁裁决的理由进行多角度评析和实务延伸思考,考察实务中法院适用《仲裁法》第 58 条的状况,有助于检视《仲裁法》及其司法解释的施行效果,推动仲裁司法审查程序规范化和仲裁司法审查标准统一化。对律师参与仲裁司法审查案件代理具有较强的现实指导意义,对仲裁机构、仲裁员、法院办理相关案件以及《仲裁法》的修订具有参考意义。

最高人民法院司法案例研究院于 2022 年 5 月 5 日发表的《案例检索报

---

〔1〕 万鄂湘:《〈纽约公约〉在中国的司法实践》,载《法律适用》2009 年第 3 期。

告:法院撤销仲裁裁决的48个具体理由》[1]对2015年至2022年的754宗申请撤销仲裁案件进行整理,归纳了7个方面、48个撤销仲裁裁决的具体理由。本书充分发挥人多力量大的仲裁法律专业优势,结合现行法律规定、司法解释、类似案件、国际条约、其他司法管辖区规定及判例等,对法院撤销仲裁裁决的48个理由逐一展开深入评析,并延伸探讨。力图整体展现近年来法院撤销仲裁裁决的实践全貌,便于律师加强对法定撤销仲裁裁决情形的学习、掌握以及运用,提高律师代理仲裁司法审查案件的专业水平。

本书在结构上以48个撤销仲裁裁决的理由单独成文,每篇文章包括"撤销仲裁裁决理由的缘起"、"法院的处理结果"、"评析"以及"延伸"四个部分。参考前述案例检索报告将全书共分为七章,分别是:第一章为仲裁庭组成问题,对组庭通知、仲裁员指定、仲裁员声明及回避等问题进行了论述;第二章为仲裁庭审理程序的问题,对组庭拖延、仲裁员未参加庭审程序及未征询当事人最后意见、仲裁结果、裁决书记载、合并审理、普通程序适用、管辖权异议等问题进行了论述;第三章为送达的问题,对公告送达、户籍地送达以及邮寄送达他人签收等问题进行了论述;第四章为授权委托书的问题,对授权委托书缺失、签署以及委托代理人的变更、权限等问题进行了论述;第五章为证据的问题,对未组织质证、对未质证的证据直接认定以及对与案件基本事实有关的逾期证据未予审查等;第六章为鉴定的问题,对未组织鉴定、鉴定机构选定程序违法及欠缺鉴定资质、鉴定报告未经质证等问题进行了论述;第七章为其他的撤裁理由问题,对仲裁管辖权的问题、纪委调查认定的问题、中止审理以及与破产程序的关系等问题进行了论述。

《仲裁法》第58条第1款第3项规定的"仲裁庭的组成或者仲裁的程序违反法定程序"是最为常见的申请撤销仲裁裁决的情形。"违反法定程序"在《仲裁法司法解释》第20条中解释为"违反仲裁法规定的仲裁程序和当事人选择的仲裁规则可能影响案件正确裁决的情形"。《仲裁裁决执行规定》

---

[1] 文章源于iCourt法秀,作者黄芳,编辑何靖雯、排版熊媛媛、审核刘畅。在此向作者黄芳及其他方面表示感谢。本书评析的48个撤销仲裁裁决理由源于该报告,并做了进一步归纳。

第14条在解释《民事诉讼法》规定的不予执行仲裁裁决的情形时，将“违反仲裁法规定的仲裁程序、当事人选择的仲裁规则或者当事人对仲裁程序的特别约定，可能影响案件公正裁决，经法院审查属实的”情形，解释为属于“仲裁庭的组成或者仲裁的程序违反法定程序”。但是，“可能影响案件正确裁决”或者“可能影响案件公正裁决”情形的具体所指涉及在个案当中的审查认定，涉及法院裁量权的范畴。本书通过检索分析往年撤销仲裁案例，观察法院在具体个案当中对“可能影响案件正确裁决的情形”或者“可能影响案件公正裁决”情形的实务认定，希望借此丰富及加深对《仲裁法》第58条的正确理解，更好地发挥法院的司法审查职能，推动我国仲裁事业高质量发展。

本书与其他同类书比较，具有以下显著特色：

1. 案例新颖。市场上虽然已有不少书籍对仲裁裁决撤销程序进行研究和探讨，包括大量实证性研究，但本书所涉及分析的案例是近8年来法院撤销仲裁裁决的案例，比其他相关书籍中的案例更新、更全面、更贴合当前的司法审查现状。随着经济社会的发展，总会出现新案例，与此同时带来一些新问题。本书分析的近8年案例，将这些新问题纳入其中，以求更全面、与时俱进地直面实践中存在的相关困惑。例如，本书最新的案例系第二章第七篇文章《仲裁庭非经当事人同意将两案合并审理》中河南省信阳市中级人民法院2021年8月9日审结的(2021)豫15民特7号。此外，本书中诸多案例来自2020年、2019年等近年审结的案件，对司法实践具有更大的现实指导意义。

2. 选材权威。本书分析的48个撤销仲裁裁决的理由，有的经过最高人民法院司法案例研究院编辑刊发，具有代表性、权威性，并获得广泛的关注。最高人民法院司法案例研究院成立于2016年，旨在建设世界一流的司法案例数据库，为广大法官审理类似案件提供参考，在统一司法标准，规范法官自由裁量权，促进司法公正方面具有重要地位。其编辑刊发的内容具有较强的公信力和指导意义。本书大部分撤销裁决理由相应案例源自最高人民法院司法案例研究院刊发的相应案例，少数撤销裁决理由相应案例系文章作者为了更好地阐释评析撤销裁决理由而精心筛选的其他案例。本书在选材上权威严谨，致力于对每个撤销裁决理由进行广泛深入的分析。

3. 内容丰富。本书的48篇文章中不仅有对相应撤裁理由的介绍、案件解读，还有法律专业人士的评析和延伸思考。对案例裁判要旨的提炼、深入评析乃至延伸思考，使本书内容更加丰富翔实，这也是本书的精华所在。例如，在第二章第二篇文章《仲裁员未参加庭审程序》中，作者收集了35份以"仲裁员未参加庭审"作为申请撤销仲裁裁决理由的案例，通过梳理裁判要点，归类分析同意或者驳回申请的理由。又如，在第二章第十二篇文章《辖区内有较大影响的案件，应当适用普通程序而未予适用》中，作者就延伸至我国部分法院的不同裁判观点，并进行综合分析，认为法院并没有支持凡涉及类案较多的案件都应从简易程序转为普通程序，而是基于案件的具体情况进行分析和裁判。

4. 评析深入。本书中的每个撤裁理由都由法律专业人士进行阐述解读，在分析撤销裁决理由的同时，也体现了作者自己独到的见解。例如，在第七章第六篇文章《纪委调查回复反映仲裁庭未能严格依法、独立公正裁决》中，作者针对"仲裁权是否属于公权力范畴""由谁来认定《仲裁法》第58条规定的'仲裁的程序违反法定程序'""纪委认定的仲裁程序问题与法院认定的'程序违法'标准是否一致""法院裁定的说理问题"等问题提出独到的见解，认为纪委的调查结论只能作为法院合议庭的参考，合议庭不应该直接以纪委的调查结论为依据认定仲裁的程序违反法定程序。此外，还有部分文章基于对案例的解读与分析，提出了自己的针对性建议。例如，在第四章第一篇文章《缺失委托进行仲裁活动的授权委托书》中，作者对仲裁程序合法性、严谨性与效率价值之间的平衡做出论述，并对当事人、仲裁机构、仲裁庭分别提出针对性建议；又如，在第七章第八篇文章《仲裁申请人未先向破产管理人申报债权而直接申请仲裁》中，作者认为，民商事仲裁的本意是节约司法资源，高效快速地解决当事人之间的纠纷。撤销仲裁裁决作为救济途径之一，其程序设计也应当符合设立仲裁的本意，故而就仲裁救济制度完善提出三项建议。

为写作本书，深圳市律师协会商事仲裁法律专业委员会出版专项组（曾超等、陈胜南、尹秀钟、张翠）、七章推进组（张贤达、陈丽阳、谭娇玲、姚远、王碧宇、刘梅）以及统稿组（曾超等、张贤达、刘梅、彭杨姗）等开展了卓有成效的工作。参与本书写作的成员包括深圳市律师协会商事仲裁法律专业委员会的委员、顾问、干事以及东莞仲裁委员会和海南国际仲裁院的部分仲裁员等，都是在实务一线工作的商事仲裁法律专业从业人员。本书规模宏大，作者众多，追求卓越。作为深圳市律师协会商事仲裁法律专业委员会的主任，我对各位作者情系仲裁辛勤写作表示诚挚的感谢。正是在各工作组和各位作者的积极努力之下，本书才能够顺利面世。当然，由于时间仓促，错误之处在所难免，恳请广大读者、法律界同仁不吝指正。

贺树奎

深圳市律师协会商事仲裁法律专业委员会主任

2023 年 10 月 10 日

本书高频法律文件全简称对照

一、法律

1.《中华人民共和国民事诉讼法》(1991 年 4 月 9 日公布施行,2007 年 10 月 28 日第一次修正,2012 年 8 月 31 日第二次修正,2017 年 6 月 27 日第三次修正,2021 年 12 月 24 日第四次修正,2023 年 9 月 1 日第五次修正),以下简称《民事诉讼法》

2.《中华人民共和国仲裁法》(1994 年 8 月 31 日公布,1995 年 9 月 1 日施行,2009 年 8 月 27 日第一次修正,2017 年 9 月 1 日第二次修正),以下简称《仲裁法》

3.《中华人民共和国企业破产法》(2006 年 8 月 27 日公布,2007 年 6 月 1 日施行),以下简称《企业破产法》

4.《中华人民共和国涉外民事关系法律适用法》(2010 年 10 月 28 日公布,2011 年 4 月 1 日施行),以下简称《涉外民事关系法律适用法》

5.《中华人民共和国监察法》(2018 年 3 月 20 日公布施行),以下简称《监察法》

6.《中华人民共和国民法典》(2020 年 5 月 28 日公布,2021 年 1 月 1 日施行),以下简称《民法典》

7.《中华人民共和国仲裁法(修订)(征求意见稿)》,以下简称《仲裁法征求意见稿》

二、司法解释及司法文件

1. 最高人民法院《关于适用〈中华人民共和国仲裁法〉若干问题的解释》(法释〔2006〕7 号,2006 年 8 月 23 日公布,2006 年 9 月 8 日施行,2008 年 12 月 16 日调整,2008 年 12 月 31 日施行),以下简称《仲裁法司法解释》

2. 最高人民法院《关于适用〈中华人民共和国民事诉讼法〉的解释》(法释〔2015〕5 号,2015 年 1 月 30 日公布,2015 年 2 月 4 日施行;法释〔2020〕20 号,2020 年 12 月 23 日公布,2021 年 1 月 1 日施行;法释〔2022〕11 号,2022 年 4 月 1 日公布,2022 年 4 月 10 日施行),以下简称《民诉法解释》

3. 最高人民法院《关于审理仲裁司法审查案件若干问题的规定》(法释〔2017〕22 号,2017 年 12 月 26 日公布,2018 年 1 月 1 日施行),以下简称《仲裁司法审查规定》

4. 最高人民法院《关于人民法院办理仲裁裁决执行案件若干问题的规定》(法释〔2018〕5 号,2018 年 2 月 22 日公布,2018 年 3 月 1 日施行),以下简称《仲裁裁决执行规定》

5. 最高人民法院《关于民事诉讼证据的若干规定》(法释〔2019〕19 号,2019 年 12 月 25 日公布,2020 年 5 月 1 日施行),以下简称《民事诉讼证据若干规定》

6. 最高人民法院《关于适用〈中华人民共和国民法典〉有关担保制度的解释》(法释〔2020〕28 号,2020 年 12 月 31 日公布,2021 年 1 月 1 日施行),以下简称《担保制度解释》

7. 最高人民法院《关于适用〈中华人民共和国企业破产法〉若干问题的规定(三)》[法释〔2019〕3 号,2019 年 3 月 27 日公布,2019 年 3 月 28 日施行;法释〔2020〕18 号,2020 年 12 月 29 日修改发布(修改部分 2021 年 1 月 1 日施行)],以下简称《破产法解释(三)》

8. 最高人民法院《关于审理建设工程施工合同纠纷案件适用法律问题的解释(一)》(法释〔2020〕25 号,2020 年 12 月 29 日公布,2021 年 1 月 1 日施行),以下简称《建工司法解释一》

9. 最高人民法院《关于印发〈全国法院民商事审判工作会议纪要〉的通知》(法〔2019〕254 号,2019 年 11 月 8 日公布施行),以下简称《九民纪要》

10. 最高人民法院《关于未被续聘的仲裁员在原参加审理的案件裁决书上签名人民法院应当执行该仲裁裁决书批复》(法释〔1998〕21 号),以下简称《关于未被续聘仲裁员的批复》

11. 最高人民法院《关于审理建设工程施工合同纠纷案件适用法律问题的解释》,以下简称《建工司法解释》

三、国际条约

1.《承认及执行外国仲裁裁决公约》,以下简称《纽约公约》

2.《〈承认及执行外国仲裁裁决公约〉(1958 年,纽约)的指南》,以下简称《纽约公约指南》

3.《国际仲裁利益冲突指引》,以下简称《利益冲突指引》

4.《联合国国际贸易法委员会国际商事仲裁示范法》,以下简称《国际商事仲裁示范法》

5.《联合国国际贸易法委员会仲裁规则》,以下简称《贸法会仲裁规则》

目　录

第一章

仲裁庭组成问题

未送达仲裁规则、仲裁名册，未书面通知仲裁庭组成情况

张贤达*

一、撤销仲裁裁决理由的缘起

审理案号:(2017)冀08民特84号

申请人:刘某某

被申请人:某某房地产公司

基本案情:

2016年,某某房地产公司依据其与刘某某签订的《商品房买卖合同》中约定的仲裁协议,以刘某某未能依约接收房屋已构成根本性违约为由,向CD仲裁委员会提起仲裁,要求解除双方于2014年12月21日签订的《商品房买卖合同》、返还案涉房屋,并承担相关仲裁费用。

CD仲裁委员会受理后,向某某房地产公司送达相关仲裁文书,但未向刘某某书面通知仲裁庭组成情况。刘某某缺席本案仲裁庭的庭审活动。

2017年4月20日,CD仲裁委员会作出(2016)C仲裁字第128号仲裁裁决。该裁决认为,某某房地产公司与刘某某签订的《商品房买卖合同》系

---

* 张贤达:法学博士,美国福特汉姆大学访问学者,广东际唐律师事务所合伙人、金融商事法律专业委员会主任,深圳市律师协会商事仲裁法律专业委员会干事,深圳市前海国际商事调解中心、深圳市福田区河套国际商事调解中心调解员,深圳市福田律师学院讲师,点睛网讲师。

双方当事人真实意思表示，内容合法有效，刘某某未能依约接收房屋，已经构成根本性违约，某某房地产公司要求解除合同的主张符合法律及合同规定，仲裁委员会予以支持。根据《合同法》（已失效）第8条、第94条[1]，《仲裁法》第9条之规定，仲裁委员会裁决如下：（1）解除某某房地产公司与刘某某于2014年12月21日签订的商品房买卖合同。（2）刘某某于本裁决书送达之日起10日内返还某某房地产公司案涉房屋。本案仲裁费由刘某某承担。

后刘某某申请撤销CD仲裁委员会作出的仲裁裁决。刘某某认为，根据《仲裁法》和相关仲裁规则的规定，仲裁委员会向当事人送达仲裁申请书副本时，应一并送达仲裁规则、仲裁员名册，以便被申请人及时知悉仲裁规则，选择仲裁员；同时规定，仲裁委员会在仲裁庭组成后，应当将情况书面通知当事人。本案中，仲裁委员会既未向刘某某送达仲裁规则、仲裁员名册，也未将仲裁庭组成情况书面通知刘某某，因此，仲裁庭的组成及仲裁程序违反法定程序。

二、法院的处理结果

CD市中级人民法院经审理查明，CD仲裁委员会在审理某某房地产公司与刘某某商品房买卖合同纠纷一案中，仲裁委员会未将仲裁庭的组成情况书面通知刘某某，作出缺席审理。《仲裁法》第33条规定："仲裁庭组成后，仲裁委员会应当将仲裁庭的组成情况书面通知当事人。"本案仲裁庭的组成违反法定程序。因此，CD市中级人民法院依照《仲裁法》第58条第1款第3项、第59条、第60条规定，撤销（2016）C仲裁字第128号仲裁裁决。

三、评析

本案法院作出撤销仲裁裁决的主要依据，是《仲裁法》第58条第1款第

---

[1] 相关规定参见《民法典》第465条、第563条。

3项,即“仲裁庭的组成或者仲裁的程序违反法定程序的”。本案的症结,在于仲裁庭是否按照《仲裁法》《CD仲裁委员会仲裁规则》的规定,向刘某某书面告知仲裁庭的组成情况,以及在规定的期限内向刘某某送达《CD仲裁委员会仲裁规则》和送达名册。仲裁庭未尽书面告知刘某某仲裁庭组成情况的义务,致使刘某某丧失仲裁权利,所以法院认定仲裁程序存在问题,因而撤销该仲裁裁决。法院的裁定是正确的。

仲裁规则是受理和审理当事人纠纷的程序规则,是当事人参与仲裁程序的基础。仲裁规则贯穿仲裁程序的始终,涵盖了仲裁程序的开始、仲裁庭的组成、仲裁审理、仲裁裁决等方方面面的内容。不同的仲裁机构关于其仲裁规则有其不同的规定。例如,关于答辩期限的规定,根据《中国国际经济贸易仲裁委员会仲裁规则》第15条第1款的规定,被申请人应自收到仲裁通知后45天内提交答辩书。而根据《深圳国际仲裁院仲裁规则》第14条第1款的规定,该期限为被申请人收到仲裁通知之日起30日内。当事人在签订仲裁协议或仲裁条款时,在绝大多数情况下仅约定将争议提交某一仲裁机构,不会对仲裁规则进行具体的选择;而在当事人对仲裁规则无特别约定,或制定特殊的仲裁程序时,一般适用选定仲裁机构的仲裁规则审理该争议仲裁案件。由前述可知,不同仲裁机构的仲裁规则在答辩期等仲裁程序方面有不同的规定。仲裁机构在受理仲裁案件后,如果没有在仲裁规则规定的期限内向申请人、被申请人送达仲裁规则,则可能使在仲裁程序中的一方或双方当事人无法根据仲裁规则的规定及时、充分地参与仲裁程序,也无法在仲裁庭审理的过程中及时提出合理合规的诉求或主张,及时维护自身的合法权益(如申请保全、提出反请求、申请临时措施等),当事人无法维护其自身的合法权益,这样的程序很有可能影响最终的公正裁决。

仲裁机构在受理仲裁案件后,未在仲裁规则规定的期限内向申请人、被申请人送达仲裁员名册,以及在仲裁庭组庭以后,未向当事人书面通知仲裁庭的组成情况,均损害了仲裁一方或各方当事人及时行使仲裁规则赋予的选择仲裁员或对仲裁庭组成提出疑问等权利,进而最终将可能影响裁决的准确性和公正性。在本案中,仲裁庭未能向刘某某书面告知仲裁庭组成情况,从表面上看仅是违反了送达的义务,而事实上是剥夺了当事人的程序权利,包括选择其认为适格的仲裁员审理案件,要求不适格的仲裁员回避,以及使用仲裁规则参与仲裁程序,合理地表达诉求,寻求抗辩,进而维护自身合法权益的机会等,已经严重违背了仲裁最低正当程序要求,该仲裁裁决自然应当撤销。在(2019)浙08民再13号申请撤销仲裁裁决案中,法院以仲裁机构未依法向当事人送达仲裁规则、仲裁员名册及/或仲裁庭组成情况等相关材料,损害了当事人在案涉仲裁中提出抗辩的权利,对案涉仲裁的正确裁决造成影响为由,撤销了该案的仲裁裁决。

四、延伸

仲裁程序的制度价值有二:一是效率价值,指花费尽可能小的成本,使纠纷双方当事人合法权益得到及时、有效的保障;二是公正价值,即保证仲裁过程对双方当事人赋予平等参与的机会,以确保仲裁结果公正。仲裁的效率价值以及公正价值是仲裁的永恒追求目标,仲裁的效率价值使仲裁相比诉讼而言能够更加便捷、高效、经济地解决纠纷。但如果单纯追求效率而忽视公平正义,则容易使仲裁案件得不到公正的裁决,当事人的合法权益得不到应有的保障。长此以往,也将使仲裁陷入沼泽,逐渐消逝于历史。[1] 英国哲学家培根(Francis Bacon)曾作出著名的论断,一次不公正的裁判其恶果甚至超过十次犯罪,因为犯罪是无视法律,好比污染了水流,而不公正的裁判毁坏法律,好比污染了水源。可见公平正义之于仲裁的重要性。

效率价值是仲裁制度得以存在和发展的基础。仲裁制度与法院诉讼制度是两种不同的纠纷解决制度,二者之间存在诸多不同之处,但是其中的效率性是最明显的差异之处。现代诉讼制度与其他法律制度对内部价值的取向相同,均将效率作为其重要的价值追求。诉讼制度的价值取向包含效率,

---

〔1〕 参见张贤达:《国际商事仲裁协议效力扩张法律问题研究》,大连海事大学2018年博士学位论文,第19页。

仲裁制度的价值取向也包含效率,但是,二者对效率价值的选择具有较大的差异。仲裁制度将效率作为最重要的价值取向。在诉讼制度中,效率价值仅仅是公平价值的辅助价值。仲裁制度所体现出来的效率价值,正是纠纷当事人选择通过仲裁这种纠纷解决机制定分止争的重要原因。相比较诉讼而言,公平性并非仲裁最突出的特点和优势。因此,在一定程度上,突出仲裁的效率价值可以淡化仲裁本身相较于诉讼的固有劣势,并使仲裁相比较诉讼而言突出其优势。如果仲裁丧失了效率价值这一最基本的价值取向,那么相对于诉讼,仲裁则无任何优势可言。

仲裁能否过度追求效率价值而忽略其公正价值? 答案是显而易见的。奈马克和基尔的一份问卷调查显示,有 81% 的被访问者认为仲裁过程和结果是公平的。[1] 据统计,在国际商事仲裁中,有 98% 的仲裁裁决获得了执行,[2] 其中包括当事人自愿履行仲裁裁决和法院强制执行仲裁裁决。当事人之所以能够自愿履行仲裁裁决,除了商人对于兑现自己承诺这一内在信誉要求外,笔者认为,最重要的原因在于当事人通过协商确定仲裁程序,并选择仲裁员所组成的仲裁庭来审理纠纷。仲裁程序充分尊重当事人的意思自治,仲裁庭严格按照法定、意定的程序对案件进行审理。仲裁程序通过这种方式所产生的对争议的处理结果,更容易使当事人感受到公平,当事人也更愿意信服通过这一方式所产生的结果。这也充分体现出仲裁保障其效率价值的同时,对于公平价值的重视。但是,如果仲裁过度追求效率价值,容易忽视仲裁程序的公正、公平性,最终导致仲裁结果不公,反噬仲裁,使当事人丧失对仲裁的信赖,最终也将导致仲裁的效率优势荡然无存。因此,仲裁的公平价值是监督效率价值的有效手段。公平价值与效率价值并行,互相助力促进仲裁的良性发展、长远发展。当仲裁程序影响仲裁结果的公正时,

---

〔1〕 参见[美]克里斯多佛·德拉奥萨、理查德·W. 奈马克主编:《国际仲裁科学探索》,陈福勇、丁建勇译,中国政法大学出版社 2010 年版,第 28 页。

〔2〕 See Michael Kerr, *Concord and Conflict in International Arbitration*, Arbitration International, Vol. 13, p. 5(1997).

就存在对仲裁裁决提出异议，寻求司法救济的必要。包括我国在内的各国、地区的《仲裁法》《仲裁条例》关于仲裁程序的设计除考虑仲裁的效率性之外，同样重视对仲裁公正性的保障。多数强制性规定均着眼于维护仲裁的公正、公平。例如，仲裁程序普遍认可的最低正当程序原则，即在赋予当事人和仲裁庭在决定仲裁程序方面的充分自由和权利的同时，也坚持维护仲裁程序的最低的基本公正要求，即充分尊重当事人协议的各个方面，并给予当事人平等的程序对待和充分陈述事实的机会等。

对于仲裁的最低正当程序要求，各国仲裁法中多有明确规定。例如，英国1996年《仲裁法》第33条规定："1. 仲裁庭应：A. 公平及公正地对待当事人，给予各方当事人合理的机会陈述案件并抗辩对方当事人的陈述；B. 根据特定案件的具体情况采取合适的程序，避免不必要的延误和开支，以对待决事项提供公平的解决方式。2. 仲裁庭应在进行仲裁程序过程中、在其对程序和证据事项的决定中以及在行使授予它的所有其他权力时，都应遵守该一般义务。"对于英国1996年《仲裁法》的这一规定，学者都将之作为经典的关于仲裁最低正当程序的规范。

最低正当程序要求是仲裁的底线，是每一个案件的仲裁程序应当达到的最低要求。当仲裁程序违反最低正当程序要求，并且确实影响到裁决的公正时，各国仲裁法通常都会给予当事人以司法救济的机会，即可以申请撤销或者不予执行该仲裁裁决。例如，多数国家的仲裁法和相关仲裁公约中都将"当事人未得到仲裁员委任或者进行仲裁程序的适当通知，或因他故无法陈述案件"作为申请撤销仲裁裁决或者不予执行仲裁裁决的理由。这是因为对上述程序的违反，必然会影响仲裁的公正。对于其他程序的违反，只有可能影响到仲裁裁决的公正时，才允许撤销该裁决。

很显然，仲裁庭未告知仲裁规则和送达名册、未书面通知当事人仲裁庭组成情况即属于违反了最低正当程序要求。仲裁的公正不仅体现于结果的公正，更体现于仲裁过程、仲裁程序的公正，也就是仲裁应给予各方当事人充分、合理的机会陈述案件并抗辩对方当事人的陈述，对此不应有所限制。

当仲裁庭未告知仲裁规则和送达名册，未书面通知当事人仲裁庭组成情况时，未被告知的当事人无法适当运用仲裁规则行使其仲裁权利，无法选择其认为适格的仲裁员审理案件，或对于其认为不适格的仲裁员无法在合理期限内要求其回避或替换，无法充分利用仲裁程序维护其仲裁权益，在这样的仲裁程序引导下所进行的仲裁审理及仲裁结果很可能会影响到仲裁的公正性。对此，许多国家、地区的仲裁法均有所规定。

德国《民事诉讼法》第 1059 条第 2 款第 4 项规定，“仲裁庭的组成或者仲裁程序不符合本编规定或当事人的合乎程序法的协议并且确可能影响此项裁决”的，当事人可以申请撤销该裁决。美国 2000 年《统一仲裁法》第 6 项规定，“未根据第 9 条开始仲裁的适当通知即进行仲裁，以致严重损害了仲裁程序当事人的权利”的，可以撤销仲裁裁决。英国 1996 年《仲裁法》第 68 条第 2 款规定，“严重不规范行为是指下列一种或几种不规范行为，且法院认为对申请方已造成或将造成实质性不公正的”，可以撤销仲裁裁决。[1]

---

〔1〕 万鄂湘等主编，最高人民法院研究室、最高人民法院民事审判第四庭编著：《最高人民法院仲裁法司法解释的理解与适用》（第 2 版），人民法院出版社 2015 年版，第 178～179 页。

更换仲裁员后未书面通知当事人

唐皎皎*

一、撤销仲裁裁决理由的缘起

审理案号:(2018)甘05民特3号

申请人:某某担保公司

被申请人一:某某果业公司

被申请人二:李某某

被申请人三:段某某

基本案情:

2017年9月27日,TS仲裁委员会受理某某担保公司与某某果业公司、李某某、段某某担保合同纠纷一案后,向某某担保公司送达了开庭通知书及仲裁庭组庭通知书。该组庭通知书载明:由申请人选定仲裁员姚某某。被申请人未选定仲裁员,由仲裁委员会主任指定仲裁员赵某为被申请人一方仲裁员,申请人与被申请人未共同选定首席仲裁员,由仲裁委员会主任指定杨某某担任首席仲裁员,上述3人组成仲裁庭审理本案。2017年10月16日开庭前,因首席仲裁员杨某某有事主动退出案件审理,TS仲裁委员会临时

---

* 唐皎皎:广东连越(深圳)律师事务所律师,深圳市律师协会商事仲裁专业委员会副秘书长、粤港澳大湾区工作委员会委员,中共深圳市委统战部普法讲师,深圳市社会组织总会法律顾问,持有上市公司独立董事资格证。

指派王某某担任该案首席仲裁员参与案件仲裁。

2017 年 12 月 15 日,TS 仲裁委员会作出(2017)T 仲裁字第 12 号仲裁裁决。某某担保公司向 TS 市中级人民法院申请撤销仲裁裁决。2018 年 5 月 2 日,TS 市中级人民法院立案。某某担保公司认为,第一,仲裁庭组成程序违法,TS 仲裁委员会未依据《仲裁法》《TS 仲裁委员会仲裁规则》中变更仲裁员的明确规定,组织申请人与被申请人参与选定仲裁员,剥夺了申请人的程序利益,该违法行为影响了案件的正确裁决,符合撤销仲裁裁决的法定条件。第二,仲裁裁决对案件关键证据认定不当,导致实体裁决错误。案涉被申请人应对某某果业公司的债务承担连带责任,但仲裁委员会作出了相反认定,缺少事实与法律依据。

二、法院的处理结果

TS 市中级人民法院认为,本案争议焦点是涉案仲裁庭的组成是否存在违反法定程序的情形。《仲裁法》第 31 条第 1 款规定:“当事人约定由三名仲裁员组成仲裁庭的,应当各自选定或者各自委托仲裁委员会主任指定一名仲裁员,第三名仲裁员由当事人共同选定或者共同委托仲裁委员会主任指定。第三名仲裁员是首席仲裁员。”该法第 37 条第 1 款规定:“仲裁员因回避或者其他原因不能履行职责的,应当依照本法规定重新选定或者指定仲裁员。”《TS 仲裁委员会仲裁规则》第 22 条第 3 款规定:“首席仲裁员按照下列方式之一产生:(一)由双方当事人共同选定;(二)由双方当事人书面委托各自选定的仲裁员共同选定;(三)由双方当事人共同委托本会主任指定;(四)由双方当事人各自推荐 1 至 5 名仲裁员作为首席仲裁员人选。推荐名单有 1 名相同的,为双方当事人共同选定的首席仲裁员;有 1 名以上相同的,由本会主任根据案件的具体情况在相同人选中指定;没有相同人选的,由本会主任在推荐名单之外指定。”由于首席仲裁员在仲裁庭无法形成多数意见时拥有对仲裁裁决的决定权,故首席仲裁员在案件仲裁过程中处于重要地位,其更换应严格按照上述规定办理,否则将可能影响案件的公正裁决。

本案中，仲裁庭原首席仲裁员为杨某某，在其不能履行职责需更换人选的情况下，仲裁委员会应严格依照上述规定重新产生首席仲裁员。经查阅本案仲裁卷宗，卷内没有当事人选定或委托仲裁委员会主任指定王某某为首席仲裁员的证据，也没有仲裁委员会依据当事人提出推荐名单的规定确定王某某为首席仲裁员的材料，而且关于王某某为首席仲裁员的仲裁庭组庭通知书上未注明3名仲裁员的产生方式，也没有任何一方受送达当事人在该通知书上签字。因此，仲裁委员会擅自更换王某某为首席仲裁员不符合《仲裁法》及相关仲裁规则的规定。本案中存在仲裁庭的组成违反法定程序的情形，而该问题可能影响案件的公正裁决，故本案担保公司以仲裁庭的组成违反法定程序为由要求撤销涉案仲裁裁决的意见成立。至于担保公司所称的仲裁庭证据采信不当导致实体裁决错误的撤销涉案仲裁裁决主张，因不属于《仲裁法》第58条规定的撤销仲裁裁决的法定事由，故其该主张依法不能成立。

三、评析

对于仲裁员的选定与更换，仲裁机构应当严格按照我国《仲裁法》和相应的仲裁规则予以确定，不得恣意越权直接决定人选。关于选定仲裁员的规定，根据《仲裁法》第31条第1款、第32条的规定，当事人约定由3名仲裁员组成仲裁庭的，其中两名仲裁员应当由当事人各自选定1名，第三名首席仲裁员由当事人共同委托选定。若当事人未能在指定期限内选定仲裁员，可以由仲裁机构指定。《深圳国际仲裁院仲裁规则》第五章、《广州仲裁委员会仲裁规则》第四章均在秉持尊重当事人意愿的原则上各有细化规定。由此可见，无论是《仲裁法》还是仲裁机构的仲裁规则，关于仲裁员的选定与更换均以当事人的自主选择优先，仲裁机构无权以任何理由直接指定。若原仲裁员不能履职，仲裁机构直接决定并委派临时仲裁员参与仲裁，从表面上看是为了避免择期开庭，提高仲裁效率，但实质上是剥夺了当事人的自主选择仲裁员、要求仲裁员组成人员回避等权利，越过了仲裁程序公正底线，可能影响案件的公正裁决。当事人有权根据《仲裁法》第 58 条向人民法院申请撤销该仲裁裁决。经笔者查阅,仲裁机构审理仲裁案件时,仲裁庭的组成违反法定程序的情形似乎并不鲜见,在另案的四份民事裁定书[(2017)鲁 14 民特 10 号、(2017)冀 08 民特 49 号、(2018)粤 01 民特 1056 号、(2020)豫 10 民特 11 号]中,法院根据《仲裁法》第 58 条以仲裁庭的组成或仲裁的程序违反法定程序为由撤销了四份仲裁裁决。

四、延伸

我国《仲裁法》第 58 条规定了撤销国内仲裁裁决的六种法定事由,即当事人提出证据证明裁决有下列情形之一的,可以向仲裁委员会所在地的中级人民法院申请撤销裁决:(1)没有仲裁协议的;(2)裁决的事项不属于仲裁协议的范围或者仲裁委员会无权仲裁的;(3)仲裁庭的组成或者仲裁的程序违反法定程序的;(4)裁决所根据的证据是伪造的;(5)对方当事人隐瞒了足以影响公正裁决的证据的;(6)仲裁员在仲裁该案时有索贿受贿,徇私舞弊,枉法裁决行为的。人民法院经组成合议庭审查核实裁决有前款规定情形之一的,应当裁定撤销。人民法院认定该裁决违背社会公共利益的,应当裁定撤销。违反法定程序通常分为两个部分:其一,仲裁庭的组成违反法定程序;其二,仲裁审理过程中的程序违反法定程序。如何定义"违反法定程序"是需要明确的首要问题。根据《仲裁法司法解释》第 20 条的规定,《仲裁法》第 58 条规定的"违反法定程序",是指违反《仲裁法》规定的仲裁程序和当事人选择的仲裁规则可能影响案件正确裁决的情形。此条确定了违反法定程序的两个要件:其一,违反法定程序,违反的是《仲裁法》规定的仲裁程序或当事人选择的仲裁规则;其二,违反法定程序之行为可能影响案件公正裁决。两要件之间的关系是怎样的,是侧重违反仲裁程序或仲裁规则一项,还是更侧重影响案件公正裁决一项呢?法律对此未作明确规定,《仲裁法司法解释的理解与适用》一书中,将"违反法定程序并可能影响案件正确裁决的情形"界定为:第一,违反了《仲裁法》的强制性规定的,如《仲裁法》第 31 条、

第32条、第33条关于仲裁员选任程序的规定;第二,违反了当事人约定的仲裁程序,且严重影响仲裁当事人的权利;第三,违反了仲裁的其他程序,且实质影响到仲裁裁决公正的。[1] 可见,两要件应并重,属于"既"与"又"的关系。我国《仲裁法》第7条规定:"仲裁应当根据事实,符合法律规定,公平合理地解决纠纷。"该原则要求仲裁机构在仲裁活动时必须保持中立、公正的立场,依据法律规定与仲裁规则,公平公正地解决纠纷。当效率与公正发生冲突,仲裁机构在审理案件时应当严格遵守仲裁程序、规则,更强调公正特性,但是在实践中,仲裁机构为了案件的审理效率与结案率,其行使仲裁权时可能会偏离公正的轨道。正如法国启蒙思想家孟德斯鸠所说,"一切有权力的人都容易滥用权力,这是万古不易的一条经验""要防止滥用权力,就必须以权力约束权力"[2]。当事人选择仲裁作为纠纷解决方式,是希望获得公正、高效的结果。对于仲裁机构而言,严格遵守仲裁程序、仲裁规则是至关重要的。因此,仲裁机构在审理仲裁案件过程中不违反仲裁程序、仲裁规则不仅是维护当事人利益的需要,也是保障仲裁制度公信力和规范性的必要条件。

尽管如此,严格遵守仲裁程序、规则并不意味着所有的程序问题都应该被过度强调、完全按照程序一板一眼地贯彻实施。在"公正司法、严格司法"被不断强调的今天,仲裁规则的程序规定也日益严格和精细,但这也带来了程序烦琐的不足,可能会使仲裁程序在某些情况下过于僵化。如果出现微小瑕疵或欠缺就立即撤销仲裁裁决,则可能不利于保护当事人的合法权益,同时也会给仲裁机构套上"机械主义"的怪圈,与仲裁一贯主张的高效裁决背道而驰。在考虑程序公正的问题时,仲裁机构应该精细把握"可能影响案件正确裁决"的标准,并从后果上加以限制。仲裁的最低正当程序标准为:(1)尊重当事人的意思自治;(2)公平及公正地对待当事人;(3)给予各方当

---

〔1〕 参见万鄂湘等主编,最高人民法院研究室、民事审判第四庭编著:《最高人民法院仲裁法司法解释的理解与适用》,人民法院出版社2007年版,第185页。

〔2〕 [法]孟德斯鸠:《论法的精神:上册》,张雁深译,商务印书馆1959年版,第184页。

事人合理的机会陈述案件并抗辩对方当事人的陈述。[1] 对于违反仲裁规则的微小瑕疵或欠缺，应当进行具体分析，看其是否会对案件公正产生实质性的影响。“可能影响案件正确裁决的情形”主要有：(1)未给被申请人答辩、质证的机会等违反仲裁申请、答辩和反请求的程序；(2)选定仲裁员不符合要求、仲裁员应回避而不回避等违反仲裁庭的组成程序；(3)仲裁机构未在合理期限内通知当事人开庭、仲裁不应公开审理却公开审理等违反审理程序；(4)作出的仲裁裁决书违反法定程序；(5)其他违反仲裁程序、规则可能影响当事人权利的情形。不属于可能影响案件正确裁决的情形为当事人未足额缴纳仲裁费用等未影响当事人权利义务的事项。对于那些足以导致裁决不公的程序问题，如未给被申请人答辩的机会，或未给对方当事人质证的时间，或仲裁机构未通知当事人擅自选任仲裁员等，均应当视为违反法定程序、仲裁规则，仲裁裁决应予撤销；像当事人未足额缴纳仲裁费用等不属于足以导致裁决不公的瑕疵程序问题，则不应当作为撤销仲裁裁决的依据。实践中，“可能影响案件正确裁决”规定的标准模糊，各地法院的法官对其有不同的理解。在审查仲裁裁决书过程中，法官通常以自身观念判断“可能”影响案件正确裁决的程度。如何认定违反仲裁程序、仲裁规则是否可能影响案件正确裁决，程序是否足以导致裁决不公，都由法官做出判断。对于何为程序性事项、何为实体性事项，法官难免会同时进行程序审查、实质审查，所以有时法官对此区分是有难度的。

从上述案例可知，如果仲裁机构不能严格遵循《仲裁法》的法律法规、仲裁规则的相关规定，不仅会损害当事人利益、仲裁制度的公平与公正，且出具的仲裁裁决将被撤销，也不能达到定分止争的理想效果。仲裁机构在审理案件时，不仅要关注效率价值，更要关注公正价值，在效率与公正发生冲突时，应以案件的公正为首要。仲裁员作为仲裁庭的组成人员，系主持、引导仲裁活动的“舵手”，其独立性与公正性对于整个仲裁案件的重要性不言

---

〔1〕 参见李庆明：《仲裁的最低正当程序简析》，载熊世忠主编：《商事仲裁》第1集，法律出版社2006年版。

而喻。在选定与更换仲裁员时,仲裁机构应当严格按照我国《仲裁法》和相应的仲裁规则予以确定,并告知当事人仲裁庭的组成情况;在仲裁员可能影响案件公正审理的情况下,仲裁机构还应当确保当事人有充分的提出异议的权利。仲裁机构不能为了追求仲裁的效率,恣意违反法律法规及仲裁规则的相关规定。一次不公正的裁判其恶果甚至超过十次犯罪,因为犯罪是无视法律,好比污染了水流,而不公正的裁判毁坏法律,好比污染了水源。一份不公正的裁决不仅会辜负当事人对仲裁的信任,也会使仲裁制度的公信力蒙上阴霾。然而,我们也应该意识到,在处理程序问题时,不能苛求完美。对于微小瑕疵,我们不应该将其作为撤销仲裁裁决的依据。

当事人选定了仲裁庭组成方式和仲裁员，仲裁委员会主任指定仲裁员

沈　伟*

一、撤销仲裁裁决理由的缘起

审理案号：（2017）苏05民特93号

申请人：某某生物公司

被申请人：某某工程公司

基本案情：

2016年11月17日，SZ仲裁委员会受理了某某生物公司与某某工程公司租赁合同纠纷一案。同日，某某生物公司的法定代表人在《仲裁庭及仲裁员选定书》中勾选了普通程序，仲裁员选定为徐甲，首席仲裁员选定为徐乙。2016年12月21日，SZ仲裁委员会《仲裁员选定指定审批表》记载，申请人和被申请人均未选择仲裁员和首席仲裁员，指定沈某某、张某某为仲裁员，陈某为首席仲裁员，共同组成仲裁庭，适用普通程序审理。2017年6月8日，SZ仲裁委员会作出（2016）S仲裁字第736号裁决：（1）驳回某某生物公

* 沈伟：澳门科技大学法学博士，曾任职于中国远洋运输（集团）总公司等企业，现为北京市华贸硅谷律师事务所高级顾问。2008年起先后受聘为中国国际经济贸易仲裁委员会、中国海事仲裁委员会、深圳国际仲裁院等仲裁机构仲裁员，并于2015年起受聘为中国国际经济贸易仲裁委员会网上争议解决中心域名争议解决专家组成员。中国仲裁法学研究会、中国法学会国际经济法学研究会会员。

司的全部仲裁请求;(2)本案仲裁费18,225元,由某某生物公司承担。

某某生物公司向SZ市中级人民法院提起诉讼,请求撤销仲裁裁决。某某生物公司认为:(1)仲裁庭组成程序违法,申请人指定的徐某仲裁员没有到庭,裁决书签名的仲裁员不是申请人选定的仲裁员,仲裁委员会又没有告知申请人选定仲裁员不参加或换人的原因,裁决程序违法;(2)被申请人隐瞒了实际履行的证据等。

二、法院的处理结果

SZ市中级人民法院经审理认为,《仲裁法》第31条第1款规定:"当事人约定由三名仲裁员组成仲裁庭的,应当各自选定或者各自委托仲裁委员会主任指定一名仲裁员,第三名仲裁员由当事人共同选定或者共同委托仲裁委员会主任指定。第三名仲裁员是首席仲裁员。"《仲裁法》第32条规定:"当事人没有在仲裁规则规定的期限内约定仲裁庭的组成方式或者选定仲裁员的,由仲裁委员会主任指定。"《SZ仲裁委员会仲裁规则》第21条第1款、第23条亦有相同的规定。根据上述规定,三名仲裁员组成的仲裁庭中,仲裁当事人有权各自选定一名仲裁员。只有在当事人没有于仲裁规则规定的期限内约定仲裁庭的组成方式或者选定仲裁员的,才由仲裁委员会主任指定。本案中,涉案《仲裁庭及仲裁员选定书》备注载明:"当事人可以在上述两种仲裁庭组成方式中选定一种方式并在□内打√。"某某生物公司虽然在简易程序处填写了一名仲裁员的名字,但是并没有勾选简易程序,而是勾选了普通程序,并分别选定仲裁员和首席仲裁员。因此,应当认定某某生物公司选定了仲裁庭的组成方式和仲裁员。SZ仲裁委员会以当事人没有约定仲裁庭的组成方式,亦没有选定仲裁员为由,决定由仲裁委员会主任指定仲裁员,违反了《仲裁法》和仲裁规则的规定,故涉案仲裁裁决依法应予撤销。据此,法院依照《仲裁法》第31条第1款、第32条、第58条第1款第3项的规定,裁定撤销SZ仲裁委员会(2016)S仲裁字第736号裁决。

三、评析

本案的关键点在于仲裁庭是否按照《仲裁法》以及《SZ 仲裁委员会仲裁规则》的规定来选任仲裁员和组成仲裁庭。根据我国《仲裁法》和《SZ 仲裁委员会仲裁规则》对仲裁庭组成方式和仲裁员选定的规定，当事人约定由三名仲裁员组成仲裁庭审理案件的，当事人应当在规定的时间内各自选定或者各自委托委员会主任指定一名仲裁员，第三名仲裁员由当事人共同选定或者委托委员会主任指定。

本案中，某某生物公司在 SZ 仲裁委员会所提供的《仲裁庭及仲裁员选定书》中勾选了普通程序，明确表示其选择普通程序，由三名仲裁员组成仲裁庭审理案件。同时，申请人在《仲裁庭及仲裁员选定书》中明确写明了其选定的一名仲裁员的姓名及一名首席仲裁员的姓名，这就表明了申请人并未委托仲裁委员会主任代为选定仲裁员。在这种情况下，SZ 仲裁委员会以当事人没有约定仲裁庭的组成方式，亦没有选定仲裁员为由，决定由仲裁委员会主任指定仲裁员的做法，不符合法律规定，侵害了申请人的正当程序权利。

我国《仲裁法》在法院裁定撤销仲裁案件的六种情形中明确规定了“仲裁庭的组成或者仲裁的程序违反法定程序”（《仲裁法》第 58 条第 3 款）。SZ 中级人民法院经审理依法裁定撤销本案仲裁裁决的做法符合法律规定，维护了当事人选择仲裁庭组成方式及仲裁员的合法权益。

四、延伸

仲裁的基础在于当事人的意思自治。仲裁中的当事人意思自治原则，是指尊重当事人的私法权益，允许当事人在法律规定的范围内，依据自己的利益需要自主地做出各种仲裁安排和选择，仲裁机构和仲裁员应当尊重当事人对维护自身合法权益的追求，充分关注仲裁机制作用的正常发挥。随着商事仲裁的不断发展，仲裁制度在解决商事纠纷中的效益优势和公正性日益凸显,因此当事人的意志成为仲裁得以生存与发展的根本所在。具体而言,当事人意思自治原则在仲裁程序中有以下几个方面的充分体现。

其一,仲裁作为争议解决方式必须由当事人选择适用。当事人在签订合同时,如果约定采用仲裁方式解决其合同争议,则必须在合同中写入仲裁条款;如果当事人在订立合同时就仲裁问题尚未达成协议而在争议发生后双方才约定将其提交仲裁的,则应订立独立的仲裁协议,否则仲裁就不能启动。

其二,仲裁实体法与程序法由当事人确定。一般而言,当事人在约定采用仲裁方式解决争议的同时,可在合同中约定共同选定的仲裁所适用的实体法,即订立法律适用条款。当事人也可以选择仲裁程序法,即某个仲裁机构的仲裁规则,也可在选择仲裁机构同时约定选择的仲裁规则等。当事人一旦选定在某机构仲裁,但未约定适用的仲裁规则,便视为接受该机构的仲裁规则。在当事人可以选择但未选定仲裁规则的情况下,仲裁庭便可适用本机构的仲裁规则进行仲裁。

其三,仲裁事项由当事人约定。商事仲裁的仲裁事项通常以合同以及相关事项居多,人身关系或公法性质浓厚的法律争议一般不能纳入商事仲裁的范围之内,这是对当事人意思自治的必要限制。仲裁涉及的具体的仲裁事项,均由当事人在仲裁协议中约定,没有约定或约定的仲裁事项超出法律规定的仲裁范围的,仲裁庭无权仲裁。

其四,仲裁地点和仲裁机构由当事人确定。在仲裁地点确定之后,应选择具体的仲裁机构,包括常设仲裁机构和临时仲裁庭。如果当事人确定组成临时仲裁庭的,则必须将仲裁员人数、仲裁审理程序、仲裁裁决的效力和仲裁费用等问题写入仲裁条款;如果选择某个常设仲裁机构的,则必须将该机构的全称写入仲裁条款作为确定依据。当然,我国目前的临时仲裁仍处于起步阶段,因此机构仲裁是主流。

其五,仲裁员由当事人选定或委托指定。一般而言,当事人不但可以选择或委托指定仲裁员,而且还可以约定由一名或三名仲裁员组成仲裁庭,当事人若约定由一人成立仲裁庭的，则必须共同选定或共同委托仲裁委员会主任指定一名仲裁员；若约定由一名仲裁员组成仲裁庭的，则双方各自选定或各自委托仲裁委员会主任指定一名仲裁员，第三名仲裁员即首席仲裁员则由双方共同选定或共同委托仲裁委员会主任指定。

其六，仲裁程序中使用的语言由当事人约定。仲裁程序中使用的语言文字可以是一种或多种，被选定的一种或多种语言文字应适用于当事人的任何书面陈述、仲裁庭的任何开庭、任何裁决或其他与程序相关的文件。

其七，仲裁是否开庭或公开审理，由当事人协议确定。仲裁的优势之一是其保密性，这对商业案件来说非常重要。仲裁应当开庭但不公开进行，当事人可根据具体情况作出决定，若各方协议不开庭的，仲裁庭则应根据仲裁申请、答辩书以及其他材料作出裁决；若当事人协议仲裁公开进行的，仲裁庭应当公开审理。

上述诸多事项由当事人确定显示出意思自治是仲裁的基础所在。由于仲裁中诸多事项由当事人意思自治所定，仲裁庭对具体争议拥有管辖权的依据也是当事人订立的仲裁协议或仲裁条款。这意味着仲裁庭可以进行案件审理的基础之一在于当事人的意思自治；同时也意味着以下两种情况。

首先是当事人的直接授权。当事人的直接授权，是指当事人明确同意将某种权力交由仲裁庭使用，这样的授权可能记载在仲裁协议或仲裁条款中。当事人通常会在仲裁协议或仲裁条款中明确选择通过仲裁解决争议。从理论上来说，当事人当然可以用直接列举的形式在仲裁协议中赋予仲裁庭特定的权力。然而，从实际操作出发，一般的仲裁协议或条款都不会细致到如此程度，当事人通常不会在仲裁协议中详尽约定仲裁庭可享有的具体权限。而一旦争议产生，双方当事人的原有关系已经遭到破坏，在这种状态下很难指望双方就仲裁庭的权限达成一致意见。因此，常见的是当事人约定争议交由仲裁机构解决的条款或协议。此种约定在法律上排除了法院的司法管辖权，授予仲裁庭就该特定纠纷解决管辖权。

其次是当事人的间接授权。当事人的间接授权，是指双方当事人同意按照选定的仲裁规则的相关规定进行仲裁。仲裁机构根据相关法律制定仲裁规则,具体规定如何通过仲裁的方法解决当事人之间争议的程序性事项,包含仲裁程序的启动、仲裁庭的组成、仲裁审理、证据的提供与认定、仲裁裁决的作出等各个方面。这些规定对于节省当事人的负担十分有利,而且仲裁机构规则较为详尽,比当事人自己规定更为完整与妥当。当事人自行订立仲裁庭的程序规则的情形实际上较为罕见,只是一种理论上的权利;但是,不同仲裁机构的仲裁规则仍然存在差距,导致仲裁庭的权力往往也并不一致。因此,选择不同的仲裁规则,可能会对仲裁庭所享有的权力范围产生较大影响。

实践中,当事人会以直接与间接相结合的形式完成对仲裁的选择以及对仲裁庭的授权。例如,中国国际经济贸易仲裁委员会的推荐条款是"凡因本合同引起的或与本合同有关的任何争议,均应提交中国国际经济贸易仲裁委员会,按照申请仲裁时该会现行有效的仲裁规则进行仲裁。仲裁裁决是终局的,对双方均有约束力"。当事人一旦选用该条款,则表明当事人做出了一个直接授权和间接授权相结合的意思表示。直接授权表明当事人选择仲裁解决争议,从而排除了法院的司法管辖权;间接授权则表明当事人通过选择的仲裁规则授予仲裁庭在仲裁过程中进行裁决等相关活动。

从上面的论述可以看出,仲裁庭审理案件的管辖权源于当事人的意思自治,对当事人产生权利义务约束的裁决是仲裁庭做出的,所以如何选定组成仲裁庭的仲裁员是仲裁制度的核心与关键之一,因为仲裁员是仲裁案件中对当事人的纠纷进行评判并作出决定的居中裁判者。

在实践中,当事人选择仲裁员时通常应当考虑以下因素。(1)选择自己所信任的仲裁员。仲裁机构聘任的仲裁员是经过严格的选拔程序和审查程序的,具有较高的道德品质与专业素养,当事人可以从仲裁机构的仲裁员名册中选择自己信赖的仲裁员。(2)根据案件的具体情况选择熟悉相关专业知识的仲裁员。在涉外案件中可能会约定将非中文作为仲裁语言,此时尤其要考虑仲裁员的语言能力、专业能力等情况。(3)选择能够付出相应的时间与精力认真阅读案卷、分析案情、查找法律、勤勉高效地履行自己职责的仲裁员。(4)有些争议较大的案件,可以通过对仲裁员发表过的学术论文、在公开场合的讲话、在会议上的发言等进行检索,考察其所持的学术观点,尽量避免选择与己方观点相悖的仲裁员。(5)避免选择与当事人、代理人有利益冲突,符合法定回避条件的仲裁员。在仲裁程序中,任何一方当事人都有权申请具有回避事由的仲裁员回避,一旦当事人申请回避则可能延长仲裁程序时间,对当事人有害无益。(6)应当注意在规定的期限内选择仲裁员。仲裁实务中常常出现当事人逾期选定仲裁员的情况,作为当事人或代理人应当注意在仲裁规则规定的期限内选择仲裁员。(7)不放弃选择仲裁员的权利。作为仲裁员,会因当事人的选择和信任而产生更多的责任感。因此,建议当事人不要放弃选择仲裁员的权利。

当事人约定三名仲裁员仲裁，仲裁委员会决定由一名仲裁员仲裁

沈志雄*

一、撤销仲裁裁决理由的缘起

审理案号:(2019)皖16民特5号

申请人:李某、陈某某

被申请人:某某律师事务所

基本案情:

2018年12月27日,BZ仲裁委员会作出(2017)B仲裁字第169号裁决:(1)李某、陈某某自本裁决生效之日起5日内支付某某律师事务所律师代理费26,250元、延期付款违约金5998元,两项共计32,248元;(2)驳回某某律师事务所对李某的仲裁请求;(3)驳回某某律师事务所的其他仲裁请求。本案在仲裁期间,当事人各自选定了仲裁员,由三名仲裁员仲裁。BZ仲裁委员会最终指定一名仲裁员成立仲裁庭进行了仲裁。

---

* 沈志雄:2006年开始专职从事律师工作,现为广东百朋律师事务所合伙人律师。担任最高人民法院第一巡回法庭志愿律师、深圳市人大常委会立法调研基地立法工作者、深圳市劳动争议调解员、深圳市律师协会会员违规行为调查委员会委员、深圳市律师协会专业委绩效考核委员会委员、深圳市福田区人民法院特邀调解员、深圳市坪山区和谐劳动关系促进会调解员等。

李某、陈某某认为BZ仲裁委员会的裁决违反《仲裁法》，向BZ市中级人民法院申请撤销该仲裁裁决。申请人李某、陈某某提出两条意见。(1)申请人李某、陈某某于2017年11月27日向仲裁庭提出书面鉴定申请，要求鉴定2013年1月26日某某律师事务所接待笔录的形成时间以及与陈某某、李某签名是否为同一时间形成。仲裁庭未依法委托鉴定，也未释明不予鉴定的理由。鉴于被申请人某某律师事务所提供的三份文书中加盖了三种不同的某某律师事务所公章，申请人申请仲裁庭调取某某律师事务所2013—2017年期间在AH省司法厅的印章备案资料。仲裁庭未依法调取，也未说明理由。(2)仲裁庭不予中止审理，违反法定程序。仲裁庭审理本案期间，被申请人参与的所谓风险代理的案件，被QC区人民法院裁定再审，并作出再审裁定，驳回起诉，二审予以维持。申请人书面申请仲裁庭中止审理，仲裁庭无视法定中止申请情形，直接作出仲裁裁决。申请人未通过被申请人某某律师事务所的代理而实际执行到任何财产，而在已经支付代理费的情况下，不应再支付额外的代理费，而被申请人某某律师事务所则认为仲裁庭的组成程序违法，仲裁期间双方均选定了仲裁员，首席仲裁员由仲裁委员会主任指定，本案根据规定应当由三名仲裁员组成仲裁庭，但实际上，本案仅由一名仲裁员独任仲裁，程序违法。

二、法院的处理结果

BZ市中级人民法院认为，根据《仲裁法》第31条的规定，当事人约定由三名仲裁员组成仲裁庭的，应当各自选定或者各自委托仲裁委员会主任指定一名仲裁员，第三名仲裁员由当事人共同选定或者共同委托仲裁委员会主任指定，第三名仲裁员是首席仲裁员；当事人约定由一名仲裁员成立仲裁庭的，应当由当事人共同选定或者共同委托仲裁委员会主任指定仲裁员。本案在仲裁期间，当事人各自选定了仲裁员，由三名仲裁员仲裁。BZ仲裁委员会最终指定一名仲裁员成立仲裁庭进行仲裁，违反了法定程序。因此，BZ市中级人民法院裁定撤销BZ仲裁委员会(2017)B仲裁字第169

号裁决。

三、评析

本案争议的焦点在于,双方当事人在仲裁期间各自选定了仲裁员,由三名仲裁员仲裁,但是BZ仲裁委员会由一名仲裁员成立仲裁庭进行仲裁并作出裁决是否属于《仲裁法》第58条第1款第3项规定的"仲裁庭的组成或者仲裁的程序违反法定程序的"情形。

《仲裁法》第30条规定:仲裁庭可以由三名仲裁员或者一名仲裁员组成。如果当事人没有在仲裁规则规定的期限内约定仲裁庭的组成方式或者选定仲裁员的,由仲裁委员会主任指定。而如果当事人在仲裁规则规定的期限内约定了仲裁庭的组成方式或者选定仲裁员的,仲裁委员会则需要尊重当事人的意思自治,在未征得当事人的书面同意前,不得私自更改仲裁庭的组成方式或者选定仲裁员。只有在当事人没有在仲裁规则规定的期限内约定仲裁庭的组成方式或者选定仲裁员的,才由仲裁委员会主任指定。当然,很多仲裁委员会的仲裁规则都规定了简易程序,简易程序通常由一名仲裁员独任仲裁。例如,本案中所涉及的《BZ仲裁委员会仲裁暂行规则》在第五章就简易程序作出了规定,该章第49条规定:除非当事人另有约定,凡是争议金额不超过50万元的或争议金额超过50万元,经一方当事人书面申请并征得另一方当事人的书面同意的,适用本简易程序。也就是说,在BZ仲裁委员会受理的仲裁案件中,凡是争议金额不超过50万元的,适用简易程序,超过50万元但是经一方当事人申请并取得对方当事人书面同意的,也可以适用简易程序。本案中争议金额不超过50万元,因此仲裁委员会适用简易程序由一名仲裁员独任仲裁,这符合《BZ仲裁委员会仲裁暂行规则》关于简易程序的相关规定。但是当事人在本案仲裁期间,各自选定了仲裁员,由三名仲裁员仲裁,即出现了当事人的选择和仲裁规则的规定不一致的情形,此时应该如何适用相关规定?

笔者认为,诉讼或者仲裁关于简易程序的规定,通常是兼顾效率和公平的选择,但是在仲裁程序中,一旦当事人就仲裁庭的组成方式作出了选择,仲裁庭不能依据仲裁规则直接适用简易程序裁判案件,否则就属于"仲裁庭的组成违反法定程序",属于可以撤销仲裁裁决的情形,BZ 市中级人民法院作出撤销该裁决的裁定是正确的。

四、延伸

本案中,申请人以仲裁庭未依法委托鉴定、未调取、未中止审理作为撤销仲裁裁决的理由,本书其他章节对此或有专门论述,在此不再赘述。对于撤销仲裁裁决或不予执行仲裁裁决,通常限于以程序审查为主的有限审查为原则,这也是我国仲裁制度改革和顺应仲裁国际公约应用需求的结果。我国《民事诉讼法》第 248 条和《仲裁法》第 58 条就相关规定进行了统一,作为法律从业人员,在提起撤销仲裁裁决或不予执行仲裁裁决的申请时,只能按照这两条的相关规定作出选择,《仲裁法司法解释》第 17 条也明确规定对不属于该两条规定的情形法院不予支持。

按照 BZ 市中级人民法院关于本案的民事裁定书(限于现实原因,笔者并不掌握本案完整的材料,仅就民事裁定书认定的相关事实进行分析),本案申请人提出撤销仲裁裁决的事由并不包括"仲裁庭的组成违反法定程序"这一情形,相反是由被申请人某某律师事务所提出了该撤销仲裁裁决事由,这就出现了一个很有趣的问题:申请人未提出撤销仲裁裁决的事由,被申请人能否主动提出并最终作为法院裁判的事由。

笔者认为,申请人在申请撤销仲裁裁决时,通常会提出撤销仲裁裁决事由,就是撤销仲裁裁决所依据的事实和理由,虽然不一定需要在撤销仲裁裁决申请中一次性全部提出,但是原则上应当在法院审理过程中提出,并且需要提供相应的证据。部分法院甚至允许申请人基于不同的撤销仲裁裁决事由多次提起撤销仲裁裁决诉讼。《仲裁法司法解释》第 26 条、《仲裁裁决执行规定》第 20 条对此持开放态度,规定当事人在法定申请期限内基于不同事由提出撤销仲裁裁决申请,因为各次申请的"诉讼标的"不同,并不存在

“重复诉讼”问题,不宜简单以当事人重复申请为由驳回撤销仲裁裁决申请。也就是说,申请人可以一次或多次提出不同的撤销仲裁裁决事由。而法院在审理撤销仲裁裁决案件时,坚持以有限审查为原则,在裁决内容不违背社会公共利益的情况下,应该允许当事人自行作出决定,由当事人主动提出并证明撤销仲裁裁决事由,即使该仲裁裁决属于“瑕疵裁决”。审判实践中,如果被申请人提出申请人未提出的撤销仲裁裁决事由,法官认为该事由可能成为撤销仲裁裁决的事由时,可以向申请人释明是否主张该撤销仲裁裁决事由,而不应依职权或依对方当事人的主张作出裁判。

笔者通过检索相关撤销仲裁裁决案件,发现撤销仲裁裁决事由主要集中在违反法定程序、超出范围裁决/无权仲裁、没有仲裁协议这三种情形,但是司法实践中又存在以下几个问题。

在部分案件中,即使针对相同的事由,法院援引作为撤销仲裁裁决的事由却并不相同。比如,在同样是伪造签名或印章系伪造的情况下,部分法院认为没有仲裁协议,如(2020)浙10民特47号民事裁定书、(2018)京04民特158号民事裁定书等;部分法院则认为构成伪造证据,如(2020)粤01民特1051号民事裁定书、(2020)桂05民特131号民事裁定书等。笔者认为,不同的撤销仲裁裁决事由有具体的规范领域,需要从规范目的就各项撤销仲裁裁决事由的适用情形进行进一步细化。没有仲裁协议属于程序方面的规定,而伪造仲裁协议则属于对于案件实体方面的认定,对于伪造签名或印章系伪造必须对案件进行实质性的审理后才可以认定,除非单独的《仲裁协议》经审理认定属于伪造。对于当事人提出的事实和法院认定的事实相同,但是理由不同的情形,应该不属于申请人未提出撤销仲裁裁决事由的情形。从这一点来说,只需要当事人提出的撤销仲裁裁决的事实或理由有一项和法院撤销仲裁裁决的事实和理由相符就可以。

当然,实践中也存在法院所认定的撤销仲裁裁决事由和当事人申请的撤销仲裁裁决事由不相同的情形。比如,当事人以违反法定程序、认定事实不清为由申请撤销仲裁裁决,法院经审理认定双方当事人之间无仲裁协议

[（2021）湘01民特310号]；又如当事人以实体处理有误为由申请撤销仲裁裁决，法院在审理过程中调卷，查明仲裁庭未进行评议，最终以违反法定程序为由撤销仲裁裁决[（2021）湘11民特5号]。

仲裁委员会指定的仲裁员不在送达的仲裁员名册中

权庆华*

一、撤销仲裁裁决理由的缘起

审理案号:(2018)鲁14民特2号

申请人:苏某某

被申请人:王某某

基本案情:

苏某某与王某某因建设工程施工合同纠纷向DZ仲裁委员会申请仲裁,2016年12月14日立案。2017年6月20日,DZ仲裁委员会向苏某某送达仲裁规则和仲裁员名册。2017年7月4日,组成由赵某某为首席仲裁员,张某某、李某某为仲裁员的仲裁庭,但该仲裁委员会于2017年6月20日向苏某某送达的仲裁员名册中并无赵某某。2017年12月5日,DZ仲裁委员会作出(2016)D仲裁字第139号裁决:(1)苏某某自收到本裁决之日起10日内向王某某支付工程款581,271元及利息;(2)驳回王某某对桑某某的仲裁请求;(3)仲裁受理费16,540元,由苏某某承担。

---

* 权庆华:具备法学、土木工程双学历背景,曾作为法律顾问供职于中铁十五局集团有限公司,现为广东鸿荣源律师事务所主任律师,东莞、吉安等仲裁委员会仲裁员,深圳建筑业协会专家委员会专家,深圳宝安区建筑业行业协会法律顾问兼法律专家组组长,深圳罗湖区政府建工类法律顾问。

后苏某某以该案仲裁程序违法为由,申请撤销DZ仲裁委员会作出的仲裁裁决。申请人苏某某请求撤销DZ仲裁委员会(2016)D仲裁字第139号裁决书第一、三项,本案诉讼费由被申请人王某某承担;申请撤销裁决的理由为本案仲裁程序违法。本案于2016年12月14日立案,DZ仲裁委员会却在2017年6月20日向苏某某送达仲裁规则和仲裁员名册,违反了《DZ仲裁委员会仲裁规则》第13条"本委受理仲裁申请后,应当在5日内将本规则和仲裁员名册送达当事人"的规定;本案于2017年7月4日组成仲裁庭,DZ仲裁委员会却在2017年12月5日作出裁决送达苏某某,违反了《DZ仲裁委员会仲裁规则》第47条"仲裁庭应当在仲裁庭组成后3个月内作出仲裁裁决"的规定;DZ仲裁委员会指定的首席仲裁员未载入送达给当事人的仲裁员名册中,属于仲裁庭的组成程序违法。

二、法院的处理结果

DZ市中级人民法院认为,根据《仲裁法》第58条第1款第3项的规定,仲裁庭的组成或者仲裁的程序违反法定程序的,应当裁定撤销。《仲裁法司法解释》第20条规定:违反法定程序是指违反仲裁法规定的仲裁程序和当事人选择的仲裁规则可能影响案件正确裁决的情形。本案中,DZ仲裁委员会无正当理由或特殊情况,未在其仲裁规则规定的裁决期限内作出裁决,不符合仲裁规则的规定。DZ仲裁委员会指定的本案首席仲裁员并不在其送达给当事人的仲裁员名册中,剥夺了当事人对仲裁庭组成人员申请回避的权利,属于仲裁庭的组成违反法定程序。综上所述,DZ仲裁委员会在仲裁该案时程序违法,其作出的仲裁裁决应予撤销。因此,DZ市中级人民法院裁定撤销DZ仲裁委员会(2016)D仲裁字第139号裁决。

三、评析

仲裁员名册制度在我国内地的各仲裁机构均有设置,《仲裁法》第13条也对仲裁员资格作了明确的规定,即仲裁员无论是由当事人选定还是由仲裁委员会主任指定,均需要从仲裁员名册中选定。随着当事人对商事仲裁灵活性要求的提高、当事人意思自治原则的强化,仲裁员名册制度开始出现一些变化。中国国际经济贸易仲裁委员会在2005年修订的《中国国际经济贸易仲裁委员会仲裁规则》中增加了关于允许当事人在仲裁员名册之外选定仲裁员的规定;但是,关于当事人在名册之外选定仲裁员的事项仍需要得到仲裁委员会主任的书面确认。

当仲裁机构的仲裁规则没有关于仲裁委员会主任是否可以在仲裁员名册之外选定仲裁员的相关规定时,实践中的一般做法是仲裁委员会主任仍应当从仲裁员名册中指定仲裁员。回到本案,《DZ仲裁委员会仲裁规则》中并没有规定仲裁委员会主任可以在仲裁员名册之外选任或者指定仲裁员,DZ仲裁委员会主任在仲裁名册之外指定首席仲裁员的做法无法律依据。

四、延伸

在我国商事仲裁程序中,仲裁庭的组成是不可或缺、至关重要的一个环节。仲裁庭未组成,会导致商事仲裁程序无法进入下一个环节。仲裁庭组成不符合法定程序或组成有瑕疵,将对仲裁程序的正当性、仲裁裁决的可执行性有较为严重的影响,甚至会导致法院撤销仲裁裁决的后果。仲裁庭的组成人员存在瑕疵或不合法的,也会导致仲裁裁决的质量或结果无法保证或无法保护当事人的正当性权益。正如有学者所言:"仲裁的质量主要取决于仲裁员,仲裁员的任职资格、人品、智慧、业务经验对争议的合理解决有着决定性的影响。"〔1〕

因此,仲裁机构对于仲裁员的指定应充分重视。

(一)仲裁机构指定仲裁员时对当事人的权益保护

一般情况下,当事人可以直接在仲裁员名册中选定仲裁员,该权利无须

〔1〕 宋连斌:《中国仲裁员制度改革初探》,载《中国国际私法与比较法年刊》2001年第4卷。

其他第三人或其他主体代为行使。由于当事人个人原因不能或不愿自行选定仲裁员,当事人可以委托仲裁机构代为指定仲裁员,仲裁机构也有权依据其仲裁规则或者当事人选定的仲裁规则为当事人指定仲裁员。由于当事人的原因,将选定仲裁员的部分或全部权利让渡或委托给仲裁机构后,我们就需要思考如何去保障当事人的正当性利益得以实现或不被侵犯。

仲裁机构一般应根据三个方面的要求或条件来选择或指定仲裁员:(1)仲裁员应具备裁判该案件的专业素质;(2)仲裁员在该案件中应是公正、独立的;(3)在国际商事仲裁中,除非当事人另有约定,独任仲裁员和首席仲裁员一般应具有不同于双方当事人的国籍。仲裁机构指定或选定的仲裁员只有同时具备上述三个条件的,才可能保证当事人的正当性权益得以实现,即双方当事人之间的纠纷得到公平、公正、合理的解决。

在第一个条件中,对于仲裁员是否应具备裁判该案件的专业素质,即仲裁员的专业素质,只有少数国家通过立法对此作了明确规定。[1] 对当事人来说,能够保障其正当性利益得以实现的最好方式,就是双方事先通过仲裁协议对此作出明确约定。而对于其他两个条件,如果当事人确有理由怀疑仲裁员的独立性和公正性,可以对仲裁员提出异议,这一点在各国的国内立法以及国际上一些主要仲裁机构的仲裁规则中都已得到确认。

在对异议的最终决定权的归属这一问题上,各国立法有两种不同的做法:第一种是仲裁庭或仲裁机构享有最终决定权;第二种是当事人首先向仲裁庭或仲裁机构提出异议,被否决后可以再向管辖法院起诉,最终决定权归法院。

笔者更倾向于采纳第二种做法。第一种在国际仲裁案例中并不是常见做法,毕竟这是一种预先性的假设,将仲裁庭置于一种恪守诚信、秉承原则并完全按照仲裁规则进行的制高点上,忽略了仲裁庭会出于某种利益的考量作出损害当事人的裁决,若当事人不能够向法院申请撤销仲裁裁决,则必

---

〔1〕 如英国1996年《仲裁法》第24条第1款规定:“法院根据当事人申请撤换仲裁员,该仲裁员身体上或智能上不能进行仲裁程序或对其进行仲裁程序的能力产生具有正当理由的怀疑。”

然会导致当事人的利益损失殆尽。因此选取第二项做法无疑能够更顺利地保障当事人的利益。例如,1997 年的《国际商会仲裁规则》将由仲裁委员会享有最终裁决权的规定删掉。而我国的《仲裁法》和《中国国际经济贸易仲裁委员会仲裁规则》都没有明确规定当事人利益优先保护原则,即仲裁机构在指定仲裁员时,应首先考虑如何保护当事人的利益。

目前国内存在的不足为:(1)未从优先保护当事人利益方面作出规定,仲裁机构更多的还是考虑到自身的利益;(2)异议决定权在仲裁委员会主任手中,即当事人对仲裁员提出异议的,决定权还是在仲裁机构,由仲裁委员会主任决定。[1]

(二)关于仲裁员名册制

仲裁员名册制,主要是指将候选仲裁员的姓名、专长、经验以及阅历编制成册,作为仲裁机构或指定机构、当事人从中选择并确定仲裁员的一种制度。[2] 不同国家或地区的仲裁员名册的组成方式不同,包括开放式与封闭式两种。目前国际上通行的做法是,无论是当事人自行选择,还是由仲裁机构指定都必须从编制成册的仲裁员名单中选取,这就是从封闭式名单中选取仲裁员的常规做法。例如,我国的部分仲裁机构、美国仲裁协会、荷兰仲裁机构以及根据《贸法会仲裁规则》进行仲裁的机构均是按照封闭式仲裁名册选取仲裁员。也有一些国家或地区的仲裁机构实行开放式名册制,当事人可以在仲裁机构提供的仲裁名册中选择仲裁员,也可以在名册外指定仲裁员,我国香港特别行政区和新加坡的仲裁机构则采用开放式名册制。还有一些国家的仲裁机构采用不实行名册制,仲裁机构只能够行使法律赋予的确认权,对当事人自由选择的仲裁员进行确认,如斯德哥尔摩商会仲裁院、国际商会仲裁院等。我国《仲裁法》确定的是封闭式仲裁名册制度,即不赋予当事人在名册之外选择仲裁员的权利。《中国国际经济贸易仲裁委员

---

〔1〕 参见《仲裁法》第 26 条、《中国国际经济贸易仲裁委员会仲裁规则》第 30 条。

〔2〕 参见乔欣:《仲裁权研究》,法律出版社 2001 年版,第 45 页。

会仲裁规则》第24条、第25条明确规定,双方当事人应当各自在仲裁委员会仲裁员名册中选定一名仲裁员或者委托仲裁委员会主任指定;双方当事人可以在仲裁员名册中共同选定或者共同委托仲裁委员会主任指定一名仲裁员作为独任仲裁员。由此可见,我国仲裁员名册制采用的是封闭式名册制,在操作中采用的是直接指定的方式,即当事人和仲裁委员会主任可以直接从仲裁员名册中指定一名或多名仲裁员。

封闭式仲裁名册制尽管有很多优点,如简便快捷,程序不冗杂烦琐,但也有较多的缺点,存在严重影响当事人利益的可能性。(1)仲裁名册的信息不完整,仅仅只有姓名、专业、优势无法让当事人完整地了解到该仲裁员的其他信息。(2)仲裁名册制具有强迫性,即当事人可以放弃选取仲裁员的权利,并让渡给仲裁机构由其行使该权利,但无法预见仲裁机构指定一名仲裁员或多名仲裁员时,是否会存在不正当利益的输送,存在损害当事人利益的可能性风险。国际商事仲裁中采用名册制的做法主要是考虑到当事人选择的仲裁员不一定符合法律的规定,甚至选取的仲裁员不专业,造成仲裁裁决被撤销或难以执行的情况的发生,由此演变出由仲裁机构提前将仲裁员名单编制成册以最大限度便于当事人选择,并使该仲裁员能够公平、公正地进行裁决,帮助当事人解决纠纷。

我国仲裁制度可以借鉴美国的仲裁员名册制。美国仲裁协会一般会向当事人推荐仲裁员,当事人从推荐的仲裁员名单中进行选择,双方当事人可以在列入的10~20个仲裁员中,根据自己的需求进行筛选,并划掉一部分不符合自己需求的仲裁员,双方将选定的仲裁员重新排列,并将各自勾选的仲裁员交至仲裁机构,对于双方划掉的则不能进入候选名单,双方没有划掉的,即双方同意出任仲裁员的相关人员,也就是双方选定的仲裁员。在双方当事人未就仲裁员人选达成一致的情况下,可以由仲裁机构确定仲裁员,但对于双方划掉的仲裁员不得再进行指定。[1] 另外,我国还应考虑将封闭名

---

〔1〕 参见赵威主编:《国际仲裁法理论与实务》,中国政法大学出版社1995年版,第47页。

册制改为开放的名册制，允许当事人在仲裁机构提供的名册之外选择仲裁员，而仲裁机构只行使确认权，这样才可能使名册制起到其应有的积极作用。

（三）仲裁员名册变动，是否会影响仲裁员参与案件的审理

针对“仲裁员名册变动，是否会影响仲裁员参与案件审理的问题”，最高人民法院《关于未被续聘的仲裁员在原参加审理的案件裁决书上签名人民法院应当执行该仲裁裁决书批复》（法释〔1998〕21 号，以下简称《关于未被续聘仲裁员的批复》）载明：“在中国国际经济贸易仲裁委员会深圳分会对深圳东鹏实业有限公司与中国化工建设深圳公司合资经营合同纠纷案件仲裁过程中，陈某被当事人指定为该案的仲裁员时具有合法的仲裁员身份，并参与了开庭审理工作。之后，新的仲裁员名册中没有陈某的名字，说明仲裁机构不再聘任陈某为仲裁员，但这只能约束仲裁机构以后审理的案件，不影响陈某在此前已合法成立的仲裁庭中的案件审理工作。其在该仲裁庭所作的（九四）深国仲结字第四十七号裁决书上签字有效。深圳市中级人民法院应当根据当事人的申请对该仲裁裁决书予以执行。”

依据《仲裁法》第 58 条的规定，仲裁庭的组成违反法定程序属于撤销和不予执行仲裁裁决的事由之一。实务中，当裁决的结果不利于自己一方时，当事人通常以仲裁员不具备仲裁资格或仲裁程序违法为由申请撤销仲裁裁决或不予执行仲裁裁决。对此，目前司法实践中的主流观点是援引《关于未被续聘仲裁员的批复》的规定，认为如果在仲裁庭成立时，仲裁员具备仲裁员资格，不影响其在此前已合法成立的仲裁庭中的审理工作。

仲裁员未签署保证独立、公正仲裁的声明书

彭杨姗*

一、撤销仲裁裁决理由的缘起

审理案号:(2018)豫09民特24号

申请人:某某房地产公司

被申请人:李某

基本案情:

关于某某房地产公司与李某合同纠纷案,经PY仲裁委员会作出裁决后,某某房地产公司向PY市中级人民法院申请撤销该裁决。

申请人某某房地产公司申请称,(1)仲裁庭的组成违反法定程序。首先,PY仲裁委员会受理本案仲裁申请后,未将《仲裁员名册》送达申请人某某房地产公司,亦未告知申请人有关选择仲裁员事宜,剥夺了申请人选择仲裁员的权利。其次,根据《PY仲裁委员会仲裁规则》的规定,除非当事人另有约定,凡案件争议金额不超过50万元的,适用简易程序。本案争议金额未超50万元,双方当事人亦未约定适用普通程序,仲裁委员会直接指定适用普

---

* 彭杨姗:北京浩天(深圳)律师事务所律师,深圳市涉外律师新锐人才库成员,深圳市涉外法治服务团成员,深圳市律师协会国际交流与合作工作委员会副秘书长,深圳市律师协会商事仲裁法律专业委员会副秘书长。

通程序,程序违反法律规定。仲裁员未签订保证独立公正仲裁的声明书,未披露影响其独立性、公正性的情形,仲裁程序严重违反了《PY 仲裁委员会仲裁规则》第 26 条的规定。(2)裁决书适用法律错误。

被申请人李某答辩称,(1)仲裁庭的组成符合法定程序。《仲裁法》并没有规定仲裁庭开庭是用简易程序还是普通程序。(2)PY 仲裁委员会裁决书适用法律正确无误。(3)对于仲裁员是否必须签订保证独立公正仲裁的声明书,申请人未提交任何相关的证据。被答辩人的各项申请撤销仲裁裁决的理由均不能成立,请求依法驳回其申请。

二、法院的处理结果

PY 市中级人民法院经审理查明,(2017)P 仲经裁字第 050 号卷宗没有仲裁员在任职后签署的保证独立、公正仲裁的声明书。

PY 市中级人民法院认为,《仲裁法》第 58 条第 1 款、第 2 款规定:"当事人提出证据证明裁决有下列情形之一的,可以向仲裁委员会所在地的中级人民法院申请撤销裁决:(一)没有仲裁协议的;(二)裁决的事项不属于仲裁协议的范围或者仲裁委员会无权仲裁的;(三)仲裁庭的组成或者仲裁的程序违反法定程序的;(四)裁决所根据的证据是伪造的;(五)对方当事人隐瞒了足以影响公正裁决的证据的;(六)仲裁员在仲裁该案时有索贿受贿,徇私舞弊,枉法裁决行为的。人民法院经组成合议庭审查核实裁决有前款规定情形之一的,应当裁定撤销。"《PY 仲裁委员会仲裁规则》第 26 条规定:"仲裁员披露(一)仲裁员任职后,应当签署保证独立、公正仲裁的声明书。"《仲裁法司法解释》第 20 条规定:"仲裁法第五十八条规定的'违反法定程序',是指违反仲裁法规定的仲裁程序和当事人选择的仲裁规则可能影响案件正确裁决的情形。"仲裁员任职后,未签署保证独立、公正仲裁的声明书,系违反了当事人选择的仲裁规则可能影响案件正确裁决的情形,该仲裁的程序违反法定程序,故申请人某某房地产公司申请撤销 PY 仲裁委员会(2017)P 仲经裁字第 050 号裁决书的理由成立,法院予以支持。PY 市中级人民法院裁定撤销本案仲裁裁决。

三、评析

本案中的仲裁裁决之所以被撤销，是因为仲裁员没有签署保证独立、公正仲裁的声明书。法院审理的逻辑在于“仲裁员没有签署保证独立、公正仲裁的声明书”，违反了《PY 仲裁委员会仲裁规则》第 26 条之规定，又因为违反了该仲裁规则，符合《仲裁法》第 58 条第 1 款第 3 项及第 2 款之规定“仲裁的程序违反法定程序”，因而撤销该仲裁裁决。

笔者认为，PY 市中级人民法院仅仅因“仲裁员没有签署保证独立、公正仲裁的声明书”而撤销（2017）P 仲经裁字第 050 号裁决书，但是未阐明“仲裁员没有签署保证独立、公正仲裁的声明书”与“可能影响案件正确裁决的情形”的因果关系，所以该撤销裁定稍欠妥当。

（一）法院没有对“可能影响案件正确裁决”展开说理

对于“仲裁的程序违反法定程序”的适用，《仲裁法司法解释》第 20 条作出了基本解释，即“违反仲裁法规定的仲裁程序和当事人选择的仲裁规则可能影响案件正确裁决的情形”。

关于怎么判断“可能影响案件正确裁决的情形”，最高人民法院对此的解释是：（1）违反了《仲裁法》的强制性规定的，如《仲裁法》第 31 条、第 32 条、第 33 条关于仲裁员的选任程序的规定；（2）违反了当事人约定的仲裁程序，且严重影响仲裁当事人的权利的；（3）违反了其他仲裁程序，且实质性影响到仲裁裁决公正的。[1]

结合本案的情况，“仲裁员没有签署保证独立、公正仲裁的声明书”并没有违反《仲裁法》强制性规定，所以不能直接得出“仲裁的程序违反法定程序”，还需要判断“仲裁员没有签署保证独立、公正仲裁的声明书”是否是“可

---

〔1〕 参见万鄂湘等主编，最高人民法院研究室、最高人民法院民事审判第四庭编著：《最高人民法院仲裁法司法解释的理解与适用》（第 2 版），人民法院出版社 2015 年版，第 178～179 页。

能影响案件正确裁决的情形”。如果本案没有证据显示“影响案件正确裁决”,法院可以考虑要求仲裁庭采取补救措施,或者以程序瑕疵不影响案件正确裁决为由,驳回撤销仲裁裁决的申请。

从“仲裁员没有签署保证独立、公正仲裁的声明书”到“可能影响案件正确裁决的情形”,作为司法机关的人民法院应该考虑仲裁员的独立性和公正性。

追根溯源,仲裁员签署保证独立、公正裁决的声明书是因为对仲裁员有独立性和公正性的要求。如何判断仲裁员在行为上做到“独立性、公正性”,可以参考《PY 仲裁委员会仲裁规则》第 26 条和第 27 条的规定,即该未签署声明书的仲裁员是否有第 26 条和第 27 条应当披露而未披露的情形,是否有应当回避而未回避的情形,或者有其他影响案件独立性和公正性的情形。

根据《PY 仲裁委员会仲裁规则》第 27 条的规定,主要考察仲裁员四项内容。(1)是否为本案当事人或者当事人、代理人的近亲属。(2)是否与本案有利害关系。(3)是否与本案当事人、代理人有其他关系,可能影响公正仲裁的。例如,A. 是否对于承办的案件提供过咨询;B. 是否现任当事人法律顾问或者其他顾问,或曾担任当事人法律顾问或者其他顾问,该顾问关系结束未满两年;C. 是否曾担任当事人的代理人结案未满两年;D. 是否与当事人或其代理人在同一单位工作,或者曾在同一单位工作且离开不满两年;E. 是否在本会同时审理的案件中,互为案件的代理人和仲裁员,后一案件被选定或指定为仲裁员;F. 是否因介绍案件谋利益;G. 是否存在其他可能影响公正仲裁的事项。(4)是否私自会见当事人、代理人,或者接受当事人、代理人的请客送礼。如果 PY 市中级人民法院并未发现仲裁员有前述行为,且本案没有其他影响案件正确裁决的情形的,更为适宜的做法是认定仲裁员没有签署声明书导致程序瑕疵,但因该程序瑕疵没有影响案件的裁决结果,所以可以驳回申请人撤销仲裁的请求,而非支持申请人撤销仲裁裁决的申请。

（二）法院没有根据《PY仲裁委员会仲裁规则》第5条审查申请人是否构成“放弃异议权”的做法稍欠妥当

《PY仲裁委员会仲裁规则》第5条规定，“放弃异议权：当事人知道或者应当知道本规则或者仲裁协议中的条款未被遵守，仍然参加或继续参加仲裁程序并且未在仲裁裁决作出之前提出书面异议的，视为其放弃提出异议的权利”。该规则第26条第2款规定，“接受选定或者指定的仲裁员，知悉与案件当事人或者代理人存在可能导致当事人对其独立性、公正性产生怀疑的情形，应当书面披露。当事人应当自收到仲裁员书面披露之日起五日内就是否申请回避提出书面意见”。该规则第26条第5款规定，“当事人在上述第（二）款规定的期限内没有申请回避的，不得再以仲裁员曾经披露的事项为由申请回避”。以上条款均要求申请人对仲裁员的违规行为及时提出异议。

本案中，申请人某某房地产公司在仲裁庭审程序中是否提出“仲裁员未签署保证独立、公正裁决的声明书”违反仲裁程序，在该裁决书中并未体现。如果申请人某某房地产公司在仲裁程序中并没有对仲裁员是否签署声明书提出程序异议，而是等待仲裁裁决结果对其不利之后，才向法院申请撤销仲裁裁决，则构成《PY仲裁委员会仲裁规则》第5条中的“放弃异议权”。

本案PY市中级人民法院更适宜的做法应该是首先调查申请人某某房地产公司在仲裁程序中是否知晓“仲裁员未签署保证独立、公正裁决的声明书”。如果知晓，应该查明申请人是否在仲裁程序中书面提出该异议。如果没有书面提出，是否有正当理由；如果没有正当理由，PY市中级人民法院可以根据“放弃异议权”驳回申请人的撤销仲裁裁决申请。如果申请人声称其在仲裁程序中不知“仲裁员未签署保证独立、公正裁决的声明书”，而是仲裁结果出来之后才知晓仲裁员未签署声明书，那么申请人也应该对其知晓的时间负有举证责任。

本案的裁定书中未对申请人是否曾经提出过程序瑕疵进行说明，也没有提及是否已对申请人开展任何询问或调查，而是直接根据《PY 仲裁委员会仲裁规则》第 26 条的规定予以撤销仲裁。第 26 条和第 5 条效力等级一致，既然要考虑第 26 条，就应该全盘考虑《PY 仲裁委员会仲裁规则》。如果全盘考虑仲裁规则和仲裁程序，在 PY 市中级人民法院没有阐述申请人对于“仲裁员未签署保证独立、公正裁决的声明书”这一事实是否知晓、知晓的时间、是否在仲裁庭庭审期间书面提出该异议等情况之前，不宜直接撤销仲裁裁决。

总之，笔者认为签署仲裁员声明书并非《仲裁法》规定的仲裁程序，而仅是《PY 仲裁委员会仲裁规则》中规定的义务，PY 市中级人民要作出撤销裁定的决定，需要论证该义务直接导致“可能影响案件正确裁决”，也需要法院进一步论证申请人不构成“放弃异议权”，在满足前述两点之后，该撤销仲裁裁决的决定才更为适宜。

四、延伸

（一）国际商事仲裁中对于“仲裁员未签署声明书”的规定

根据《纽约公约》第 5 条第 1 款“一、裁决唯有于受裁决援用之一造向声请承认及执行地之主管机关提具证据证明有下列情形之一时，始得依该造之请求，拒予承认及执行……（丁）仲裁机关之组成或仲裁程序与各造间之协议不符，或无协议而与仲裁地所在国法律不符者……”的规定，“仲裁员未签署保证独立、公正裁决的声明书”是否属于《纽约公约》第 5 条第 1 款第 4 项的范畴尚存疑问。《纽约公约指南》规定，“法院可要求当事人证明，指称的违规导致与程序规则得到遵守情况下不同的仲裁”。“此外，即使已证明仲裁庭的组成违规，法院也可能会认为当事人的后续行为造成双方同意修改适用的程序”[1]，要达到司法审查的标准，与文本前述的观点类似，同样要

---

〔1〕《关于〈承认及执行外国仲裁裁决公约〉（1958 年，纽约）的指南》（联合国维也纳办事处英文、出版和图书馆科 2016 年版），第 195 页。

求“违反程序”要达到“不同裁决的效果”，且当事人要及时提出，不然就构成“双方同意修改适用的程序”，所以如果仅仅是“仲裁员未签署声明书”，并不能直接得出属于《纽约公约》第 5 条第 1 款第 4 项的情形。

保证仲裁员的公正性与独立性并非依赖于仲裁员是否签署“保证独立、公正裁决的声明书”，而是从具体的制度设计上落实，如仲裁员信息披露制度、仲裁员回避制度等。由国际律师协会（International Bar Association）编撰通过的《利益冲突指引》则对仲裁员信息披露制度、仲裁员回避制度提供了较为详细的指引。《利益冲突指引》第一部分对仲裁员的公正、独立和披露的一般标准进行了说明。《利益冲突指引》第二部分通过列举的方式将实践中常见的情形进行了划分，并将这些实际情况区分为三份清单：红色清单、橙色清单和绿色清单。红色清单由两部分组成，“不可弃权红色清单”和“可弃权红色清单”。不可弃权红色清单下，即使披露了此类情形，也不能消除利益冲突。通俗地说，在不可弃权清单情形出现时，仲裁员无论如何都不得继续担任该案仲裁员。可弃权红色清单情形下，只有在双方当事人知晓此种利益冲突，且明示同意该人士依然可担任仲裁员时，才视为对此情形放弃异议权。橙色清单会使当事人对仲裁员的公正性和独立性产生合理怀疑。橙色清单反映的情形属于仲裁员有义务披露此类情形。在所有此类情形下，在仲裁员披露后，除非当事人及时反对，否则即视为其已接受该仲裁员。绿色清单下的情形，从相应的客观角度来看，属于在表面或实质上没有利益冲突的具体情形。仲裁员没有义务披露绿色清单包含的情形。该《利益冲突指引》并没有把“仲裁员没有签署保证独立、公正仲裁的声明书”作为仲裁员的违规事项。

在国际仲裁中，要撤销仲裁裁决，需要司法机关根据仲裁员的具体情况来判断是否违反仲裁员的独立性和公正性，不存在仅仅依据“仲裁员未签署声明书”这一形式要件而直接予以撤销仲裁的情形，且即使未满足形式要件，也需要当事方及时提出异议，否则视为接受该仲裁员。

(二)国际商事仲裁中对于申请人"放弃异议权"的规定

"放弃异议权"在各国国内法和国际仲裁规则中有普遍的规定。

英国1996年《仲裁法》第73条规定,一方当事人在发现仲裁程序中存在四种情况,但仍参与仲裁且未立即或者在特定时间(仲裁协议约定或者仲裁庭指定)内提出异议的,即丧失了嗣后对仲裁庭和法院提出异议的权利。这四种情况包括:(1)仲裁庭缺乏实体管辖权;(2)程序存在不当操作;(3)存在任何未遵守仲裁协议或者该法第一部分的行为;(4)其他影响仲裁程序或者仲裁庭的不规范行为。

根据《法国民事诉讼法典》第1466条的规定,如果当事人以仲裁庭错误行使管辖权为依据提起仲裁裁决撤销之诉,就表明当事人一定已经在仲裁程序中对仲裁庭的管辖权问题提出过异议。在法院受理撤销之诉后,发现当事人并未曾在仲裁庭前提出过管辖权异议,那么表明当事人已经放弃了提出异议的权利,仲裁裁决的撤销之诉也因此不可能成立。该条是普通法系国家仲裁中的禁止反言,也即质疑权消失原则的一种借鉴,和我国《仲裁法》中的"放弃异议权"相对应。

根据美国普通法案例,2017年2月28日,美国联邦伊利诺伊北区法院在厄克特等诉库尔兰(Urquhart et al. *v*. Kurlan et al.)一案中驳回了当事人库尔兰(Kurlan)以其在仲裁中某些重要程序权利被剥夺为由提起的撤销仲裁裁决的申请,[1]其中一个主要原因是,在仲裁庭审结束前仲裁庭曾询问双方是否充分、清楚地表达了自己的意见,Kurlan一方的律师表示:"我确信我们已经最大限度和最大可能地表达了我们的意见。"Sara L. Ellis法官如此评价:"对于该方当事人所称不公平的程序事项,仲裁庭已经给予其提出异议的机会。虽然Kurlan声称仲裁员剥夺了其重要的程序权利,但是其代理人在结案陈词中的表述,表明其实际上已经放弃了异议权。"

---

[1] See Urquhart et al. *v*. Kurlan et al., N. D. Illinois, Eastern Division, No. 16 C 2301.

在国际商事仲裁规则中,《利益冲突指引》第一部分、《国际商会仲裁规则》(2017 版)第 40 条就"弃权"事宜做出了规定。《新加坡国际仲裁中心仲裁规则》(2016 版)在"一般规定"部分同样规定了放弃异议权。《贸法会仲裁规则》(2010 版)第 32 条、《国际商事仲裁示范法》(2006 版)第 4 条均对"放弃提出异议的权利"进行了专门规定。除此以外,《伦敦国际仲裁院仲裁规则》(2014 版)第 32.1 条、《斯德哥尔摩商会仲裁院仲裁规则》(2017 版)第 36 条均有相似的规定。

"放弃异议权"广泛存在于各国和国际商事仲裁的规定中,源于"法律不保护躺在权利上睡大觉的人",也是为了防止当事人在发现仲裁程序瑕疵之后选择先沉默,在出现对其不利的仲裁结果之后,再利用该程序瑕疵,企图撤销对其不利的裁决。

总之,撤销仲裁裁决是对仲裁裁决最严厉的规制措施之一,作为司法机关,在作出该严厉的措施时,应尽可能地全盘考虑问题,不应将轻微的、可以补救的程序瑕疵作为可以撤销仲裁裁决的理由,且即使该程序瑕疵可以作为撤销仲裁的理由,也应该进一步考察各方当事人在仲裁程序中是否及时提出了反对意见,是否就构成对自己权利的放弃,不能事后再向司法机关提出之前放弃的异议权,否则将导致一方申请人心存侥幸、坐等观望,待其不利结果出现之后再回头寻找瑕疵,从而浪费司法资源,对另一方当事人造成不公平的结果。

仲裁员曾在有关当事人的案件中担任诉讼代理人

尹秀钟*

一、撤销仲裁裁决理由的缘起

审理案号：(2016)冀04民特52号

申请人：某某房地产公司

被申请人：姜某

基本案情：

2014年7月17日，姜某与某某房地产公司签订《(内部职工)房屋预购协议书》，并向某某房地产公司支付购房意向金151万元。2014年8月8日，姜某与某某房地产公司签订《内部认购协议书》，协议书中约定：姜某购买位于HD市阳光水岸3号楼1单元的702、801、802号3套房屋。当约定的房屋具备交房条件后，经多次协调，某某房地产公司拒不换签《商品房买卖合同》，后发生争议，姜某依据换签的《内部认购协议书》中的仲裁条款向HD仲裁委员会申请仲裁，请求：(1)判令某某房地产公司履行协议，换签《商

---

* 尹秀钟：日本庆应义塾大学法学博士，广东卓建律师事务所合伙人律师、广东省和深圳市涉外律师领军人才，熟悉日本和韩国等海外法域。现担任韩国驻广州总领事馆、KOTRA等多家日韩官方机构法律顾问，深圳市法学会、社团法人韩中法学会理事，广东省律师协会涉外法律服务讲师团讲师，广东外语外贸大学法学院研究生导师，深圳市律师协会国际交流与合作工作委员会副主任等社会职务。

品房买卖合同》并办理产权登记、履行交付房屋义务;(2)仲裁费用由某某房地产公司承担。HD仲裁委员会于2015年8月3日受理该案并适用普通程序进行审理。2016年2月4日,HD仲裁委员会经审理后作出(2015)H仲裁字第150号裁决书,裁决:(1)某某房地产公司应在收到本裁决之起10日内与姜某换签符合办理产权登记要求的《商品房买卖合同》;(2)某某房地产公司应在其开发的HD市阳光水岸3号楼1单元的702、801、802号3套房屋具备交付条件时及时向姜某交付上述房屋,并协助其办理产权登记手续;(3)本案仲裁费23,985元,由某某房地产公司负担,鉴于仲裁费已由姜某预交,某某房地产公司应当在收到本裁决书之日起10日内将仲裁费23,985元支付给姜某。某某房地产公司认为裁决违反法定程序,申请撤销HD仲裁委员会作出的仲裁裁决。

某某房地产公司称,仲裁员在裁决本案时存在《仲裁法》第58条第1款第3、5项规定的情形。(1)仲裁庭的组成严重违反法定程序。该案系由首席仲裁员王某审理,其作为一名专职律师,曾在原告聂某诉某某房地产公司民间借贷纠纷案中,担任原告聂某的诉讼代理人参加诉讼。因此王某对某某房地产公司有先入为主的偏见是可想而知的,其作为该仲裁裁决的首席仲裁员,不理会某某房地产公司提供的书面证据,从而认定某某房地产公司与姜某是商品房买卖合同纠纷而非实际的民间借贷纠纷,根据《仲裁法》第34条以及《HD仲裁委员会仲裁暂行规则》第31条的规定,王某具有明显的可能影响公正裁决的情形,在本案中应主动申请回避,其未主动申请回避影响了案件的公正裁决。(2)被申请人隐瞒了足以影响案件公正裁决的证据。被申请人故意隐瞒2014年7月17日双方签订的《(内部职工)房屋预购协议书》和《抵押物流转清单》、退款申请单以及付息银行转账凭证,以上证据客观真实地证明了双方之间形成了民间借贷的基础法律关系。《抵押物流转清单》上有被申请人的签字,该《抵押物流转清单》作为预购书不可分割的一部分,HD市阳光水岸3号楼1单元702号、802号、801号房屋作为借款抵押物,被申请人是明知的。某某房地产公司曾在借款后分别支付了利息,有银行转账凭证为证据，首席仲裁员王某在裁决书中没有对某某房地产公司提交的证据进行详细阐述，帮助被申请人故意隐瞒了足以影响公正裁决的主要证据，从而作出不公正的裁决。综上所述，某某房地产公司请求撤销HD仲裁委员会(2015)H仲裁字第150号裁决书。

二、法院的处理结果

HD市中级人民法院认为，关于某某房地产公司提出的姜某隐瞒足以影响案件公正裁决的证据问题，本案中的《(内部职工)房屋预购协议书》《内部认购协议书》《抵押物流转清单》等主要证据已在仲裁程序中提交，某某房地产公司认为存在隐瞒了足以影响公正裁决的证据的理由不成立。关于某某房地产公司提出的仲裁庭的组成严重违反法定程序的问题，王某作为本案的首席仲裁员，其曾在原告聂某诉被告某某房地产公司民间借贷纠纷一案中担任原告聂某的委托诉讼代理人，在本案仲裁过程中其应主动回避而未回避，违反了《仲裁法》第34条第3项规定的必须回避事项，该项撤销仲裁裁决理由符合《仲裁法》第58条第1款第3项关于"仲裁庭的组成或者仲裁的程序违反法定程序的"规定的申请撤销仲裁裁决的情形，故裁定撤销HD仲裁委员会(2015)H仲裁字第150号裁决。

三、评析

《仲裁法》目前对于仲裁员的公正性与独立性的规定，主要体现在第34条对仲裁员回避情形的规定中。仲裁员有下列情形之一的，必须回避，当事人也有权提出回避申请：(1)是本案当事人或者当事人、代理人的近亲属；(2)与本案有利害关系；(3)与本案当事人、代理人有其他关系，可能影响公正仲裁；(4)私自会见当事人、代理人，或者接受当事人、代理人的请客送礼。仲裁员如存在前述四种情形，应主动申请回避。由当事人申请仲裁员回避的，应当说明理由并在首次开庭前提出。回避事由在首次开庭后知道的，可以在最后一次开庭终结前提出。

本案民事裁定书中所引用的《HD 仲裁委员会仲裁暂行规则》经 2018 年 4 月 17 日 HD 仲裁委员会第一次会议修订后现行有效,依据该暂行规则第 28 条的规定,被选定或指定的仲裁员有下列情形之一的,应当申请回避:(1)是本案当事人或当事人、代理人的近亲属;(2)与本案有利害关系;(3)与本案当事人、代理人有其他关系,可能影响公正裁决;(4)私自会见当事人、代理人或接受当事人、代理人的请客送礼。该规则第 28 条又针对前述"其他关系"作出如下细化规定:(1)对于承办案件提供过咨询的;(2)现任当事人的法律顾问或代理人,或曾任当事人的法律顾问且离任不满两年的;(3)与当事人或代理人在同单位工作的;(4)其他可能影响公正仲裁的事项。

本案首席仲裁员王某曾在原告聂某诉被告某某房地产公司民间借贷纠纷案中担任原告聂某的委托诉讼代理人,而在此后仲裁案中担任首席仲裁员,王某与某某房地产公司之间存在有可能影响案件公正裁决的其他关系,王某理应为避免当事人因此产生合理怀疑主动申请回避而未回避,其参与仲裁庭违反了上述《仲裁法》及《HD 仲裁委员会仲裁暂行规则》的规定,致使某某房地产公司以不公正的仲裁裁决为由请求撤销本案仲裁裁决书,王某的未回避行为属于《仲裁法》第 58 条第 1 款第 3 项规定的"仲裁庭的组成或者仲裁的程序违反法定程序的"可撤销情形。

近年以"仲裁员存在特殊关系"为由要求法院撤销仲裁裁决的部分案件中,就被法院裁定支持的撤销仲裁裁决案例和被法院裁定驳回的撤销仲裁裁决申请的案例之主要情形整理如下。

(一)撤销仲裁裁决理由成立

1. 仲裁代理人身兼仲裁机构仲裁员的情形

独任仲裁员郭某和山东某置业有限公司(仲裁被申请人)的委托代理人刘某同是枣庄仲裁委员会仲裁员名册中所列的仲裁员,并同时在枣庄市律师协会中担任职务,双方存在可能影响公正仲裁的其他关系,理应为避免当事人因此产生合理的怀疑主动申请回避而未回避,违反了《仲裁法》及《枣庄仲裁委员会仲裁规则》的规定。[1]

某公司(仲裁申请人)的委托代理人李某与组成仲裁庭的三位仲裁员同为亳州仲裁委员会仲裁员。李某既是仲裁代理人,同时又是该仲裁机构的仲裁员,此种矛盾的双重身份可能影响案件的公正裁决,致使当事人对仲裁裁决的公正性、权威性产生合理怀疑。[2]

仲裁被申请人的委托代理人黄某与仲裁庭的首席仲裁员同为第四届仲裁委员会仲裁员,此种矛盾的双重身份可能影响案件的公正裁决,致使当事人对仲裁裁决的公正及权威性产生合理怀疑。[3]

2. 仲裁代理人与仲裁员在同单位工作的情形

仲裁员任某与代理人胡某为同一律师事务所的律师,属于同事关系,可能影响公正仲裁,该仲裁员符合法定回避情形,即使对方当事人没有提出回避申请,该仲裁员也应当自行回避,故淮南仲裁委的仲裁庭组成违反法定程序。[4]

仲裁员梁某和仲裁被申请人梁某的委托代理人余某同为南宁市南湖法律服务所法律工作者,两人有同事关系,属于必须回避的情形。[5]

3. 仲裁员系当事人此前案件委托代理人的情形

首席仲裁员许某在2015年至2019年,曾担任过某公司及其关联公司在其他案件中的委托代理人,许某与本案当事人有其他关系,可能影响公正仲裁,首席仲裁员许某应当回避而未予回避,仲裁庭的组成违反了法定程序。[6]

---

〔1〕 参见山东省枣庄市中级人民法院民事裁定书,(2016)鲁04民特9号。
〔2〕 参见安徽省亳州市中级人民法院民事裁定书,(2017)皖16民特59号。
〔3〕 参见河南省郑州市中级人民法院民事裁定书,(2017)豫01民特48号。
〔4〕 参见安徽省淮南市中级人民法院民事裁定书,(2016)皖04民特314号。
〔5〕 参见广西壮族自治区南宁市中级人民法院民事裁定书,(2018)桂01民特94号。
〔6〕 参见云南省昭通地区(市)中级人民法院民事裁定书,(2020)云06民特2号。

（二）撤销仲裁裁决理由不成立

1. 律师事务所为一方当事人的案件中律师事务所负责人身兼仲裁机构仲裁员的情形

仲裁庭组成人员为首席仲裁员孙某（重庆市仲裁委员会主任指定）、仲裁员冯某（周某选定）、仲裁员陈某（重庆某律师事务所选定），均系按照仲裁委员会仲裁规则所规定的程序进行指定或选定。重庆某律师事务所的主任虽系重庆市仲裁委员会仲裁员，但仲裁过程中并未担任该律师事务所所涉案件的仲裁庭组成人员。重庆某律师事务所主任并非争议案件的当事人、代理人，其担任重庆某律师事务所主任的事实，也并非构成重庆市仲裁委员会全体仲裁员必须回避的法定事由。因此，周某关于仲裁庭的组成违反法定程序的申请理由不能成立。[1]

被申请人河北某律师事务所的负责人佟某虽系石家庄市仲裁委员会的兼职仲裁员，但其并非石家庄市仲裁委员会的工作人员，亦非仲裁庭的组成人员。石家庄市仲裁委员会的仲裁员之间相互独立，申请人称仲裁庭成员与本案被申请人存在可能影响公正仲裁的情形并无证据证实，故其主张本案仲裁裁决违反法定程序的理由无事实依据和法律依据，其申请撤销仲裁裁决的理由不成立。[2]

2. 仲裁代理人与仲裁员系同一律师协会会员的情形

某公司认为其委托代理人李某与首席仲裁员廖某同在南充市第三届律师协会工作，属于在“同一单位工作”，应予主动回避，其参与仲裁庭违反了法律及相关规则的规定。经查，李某与廖某各自所从事的经常性工作及单位并不同一，二者虽同属于南充市第三届律师协会会员，但系基于其律师身份参与相关社会团体，所从事的亦是相关团体的事务性工作，由于律师协会具有广泛的参与性，会员之间的经常性工作往往彼此相对独立，即使属于同

---

〔1〕 参见重庆市第一中级人民法院民事裁定书，（2015）渝一中法民特字第00211号。

〔2〕 参见河北省石家庄市中级人民法院民事裁定书，（2018）冀01民特3号。

一律师协会,也并不能等同于通常意义上的"同一单位"。故廖某参与仲裁庭,并不具有违反《仲裁法》及当事人选择的仲裁规则所规定的可能影响案件公正裁决的情形。[1]

3. 仲裁员和一方当事人从事同一行业的情形

于某主张首席仲裁员林某是广州市某公司的法人代表,该公司与对方当事人公司同为网络平台,其对于网络平台有偏爱,并因此主张林某担任首席仲裁员足以影响本案公正裁决。于某并未举证证明林某具有法律规定应予回避的情形,其以林某任法定代表人的公司与对方当事人公司同为网络平台,推定林某担任首席仲裁员足以影响公正裁决的主张缺乏依据,因此,本院对其该主张不予支持。[2]

4. 当事人当庭表示"无异议"或者"不申请仲裁员回避"的情形

本案所涉仲裁庭在开庭时,申请人黄某在得知仲裁员谢某与被申请人某公司的委托代理人梁某曾是同一律师事务所同事的事实后,当庭表示不申请仲裁员回避,系其对本身仲裁权利的处理,合法有效。申请人黄某现于本案中又以谢某与梁某是同事为由,主张仲裁庭组成违反法定程序的理由不能成立,法院不予支持。当事人有申请仲裁员回避的权利。当事人申请仲裁员回避,应当说明理由并在首次开庭前提出。回避事由在首次开庭后知道或者书面审理的案件,可以在裁决作出前提出。[3]

关于仲裁庭组成是否违反法定程序,申请人称仲裁员应回避而未回避,但未提供证据证明其在仲裁期间提出仲裁员回避申请。依裁决所述,申请人在庭审结束时表示对仲裁庭组成和已进行的全部仲裁程序没有异议。经查,涉案仲裁庭组成人员不存在法定应当回避的情形。仲裁员所在公司与对方当事人有共同的持股股东或间接持股股东并不构成足以影响公正仲裁

---

〔1〕 参见四川省南充市中级人民法院民事裁定书,(2018)川13民特20号。
〔2〕 参见广东省广州市中级人民法院民事裁定书,(2018)粤01民特234号。
〔3〕 参见广东省深圳市中级人民法院民事裁定书,(2019)粤03民特1807号。

的关系。仲裁庭组成没有违反法定程序。[1]

综上所述，仲裁案件当事人的委托代理人和仲裁庭组成人员为同一仲裁机构在册仲裁员的情形，或者前述二者属于同一工作单位（如律师事务所）同事关系的情形以及仲裁员曾担任仲裁案件当事人的其他案件委托代理人的情形，均可认定“仲裁员存在可能影响公正仲裁的特殊关系（或其他关系），属于仲裁员必须回避的情形”。

从上述“撤销仲裁裁决理由不成立”案件的裁定理由来看，律师事务所作为仲裁案件当事人的案件中，该律师事务所主任虽身兼该仲裁机构在册仲裁员，但并未担任所涉案件的仲裁庭组成人员，也不是该案件当事人、代理人的，并不构成该仲裁机构在册仲裁员必须回避的法定事由。

同时值得留意的是，仲裁案件当事人知道仲裁庭组成人员与仲裁案件当事人的委托代理人存在可能影响公正仲裁的特殊关系（或其他关系）后仍当庭表示“不申请仲裁员回避”或者“对仲裁庭组成和已进行的仲裁程序没有异议”的，系其对本身仲裁权利的处理，应认定为合法有效。

笔者对上述（2020）粤 03 民特 420 号案件中所提到的“仲裁员所在公司与对方当事人有共同的持股股东或间接持股股东并不构成足以影响公正仲裁的关系”的裁定理由持有异议，因为在持股股东对仲裁员所在公司和仲裁案件当事人均持有一定的影响力，甚至实为前述二者的控股股东或实际控制人等情况下，应当认定“仲裁员存在可能影响公正仲裁的特殊关系（或其他关系），从而属于仲裁员主动申请回避之情形”，所以笔者认为应当根据具体案件的不同情形做出个案分析并给出公正、合理的分析意见或理由。

四、延伸

保证仲裁员的独立性与公正性系保障仲裁程序正当、结果公正的关键

---

〔1〕 参见广东省深圳市中级人民法院民事裁定书，（2020）粤 03 民特 420 号。

要素之一,二者有所区别但又关联密切。独立性要求仲裁员不与任一当事方之间存在可能影响仲裁员决定的关系,这种关系可以是经济上的、亲朋好友上的、职业上的、国家上的等,相比于公正性,仲裁员的独立性可以通过客观标准来衡量。公正性则要求仲裁员不对任一当事方存在偏见或歧视,相较而言,公正性是更为主观和抽象的概念,其侧重于仲裁员的主观思想,因而判断起来较为困难。

二者在实践中使用时的含义也相互涵盖或交叉。公正性与独立性的关系表现在,如果仲裁员与当事人或与案件结果之间存在使之丧失独立性的某种关系,这种关系可能会使仲裁员对一方当事人或者案件存有偏见或歧视,从而使仲裁员丧失公正性,不能作出公正的裁决。因此,仲裁员与当事人或其代理人是否存在利害关系(又称"利益冲突")是各方当事人在仲裁过程中最为关注的事情。

而随着社会经济的不断发展和经济业态的创新,影响仲裁员独立性与公正性的因素也显现出更多的隐蔽性和可能性,影响仲裁员公正性与独立性的情况越来越复杂,仅以进行列举或笼统的概念表述在实践中已逐渐显露出弊端,给仲裁庭在实践中是否需要就某些事项进行披露和回避带来不确定性,增加当事人对仲裁员公正性与独立性的忧虑,打击当事人对仲裁的信心,甚至会被别有用心的当事人利用以故意拖延程序。

针对上述新的情况,2021 年 7 月 30 日公开的《仲裁法征求意见稿》第 52 条完善了仲裁员的披露和回避制度,如新设了仲裁员应当签署保证独立、公正仲裁的声明书并送达当事人的规定;增加了仲裁员的披露义务,并把披露与回避制度相衔接,进一步规范了仲裁员的行为;同时对当事人行使回避申请的权利予以合理限制。《仲裁法征求意见稿》第 52 条第 2 款规定,仲裁员知悉存在可能导致当事人对其独立性、公正性产生合理怀疑的情形的,应当书面披露。由此可以说《仲裁法征求意见稿》对仲裁员的强制性披露义务采用了"当事人视角的主观标准",相信《仲裁法修订案》通过后,将促进和推动中国仲裁协会和各地仲裁机构相继制定有关仲裁员披露和回避的行业规范或仲裁员行为守则,这有利于提高中国仲裁的公信力。

总而言之,仲裁员的公正性与独立性是仲裁程序和仲裁裁决公正性的必要保证,也是仲裁制度得以存续和发展的重要基础。

仲裁委员会重新组庭不合法

熊代琨*

一、撤销仲裁裁决理由的缘起

审理案号:(2018)皖16民特29号

申请人:某某禽业公司

被申请人:某某农业公司

基本案情:

某某农业公司因与某某禽业公司就租赁合同产生纠纷,向BZ仲裁委员会申请仲裁。该仲裁案历经三次庭审、两次组庭。

首次组庭时,由王某某(首席仲裁员)、袁某某(某某禽业公司选定仲裁员)、张某某(某某农业公司选定仲裁员)共同组成了仲裁庭。该仲裁庭分别于2016年9月27日和2017年2月27日两次开庭审理,庭审过程中,某某禽业公司与某某农业公司均未提出回避申请。在原仲裁庭第二次庭审后,某某农业公司于2017年3月7日以首席仲裁员王某某与仲裁员袁某某是同事关系,袁某某与某某禽业公司有利害关系且是王某某的单位领导为由,申请王某某与袁某某回避,但某某农业公司未提供证据证明其主张。

---

* 熊代琨:毕业于西南政法大学,获得英国威尔士大学国际商法专业硕士学位,拥有中国税务师执业资格。曾在境外执业及在知名外企担任公司律师,现为广东广和律师事务所国际业务委员会主任律师,担任海南、深圳、广州、上海、东莞等多家仲裁机构仲裁员,广东省律师协会"一带一路"与外事工作委员会副主任。

2017 年 3 月 17 日，王某某以“因其他原因不能履行职责”为由，申请根据《仲裁法》第 37 条的规定，向 BZ 仲裁委员会提出自行回避。BZ 仲裁委员会依据《仲裁法》第 34 条、第 36 条的规定，作出（2016）B 仲决字第 68 号决定书，决定：同意仲裁员王某某的回避申请；同意申请人（被反请求人）某某农业公司的回避申请。

后 BZ 仲裁委员会另行组成仲裁庭，由慕某某担任首席仲裁员，与仲裁员修某某、刘某某组成仲裁庭。其中修某某系某某农业公司选定的仲裁员，首席仲裁员指定审批表中显示刘某某系某某禽业公司选定的仲裁员，但卷宗中无某某禽业公司选定仲裁员的相应选定书。

二、法院的处理结果

法院认为，根据《仲裁法》第 35 条的规定，当事人提出回避申请，应当说明理由，在首次开庭前提出，回避事由在首次开庭后知道的，可以在最后一次开庭终结前提出。某某农业公司提出回避申请时间不符合前述规定，某某农业公司以袁某某与某某禽业公司有利害关系为由，申请袁某某回避，但并未提供相关证据证明。仲裁委员会重新组成仲裁庭不符合前述法律规定。同时，仲裁委员会另行组成的仲裁庭显示刘某某系由某某禽业公司指定，但卷宗中并无相应的某某禽业公司指定该仲裁员的选定书，该仲裁庭仲裁员刘某某的指定无相应法律依据。故仲裁庭组成不符合法律规定，案涉仲裁裁决应予撤销。

三、评析

从 BZ 市中级人民法院出具的民事裁定书可以看到，案涉仲裁裁决之所以被撤销是因为仲裁委员会重新组庭存在以下三个方面的问题：当事人提出回避申请的时间超过了法定期限；当事人提出回避申请但并未提供证据证明；新仲裁庭中显示一方当事人指定了其中一位仲裁员，但并无相应证据证实。

那么,当事人在原仲裁庭庭审终结后才提出仲裁员回避申请的,仲裁机构应当如何处理?在仲裁委员会决定更换仲裁员的情况下,仲裁程序应当如何推进?

(一)当事人申请仲裁员回避

关于当事人申请仲裁员回避,《仲裁法》第 35 条明确规定:"当事人提出回避申请,应当说明理由,在首次开庭前提出。回避事由在首次开庭后知道的,可以在最后一次开庭终结前提出。"本案中,《BZ 仲裁委员会仲裁暂行规则》第 12 条对申请仲裁员回避也有明确规定:"当事人提出回避申请,应当说明理由,在首次开庭前提出。回避事由在首次开庭后知道的,可以在最后一天开庭终结前提出。本仲裁委员会秘书处工作人员认为仲裁员存在回避事由的,应向仲裁员本人或仲裁委员会主任提出。"

因此,仲裁委员会在收到当事人回避申请的时候首先要判断:回避事由是什么,有无相应证据证明?回避申请的时间节点是否符合《仲裁法》和相关仲裁规则的规定?

本案中,某某农业公司在原仲裁庭最后一次庭审结束后第 10 天提出了对首席仲裁员王某某及某某禽业公司选定的仲裁员袁某某的回避申请,其理由是:袁某某是某某禽业公司选定的仲裁员,所以双方有利害关系;而王某某跟袁某某是同一单位的同事且袁某某是王某某的上司,所以王某某与某某禽业公司也有利害关系。此外,某某农业公司并未向仲裁委员会提交任何文件资料证明上述两位仲裁员跟某某禽业公司确有利害关系而需要回避。

那么,当事人指定己方仲裁员就能被认定为当事人与其指定的仲裁员之间有利害关系吗?这个逻辑显然站不住脚。如果一方当事人仅凭"对方当事人指定了某位仲裁员"这一事实就认为被指定仲裁员与对方当事人有利害关系从而要求回避,那么大家如何行使自己选择仲裁员的权利呢?退一步考虑,即便对方当事人确实可能与其选定的仲裁员存在利害关系,申请回避的当事人也需要提供充分的证据证明双方之间存在何种利害关系以及该利害关系确实会影响案件的正确裁决。

此外,当事人申请仲裁员回避也应当在法定期限内提出。即便某某农业公司在首次开庭后才知道回避事由,也应当在“最后一次开庭终结前”提出。BZ 市中级人民法院出具的民事裁定书显示:原仲裁庭就本案开庭两次,而某某农业公司是在原仲裁庭最后一次庭审终结后 10 天才向仲裁委员会提出申请仲裁员回避,显然已经超过《仲裁法》以及《BZ 仲裁委员会仲裁暂行规则》规定的申请仲裁员回避的期限,这种情况下 BZ 仲裁委员会仍然作出了同意某某农业公司回避申请的决定当然是违法违规的。

(二)更换仲裁员后仲裁程序如何推进

仲裁机构作出更换仲裁庭部分仲裁员决定的情况下,是应当仅更换该部分仲裁员,还是把原仲裁庭的全部仲裁员撤换并重新开始仲裁程序?

《仲裁法》第 37 条规定:“仲裁员因回避或者其他原因不能履行职责的,应当依照本法规定重新选定或者指定仲裁员。因回避而重新选定或者指定仲裁员后,当事人可以请求已进行的仲裁程序重新进行,是否准许,由仲裁庭决定;仲裁庭也可以自行决定已进行的仲裁程序是否重新进行。”《BZ 仲裁委员会仲裁暂行规则》第 22 条的表述跟《仲裁法》第 37 条的规定是一致的。由此可见,当仲裁委员会决定更换仲裁庭部分仲裁员的情况下,仅需依法定程序重新选定/指定仲裁员以替换需要更换的仲裁员,无须更换全部仲裁庭成员并重新开始仲裁程序。

本案中,即便 BZ 仲裁委员会对首席仲裁员及某某禽业公司选定仲裁员的回避决定没有违反《仲裁法》和仲裁程序的规定,那么接下来的流程应当是:通知当事人重新选定仲裁员或者是由仲裁机构重新指定仲裁员;在重新选定或指定仲裁员后,新的仲裁庭可以根据当事人的申请重新进行仲裁程序,也可以自行决定是否有必要重新进行仲裁程序。

然而,(2018)皖 16 民特 29 号裁定书显示:BZ 仲裁委员会在作出对上述两位仲裁员回避的决定后,径直解散了原仲裁庭(将未被申请回避的仲裁员也一并替换)而另行组成新的仲裁庭,而在新仲裁庭的组庭过程中,某某禽业公司亦未能行使其选定仲裁员的权利。由此,仲裁庭组庭程序严重违反了《仲裁法》和相关仲裁规则,案涉仲裁裁决应当被撤销。

四、延伸

(一)更换仲裁员的理由

笔者留意到,上述(2018)皖16民特29号裁定书中法院查明事实部分显示:2017年3月17日,王某某以因其他原因不能履行职责为由,根据《仲裁法》第37条的规定,向BZ仲裁委员会提出自行回避。这一案件事实描述给人的印象就是:仲裁员因故"不能履行职责"而申请退出仲裁庭就构成了仲裁员"自行回避"。然而,仔细研读《仲裁法》第37条后,笔者发现:"回避"和"其他原因不能履行职责"其实是并列关系,都是导致仲裁员被重新选定或指定的前提条件。由此,如果王某某以"因其他原因不能履行职责"为由申请退出仲裁庭,是无法得出王某某提出"自行回避"申请这一结论的。BZ仲裁委员会批准王某某退出仲裁庭也不应当是基于"自行回避"这一理由。

实践中,也有因仲裁机构更换仲裁员违反《仲裁法》及相关仲裁规则的规定而导致仲裁裁决被撤销的情形。例如,在吉林省长春市中级人民法院(2016)吉01民特27号裁定书中,法院认为,《仲裁法》第34条与相关仲裁规则均规定仲裁员的回避包括以下四种情形:(1)是本案当事人或者当事人、代理人的近亲属的;(2)与本案有利害关系的;(3)与本案当事人、代理人有其他关系,可能影响公正仲裁的;(4)私自会见当事人、代理人或者接受当事人、代理人的请客送礼的。从孙某致辞去仲裁员职务的申请来看,孙某致辞去仲裁员职务系工作繁忙,不属于仲裁员回避的情形,仲裁委员会以原首席仲裁员自行回避为由更换仲裁员违反了《仲裁法》第34条与相关仲裁规则关于仲裁员回避的规定。

由此可见，仲裁员自行回避，是因为存在《仲裁法》第 34 条规定的四种法定回避事由；而仲裁员主动退出仲裁庭或辞去职务，则是基于“其他原因不能履行职责”，这些“其他原因”可能是工作繁忙或自身健康等，并不是法定回避事由。尽管“自行回避”和“主动退出”都会导致仲裁员的更换，但援引这两个理由更换仲裁员时应当实事求是且措辞严谨，稍有不当就可能引发撤销仲裁裁决的风险。

（二）重新选定/指定仲裁员后仲裁程序的进行

在仲裁程序中，因仲裁员回避或其他原因不能履行职责而导致仲裁员更换的情况下，仲裁程序应当如何推进？重新进行已进行过的仲裁程序，还是接着已进行的仲裁程序继续往下推进？根据《仲裁法》第 37 条的规定，仲裁庭对于“已进行的仲裁程序是否重新进行”有比较大的自由裁量权。

实践中，也有当事人因“重新选定仲裁员后，仲裁庭未决定或通知当事人已进行的仲裁程序是否重新进行”，而认为仲裁庭违反了程序进而申请撤销仲裁裁决。而这样的撤销仲裁裁决申请通常是难以获得法院支持的。例如，在福建省福州市中级人民法院作出的（2022）闽 01 民特 41 号裁定书中，法院认为：本案中，重新选定仲裁员系发生在仲裁庭庭审之后，红星公司与中石油公司亦向法院确认双方均未就已进行的仲裁程序是否需要重新进行而向福州仲裁委员会提交书面申请。根据《仲裁法》第 37 条第 2 款“因回避而重新选定或者指定仲裁员后，当事人可以请求已进行的仲裁程序重新进行，是否准许，由仲裁庭决定；仲裁庭也可以自行决定已进行的仲裁程序是否重新进行”以及《福州仲裁委员会仲裁规则》第 36 条第 3 款“重新选定或者指定仲裁员后，已进行的仲裁程序是否重新进行，由重新组成的仲裁庭决定”的规定，本案已进行的仲裁程序是否重新进行可由重新组成的仲裁庭自行决定。现重新组成的仲裁庭已经决定不需要再次开庭，仲裁程序符合上述法律及仲裁规则的规定，故红星公司主张案涉仲裁裁决存在违反法定程序的情形于法无据，不属于《仲裁法司法解释》第 20 条“仲裁法第五十八条规定的‘违反法定程序’，是指违反仲裁法规定的仲裁程序和当事人选择的仲裁规则可能影响案件正确裁决的情形”规定的情形，对红星公司该主张，法院不予支持。

在仲裁员更换、仲裁庭重新组庭的情况下，如当事人认为已进行的仲裁程序确有必要重新进行，应当及时主动向仲裁庭提出申请、阐明理由，从而有机会说服仲裁庭接受自己的意见。

（三）重新仲裁制度

本节所述撤销仲裁裁决理由所基于的某某农业公司与某某禽业公司租赁合同纠纷仲裁案中，BZ 仲裁委员会取缔了原仲裁庭而重新组庭并重新进行仲裁程序，可能给人的初步印象是：该案被重新仲裁了。上述情形是“重新仲裁”吗？显然不是。

重新仲裁是一项非常重要的仲裁司法监督制度，是由法院授权仲裁庭自行针对仲裁过程中的瑕疵进行弥补的一种制度，是因法院的通知而启动的。重新仲裁通常由原仲裁庭进行，如无必要不会重新组庭。

《仲裁法》第 61 条规定：“人民法院受理撤销裁决的申请后，认为可以由仲裁庭重新仲裁的，通知仲裁庭在一定期限内重新仲裁，并裁定中止撤销程序。仲裁庭拒绝重新仲裁的，人民法院应当裁定恢复撤销程序。”

从上述法律条款可知，是否有必要重新仲裁由法院来判断和发起。如果法院没有通知仲裁庭重新仲裁，仲裁庭不得重新仲裁。那么，法院是基于何种因素来判断案件是否应当重新仲裁呢？

《仲裁法司法解释》第 21 条明确将可以通知重新裁决的情形限制在如下两种情形：（1）仲裁裁决所根据的证据是伪造的；（2）对方当事人隐瞒了足以影响公正裁决的证据。

重新仲裁制度在实践中还有很多方面有待《仲裁法》的进一步完善和补充，如原裁决的效力、重新仲裁的主体及重新仲裁的范围等。

第二章

仲裁庭审理程序的问题

仲裁委员会拖延组庭，且组庭前自行调查取证

朱单防*

一、撤销仲裁裁决理由的缘起

审理案号：(2017)苏05民特25号

申请人：沙某

被申请人：某某房地产公司

基本案情：

2011年12月8日，沙某与某某房地产公司签订《商品房买卖合同》，约定沙某向某某房地产公司购买房屋。合同第19条约定发生争议时由SZ仲裁委员会仲裁。

2012年6月20日，某某房地产公司注销了沙某《商品房买卖合同》的备案登记，又将房屋出售给他人并办理了备案登记。2014年8月4日，沙某以住房和建设局为被告、某某房地产公司为第三人提起行政诉讼，人民法院判决住房和建设局注销商品房买卖合同备案登记的行政行为违法。

2016年2月26日，沙某向SZ仲裁委员会申请仲裁，提出了解除商品房买卖合同及返还购房款等请求。首席仲裁员由SZ仲裁委员会主任指定，沙

* 朱单防：广东宝城律师事务所律师，主要执业领域为商事诉讼与仲裁，执业期间每年代理多起商事仲裁及仲裁司法审查案件，并致力于商事仲裁理论及实践知识的学习研究。

某选定了仲裁员。仲裁员选定、指定审批表落款日期为2016年11月4日,仲裁员签名的通知仲裁员函回执上的落款日期为空白,仲裁庭组成通知书的落款日期为2016年12月9日。

2016年11月29日,SZ仲裁委员会向住房和城乡建设局发函询问房屋情况。2016年12月12日,住房和城乡建设局就询问内容进行复函。同时,住房和建设局还复函称"根据我局行政管理过程中了解的情况、公安局的侦查情况以及行政诉讼中的情况,均证实案涉商品房买卖合同并非真实购房,而是为被申请人向申请人的担保借款"

2016年12月27日,该案开庭审理。2017年1月5日,SZ仲裁委员会作出(2016)S仲裁字第168号裁决。仲裁庭认为,依据现有证据,无法认定《商品房买卖合同》是否为双方的真实意思表示,亦无法认定申请人支付的款项是否为购房款,对沙某的仲裁请求不予支持。

2017年2月21日,沙某认为SZ仲裁委员会在仲裁庭组成之前调取证据等程序违法,诉至法院请求撤销仲裁裁决。

二、法院的处理结果

SZ市中级人民法院认为,《仲裁法》第43条第2款和《SZ仲裁委员会员会仲裁规则(暂行)》第34条第5款均规定,仲裁庭认为有必要,可以自行收集证据。《SZ仲裁委员会仲裁规则(暂行)》23条规定:"当事人自收到受理通知书或者仲裁通知书之日起十五日内没有约定仲裁庭的组成方式或者未选定仲裁员、未委托本会主任指定仲裁员的,由本会主任决定仲裁庭组庭方式并指定仲裁员。"在本案中,申请人于2016年2月就提出了仲裁申请,但是SZ仲裁委员会直到2016年12月9日才向当事人发出了仲裁庭组成通知书。而SZ仲裁委员会在仲裁庭组成前,却于2016年11月29日就自行向住房和建设局发出了调取证据的信函。SZ仲裁委员会在无合理、正当事由的情况下在长达10个月的时间内不组成仲裁庭,严重损害了申请人选择仲裁时所期待的高效解决纠纷的价值追求,而在仲裁庭组成之前又径行调取证据,使申请人对仲裁庭的独立性和公正性产生了合理怀疑。SZ 仲裁委员会的上述行为违反了法律和仲裁规则的规定,可能影响案件正确裁决,应予撤销。

三、评析

本案同时存在拖延组庭及组庭前调取证据两个程序问题,但裁决是否应予撤销,应同时考虑两点内容:第一,是否属于违反《仲裁法》规定的仲裁程序和当事人选择的仲裁规则;第二,是否可能影响案件的正确裁决。《仲裁法司法解释》第 20 条规定:“仲裁法第五十八条规定的‘违反法定程序’,是指违反仲裁法规定的仲裁程序和当事人选择的仲裁规则可能影响案件正确裁决的情形。”《仲裁裁决执行规定》第 14 条第 1 款规定:“违反仲裁法规定的仲裁程序、当事人选择的仲裁规则或者当事人对仲裁程序的特别约定,可能影响案件公正裁决,经人民法院审查属实的,应当认定为民事诉讼法第二百三十七条第二款第三项规定的‘仲裁庭的组成或者仲裁的程序违反法定程序的’情形。”对此,笔者逐一分析如下两方面内容。

(一)仲裁庭组庭时间拖延问题

根据意思自治原则及《仲裁法》第 32 条的规定,实践中一般由当事人在仲裁规则规定的期限内约定仲裁庭的组成方式或者选定仲裁员,如在仲裁规则规定的期限内无法确定的,由仲裁委员会主任指定。根据《SZ 仲裁委员会仲裁规则(暂行)》的规定,当事人自收到受理通知书或者仲裁通知书之日起 15 日内没有约定仲裁庭的组成方式或者未选定仲裁员、未委托仲裁委员会主任指定仲裁员的,由仲裁委员会主任决定仲裁庭的组庭方式并指定仲裁员。

本案中,2016 年 2 月 26 日,申请人向 SZ 仲裁委员会申请仲裁,后者直至 2016 年 12 月 9 日才向当事人发出仲裁庭组成通知书,显然有违我国《仲裁法》规定的“及时仲裁”原则及《SZ 仲裁委员会仲裁规则(暂行)》。笔者认为上述情形虽然影响了仲裁的及时高效，但可能不会产生撤销裁决的后果，因为在组庭前，案件尚未进行实体审理，单纯考虑拖延组庭因素并不必然影响案件的正确裁决。

（二）组庭前调取证据的问题

根据国际惯例及我国《仲裁法》的规定，仲裁委员会作为仲裁案件受理、管理及提供后勤保障的仲裁事务管理机构，一般不参与仲裁案件的审理工作，具体审理工作交由按照仲裁规则组成的仲裁庭进行。我国《仲裁法》在法律结构设计中，将调取证据的规定安排在了仲裁庭组成后的第四章第三节的开庭和裁决环节。《仲裁法》第 43 条规定："当事人应当对自己的主张提供证据。仲裁庭认为有必要收集的证据，可以自行收集。"因此，调取证据的行为属于实体审理环节，应由仲裁庭决定是否调取。

本案中，SZ 仲裁委员会于 2016 年 12 月 9 日向当事人发出了仲裁庭组成通知书，但于仲裁庭组庭程序完成前，即于 2016 年 11 月 29 日自行发函调取证据，显然违反了《仲裁法》及《SZ 仲裁委员会仲裁规则（暂行）》关于调取证据的规定。同时，此举亦属于超越权限行使实体审理权的行为。根据前述论述内容，调取证据应在组庭程序完成后，由仲裁庭视案件情况决定是否调取及调取什么内容。

因此，法院经审理后认为，SZ 仲裁委员会的上述行为违反了法律和《SZ 仲裁委员会仲裁规则（暂行）》的规定，严重影响了仲裁庭的独立性和公正性，使当事人对裁决结果产生了合理怀疑，可能影响案件正确裁决。因此，法院作出撤销裁决的决定是正确的。

四、延伸

便捷高效一直是商事仲裁的主要优势之一，我国《仲裁法》第 1 条便将"保证公正、及时地仲裁经济纠纷，保护当事人的合法权益"作为立法目的，《仲裁法征求意见稿》亦保留了此规定。

实践中,基于仲裁案件数量增加等因素,仲裁超期审理现象频频发生,甚至贯穿于整个仲裁程序,如立案超期、组庭超期、通知开庭超期、裁决超期等,司法实践中亦出现了大量以仲裁超期为由申请撤销裁决的案件。本文筛选了五个典型案例中的司法观点进行分析,其中,三个案例不予支持撤销仲裁裁决,两个案例支持了撤销仲裁裁决的请求。

(一)不予支持以超期为由撤销仲裁裁决的司法观点

1. 关于申请人某气体公司与被申请人某设备公司申请撤销仲裁裁决案

北京市第四中级人民法院认为,《中国国际经济贸易仲裁委员会仲裁规则》(2015 年版)第 66 条第 1 款规定,[1] 收到仲裁申请书后,仲裁委员会仲裁员认为仲裁申请符合本规则第 12 条规定的受理条件的,应当在 5 天内通知当事人;认为不符合受理条件的,应书面通知当事人不予受理,并说明理由。申请人于 2019 年 8 月 26 日提交仲裁申请,后于 2019 年 9 月 3 日补充提交以某设备公司为被申请人的仲裁申请书及其附件、主体身份证明文件和授权委托手续等文件,中国国际经济贸易仲裁委员会于 2019 年 9 月 11 日向双方寄送了仲裁通知、仲裁规则和仲裁员名册。本案中,中国国际经济贸易仲裁委员会收到申请人补充提交的符合受理条件的材料后,未在 5 日内通知被申请人,存在迟延通知立案的情形,但该迟延通知立案并未严重影响申请人的程序权利,且未实质影响案件的正确裁决,故对被申请人以延迟立案为由申请撤销仲裁裁决不予支持。[2]

2. 关于申请人黄某、许某与被申请人某工程队(个体工商户)申请撤销仲裁裁决案

北京市第四中级人民法院认为,《仲裁法司法解释》第 20 条规定:“仲裁

---

[1] 相关规定参见此规则 2024 年版第 69 条:“仲裁委员会仲裁院收到申请人的仲裁申请书及其附件后,经审查,认为符合本规则第十二条规定的受理条件并适用国内仲裁程序的,应向双方当事人发出仲裁通知。”

[2] 参见北京市第四中级人民法院民事裁定书,(2020)京 04 民特 662 号。

法第五十八条规定的‘违反法定程序’，是指违反仲裁法规定的仲裁程序和当事人选择的仲裁规则可能影响案件正确裁决的情形。”依据上述司法解释，在《仲裁法》和仲裁规则中有诸多涉及仲裁程序的规定，但并非所有与规定不符的行为都会导致仲裁裁决被撤销的结果。在判断“违反法定程序”时，应当考虑该行为是否存在可能影响案件正确裁决的情形。对于申请人提出的北京仲裁委员会未按照仲裁规则关于交纳仲裁费后 5 日内受理案件的申请理由，法院认为该规定属于北京仲裁委员会对交费后受理案件时间的一般性规则，并不影响其受理案件后做出正确裁决，因此不属于违反法定程序的情形。[1]

3. 关于申请人某电力公司与被申请人唐某等人申请撤销仲裁裁决案

重庆市第一中级人民法院认为，《仲裁法司法解释》第 20 条规定：“仲裁法第五十八条规定的‘违反法定程序’，是指违反仲裁法规定的仲裁程序和当事人选择的仲裁规则可能影响案件正确裁决的情形。”该条规定了“违反法定程序”构成撤销仲裁事由的两个要件，即违反法定程序和足以影响公正裁决。仲裁程序有效率和公平两方面的价值目标。效率价值要求仲裁程序能够有效率地进行，使纠纷得到及时解决。公正价值要求公平公正地对待当事人，保障当事人有充分陈述机会，使裁决结果具有实体上的公正性。对当事人权利没有实质影响的程序的违反，不应使仲裁程序归于无效进而成为撤销仲裁裁决的事由，否则将与仲裁追求的“效率”价值目标相违背，亦不符合经济原则。只有违反最低正当程序要求从而对仲裁的公正价值产生影响的情形才有成为撤销裁决的法定事由之必要，此种情形主要包括违反仲裁员选任程序、未给予当事人选定仲裁员以及陈述和辩论的机会、仲裁员应当回避而未回避等。仲裁规则规定审理和送达期间旨在保证仲裁的效率，即便仲裁庭存在一定程度上的超期限审理和送达的程序瑕疵，也不一定会影响裁决的结果。即便能证明仲裁庭存在超期审理或送达的情形，在其无

[1] 参见北京市第四中级人民法院民事裁定书，(2019)京 04 民特 141 号。

法证明该情形会对裁决结果产生实质影响的前提下，其撤销仲裁裁决请求仍然不应得到支持。[1]

（二）支持以审理超期为由撤销仲裁裁决的司法观点

1. 关于申请人某建筑设计公司与被申请人某开发公司申请撤销仲裁裁决案

新疆维吾尔自治区巴音郭楞蒙古自治州中级人民法院认为，《乌鲁木齐仲裁委员会仲裁规则》第 52 条第 1 款规定，“仲裁庭应当在组成后三个月内做出裁决。有特殊情况需要延长的，由仲裁庭提请仲裁委主任批准，可以适当延长”；第 71 条规定，“简易程序审理的仲裁庭应当自组成之日起二个月内作出裁决，涉外案件，开庭审理的，应当自开庭审理或者再次开庭审理之日起三十日内作出裁决；书面审理的，应当自仲裁庭组成之日起九十日内作出裁决”。乌鲁木齐仲裁委员会 2018 年 4 月 4 日立案，2018 年 5 月 25 日指定仲裁员组成仲裁庭，分别于 2018 年 6 月 8 日、2018 年 6 月 12 日、2019 年 8 月 22 日开庭，于 2020 年 1 月 6 日作出仲裁裁决。仲裁机构未在双方当事人选定的仲裁规则规定的审理期限内做出裁决，属于违反法定程序。《仲裁法》第 58 条第 1 款第 3 项规定，仲裁庭的组成或者仲裁的程序违反法定程序的应予撤销仲裁裁决，申请人龙源科建公司申请仲裁裁决的理由成立，本院支持。[2]

2. 关于申请人许某华与陈某申请撤销仲裁裁决案

江苏省南京市中级人民法院认为，《扬州仲裁委员会仲裁规则》第 46 条规定：“仲裁庭应当在仲裁庭组成后四个月内作出仲裁裁决。有特殊情况需要延长的，由首席仲裁员或者独任仲裁员报经本仲裁委员会主任批准，可以适当延长。”依此规定，4 个月是仲裁庭应当遵守的期限，即使需要延长，也是予以适当延长，并应当在办理申请和审批手续时明确延长的期限。涉案仲

---

〔1〕 参见重庆市第一中级人民法院民事裁定书，(2019)渝 01 民特 61 号。

〔2〕 参见新疆维吾尔自治区巴音郭楞蒙古自治州中院民事裁定书，(2020)新 28 民特 2 号。

裁裁决自2009年11月2日组成仲裁庭,至2016年7月27日向双方当事人送达仲裁裁决书,历时6年8个月,远远超出《扬州仲裁委员会仲裁规则》规定的4个月期间。虽然仲裁庭以案情疑难复杂为由申请延长审理期限,但在申请及审批时均未确定具体期限,致使涉案仲裁期限延长了6年多之久,严重背离了《扬州仲裁委员会仲裁规则》关于裁决期限的规定。仲裁案卷宗材料亦反映,仲裁庭审理活动主要集中在2010年的年底以前,在2011年至2012年期间审理活动基本停滞,在2013年至2015年长达3年的时间里仲裁庭没有开展审理活动。申请人许某华曾多次致函仲裁庭请求尽快裁决,但直至2016年7月仲裁庭才作出最终裁决。因此,仲裁庭延长的期限显然不适当,足以让当事人对该仲裁程序的公正性产生合理怀疑。《仲裁法》第51条第1款规定:"仲裁庭在作出裁决前,可以先行调解。当事人自愿调解的,仲裁庭应当调解。调解不成的,应当及时作出裁决。"《扬州仲裁委员会仲裁规则》第42条第1款规定:"仲裁庭作出裁决前,可以根据当事人的请求或者在征得当事人同意的情况下进行调解。调解不成的,仲裁庭应当及时作出裁决。"依上述规定,仲裁庭组织调解应遵循当事人自愿和调解不成及时裁决的原则。仲裁裁决书中记载仲裁庭于2010年8月23日、2011年3月、2011年12月12日、2012年4月组织了调解,此后,又委托秘书处约谈双方当事人以及利害关系人,做了大量调解工作,但仲裁卷宗材料中仅有2011年12月12日通知申请人调解的函,其他调解情况并无相关记录。仲裁庭在组织调解过程中,没有将有关调解过程记入笔录,在程序上未能体现调解程序的启动系根据当事人的请求或者在征得当事人同意的情况下进行。在申请人多次向仲裁庭书面表达"不再调解""请求尽快裁决"意愿的情况下,仲裁庭仍然没有终结调解程序并及时作出裁决,严重违反了《仲裁法》和《扬州仲裁委员会仲裁规则》有关自愿调解和调解不成及时裁决的规定。法院需要特别强调的是,"保证公正、及时地仲裁经济纠纷,保护当事人的合法权益"是我国《仲裁法》的基本立法目的。众所周知,仲裁制度的程序设计就是要实现公正、及时地解决纠纷的价值目标,这是当事人选择仲裁解决纠纷方式的重要原因,也是仲裁制度得以存续和发展的重要基础。而本案的仲裁庭在无正当合法事由及正当理由的情况下,长期不审不裁,仲裁期间长达6年8个月,导致当事人之间的法律关系长期处于不稳定状态,且无法获得及时有效的救济,严重损害了当事人的合法权益,因此,涉案仲裁裁决存在严重违反《仲裁法》第51条第1款和《扬州仲裁委员会仲裁规则》第42条第1款、第46条规定的情形,可能影响案件正确裁决,应当依法予以撤销。[1]

最后,笔者综合上述司法观点及其他有关案例,将司法观点归纳为三类。第一,存在一定超期,但不存在其他可能影响公正裁决的情形。这种情况下司法实践中会认为未严重影响当事人的程序权利,属于一般性程序问题,且没有影响案件的公正裁决,法院通常不支持将该情形作为撤销仲裁裁决的理由。第二,存在一定超期,但根据仲裁规则办理了延长手续。仲裁规则大多规定了经仲裁庭报请仲裁机构负责人可以延期,且对于可以延长的期限及程序较为宽泛,没有明确限制,司法审查中会认为办理了延期手续的情况符合规则,不支持将该情形作为撤销仲裁理由。第三,存在严重超期情形。如果超出审限多倍,且没有正当理由,则可能被认为有违当事人选择仲裁所期待的及时高效原则及仲裁规则,严重影响了当事人的合法权益,可能影响案件的公正裁决,进而被法院撤销。

---

〔1〕 参见江苏省南京市中级人民法院民事裁定书,(2016)苏01民特127号。

仲裁员未参加庭审程序

梅自寒*

一、撤销仲裁裁决理由的缘起

审理案号:(2018)陕 01 民特 124 号

申请人:某某园区管理办公室

被申请人:韩某某

基本案情:

某某园区管理办公室与韩某某签订《租赁合同》,约定甲方将“某某酒店”承包给韩某某进行管理经营。此后某某园区管理办公室多次书面向韩某某的公司催缴酒店租金。2016 年 5 月 5 日韩某某向 XA 仲裁委员会申请仲裁,要求解除《租赁合同》,同时要求被申请人返还租赁费、保证金并赔偿损失。韩某某选定李某某为该案仲裁员、某某园区管理办公室选定陈某某为该案仲裁员,XA 仲裁委员会指定罗某某为该案首席仲裁员。仲裁案卷记载仲裁庭有三次正式开庭通知,第一次为 2016 年 6 月 3 日,双方到庭后改为谈话。第二次为 2016 年 8 月 16 日正式开庭;2017 年 1 月 3 日仲裁庭召开鉴定协调会,2017 年 4 月 12 日仲裁庭正式通知 4 月 25 日召开鉴定协调会,仲

---

* 梅自寒:深圳大学法学学士,曾任职于深圳市中级人民法院,现任广东华商律师事务所任高级合伙人律师,深圳市城市更新和土地整备局常年法律顾问,深圳市城市规划委员会建筑与环境艺术委员会非公务委员,广东省律师协会银行与金融法律专业委员会委员,深圳市律师协会商事仲裁法律专业委员会委员,深圳市律师协会会员违规行为惩戒工作委员会委员。

裁案卷记录为"鉴定资料质证笔录",仲裁员陈某某缺席、仲裁被申请人未到场。第三次为2017年12月13日正式仲裁开庭,庭审中就鉴定报告进行质证。2018年3月5日XA仲裁委员会作出(2016)X仲裁字第874号裁决。

二、法院的处理结果

XA市中级人民法院认为该案应审查的焦点问题是:仲裁程序是否违反法定程序。经法院审查,2017年1月3日仲裁庭召开鉴定协调会前未有正式书面通知,仲裁庭认为是正式开庭。2017年4月25日仲裁庭再次召开鉴定协调会,仲裁案卷记录为"鉴定资料质证笔录",而仲裁员陈某某缺席。仲裁庭中的一名仲裁员缺席,开庭后却进行了举证和质证,这本质上仍属于对案件争议的实体审理。仲裁庭中的一名仲裁员缺席对案件的实体审理,将使得该名仲裁员无法充分地与仲裁庭其他组成人员进行案件合议,仲裁庭实际上便只有两名仲裁员组成,仲裁员缺席庭审属于重大程序缺陷,此种情形构成《仲裁法》第58条第1款第3项规定的情形,即仲裁程序违反法定程序。

最终法院裁定撤销了该裁决。

三、评析

《仲裁法》第58条关于申请撤销仲裁裁决的法定事由包括:(1)没有仲裁协议的;(2)裁决的事项不属于仲裁协议的范围或者仲裁委员会无权仲裁的;(3)仲裁庭的组成或者仲裁的程序违反法定程序的;(4)裁决所根据的证据是伪造的;(5)对方当事人隐瞒了足以影响公正裁决的证据的;(6)仲裁员在仲裁该案时有索贿受贿,徇私舞弊,枉法裁决行为的。仲裁庭有独任仲裁员组成和三人仲裁员组成两种模式,而本案中"仲裁员未出席庭审"的情况是一种偶有发生的现象,通常被认定为"违反法定程序"的形式之一。

除了《仲裁法》规定的撤销仲裁裁决的事由外,《仲裁法司法解释》也对相关问题作出了规定,《仲裁裁决执行规定》也涉及一些与仲裁程序相关的问题。《仲裁法司法解释》通过第 17 条“当事人以不属于仲裁法第五十八条或者民事诉讼法第二百五十八条规定的事由申请撤销仲裁裁决的,人民法院不予支持”的规定对《仲裁法》第 58 条予以了“支持”,但同时又在后文中对其加以限制,如《仲裁法司法解释》第 20 条规定了“仲裁法第五十八条规定的‘违反法定程序’,是指违反仲裁法规定的仲裁程序和当事人选择的仲裁规则可能影响案件正确裁决的情形”[1]。

由此可见,“违反法定程序”包含了两方面内容,一方面仲裁庭的组成或仲裁程序违反《仲裁法》的规定或当事人选择的仲裁规则,另一方面违法、违规行为须“可能影响案件的正确裁决”,前者属于形式要件,后者属于实质要件。在上述案件中法官就是考虑到了这两个要件,认为仲裁庭中的一名仲裁员缺席会对案件的实体审理产生影响,将使该名仲裁员无法充分地与仲裁庭其他组成人员进行案件合议,可能影响案件的正确裁决,属于重大程序违法情形。司法活动非常强调审判人员的“亲历性”,这同样适用于仲裁活动。仲裁员亲自参加庭审,听取双方当事人的陈述、意见,是仲裁员准确认定案件事实和正确适用法律的前提。因此司法实践中有不少法院认为仲裁案件处理过程中每一位仲裁员都必须自始至终地参与审理,包括庭审、评议和裁决,缺员仲裁可能会导致实体审理的不公正,“仲裁员未参加庭审”构成“违反法定程序”事由且属于“可能影响案件正确裁决”的情形,对仲裁庭所作裁决应予依法撤销。

四、延伸

(一)分析以“仲裁员未参加庭审程序”为由申请撤销仲裁裁决被驳回的案例

仲裁现如今已经是一种至关重要的民事纠纷解决途径,同时也是社会

---

[1] 牛鹏:《仲裁裁决撤销事由中“违反法定程序”的法律适用——以 64 份撤销裁定书为样本的考察》(上),载《商事仲裁与调解》2021 年第 4 期。

治理体系的重要组成部分。近年来,随着仲裁案件数量大幅上升的同时,当事人不满仲裁结果转而通过诉讼途径要求审查仲裁裁决的合法性与适当性的情形迅速增多,但在实务中,法院驳回当事人撤销仲裁裁决申请的案件,相较于同意撤销仲裁裁决的案件数量更多、占比更大。

从《国内商事仲裁司法审查年度报告(2019—2021)》的数据来看,2019年4月1日至2021年12月31日共结案2039件,经审查裁定撤销仲裁裁决的共4件,仅占比0.20%。[1] 在笔者收集的35份以"仲裁员未参加庭审"作为申请撤销仲裁裁决理由的案例中,驳回申请人申请的共30份(占比85.71%)。由此可见,法院同意撤销仲裁裁决的案件只是少数,想要了解我国实务中撤销仲裁裁决整体存在怎样的问题、现状如何,不能仅仅只研究少数情形,更应当对法院驳回撤销仲裁裁决申请的案例进行分析。[2]

本文收集了35份以"仲裁员未参加庭审"作为申请撤销仲裁裁决理由的案例,通过梳理裁判要点、归类同意或驳回申请的理由等方法对其进行了分析。在收集的民事裁定书样本中,撤销裁决的共5份(占比14.29%),驳回申请人申请的共30份(占比85.71%)。

在本文收集的案例中,法院驳回以"仲裁员未参加庭审"为由申请撤销仲裁裁决的主张的主要理由如下所示:(1)程序上存在瑕疵,但不足以认定其"可能影响案件正确裁决";(2)申请人未提交证据证明其主张或提交的证据不足以证明其主张;(3)庭审时申请人对仲裁员缺席表示无异议。

1. 程序上存在瑕疵,但不足以认定其"可能影响案件正确裁决"

在收集的民事裁定书样本中,审查法院认为庭审虽存在程序瑕疵但不足以认定"可能影响案件正确裁决",进而驳回申请人申请的案件有3个。具体的裁判要点有三个方面:(1)在(2021)赣02民特1号民事裁定书中,法

---

〔1〕 参见徐艳红:《北京四中院召开国内商事仲裁司法审查年度报告暨典型案例新闻通报会——结案案件中,驳回当事人申请案件占比超百分之八十》,载人民政协网,http://www.rmzxb.com.cn/c/2022-03-29/3082943.shtml。

〔2〕 参见刘文鹏:《法院驳回撤销仲裁裁决申请实务研究——以北京仲裁委员会2016年度裁决为研究样本》,载《北京仲裁》总第103辑,中国法制出版社2018年版。

院认为"关于仲裁庭第二次开庭笔录中未有另外两位仲裁员的参与的问题。经审查认为,第二次开庭笔录中虽然只有首席仲裁员的签名,另外两位仲裁员未签名,存在一定瑕疵,但仲裁委在此前后还进行了另外两次开庭审理,并未因此导致申请人的权利无法正确行使"。(2)在(2019)吉05民特7号民事裁定书中,法院认为"虽然仲裁时第二次庭审有两名仲裁员缺席,程序上存在瑕疵,但不足以认定为违反仲裁法规定的仲裁程序,故申请人主张的该项撤销仲裁裁决的理由不成立,本院不予支持"。(3)在(2021)冀09民特5号民事裁定书中,法院认为"开庭笔录显示该次庭审内容仅为双方当事人对涉案房产的评估报告进行质证,双方在庭审中对该评估报告发表了各自的质证意见,即使存在一名仲裁员缺席的情形,既不影响当事人发表自己的质证意见,亦不影响仲裁员庭后对该证据审查、认定后作出正确裁决"。

《仲裁法司法解释》第20条规定,"仲裁法第五十八条规定的'违反法定程序',是指违反仲裁法规定的仲裁程序和当事人选择的仲裁规则可能影响案件正确裁决的情形"。在上述几个案例中法官驳回申请人撤销仲裁裁决的请求均是结合了具体的案件事实后认为案件虽确实存在程序瑕疵但并未影响申请人的权利的正确行使及案件的正确裁决。

案件是否属于"可能影响案件正确裁决"的情形,主要有赖于法官根据案件事实进行判断,并没有确切的法律规定来进行明确,因此在实务中存在分歧,时常出现"同案不同判"的情况。例如,在(2018)陕01民特124号民事裁定书中,法院认为"一名仲裁员缺席,却进行了举证和质证,本质上属于对案件争议的实体审理,属于重大程序缺陷",而在(2021)冀09民特5号民事裁定书中,法院则认为"一名仲裁员缺席的情形,不影响当事人发表自己的质证意见,亦不影响仲裁员庭后对该证据审查、认定后作出正确裁决"。笔者认为应当在法律中就"可能影响案件正确裁决"进行更细化的规定、适当限缩自由裁量的范围,才能减少实务中同案不同判的现象。

2. 申请人未提交证据证明其主张或提交的证据不足以证明其主张

在收集民事裁定书的样本中,审查法院认为申请人未提交证据证明其主张或提交的证据不足以证明其主张,驳回申请人申请的案件有7个。摘录部分裁判要点如下:(1)在(2021)晋08民特7号民事裁定书中,法院认为"申请人称本案仲裁庭由3名仲裁员组成,庭审时有1名仲裁员未参加庭审活动,无证据证明。而被申请人提交的仲裁庭审笔录有3名仲裁员签名,证明3名仲裁员参加了庭审。故申请人主张仲裁程序违法,无事实依据,本院不予支持"。(2)在(2020)苏05民特79号民事裁定书中,法院认为"经审查,仲裁庭组成人员均参加了全部庭审,并不存在申请人主张的仅1名仲裁员参加庭审的情况,申请人主张仲裁庭组成违法,明显缺乏依据,本院不予采信"。(3)在(2019)鲁13民特156号民事裁定书中,山东省临沂市中院认为"仲裁员未在庭审笔录中签字,属于程序瑕疵,但在申请人未提交证据证实仲裁员均未参加庭审的情况下,对申请人仅以仲裁员未在仲裁笔录中签字的行为主张仲裁员未参加庭审,进而主张仲裁程序违法的申请事由本院不予支持"。

申请撤销仲裁裁决属于诉讼程序,遵循"谁主张,谁举证"的一般原则,故申请人应当提交证据证明仲裁员未参加庭审。[1] 而从笔者收集的民事裁定书来看,申请人通常无法提供证据或只能以仲裁员并未在仲裁笔录上签字作为其未参加庭审的证据,但法院则认为仲裁员未在庭审笔录上签字确实属于程序瑕疵,并不能仅以此证明仲裁员未参加庭审程序。

3.庭审时申请人对仲裁员缺席表示无异议

在收集的民事裁定书样本中,审查法院认定庭审时申请人对仲裁员缺席表示无异议,驳回申请人申请的案件有10个。摘录部分裁判要点如下(见表2-1)。

---

〔1〕参见周海洋、何曜:《浅析撤销仲裁裁决司法审查的实质要点及实践启示——基于西南某仲裁委员会100个随机案例的实证研究》,载《商事仲裁与调解》2021年第5期。

表 2-1　庭审时申请人对仲裁员缺席表示无异议裁判摘录

裁判文书号	裁判内容摘录
(2018)川06民特27号民事裁定书	两次庭审,首席仲裁员在庭审时就仲裁员缺席庭审征求了当事人意见,双方均表示无异议,该两次庭审未进行庭审调查,主要内容为权利义务告知及举证释明。之后,经被申请人的申请,胡某光退出了该案仲裁合议庭,变更为仲裁员高某,申请人未提出异议。现有证据也无法认定仲裁员胡某光缺席仲裁庭审及仲裁员的更换影响了案件的正确裁决。
(2019)鲁10民特33号民事裁定书	当事人明知一名仲裁员未参加第二次庭审的情况下,仍然参加仲裁,且在第三次庭审时明确表示对仲裁程序无异议。仲裁庭第二次庭审程序虽存在瑕疵,但在其后又组织了两次庭审,未影响当事人仲裁权利的行使和案件的正确裁决。
(2020)鲁03民特113号民事裁定书	首席仲裁员向双方释明一名仲裁员不能参加庭审,是否同意庭后书面审理,申请人表示同意,且关于仲裁庭组成的相关规定表明,有部分仲裁员未到庭亦不属于法律规定的仲裁庭组成违反法定程序的情形。
(2020)鲁05民特12号民事裁定书	笔录显示当次仲裁庭辩论结束后,首席仲裁员询问双方当事人对上次和本次庭审程序有无异议时,申请人回答无异议,且庭审笔录上面也有三名仲裁员的签字。
(2021)鲁15民特31号民事裁定书	申请人主张一名仲裁员缺席第二次开庭审理,但依据仲裁庭第二次庭审笔录记载,该仲裁员为仲裁庭成员,笔录中有其签字。在仲裁庭宣布仲裁庭组成情况后询问申请人对仲裁庭的组成是否有异议时,申请人回答"无异议"。在仲裁的庭审辩论阶段的最后,仲裁庭询问申请人对"本案整个仲裁程序是否有异议?"时,申请人回答"没有异议"。第三次开庭中,申请人也未就第二次开庭时一名仲裁员缺席向仲裁庭提出异议。本院认为,申请人主张仲裁员缺席庭审并没有提出充分证据予以证明,且依据《聊城仲裁委员会仲裁规则》第4条放弃异议权的规定,即使存在仲裁员缺席庭审的情况,申请人未对此提出书面异议并继续参加仲裁活动,应视为申请人放弃提出异议的权利并认可已经进行的仲裁程序。

上述案例的法律依据来自《仲裁裁决执行规定》第14条第3款规定:"适用的仲裁程序或仲裁规则经特别提示,当事人知道或者应当知道法定仲裁程序或选择的仲裁规则未被遵守,但仍然参加或者继续参加仲裁程序且未提出异议,在仲裁裁决作出之后以违反法定程序为由申请不予执行仲裁裁决的,人民法院不予支持。"该条款是关于"违反法定程序"的例外规定,设立该项规定的主要原因在于,放弃异议是商事仲裁的通行做法,当事人对违

反仲裁程序或规则的情形明明知情，但仍然参加或继续参加仲裁，则视为对异议权的放弃。[1] 该规定体现了对当事人意思自治的尊重和对仲裁效率、诚实信用原则的追求。

（二）现行《仲裁法》对“违反法定程序”规定的不足

《仲裁法》第 58 条中第 1 款第 3 项明确规定了程序违法为仲裁裁决撤销的法定事由，该规定的目的在于保护仲裁当事人的程序权利，这也是最为常见的当事人申请撤销仲裁裁决的理由。《国内商事仲裁司法审查年度报告（2019—2021）》显示，“仲裁程序违反法定程序”在撤销仲裁裁决申请事由中占比 22%，是各项事由中占比最高的，但在实务中对“违反法定程序”事由的理解仍存在一些争议，当事人以“违反法定程序”为由申请撤销仲裁裁决的案件虽然数量众多，但是其中得到法院支持的却是寥寥无几。

根据《仲裁法司法解释》第 20 条的规定，《仲裁法》第 58 条规定的“违反法定程序”，是指“违反仲裁法规定的仲裁程序和当事人选择的仲裁规则可能影响案件正确裁决的情形”，但“可能影响案件的正确裁决”存在非常大的自由裁量空间，从而导致“违反法定程序”的认定标准模糊，各地法院在实践中存在很大的分歧，同案不同判的情况时有发生。

《仲裁裁决执行规定》第 14 条第 3 款规定了当事人无异议可以补正缺员仲裁程序上的瑕疵。然而，笔者收集的前述案件虽然存在法院以该理由驳回了撤销仲裁裁决申请的情形，但一些法官并未直接援引该条司法解释。经笔者在威科先行法数据库检索发现，因其他程序问题撤销仲裁裁决的多个案例均援引该条，但至今未有在“仲裁员未参加庭审”案例中直接援引上述条款的司法解释的情形。在《仲裁法》修订之际，笔者认为，从中国目前的司法实践来看，在新的《仲裁法》中明确缺员仲裁时当事人同意的法律效力更为合宜。笔者认为，我国现有的《仲裁法》在缺员仲裁问题上的规定过于宽

---

〔1〕 参见刘贵祥等：《〈关于人民法院办理仲裁裁决执行案件若干问题的规定〉的理解与适用》，载《人民司法（应用）》2018 年第 13 期。

泛,且撤销仲裁裁决相关的司法解释并未涉及当事人同意的效力,只有关于仲裁执行的司法解释强调了当事人同意的效力,各种规定的不统一致使此类当事人"出尔反尔"的案件时有发生。如果在新的《仲裁法》中明确缺员仲裁问题,相信以仲裁员未出席庭审程序违法事由请求法院撤销仲裁裁决的案件也会更快速、明确地处理。

(三)结语

将"违反法定程序"作为撤销仲裁裁决的事由之一是为了保证仲裁当事人的程序权利,想要让该事由充分发挥其功能,需要立法者、仲裁机构和当事人携手努力。时值《仲裁法》修订之际,希望立法机构能对缺员仲裁、当事人同意的效力等问题进行明确。仲裁机构应当加强对仲裁员及其他相关工作人员的培训,使之充分了解法律和仲裁规则中的相关程序规定从而降低因程序违法而被撤裁的概率。同时当事人若认为在仲裁过程中存在违反法定程序的情形,可于庭审中及时提出异议以维护自身的程序权利,如果当事人当庭对仲裁庭的组成和程序表示"无异议",则视为对于异议权的放弃,后续再以此为由申请撤销仲裁裁决就很难得到法院的支持,而且举证难度也会大幅增加。从笔者收集的案例中可以看出,当事人申请撤销仲裁裁决时不能提交或未能充分提交证据证明其主张的现象也不在少数,"谁主张,谁举证"是民事诉讼的基本理念,不能提交或不能充分提交证据证明自己的主张自然难获支持,因此建议当事人在仲裁和诉讼过程中增强自身的证据意识、注意保存相关证据,尽量避免使自己处于无法举证的境地。

首席仲裁员未征询当事人的最后意见

张　洋*

一、撤销仲裁裁决理由的缘起

审理案号：(2019)川 11 民特 1 号

申请人：某某国有资产监督管理委员会办公室

被申请人：某某水务公司

基本案情：

某某水务公司与某某国有资产监督管理委员会办公室因某污水处理厂项目签署的《特许经营权经营协议》和《补充合同》在履行过程中发生纠纷，向 LS 仲裁委员会提起仲裁。某某水务公司的仲裁请求为：要求某某国有资产监督管理委员会办公室退回某某水务公司购买的某污水处理厂项目 30 年特许经营权出让价款未摊销余额××万元以及相应的资金占用利息。某某国有资产监督管理委员会办公室提出仲裁反请求，请求裁决某某水务公司依约提交××万元维护保函并支付××万元违约金以及赔偿因某某水务公司未履行提标改造的义务而导致的损失××万元。

仲裁庭于 2018 年 12 月 20 日、2019 年 1 月 24 日、2019 年 2 月 21 日先后

---

* 张洋：拥有法学硕士和工商管理硕士学位，原北京安杰世泽（深圳）律师事务所律师，现担任弘毅投资总法律顾问，东莞仲裁委员会、珠海国际仲裁院、北海国际仲裁院、江门仲裁委员会的仲裁员。

三次进行了开庭审理。仲裁庭于2019年2月21日最后一次庭审辩论结束，首席仲裁员未征询双方当事人的最后意见。后仲裁庭作出了L仲案字(2018)第166号仲裁裁决。

某某国有资产监督管理委员会办公室主张仲裁程序严重违反法定程序，没有让当事人发表最后意见，违反了《仲裁法》及《LS仲裁委员会仲裁规则》关于"辩论终结时，首席仲裁员或者独任仲裁员应当征询当事人的最后意见"的规定，向LS市中级人民法院申请撤销案涉仲裁裁决。

二、法院的处理结果

LS市中级人民法院认为，根据《仲裁法》第58条第1款第3项、第2款的规定，仲裁的程序违反法定程序的，人民法院应当裁定撤销。《仲裁法司法解释》第20条规定："仲裁法第五十八条规定的'违反法定程序'，是指违反仲裁法规定的仲裁程序和当事人选择的仲裁规则可能影响案件正确裁决的情形。"故法定程序指的是《仲裁法》规定的仲裁程序以及当事人选择的仲裁规则。《仲裁法》第47条"当事人在仲裁过程中有权进行辩论。辩论终结时，首席仲裁员或者独任仲裁员应当征询当事人的最后意见"及《LS仲裁委员会仲裁规则》第33条"当事人在仲裁过程中有权进行辩论。辩论终结时，首席仲裁员或者独任仲裁员应当征询当事人的最后意见"的规定，仲裁庭于2019年2月21日最后一次开庭庭审结束时，首席仲裁员未征询过当事人的最后意见，剥夺了当事人发表最后意见的权利，亦违反了仲裁的法定程序。因此，LS市中级人民法院以案涉仲裁裁决严重违反法定程序，可能影响案件正确裁决为由，撤销案涉仲裁裁决。

三、评析

本案的撤销仲裁裁决的裁定书围绕《仲裁法》第58条、第47条和《仲裁法司法解释》第20条进行论述和认证。通过对本案进行评析，我们应关注以下两个核心问题：一是《仲裁法》第47条规定的"辩论终结时，首席仲裁员或者独任仲裁员应当征询当事人的最后意见”即“当事人最后陈述权”的法律性质；二是存在违反“当事人最后陈述权”事实的前提下，如何理解并适用《仲裁法司法解释》第20条的规定。

（一）《仲裁法》第47条规定的“当事人最后陈述权”属于强制性规定

《仲裁法》又被称为仲裁程序法，《仲裁法》共8章80个条文，绝大部分条文是关于仲裁程序的规定。《仲裁法》第58条明确规定了“违反法定程序”的仲裁裁决可以申请撤销，《民事诉讼法》第248条明确规定了对“违反法定程序”的仲裁裁决，人民法院应裁定不予以执行。因此，《仲裁法》中规定的仲裁程序的相关条文中哪些属于强制性规定，对参与仲裁的相关主体的权益影响甚大。

就仲裁程序的规定而言，《仲裁法》的强制性规定是指《仲裁法》赋予当事人在仲裁程序中享有的固有法定权利，不能通过当事人的约定而排除适用，是为保障当事人基本程序权利设定的。违反强制性规定会导致当事人丧失固有法定权利，或者导致仲裁程序出现重大且无法弥补的瑕疵。《仲裁法》并没有明确指明哪些条文是强制性规定，但可以按照具体的条文用词进行判断，如条文用词中使用了“应当”等表述，可以认定为该条文是强制性规定。[1]

在(2018)苏09执异17号执行异议案[2]中，法院认为：“仲裁法关于仲裁程序的强制性条款是为保障当事人基本程序权利而设定的，是不允许当事人以协议排除适用的，当事人即使有相反的约定，该约定也属于无效约定，仍然适用仲裁法的规定。仲裁法关于仲裁程序的强制性条款，主要包括当事人有权获得参与仲裁的适当通知、答辩、申请仲裁员回避、提供证据、辩论等。这些与当事人基本程序权利息息相关的程序规定如果没有得到遵

---

〔1〕 参见万鄂湘等主编，最高人民法院研究室、最高人民法院民事审判第四庭编著：《最高人民法院仲裁法司法解释的理解与适用》（第2版），人民法院出版社2015年版，第176页。

〔2〕 参见江苏省盐城市中级人民法院执行裁定书，(2018)苏09执异17号。

守,应当认定违反了仲裁最低正当程序要求,足以导致裁决不公。”法院认为《仲裁法》关于仲裁程序的强制性条款是仲裁最低的正当程序要求。关于仲裁最低正当程序的要求,各国仲裁法中多有明确的规定,其中英国 1996 年《仲裁法》第 33 条的规定被学者认为是经典的关于仲裁最低正当程序的规范。[1] 英国 1996 年《仲裁法》第 33 条第 1 款规定,“仲裁庭应:a 公平及公正地对待当事人,给予各方当事人合理的机会陈述案件并抗辩对方当事人的陈述……”即仲裁程序中当事人的陈述权是仲裁程序的最低正当程序,属于《仲裁法》中的强制性规定。

正当程序原则是《仲裁法》最基本的强制性标准之一,其表现为仲裁庭应当给予双方当事人充分地陈述案情的机会。通过《仲裁法》赋予的“当事人最后陈述权”,当事人在仲裁庭审中表明对于请求、抗辩以及整个案件的事实认定和法律适用的最终的结论性态度。因此当事人的最后陈述是仲裁庭审程序中一个至关重要的环节。一方面,当事人需要通过最后陈述向仲裁庭清晰地表明其最重要、最核心的观点和态度,这对当事人的实体权利义务配置具有重要现实意义;另一方面,当事人的最后陈述对仲裁庭的裁判也具有重要影响。

《仲裁法》重点强调对仲裁当事人正当程序权利的保护,因此无论从文义解释的角度,还是从正当程序保护的角度,笔者倾向于认定《仲裁法》第 47 条规定的“当事人最后陈述权”属于《仲裁法》关于仲裁程序的强制性规定。

(二)存在违反“当事人最后陈述权”的事实的前提下,如何理解适用《仲裁法司法解释》第 20 条

针对《仲裁法司法解释》第 20 条的理解与适用,最高人民法院认为,违反了《仲裁法》关于仲裁程序的强制性规定即属于“可能影响案件正确裁决的”的情形,而违反当事人约定的仲裁程序只有在严重影响仲裁当事人的权

---

[1] 参见万鄂湘等主编,最高人民法院研究室、最高人民法院民事审判第四庭编著:《最高人民法院仲裁法司法解释的理解与适用》(第 2 版),人民法院出版社 2015 年版,第 178 页。

利的情形下,才能被认定为是“可能影响案件正确裁决的”的情形。[1]

有证据证明发生了仲裁庭未征询当事人最后意见的事实即违反了“法定程序”是法院撤销或不予执行仲裁裁决的首要前提。本文案例中,申请人提交了仲裁庭的三次庭审笔录,其中均未记载首席仲裁员让当事人发表最后意见的事实。法院从而根据三次庭审笔录认定存在“首席仲裁员都未征询过当事人的最后意见,剥夺了当事人发表最后意见的权利”的事实。在(2014)深中法涉外仲字第173号申请撤销仲裁裁决案[2]中,法院认定存在“仲裁庭审中首席仲裁员要求双方当事人进行最后陈述,亦即征询了双方的最后意见”的事实,因此仲裁裁决不存在撤销理由。

本文案例中,在认定发生了仲裁庭未征询当事人最后意见的事实后,法院继续论证认为案涉仲裁程序属于严重违反法定程序的情形,可能影响案件正确裁决,最终以此为由裁定撤销案涉仲裁裁决。从对法院认定的内容进行分析,法院似乎并没有将《仲裁法》第47条规定的“最后陈述权”认定为是强制性规定,而是认为未保障“当事人最后陈述权”是剥夺了当事人发表最后意见的权利,属于严重违反法定程序事由,且导致存在“可能影响案件正确裁决”的情形,从而符合裁定撤销仲裁裁决的法定要件,即法院倾向于认为,未保障“当事人最后陈述权”需要达到严重的程度,只有导致存在“可能影响案件正确裁决”的情形时,才可以撤销仲裁裁决。

对于未保障“当事人最后陈述权”作出的仲裁裁决能否依据《仲裁法司法解释》第20条的规定撤销,实践中各地法院在行使司法监督权时的理解和认识并不一致。

在(2017)湘06民特27号申请撤销仲裁裁决案[3]中,法院认为仲裁庭未征询过当事人的最后意见属于违反仲裁的法定程序,应当裁定撤销仲裁

---

[1] 万鄂湘等主编,最高人民法院研究室、最高人民法院民事审判第四庭编著:《最高人民法院仲裁法司法解释的理解与适用》(第2版),人民法院出版社2015年版,第179页。

[2] 参见广东省深圳市中级人民法院民事裁定书,(2014)深中法涉外仲字第173号。

[3] 参见湖南省岳阳市中级人民法院民事裁定书,(2017)湘06民特27号。

裁决。从该论述来看,法院倾向于认定《仲裁法》第 47 条规定的"当事人最后陈述权"是强制性规定,只要违反了该条规定,该条即可成为撤销仲裁裁决的法定依据。

在(2019)冀 01 民特 25 号申请撤销仲裁裁决案[1]中,法院认为"首席仲裁员在开庭过程中未征询当事人最后意见,属于仲裁工作瑕疵,不影响仲裁开庭笔录的内容及法律效力",从而驳回了撤销仲裁裁决的申请。值得注意的是,本案中某某水务公司答辩称,仲裁庭在调查、辩论过程中反复询问双方代理人有无补充意见,并在经过调查、举证质证和辩论后,再次征求双方当事人是否还有补充意见,双方也均作出了回应。尽管没有使用"最后意见"这一词语,但这并不代表仲裁庭未让双方当事人发表最后意见,更不代表仲裁庭违反法定程序,剥夺当事人的程序权利。某某水务公司的上述观点与(2019)冀 01 民特 25 号案件中法院的观念类似。

在(2017)黔 03 民特 24 号申请撤销仲裁裁决案[2]中,法院就认为尽管仲裁庭在庭审中存在未征询双方当事人最后意见的事实,但这并不影响案件的正确裁决,以此作为撤销仲裁裁决的理由,于法无据。从该论述来看,法院倾向于认定《仲裁法》第 47 条规定的"当事人最后陈述权"并非强制性规定,违反该规定也不属于严重违反法定程序,从而不构成"可能影响案件正确裁决的"的情形,故裁定不予以撤销。

在(2015)并立民仲字第 22 号申请撤销仲裁裁决案[3]和(2019)冀 02 执异 190 号申请不予执行仲裁裁决案[4]两起案件中,尽管当事人均提出了"仲裁庭未依法征询当事人的最后意见,属于违反法定程序"的理由,但法院并未对此进行认定。

综上所述,尽管最高人民法院就《仲裁法司法解释》第 20 条的规定清晰

---

〔1〕 参见河北省石家庄市中级人民法院民事裁定书,(2019)冀 01 民特 25 号。
〔2〕 参见贵州省遵义市中级人民法院民事裁定书,(2017)黔 03 民特 24 号。
〔3〕 参见山西省太原市中级人民法院民事裁定书,(2015)并立民仲字第 22 号。
〔4〕 参见河北省唐山市中级人民法院执行裁定书,(2019)冀 02 执异 190 号。

地表明了观点，但由于在目前的司法审查监督实践中，各地法院对《仲裁法》第 47 条规定的“当事人最后陈述权”是否属于强制性规定理解不一致，导致法院根据《仲裁法司法解释》第 20 条的规定来行使司法监督权时具有较大的自由裁量权，从而使仲裁裁决的命运和当事人的合法权利处于一种不确定的状态。

四、延伸

从上述“评析”部分的内容可见，由于《仲裁法》并未规定关于仲裁程序的哪些条文属于强制性规定，《仲裁法司法解释》第 20 条对《仲裁法》第 58 条关于“违反法定程序”的解释也不够详尽，导致了各地法院在适用《仲裁法司法解释》第 20 条开展司法审查监督工作时的标准和尺度不一致。总结起来，司法实践中对《仲裁法司法解释》第 20 条的适用主要存在以下两种不同的观点，第一种观点是，违反《仲裁法》规定的仲裁程序或违反了仲裁规则，或者是同时违反《仲裁法》规定的仲裁程序和仲裁规则，在撤销裁决时，其违反程度均应以“可能影响案件正确裁决”为限。对没有达到“可能影响案件正确裁决”程度的程序性瑕疵，在司法监督时不应以此条规定为由撤销仲裁裁决。第二种观点是，对于违反《仲裁法》而规定的仲裁程序，可以“违反法定程序”为由撤销仲裁裁决，而对于违反当事人选择的仲裁规则，则应当以“可能影响案件正确裁决”为由撤销仲裁裁决。

仲裁制度的优势在于其经济高效和“一裁终局”，但第一种观点赋予了法院在司法审查监督方面较大的自由裁量权，导致了仲裁裁决的命运处于一种不确定的状态，从而冲击了仲裁高效、经济的优势，对“一裁终局”制度也会造成极大的影响。笔者更倾向于认同第二种观点，第二种观点更倾向于认定只要仲裁裁决违反了《仲裁法》关于仲裁程序的强制性规定，法院就可以撤销仲裁裁决，而无须再论证“违反法定程序”是否严重，是否会导致“可能影响案件正确裁决”，从而避免了仲裁裁决命运的不确定性，保护了仲裁制度的优势；但解决上述观点分歧的关键还是要明确《仲裁法》关于仲裁程序哪些条文属于强制性规定,是《仲裁法》要保护当事人权利的最低正当程序。

《仲裁法》关于仲裁程序的强制性规定与司法监督上的撤销仲裁裁决、不予执行应该是完全对应的,但《仲裁法》并未区分强制性规定和任意性规定,从而导致法院在行使司法监督权方面具有较大的自由裁量权,对我国仲裁制度的发展造成了一定影响。立法者显然也注意到了这个问题,《仲裁法征求意见稿》中,"仲裁程序"章节的第 30 条第 1 款、第 2 款规定:"当事人可以约定仲裁程序或者适用的仲裁规则,但违反本法强制性规定的除外。当事人没有约定或者约定不明确的,仲裁庭可以按照其认为适当的方式仲裁,但违反本法强制性规定的除外。"该修订符合目前国际上关于仲裁立法的趋势,但遗憾的是,《仲裁法征求意见稿》仍未明确哪些规定属于强制性规定,如该条款未来得以保留并通过成为法律,对于哪些条款属于"本法强制性规定"的问题,在实施过程中肯定会出现争议。

笔者建议,我国《仲裁法》关于强制性规定内容和体例的修订,可借鉴英国 1996 年《仲裁法》,后者通过附表的形式在附表一"第一篇中的强制性的法律规定"中明确列出了哪些规定是强制性规定。我国《仲裁法》的修订也可以通过附表的形式明确列举仲裁程序章节的哪些条文属于强制性规定。如果最终不能实现,则建议最高人民法院在修订《仲裁法司法解释》时,通过司法解释的形式明确《仲裁法》关于仲裁程序的哪些条文属于强制性规定。上述的建议安排有助于减少实务中的争议,维护"一裁终局"制度的稳定性,有利于提升当事人对仲裁制度的信任度和提高仲裁公信力。

仲裁结果采信仲裁庭合议时少数人的意见

刘国江*

一、撤销仲裁裁决理由的缘起

审理案号:(2017)冀08民特86号

申请人:某某矿业公司

被申请人:某某机械公司

基本案情:

关于某某矿业公司与某某机械公司的买卖合同纠纷仲裁一案,2017年10月23日CD仲裁委员会作出案涉仲裁裁决,裁决某某矿业公司于裁决生效起15日内支付某某机械公司货款3,900,800.00元。后某某矿业公司不服仲裁裁决,申请撤销CD仲裁委员会作出的仲裁裁决。

某某矿业公司认为,该裁决程序严重违法且存在枉法裁判的情形,依法应当予以撤销。具体理由如下,第一,涉案裁决书程序严重违法。首先,该裁决未审先裁。某某矿业公司与某某机械公司的案件是在2017年9月27日进行的开庭审理,但该裁决书于2017年9月23日就已经作出,该事实足

---

* 刘国江:毕业于西南政法大学。曾就职于深圳市司法局,曾任广东君言律师事务所主任,曾获得"深圳市光明区十佳律师"等荣誉称号。现任广州仲裁委员会仲裁员、广东省律协及深圳市律协理事、深圳律协公共法律服务工作委员会主任、深圳市西南政法大学校友会常务副会长兼秘书长、深圳狮子会制度建设及法律委员会主席、深圳市黑龙江商会监事、法律维权委员会副主任。

以证明涉案的裁决是未审先裁,使庭审程序流于形式。其次,该裁决注明为不公开开庭审理,但庭审时既没有告知当事人不公开审理,也没有按照不公开程序进行审理。第二,该裁决系罔顾事实的枉法裁决。本案的买卖合同关系非常清晰,即某某矿业公司以3,900,800.00元的总价购买的不仅是设备,还有安装调试服务,而某某机械公司未履行安装调试义务的事实是无争议的、明确的。因此,该裁决仅以某某机械公司开出了全额发票为由,裁决某某矿业公司给付质保金,显然是罔顾事实的枉法裁决。第三,仲裁庭未明确告知本案的受理时间,从某某矿业公司的仲裁申请书上载明的时间(2017年5月12日)看没有超过2年仲裁时效,而仲裁裁决书载明为2017年6月7日立案,已经超过仲裁时效。仲裁庭在送达答辩通知书时未告知案件受理时间,从而影响了某某矿业公司行使关于仲裁时效异议的诉讼权利。因此,某某矿业公司认为,该裁决书符合法定撤销情形。

某某机械公司辩称,本案仲裁程序合法,认定事实清楚,请求法院驳回某某矿业公司的请求。具体理由包括如下五点。第一,某某矿业公司与某某机械公司双方签订的协议约定,发生纠纷向CD仲裁委员会提出仲裁申请,CD仲裁委员会依仲裁规则裁决本案,向双方当事人依法送达了相关手续。第二,《仲裁法》第40条规定,仲裁不公开进行,当事人协议公开的可以公开进行,该案依据《仲裁法》进行了不公开审理,程序合法。第三,因CD仲裁委员会出具的裁定书第6页日期表述"2017年9月23日"为笔误,经某某机械公司向CD仲裁委员会提出补正申请,CD仲裁委员会出具情况说明一份,已经说明出具的日期确实为笔误,应为"2017年10月23日",即将出具补正裁决书,所以本案不存在未审先裁的情况。第四,某某机械公司有充足的证据证明已经履行了全部的合同义务,该裁决书认定事实清楚。第五,某某机械公司认为某某矿业公司在仲裁时未提出诉讼时效抗辩,应该视为某某矿业公司放弃了该权利,同时某某机械公司在提出仲裁申请时,在法律规定的诉讼时效之内。

二、法院的处理结果

CD 市中级人民法院认为，某某机械公司在向 CD 仲裁委员会提出仲裁申请时并未超过某某矿业公司所述仲裁申请截止日（2017 年 5 月 15 日），且某某矿业公司称应以某某机械公司向其提供购货发票的时间（2015 年 5 月 15 日）为仲裁时效的起始日期，但并不能证明此后某某机械公司没有向其主张过权利，该申请理由不足，法院不予支持。某某矿业公司提出 CD 仲裁委员会的涉案仲裁裁决书未审先裁的理由，经审查，该裁决书载明的日期"2017 年 9 月 23 日"应为"2017 年 10 月 23 日"，存在笔误，故不存在未审先裁情形，某某矿业公司该理由不能成立。其以仲裁裁决书注明为不公开开庭审理，但庭审时没有告知不公开审理，违反法定程序。《仲裁法》第 40 条规定："仲裁不公开进行。当事人协议公开的，可以公开进行，但涉及国家秘密的除外。"某某矿业公司及某某机械公司并未进行协商，故不存在违反程序的问题。某某矿业公司上述申请理由不足，法院不予支持。

此外，某某矿业公司虽提出有关仲裁人员存在枉法裁判的情形，并未提出相关证据，但在法院审查中，发现仲裁结果采信了仲裁庭合议时少数人的意见，属于违反法定程序，故依照《仲裁法》第 53 条，第 58 条第 1 款第 3、4 项和第 2 款，第 59 条，第 60 条的规定，涉案仲裁裁决应予撤销。

三、评析

本案的重点在于，仲裁裁决结果能否按照仲裁庭合议时少数仲裁员的意见作出。法院认为仲裁裁决结果采信了仲裁庭合议时少数仲裁员的意见，属于违反法定程序，因而撤销仲裁裁决。

仲裁裁决应按照仲裁庭多数仲裁员的意见作出，遵循少数服从多数的原则，可以最大限度保证仲裁裁决结果的公平公正。此时，如果首席仲裁员的意见是少数意见，仲裁裁决应按照仲裁庭多数仲裁员意见作出。因此，在上述案例中，由于仲裁裁决结果按照仲裁庭合议时少数仲裁员的意见作出，属于违反法定程序，所以被法院撤销仲裁裁决。

《仲裁法》第53条规定："裁决应当按照多数仲裁员的意见作出，少数仲裁员的不同意见可以记入笔录。仲裁庭不能形成多数意见时，裁决应当按照首席仲裁员的意见作出。"此外，第58条第1款规定："当事人提出证据证明裁决有下列情形之一的，可以向仲裁委员会所在地的中级人民法院申请撤销裁决：……（三）仲裁庭的组成或者仲裁的程序违反法定程序的……"

《仲裁法司法解释》第20条规定："仲裁法第五十八条规定的'违反法定程序'，是指违反仲裁法规定的仲裁程序和当事人选择的仲裁规则可能影响案件正确裁决的情形。"

上述法律及司法解释明确规定，仲裁裁决结果应由三名仲裁员进行集体讨论、集思广益，采用少数服从多数原则决定，这也可以充分体现仲裁的民主性，保证案件裁决结果的公平公正性，提高案件办理的质量，另外也将少数仲裁员意见如实记入笔录，可以保证每位仲裁员充分表达自己的观点。

因此，在上述案例中，由于仲裁裁决按照仲裁庭合议时少数仲裁员的意见作出，违反少数服从多数原则，违背民主精神，实质性影响案件正确裁决，属于违反法定程序，所以被法院撤销。

正所谓，形式正义是实质正义的前提和保障，程序正当性是形式正义的直接体现。《仲裁法》第58条第1款第3项将"仲裁的程序违反法定程序"作为一项重要的，也是最为常见的申请撤销仲裁裁决的理由，目的在于保障仲裁当事人的正当程序权利，确保仲裁裁决公平公正。

并非只要违反法定程序，就一定会被法院撤销仲裁裁决，只有同时符合"违反仲裁法规定的仲裁程序和当事人选择的仲裁规则"的条件以及"可能影响案件正确裁决情形"的条件，才会被法院撤销仲裁裁决。

在仲裁庭仲裁员不能形成多数意见时，由于首席仲裁员是由双方共同选定或共同委托仲裁委员会主任指定的，所以仲裁裁决按照首席仲裁员的意见作出，也可以充分尊重当事人的意思自治，最大限度保证仲裁裁决结果的公平公正。因此，在上述案例中，若由于仲裁庭仲裁员不能形成多数意见,即每个仲裁员的意见都不同,此时仲裁裁决应按照首席仲裁员的意见作出,而不是按照其他仲裁员的意见作出,否则同样属于违反法定程序,也会被法院撤销仲裁裁决。

《仲裁法》第31条规定:“当事人约定由三名仲裁员组成仲裁庭的,应当各自选定或者各自委托仲裁委员会主任指定一名仲裁员,第三名仲裁员由当事人共同选定或者共同委托仲裁委员会主任指定。第三名仲裁员是首席仲裁员。当事人约定由一名仲裁员成立仲裁庭的,应当由当事人共同选定或者共同委托仲裁委员会主任指定仲裁员。”

考虑到仲裁庭必须作出仲裁裁决,以及首席仲裁员是由双方共同选定或共同委托仲裁委员会主任指定,所以在仲裁庭仲裁员不能形成多数意见情形下,仲裁裁决按照首席仲裁员的意见作出,可以充分尊重当事人的意思自治,最大限度保证仲裁裁决结果的公平公正。因此,在上述案例中,若由于仲裁庭仲裁员不能形成多数意见,即每个仲裁员的意见都不同,此时仲裁裁决应按照首席仲裁员的意见作出,而不是按照其他仲裁员的意见作出,否则同样属于违反法定程序,也会被法院撤销仲裁裁决。在(2016)云01民特157号申请撤销仲裁裁决案[1]中,也能证实在仲裁庭仲裁员不能形成多数意见时,仲裁裁决应按照首席仲裁员的意见作出。

该案中,法院认为“关于申请人认为仲裁程序违法,仲裁裁决未按照少数服从多数的原则作出,该仲裁裁决应予撤销的理由。经本院审查,仲裁庭组成人员未能形成多数意见,根据《仲裁法》第53条的规定,仲裁裁决按照首席仲裁员的意见作出并未违反法定程序,故申请人的该项申请撤销仲裁裁决的理由不能成立,本院不予支持。根据《仲裁法司法解释》第20条的规定,确实尚未达到法律规定的仲裁违反法定程序、仲裁裁决应予撤销的法定条件,故申请人的该项申请撤销仲裁裁决的理由同样不能成立,本院不予支持”。

---

〔1〕 参见云南省昆明市中级人民法院民事裁定书,(2016)云01民特157号。

值得注意的是，在申请人未以“仲裁结果采信仲裁庭少数人意见”为由主张申请撤销仲裁裁决时，由于仲裁庭评议笔录不公开，为确保仲裁裁决的公正合理性，法院可以在调取仲裁案卷后主动审查仲裁合议、评议过程及结果的合法性，并据此作出是否撤销仲裁裁决的决定。

众所周知，仲裁庭评议笔录不公开，未经法院调取，申请人也无法知晓内容。为确保仲裁裁决的公正合理性，保障仲裁当事人的正当程序权利，法院可以在调取仲裁案卷后主动发现仲裁评议过程及结果是否合法，并据此作出是否撤销仲裁裁决的决定。在(2021)湘11民特5号申请撤销仲裁裁决案[1]中，也证实法院可以主动审查仲裁庭评议过程及结果的合法性。

该案中，法院认为，本案争议焦点在于仲裁程序中评议过程是否符合仲裁规则。经审查，本案仲裁案卷内并无对案件的评议记录，裁决书上也并无仲裁员的签名。仲裁庭评议笔录作为仲裁庭评议案件的原始记录，可以完整反映仲裁庭评议案件的整个过程和内容，是我国仲裁庭评议案件制度的重要反映，是仲裁庭成员行使仲裁权力的重要渠道，它在一定程度上反映了仲裁过程的公正性，是仲裁依法公正的前提和基础。本案仲裁过程中，在并未形成任何仲裁评议记录且仲裁庭成员意见存在重大分歧的情况下，即作出相应裁决，且仲裁开庭笔录上并无仲裁员、记录人员的签名，仲裁裁决书上也并无三名仲裁员的签名确认，对裁决持不同意见的仲裁员也并未以书面形式向仲裁庭表明自己的意见及理由。以上事实，至少体现仲裁庭对于本案所涉事实和法律问题并未进行充分查明、研究和评议，存在仲裁员履职不规范的情形，违背了仲裁庭评议案件的基本程序制度规定，且不足以证明仲裁裁决的真实合法性，很可能影响案件公正裁决，依据《仲裁法》第58条第1款第3项之规定，本案仲裁裁决应当予以撤销。此外，虽然本案申请人申请撤销仲裁并未提出上述理由，但法院在调取仲裁卷的过程中查明以上事实，且以上事实未经法院调卷申请人也无法知晓，为确保仲裁裁决的公正

---

〔1〕 参见湖南省永州市中级人民法院民事裁定书，(2021)湘11民特5号。

合理性,法院据此进行审查并无不当。

除"仲裁结果采信了仲裁庭合议时少数人的意见"之外,"仲裁裁决结果没有经过仲裁庭合议、评议",也属于违反法定程序,会被法院撤销仲裁裁决。

在(2014)西中民四仲字第00071号[1]、(2017)陕01民特106号[2]的申请撤销仲裁裁决案以及(2020)渝02执418号[3]之一的申请不予执行仲裁裁决案中,证实"仲裁裁决结果没有经过仲裁庭合议、评议"也属于违反法定程序,会被法院撤销仲裁裁决。

在(2014)西中民四仲字第00071号申请撤销仲裁裁决案中,法院认为"由于三名仲裁员没能就其对该案纠纷各自的认定意见进行充分研究并发表各自的观点,加之仲裁庭亦未就该案的裁决处理意见形成仲裁庭合议笔录,故仲裁庭在研究案件时不符合法律及仲裁委的《仲裁规则》中仲裁庭应依法进行合议之规定,违反法定程序"。

在(2017)陕01民特106号申请撤销仲裁裁决案中,法院认为"虽然仲裁庭多数意见能够决定仲裁结果,但是仲裁庭重新合议的笔录中缺少一名仲裁员签字,也未记载未签字仲裁员的意见,在此情况下变更原合议结果,现有卷内资料不能证明仲裁庭就最终裁决意见已经进行过合议,本案属于仲裁程序违反《仲裁法》第58条第1款第3项规定,应予撤销"。

在(2020)渝02执418号之一申请不予执行仲裁裁决案中,法院认为"本案仲裁裁决书三位仲裁员均未签名,显然不属于因为对该仲裁裁决持不同意见,可以不签名的情形。仲裁庭组成人员的选定或指定,均代表了当事人对自身权利的处分,有关仲裁裁决的事项也应当由仲裁庭负责,而非仲裁委员会,仲裁庭与仲裁委员会之间并非隶属关系,因此,仅有仲裁委员会的签章并不能补正上述程序问题。且《仲裁法》并未赋予仲裁机构制定的仲裁

[1] 参见陕西省西安市中级人民法院民事裁定书,(2014)西中民四仲字第00071号。
[2] 参见陕西省西安市中级人民法院民事裁定书,(2017)陕01民特106号。
[3] 参见重庆市第二中级人民法院执行裁定书,(2020)渝02执418号。

规则可以变更执行上述法律的规定,故昆明仲裁委员会作出的昆仲裁(2019)265 号裁决书明显违反了上述法律的规定,应认定为仲裁的程序严重违反法定程序。裁定不予执行上述仲裁裁决"。

"持少数意见的仲裁员未在仲裁书签名"不属于违反法定程序,不会被法院撤销仲裁裁决。《仲裁法》第 54 条规定:"裁决书应当写明仲裁请求、争议事实、裁决理由、裁决结果、仲裁费用的负担和裁决日期。当事人协议不愿写明争议事实和裁决理由的,可以不写。裁决书由仲裁员签名,加盖仲裁委员会印章。对裁决持不同意见的仲裁员,可以签名,也可以不签名。"

因此,持少数意见的仲裁员未在仲裁书签名,不属于违反法定程序,不会被法院撤销仲裁裁决。在(2019)粤 01 民特 1012 号[1]、(2020)粤 05 民特 19 号[2]、(2021)粤 03 民特 563 号[3]的申请撤销仲裁裁决案中,也证实了这一说法。

在(2019)粤 01 民特 1012 号申请撤销仲裁裁决案中,法院认为"本案裁决是根据仲裁庭多数意见作出,仲裁员持有不同意见,其未在裁决书上签名,符合法律的规定,并不影响裁决的效力"。

在(2020)粤 05 民特 19 号申请撤销仲裁裁决案中,法院认为"涉案仲裁有部分仲裁员对裁决书持不同意见并不影响仲裁的裁决,持不同意见的仲裁员对裁决书不签名也不违反仲裁法规定的仲裁程序和当事人选择的仲裁规则,不属于《仲裁法》第 58 条规定的违反法定程序的情形,最终驳回申请人撤销仲裁裁决的申请"。

在(2021)粤 03 民特 563 号申请撤销仲裁裁决案中,法院认为"涉案仲裁裁决依据仲裁庭多数意见作出以及持少数意见的仲裁员未署名并不违反仲裁法和仲裁规则的规定,最终驳回申请人撤销仲裁裁决的申请"。

---

〔1〕 参见广东省广州市中级人民法院民事裁定书,(2019)粤 01 民特 1012 号。
〔2〕 参见广东省汕头市中级人民法院民事裁定书,(2020)粤 05 民特 19 号。
〔3〕 参见广东省深圳市中级人民法院民事裁定书,(2021)粤 03 民特 563 号。

四、延伸

《民事诉讼法》第 45 条规定："合议庭评议案件，实行少数服从多数的原则。评议应当制作笔录，由合议庭成员签名。评议中的不同意见，必须如实记入笔录。"第 177 条第 1 款第 4 项规定："第二审人民法院对上诉案件，经过审理，按照下列情形，分别处理：……（四）原判决遗漏当事人或者违法缺席判决等严重违反法定程序的，裁定撤销原判决，发回原审人民法院重审……"

根据上述规定可知，法院判决也是按照合议庭多数意见进行评议。违反合议庭评议程序的情形，属于严重违反法定程序，构成撤销原判决、发回重审事由。

例如，在（2018）吉 01 民终 2389 号[1]二审案件中，法院认为"一审卷宗并无合议笔录的记载，故一审裁决结果应视为未依法经过合议庭评议，程序严重违法，裁定撤销一审判决发回重审"。

因此，仲裁裁决按照仲裁庭多数仲裁员的意见作出的规定，与法院判决按照合议庭多数意见进行评议的规定相类似，也是遵循少数服从多数的原则，可最大限度地保证仲裁裁决结果的公平公正。

---

〔1〕 参见吉林省长春市中级人民法院民事裁定书，（2018）吉 01 民终 2389 号。

仲裁结果与仲裁庭合议时的仲裁意见不一致

张乐雄[*]

一、撤销仲裁裁决理由的缘起

案号:(2019)浙02民特81号

申请人:孙某某

被申请人:某某建设工程公司

基本案情:

2018年12月27日,NB仲裁委员会就孙某某与某某建设工程公司工程款纠纷案件作出(2017)Y仲字第6号裁决,裁决某某公司支付孙某某工程欠款(含保修金)3,379,087.24元,返还孙某某工程履约保证金2,000,000元。

后孙某某认为仲裁裁决程序违法,申请撤销该仲裁委员会作出的仲裁裁决。孙某某认为该案仲裁程序违反法定程序,存在人为干预情况,最终影响了裁决的独立性、公正性及客观性。某某建筑工程公司答辩称本案仲裁程序合法,且我国仲裁属于机构仲裁,不属于仲裁员个人仲裁,即使存在孙某某受到了所谓的领导批示、非仲裁庭人员走访调查情况,也不属于程序违法。

---

* 张乐雄:北京浩天(深圳)律师事务所高级合伙人律师,曾在一线城市基层与中级两级人民法院从事审判工作,目前担任深圳国际仲裁院、东莞仲裁委员会仲裁员。

二、法院的处理结果

NB 市中级人民法院在审查过程中调取了 NB 仲裁委员会仲裁案件的全部案卷，并对仲裁庭进行了相关调查。经审查，(2017) Y 仲字第 6 号仲裁案件适用《NB 仲裁委员会仲裁规则》和《NB 仲裁委员会仲裁案件审理规范(试行)》进行审理。《NB 仲裁委员会仲裁规则》第 71 条和《NB 仲裁委员会仲裁案件审理规范(试行)》第 83 条等载明："仲裁庭应当在签署裁决书之前将裁决草案提交本委核阅。在不影响仲裁庭独立裁决的情况下，本案可以就裁决书中的有关问题提请仲裁庭予以注意。本委发现仲裁庭在仲裁案件时有程序上的错误或者有其他可能影响公正裁决情形的，可以提出意见或建议，仲裁庭应当认真听取。"《NB 仲裁委员会仲裁案件审理规范(试行)》第 80 条第 2 款规定："仲裁庭组成人员进行评议的时候应当认真负责充分陈述意见独立行使表决权，不得拒绝陈述意见或者仅作同意与否的简单表态。同意他人意见的也应当提出事实根据和法律依据进行分析论证。评议结束前，首席仲裁员应归纳评议意见。"就该仲裁案仲裁庭于 2018 年 12 月 26 日进行了最后一次评议，根据首席仲裁员及仲裁庭其他成员的反映，NB 仲裁委员会主任参与了该次评议并对案件处理发表了意见。评议笔录记载了仲裁庭成员各自发表的意见、评议结果以及对评议结果的意见。针对工期延误损失如何计算的问题，仲裁庭三位仲裁员发表了不同的意见，评议笔录记载的评议结果与三位仲裁员发表的意见均不一致，三位仲裁员均在评议结果之下即评议笔录尾部签名。(2017) Y 仲字第 6 号裁决书主文与该次评议结果一致。

法院认为，关于孙某某提出的仲裁程序违法影响仲裁独立性的问题，应根据《仲裁法》第 58 条第 1 款第 3 项，《仲裁法司法解释》第 20 条和《仲裁裁决执行规定》第 14 条的规定进行审查，仲裁裁决存在"仲裁庭的组成或者仲裁程序违反法定程序的"情形，人民法院应当裁定撤销裁决。《仲裁法》第 53 条规定："裁决应当按照多数仲裁员的意见作出，少数仲裁员的不同意见可以记入笔录。仲裁庭不能形成多数意见时，裁决应当按照首席仲裁员的意见作出。”这是仲裁庭独立裁决的制度保障。仲裁案件首席仲裁员称评议笔录的仲裁结果与三位仲裁员在合议时发表的仲裁意见不一致，但其在该笔录上签名并依据该仲裁结果拟写了最终裁决书稿的行为，与仲裁庭独立裁决的制度不相符，相关仲裁员的履职行为不规范。同时，在《NB 仲裁委员会仲裁规则》第 71 条、《NB 仲裁委员会仲裁案件审理规范（试行）》第 83 条等规定中，并无仲裁庭评议时仲裁委员会负责人在场并对实体处理发表意见的内容。仲裁裁决的形成不符合仲裁规则的规定，亦有违仲裁庭独立裁决制度，可能影响案件公正裁决，属于程序违法。

综上所述，依照《仲裁法》第 53 条、第 58 条第 1 款第 3 项和第 2 款的规定，NB 市中级人民法院裁定撤销仲裁裁决。

三、评析

本案的争议焦点在于，仲裁机构负责人参与仲裁庭评议并产生实质影响，仲裁庭评议形成的评议意见与结果与仲裁员评议意见不一致，是否构成“违反法定程序”，进而导致仲裁裁决被撤销。

根据《仲裁法司法解释》第 20 条的规定，“违反法定程序”，是指违反《仲裁法》规定的仲裁程序和当事人选择的仲裁规则且可能影响案件正确裁决的情形。在当事人没有另行选择或设定仲裁规则的情况下，《仲裁法》以及仲裁机构自身的仲裁规则就成为评价法定程序的起点。

值得注意的是，本案中法院援引了《NB 仲裁委员会仲裁案件审理规范（试行）》作为评价仲裁程序是否符合仲裁规则的依据。一方面，该审理规范第 80 条第 2 款规定“仲裁庭组成人员进行评议的时候应当认真负责充分陈述意见独立行使表决权，不得拒绝陈述意见或者仅作同意与否的简单表态。同意他人意见的也应当提出事实根据和法律依据进行分析论证。评议结束前，首席仲裁员应归纳评议意见”。这一条款强调仲裁庭评议案件、进行表决的独立性。另一方面，该审理规范第 83 条等规定又载明“仲裁庭应当在签署裁决书之前将裁决草案提交本委核阅。在不影响仲裁庭独立裁决的情况下,本案可以就裁决书中的有关问题提请仲裁庭予以注意。仲裁委员会发现仲裁庭在仲裁案件时有程序上的错误或者有其他可能影响公正裁决情形的,可以提出意见或建议,仲裁庭应当认真听取”。该条款强调仲裁庭的裁决意见受到仲裁机构的监督制约。细捋之下,这两个条款并不冲突。仲裁机构对于仲裁庭意见的监督制约,一是须以“不影响仲裁庭独立裁决”为前提;二是介入的时间点在签署裁决书之前,并未授权仲裁机构及其“领导”参与到仲裁庭评议过程中。可见,该规则的设置是对仲裁庭评议结果在成为裁决内容之前进行把关,而非在评议过程中进行过程性参与和影响。

本案中,法院查明“针对工期延误损失如何计算问题,仲裁庭三位仲裁员发表了不同的意见”“评议笔录记载的评议结果与三位仲裁员发表的意见均不一致”“裁决书主文与该次评议结果一致”,NB 仲裁委员会主任参与了该次评议并对案件处理发表了意见。可见,仲裁员在并不反映其自身意见的评议结果上签名确认,本身也佐证了仲裁机构主任参与评议并对评议结果产生了实质影响。《NB 仲裁委员会仲裁案件审理规范(试行)》第 83 条规定的仲裁机构核阅权不能作为维护涉案裁决合法性的依据,因为仲裁庭形成意见的过程已经被干预,仲裁机构并非在对仲裁庭意见的结果本身进行核阅,而是侵扰了仲裁庭本应独立的评议过程。

本案中,法院查明最终获得记载的仲裁庭评议结果与仲裁员评议意见不一致,认为已经违反了仲裁庭独立仲裁的基本原则,进而认定仲裁程序存在问题,撤销该仲裁裁决,法院的裁定是正确的。

四、延伸

本案为探讨仲裁庭独立性提供了一个有趣又富有层次的案例。关于仲裁独立性,本案提出了两个层次的问题:一是仲裁庭的独立性与仲裁机构对裁决书核阅权之间如何划定界限;二是仲裁裁决的独立性与司法审查权之间的边界如何设定。

首先,关于仲裁庭独立裁决与仲裁机构核阅权如何划分边界的问题。

仲裁庭独立裁决是独立仲裁原则的重要方面,也是案件公正裁决的基础。何为“独立裁决”? 北京市第四中级人民法院(2016)京04民特23号民事裁定书中指出:“对于独立裁决的理解应当是指仲裁员/仲裁庭不受外界干涉而是根据自己对案情的判断和理解对相关纠纷作出处理,至于裁决期间仲裁庭认为有必要考量哪些因素以及是否接受其他案件的处理意见作为本案的基础指引,都属于仲裁庭独立裁量的事项,与仲裁庭独立审理原则并不冲突。如果仲裁庭不是被迫受到外界干扰,而是经过审慎考虑认为自身有必要接受某种规范之约束,相应情形恰恰是仲裁庭独立审理原则的具体体现。”

2018年12月31日,中共中央办公厅、国务院办公厅印发《关于完善仲裁制度提高仲裁公信力的若干意见》,其中第6条第6项提出应“健全仲裁委员会内部监督制度……在尊重仲裁庭、仲裁员独立裁决的基础上……建立仲裁委员会对仲裁裁决的核阅制度”。对此,许多仲裁委员会制定的仲裁规则或规范指引都规定了裁决书草案的核阅制度。

部分专家学者与法律业内人士对该制度的评价主要集中在担忧仲裁委员会的核阅意见影响甚至左右仲裁庭作出独立裁决。从纯粹逻辑的角度出发,在仲裁庭独立拟就“裁决书草案”时,其裁决意见已经客观形成,任何能够改变前述裁决内容的第三方意见都确实起到了影响“独立裁决”的效果。然而,追求个案的“实质正义”,是否意味着不应设置强调以程序为主的核阅制度,这仍然值得探讨。

笔者认为,对该制度的思考还需兼顾仲裁一裁终局的特点。有别于诉讼案件的二审终审制,仲裁案件一裁终局虽然满足了商事仲裁中对效率的需求,但在极端情况下,会导致败诉方丧失其他救济权利。同时在对个案的审理中,也存在仲裁庭受各方影响的可能性,在单一仲裁程序中,随着事实调查与法律辩论的深入而只关注个案信息,忽略商事交易惯例、价值冲突衡量等其他因素。虽然仲裁委员会对仲裁案件本身的了解与理解肯定不及于前述仲裁当事双方与仲裁庭,但核阅制度可以在一定程度上补充一个独立的第三方视角,在仲裁机构的层面也能起到法院类案检索的效果,有助于在最终意义上提升裁决效果和仲裁公信力。对于程序正义的考量,笔者建议在制度上进一步细化,除了裁决形式、字词的修改意见外,充分限制仲裁委员会对裁决书草案提出实体问题关切的前提条件,避免对仲裁庭的独立裁决造成不良影响甚至产生类似本案的"审裁不一"的后果。

本案很好地提示了仲裁机构"核阅权"的界限,一是不宜延伸到仲裁庭的评议过程,进而干预评议意见的形成;二是核阅的对象是裁决书,而非仲裁庭其他的独立履职环节。

其次,关于仲裁过程独立性与司法审查权的边界问题。

仲裁委员会是常设性仲裁机构,是独立、公正、高效地解决平等主体(公民、法人和其他组织)之间发生的合同纠纷和其他财产权益纠纷的常设仲裁机构。独立仲裁原则,是指明确规定仲裁应依法独立进行,不受行政机关、社会团体和个人的干涉。独立仲裁原则体现在仲裁与行政脱钩,仲裁委员会独立于行政机关,与行政机关没有隶属关系,仲裁委员会之间也没有隶属关系。同时,仲裁庭独立裁决案件,仲裁委员会以及其他行政机关、社会团体和个人不得干预。

保障仲裁机构的独立性,根本便在于仲裁员个人的独立性。仲裁员对于保障仲裁质量、裁决公正起着决定性作用。仲裁员的公正性与独立性和仲裁的性质密切相关。一方面,仲裁裁决与法院判决一样,同是一个"司法行为",它们必须被公众信任,因而仲裁员作为与法官相似的裁判者,秉持公正性是不可或缺的。另一方面,仲裁员又不同于法官,仲裁员是由双方当事人自行选定的,仲裁员的报酬源于当事人支付的仲裁费用,仲裁员这一职业对于当事人具有一定的依赖性,且仲裁员同时受仲裁机构的管理,在作出裁决时不可避免地会接收到仲裁机构相关人员的意见,在这种情况下,如何保障仲裁员独立于仲裁机构,保障仲裁员的公正性与独立性便显得尤为重要。

仲裁员独立于仲裁机构包括两方面的内容,一是对争议进行仲裁的实体审判权力归于仲裁员而不是仲裁机构，仲裁员的独立审判权不应受到仲裁机构的任何干涉、剥夺和限制；二是在机构仲裁中，为保证案件审理的质量和机构的声誉，仲裁机构会对仲裁员给予必要的监督。同时，司法机关也在《仲裁法》规定的框架内对仲裁进行监督。

仲裁的起源与本质属性决定仲裁的裁判者是仲裁员而不是机构，这一本质属性要求仲裁员与仲裁机构应当各自独立。仲裁的权力源于当事人的信任和协议，而当事人选择仲裁的初衷在很大程度上是出于对仲裁员的信任，因此仲裁员的独立审判权必须得到切实保障，否则机构凌驾于仲裁员之上，将损害仲裁员的独立性，也违背了当事人选择仲裁的初衷。

本案中，法院审查仲裁程序是否违反仲裁规则，鞭辟入里地分析了仲裁机构《仲裁案件审理规范（试行）》中的条款，并作出司法审查上的理解与解释，可谓是既充分尊重了仲裁规则的独立性，又正当行使了司法审查权。

裁决书未写明争议事实和裁决理由

袁培皓*

一、撤销仲裁裁决理由的缘起

审理案号:(2018)皖16民特1号

申请人:某某建筑装饰公司

被申请人:王某某、某某汽车销售服务公司、殷某

基本案情:

某某建筑装饰公司与某某汽车销售服务公司签订《建设工程施工合同》,合同约定了仲裁协议条款,即若发生纠纷应提交至BZ仲裁委员会仲裁解决。后双方发生纠纷,某某汽车销售服务公司向BZ仲裁委员会提起仲裁。

2017年9月20日,BZ仲裁委员会作出(2015)B仲裁字第60号裁决:(1)某某建筑装饰公司、殷某支付某某汽车销售服务公司18万元,收到裁决书10日内支付完成;(2)仲裁费用由某某汽车销售服务公司承担4000元,殷某、某某建筑装饰公司共同承担4000元。BZ仲裁委员会作出的(2015)B仲裁字第60号裁决书未写明争议事实、裁决理由。

2018年1月2日,某某建筑装饰公司在收到裁决书后向BZ市中级人民

---

* 袁培皓:法国巴黎第十大学法学硕士,香港中文大学国际投资法博士生在读,目前为中伦律师事务所合伙人律师。

法院申请撤销(2015)B 仲裁字第 60 号裁决,理由包括以下五点。(1)BZ 仲裁委员会对本案不具有管辖权。某某建筑装饰公司在当初接到仲裁请求书后,即提出管辖权异议申请书和仲裁庭组成申请书,后 A 仲裁委员会要求加盖公司印章,某某汇丰公司提出管辖权异议暨不予受理申请书。以上申请均依法在仲裁庭首次开庭前提出。本案有三个当事人,某某汽车销售服务公司与某某建筑装饰公司签订有仲裁协议,某某汽车销售服务公司、殷某和某某建筑装饰公司三者之间并无仲裁协议。本案中,某某汽车销售服务公司系先对殷某提出单独诉讼请求,后才追加某某建筑装饰公司作为被申请人,某某汽车销售服务公司显然把殷某作为区别于某某建筑装饰公司的独立主体,但某某汽车销售服务公司与殷某之间并不存在任何仲裁协议,更不存在三方仲裁协议。仲裁委员会依法不应受理此案。殷某并非仲裁协议的任何一方,因没有仲裁协议,且裁决事项不属于仲裁协议范围,仲裁委员会无权仲裁,BZ 仲裁委员会(2015)B 仲裁字第 60 号裁决书应予撤销。(2)某仲裁委员会不应违反"一裁终局"的基本制度,对已经处理过的裁决再次受理。某某建筑装饰公司在 2013 年 11 月 15 日针对某某汽车销售服务公司提出工程款仲裁申请,某某仲裁委员会于 2014 年 9 月 19 日作出(2013)B 仲裁字第 50 号仲裁裁决书,本次仲裁所提供的证据在上次仲裁中全部出现过,并无新证据,BZ 仲裁委员会驳回了某某建筑装饰公司的全部相关主张。BZ 仲裁委员会本应恪守一裁终局的商事仲裁基本制度,依法作出不予受理的决定。(3)某某汽车销售服务公司的仲裁请求没有任何事实和法律依据。(4)A 仲裁委书记员在 2016 年 10 月 27 日短信通知的情况下,突然下发了裁决书。(5)BZ 仲裁委(2015)B 仲裁字第 60 号裁决书没有争议事实和裁决理由。

二、法院的处理结果

BZ 中级人民法院认为本案争议焦点包括:(1)某某汽车销售服务公司与殷某之间有无仲裁协议;(2)BZ 仲裁委员会仲裁是否违反法定程序。

(一)关于某某汽车销售服务公司与殷某之间有无仲裁协议的问题

某某汽车销售服务公司与某某建筑装饰公司所签合同中约定了争议解决方式为提交 BZ 仲裁委员会仲裁,但其与殷某之间并无仲裁协议,仲裁庭审理并裁决涉及殷某纠纷缺乏管辖基础及法律依据。

(二)关于仲裁是否违反法定程序问题

根据《仲裁法》第 58 条第 1 款第 3 项的规定,仲裁的程序违反法定程序的,可以申请撤销。《仲裁法司法解释》第 20 条规定,《仲裁法》第 58 条规定的"违反法定程序",是指违反《仲裁法》规定的仲裁程序和当事人选择的仲裁规则可能影响案件正确裁决的情形。《仲裁法》第 4 章"仲裁程序"第 54 条规定,裁决书应当写明仲裁请求、争议事实、裁决理由、裁决结果、仲裁费用的负担和裁决日期。当事人协议不愿写明争议事实和裁决理由的,可以不写。BZ 仲裁委员会(2015)B 仲裁字第 60 号裁决书未写明争议事实、裁决理由,非当事人已经协议不愿写明,故该裁决应属违反《仲裁法》规定的仲裁程序情形,对某某建筑装饰公司申请撤销裁决的请求,应予支持。

最后,法院基于上述理由,依照《仲裁法》第 58 条、第 59 条、第 60 条的规定,作出了撤销 BZ 仲裁委员会(2015)B 仲裁字第 60 号裁决的裁定。

三、评析

《仲裁法》第 58 条规定:"当事人提出证据证明裁决有下列情形之一的,可以向仲裁委员会所在地的中级人民法院申请撤销裁决:(一)没有仲裁协议的;(二)裁决的事项不属于仲裁协议的范围或者仲裁委员会无权仲裁的;(三)仲裁庭的组成或者仲裁的程序违反法定程序的;(四)裁决所根据的证据是伪造的;(五)对方当事人隐瞒了足以影响公正裁决的证据的;(六)仲裁员在仲裁该案时有索贿受贿,徇私舞弊,枉法裁决行为的。人民法院经组成合议庭审查核实裁决有前款规定情形之一的,应当裁定撤销。人民法院认定该裁决违背社会公共利益的,应当裁定撤销。"《仲裁法司法解释》第20条规定:"仲裁法第五十八条规定的'违反法定程序',是指违反仲裁法规定的仲裁程序和当事人选择的仲裁规则可能影响案件正确裁决的情形。"由上述规定可知,仲裁裁决违反《仲裁法》规定的仲裁程序以及仲裁机构的仲裁规则,且可能会影响案件正确裁决情形的,应认定为"违反法定程序"而可被申请撤销仲裁裁决。

本案中,法院主要依据《仲裁法》第54条"裁决书应当写明仲裁请求、争议事实、裁决理由、裁决结果、仲裁费用的负担和裁决日期。当事人协议不愿写明争议事实和裁决理由的,可以不写"的规定认定BZ仲裁委员会未写明争议事实、裁决理由,构成"违反法定程序",从而裁定撤销(2015)B仲裁字第60号裁决。笔者认为,法院对于仲裁委员会未写明争议事实、裁决理由从而作出撤销仲裁裁决的裁定是正确的,但对于构成"会影响案件正确裁决情形"的认定仍值得商榷。事实上,本案判决缺乏对于"会影响案件正确裁决情形"的说理与认定,略显遗憾。

四、延伸

(一)"裁决书未写明争议事实与裁决理由"是否可直接认定仲裁裁决可被撤裁

如前所述,以"违反法定程序"为由撤销仲裁裁决需要满足两个条件:(1)仲裁裁决违反《仲裁法》规定的仲裁程序以及仲裁机构的仲裁规则;(2)上述程序之违反可能会影响案件的正确裁决。本案中,法院在判决书中仅以"仲裁委未写明争议事实、裁决理由"直接认定裁决应予撤销,而未对该行为是否可能会影响案件正确裁决进行阐述、认定,略有遗憾。违反法定程序并不必然导致裁决被撤销,如果违反法定程序并未对当事人的权利造成实质影响,未影响案件的正确裁决,则该等违反并不必然导致裁决的撤销,这也与仲裁所追求的公平、正义的价值精神相一致。

在(2017)皖16民特49号案中,申请人请求撤销某某仲裁委员会作出的仲裁裁决,理由在于,(1)仲裁程序违法,仲裁庭剥夺了申请人部分仲裁权利,影响公正裁决。申请人对本案诉讼时效进行了答辩,仲裁庭虽然接收了书面答辩意见,但在裁决书中对该部分未进行表述,也未对答辩理由是否采纳予以释明。(2)申请人在仲裁期间提出书面申请,申请调取与本案具有相同事实、已发生法律效力的(2016)B 仲裁字第 17 号裁决书作为本案裁决的参考,仲裁庭未依法调取,也未说明理由。(3)裁决适用法律错误,依据与本案无关的法律条款作出认定。

法院认为,《仲裁法》第 54 条规定:裁决书应当写明仲裁请求、争议事实、裁决理由、裁决结果、仲裁费用的负担和裁决日期。然而,某仲裁委员会作出的仲裁裁决未写明争议的诉讼时效问题违反了上述程序规定,可能影响案件的正确裁决。《仲裁法司法解释》第 20 条规定:《仲裁法》第 58 条规定的"违反法定程序",是指违反仲裁法规定的仲裁程序和当事人选择的仲裁规则可能影响案件正确裁决的情形。故某汇丰公司提出仲裁裁决违反法定程序的理由成立,法院予以支持。

在上述案例中,仲裁裁决未写明的裁决理由是申请人明确提出的答辩意见,关乎案件诉讼时效,根本上决定着案件结果,该问题的认定将会影响案件的正确裁决。因此,已同时满足"违反法定程序"与"可能影响案件正确裁决"两个因素,故裁决最终被撤销。

公平、正义与正当程序是《仲裁法》贯彻的基本精神,仲裁裁决写明争议事实与事实理由,也是仲裁裁决满足公平、正义的法律精神,保障当事人对纠纷事实与结果的知情权,满足当事人对仲裁裁决合理期望的关键。然而,违反法定程序并非必然会导致裁决被撤销,仍需回到公平正义的法律原则中去考虑是否满足"可能影响案件正确裁决"的条件。

(二)其他法域对"裁决书未写明争议事实及裁决理由"的看法

裁决书未写明争议事实及裁决理由,或者裁决理由说理欠缺,在其他法域也将可能面临不予执行的风险。以我国香港特别行政区为例,2018 年 10

月 18 日,香港高等法院也在[2018]HKCFI2342 一案中,以违反公共政策为由,拒绝执行内地某仲裁委员会作出的仲裁裁决。

本案的基本案情为:2014 年 5 月 5 日,申请人与被申请人签署了一份保证协议,根据该保证协议,被申请人为注册于内地的 HD 公司,对申请人的债务承担人民币 10,239,325.09 元的保证责任。上述债务源于 HD 公司与申请人在 2013 年至 2014 年间签订的 8 份供货合同。在这些合同中,申请人为卖方,HD 公司为买方,HD 公司对申请人负有付款义务。HD 公司有一家关联公司 MD(以下简称 MD 公司),HD 公司与 MD 公司都是由被申请人的丈夫实际拥有。2013 年至 2014 年的同一期间,MD 公司作为卖方与申请人签署了 8 份供货合同,MD 公司向申请人出卖的标的与 HD 合同下的标的相同。根据这种安排,MD 公司向申请人出售相应货物,申请人再向 HD 公司出售同样的货物。后申请人要求被申请人承担保证责任,遂依据保证协议中的仲裁条款对被申请人向内地某某仲裁委员会申请仲裁。2017 年 2 月 27 日,该仲裁委员会的仲裁庭作出裁决,支持了申请人的仲裁请求。

此后,申请人向香港高等法院原讼庭提出执行仲裁裁决的单方申请。2017 年 8 月 28 日,香港高等法院作出了准予申请人执行裁决申请的命令。2017 年 9 月 22 日,被申请人根据《香港仲裁条例》第 609 章第 95 条的规定,向原讼庭申请撤销上述命令。

原讼庭认为,被申请人主张 HD 公司与申请人之间的合同是虚构的,裁决中只是说申请人否认了这一点,且被申请人无法提供证据证明其主张。根据内地法律,基础的 HD 合同和 MD 合同是否非法和不可执行,直接关乎保证协议是否有效且可被执行。然而,对于这一重要问题,在法院看来,仲裁裁决并没有以充分的理由进行回应。该重大问题没有得到适当考量,裁决违反了当事各方的合理期望,那么执行该裁决将违反香港法院关于公平和正义的基本理念。最后,法庭拒绝执行该仲裁庭作出的仲裁裁决。

在该案中,法庭认为,仲裁庭未能给出任何适当的理由来说明当事方均关注的争议焦点,并引用了另一判例,即[2001]3 HKC 521 案的意见:It is fundamental to concepts of fairness, due process and justice, as recognized in Hong Kong, that key and material issues raised for determination, either by a court or the arbitral tribunal, should be considered and dealt with fairly. An award should be reasoned, to the extent of being reasonably sufficient and understandable by the parties. ...The process of arbitration is intended as a way of determining disputes and points at issue ... it is a serious irregularity and the denial of due process which causes substantial injustice and unfairness to the parties, if an important issue, which the parties are entitled to expect to be addressed, is not in fact addressed.[1]

目前,绝大多仲裁机构的仲裁规则都载明仲裁员应当在裁决中说明裁决理由,除非当事人协议同意不写明争议事实与裁决理由,或者裁决属于和解裁决。举例而言,依据《国际商会仲裁规则》第 32 条的规定,裁决应说明其所依据的理由;《2024 香港国际仲裁中心机构仲裁规则》第 35.4 款规定,"裁决应说明其所依据的理由,除非当事人约定无须说明理由";《北京仲裁委员会/北京国际仲裁中心仲裁规则》第 49 第 2 款规定,"裁决书应当写明仲裁请求、争议事实、裁决理由、裁决结果、仲裁费用的承担和裁决日期、仲裁地。当事人另有约定的,以及按照当事人的和解协议作出裁决的,可以不写明争议事实和裁决理由";《上海国际经济贸易仲裁委员会(上海国际仲裁中心)仲裁规则》第 60 条第 2 款规定,"仲裁庭在其作出的裁决中,应当写明仲裁请求、争议事实、裁决理由、裁决结果、仲裁费用的承担、裁决的日期和地点。当事人协议不写明争议事实和裁决理由的,或者按照双方当事人和解协议的内容作出裁决的,可以不写明争议事实和裁决理由";《深圳国际仲裁院仲裁规则》第 51 第 3 款规定,"仲裁庭在其作出的裁决中,应当写明仲

〔1〕 翻译:正如香港特别行政区所承认的那样,公平、正当程序和正义的概念至关重要,即提出供法院或仲裁庭裁定的关键和重大问题应得到公平考虑和处理。在合理充分以及当事人可理解的范围内,裁决应当说理……仲裁程序旨在确定争议和争议点……如果各方当事人有权期望得到关注的一个重要问题,实际上却没有得到关注的话,这是一种严重的违规行为,是对正当程序的剥夺,会对各方造成实质性的不公正和不公平。

裁请求、争议事实、裁决理由、裁决结果、仲裁费用的承担、裁决日期和仲裁地。当事人另有约定的,以及按照当事人和解协议的内容作出裁决的,可以不写明争议事实和裁决理由”。

当事人协议选择仲裁的方式及具体的仲裁机构、仲裁规则解决纠纷,实际上也是包含当事人对于仲裁结果具有争议事实与裁决理由认定的合理期待,[1]也是对域内外仲裁程序公平、正义、正当程序原则的体现。

---

〔1〕 参见王生长:《裁决缺乏说理危及裁决执行——简评香港法院以违反公共政策为由不予执行内地仲裁裁决》,载微信公众号“汇仲律师事务所”2018 年 11 月 14 日,https://mp. weixin. qq. com/s/qSEg85CC6M – KeSzaJVUSnA。

仲裁庭非经当事人同意将两案合并审理

贾红卫*

一、撤销仲裁裁决理由的缘起

审理案号:(2021)豫15民特7号

申请人:某汇丰公司

被申请人:王某某

基本案情:

2017年2月4日,王某某与齐某某签订了《代持股协议》,约定齐某某代王某某持有在A公司的24.48%的股权。2018年6月29日,王某某、齐某某、案外人钱某某召开A公司股东大会决定引入某汇丰公司为新的股东,并对A公司的股份比例进行了调整,明确调整后王某某的股份占12.48%。2018年6月30日,王某某与某汇丰公司签订了《股权转让协议》,约定王某某向某汇丰公司转让其持有A公司的12.48%的股权。之后,某汇丰公司100%控股A公司。

---

* 贾红卫:北京市隆安(深圳)律师事务所创始合伙人律师,北京大学法学学士(1989年),美国美利坚大学国际商法硕士(2001);现为中国仲裁法学研究会理事、中国致公党中央法治建设委员会委员、ICC国际商会仲裁院"一带一路"工作委员会委员,广东省律师协会跨境争议法律专业委员会主任,2018—2021年连续四年入选《商法》杂志推荐的涉外精英律师(A-List)榜单;业务领域为跨境争议解决、跨国并购、建筑工程等,现在为中国国际经济贸易仲裁委员会、上海仲裁委员会、深圳国际仲裁院、广州仲裁委员会、马来西亚亚洲国际仲裁中心等境内外10多家机构的仲裁员。

王某某依据其与某汇丰公司之间的《股权转让协议》的仲裁条款向 XY 仲裁委员会提起仲裁，并依据其与齐某某之间的《代持股协议》中的仲裁条款向 XY 仲裁委员会申请追加齐某某为仲裁案件的被申请人。王某某主张，某汇丰公司侵犯其持有的 A 公司 12.48% 的股权，请求裁决：某汇丰公司作为持有 A 公司 100% 股权的股东在裁决书生效后 1 个月内召开股东会，修订 A 公司章程将某汇丰公司所享有的 A 公司 12.48% 的股权及股东姓名记载于 A 公司章程和股东名册；裁决 A 公司将其修订后的公司章程向某某市场监督管理局备案，并裁决 A 公司向王某某签发股东出资证明书等。

在仲裁程序中，虽然王某某和齐某某均不同意将王某某与某汇丰公司间的股权转让合同纠纷和王某某与齐某某间的代持股份合同纠纷合并仲裁，但 XY 仲裁委员会认为两案存在利害关系，处理结果互为依据，最终决定进行合并审理。

2020 年 11 月 24 日，XY 仲裁委员会作出（2019）X 仲裁字第 124 号裁决：确认《代持股协议》和《股权转让协议》为合法有效合同，解除《代持股协议》；确认王某某享有 A 公司 12.48% 的股权，某汇丰公司在裁决书生效后 1 个月内召开股东会修订 A 公司章程将王某某所享有的 A 公司 12.48% 的股权及王某某的股东姓名记载于 A 公司章程和股东名册中，并将修订后 A 公司的章程向某某市场监督管理局登记备案。

2021 年 2 月 1 日，某汇丰公司向 XY 市中级人民法院申请撤销该仲裁裁决，撤销仲裁裁决理由之一为仲裁庭将两个独立案件合并审理违法。

二、法院的处理结果

XY 市中级人民法院认为，仲裁庭将两案合并审理，未征得各方当事人同意，属程序违法，依法撤销 XY 仲裁委员会（2019）X 仲裁字第 124 号裁决。

三、评析

笔者认为，XY 市中级人民法院依据“仲裁庭将两案合并审理，未征得各方当事人同意”作出撤销仲裁裁决的决定是完全正确的。

本案中，虽然股权转让纠纷和代持股合同纠纷在事实背景上有一定的关联性，但实际上两个案件涉及的两份仲裁协议之间彼此并不相同或相容，两份协议在当事人、协议内容和法律关系性质方面均存在差异。最关键的是，两份合同的案件当事人王某某与齐某某均不同意合并仲裁。因此，将这两个在法律性质上不同的案件进行合并仲裁和审理，显然不符合上述法律规定，尤其是明显违反了“所有案件的当事人均同意合并仲裁”的规定。

四、延伸

（一）仲裁中的合并制度

随着世界经济全球化的发展，尤其是近些年中国提出“一带一路”倡议，各国企业和商事主体参与大型跨境商业活动的机会越来越多。与此同时，各类商事交易不但在交易规模上呈现不断增长的态势，而且也逐渐呈现出参与主体多元化、交易环节多样化等特点。基于此，为了经济、高效地解决这些参与主体多、交易环节复杂的商事纠纷，近年来许多仲裁机构在其仲裁规则中都对仲裁中的合并制度做出了规定。然而，在实践中，虽然仲裁中的合并制度为仲裁当事人提供了诸多便利，但如果使用操作不当，反倒容易造成违反法定程序而被撤销仲裁裁决的情况。本案就是因为仲裁机构没有严格按照相关法律程序操作，违反了当事人意思自治的基本原则，最终导致仲裁裁决被撤销的结果。

仲裁中的合并制度，通常是指将两个或两个以上已经进入仲裁程序的仲裁案件合并为一个仲裁案件进行审理和裁决的制度。通过将相关联的几个仲裁程序整合至同一个仲裁庭审理，或者将多份合同涉及的纠纷合并到单个案件仲裁，不仅能够提高纠纷解决的效率和效果，还能保障仲裁裁决的一致性和稳定性。虽然仲裁中的合并制度十分重要，但无论是《纽约公约》还是《国际商事仲裁示范法》均没有相关的规定，而且相当多的国家国内立法中对此规定的也不多。在实践中，这一制度更多体现在仲裁机构的仲裁规则之中。

(二)相关仲裁机构规则对仲裁中合并制度的规定

经过对国内外7家主要仲裁机构规则[1]的梳理,可以知道在这些仲裁机构规则中尽管都设置了仲裁中的合并制度[2],但在适用条件、合并及合并后的仲裁程序这三个方面的内容都不尽相同。

1.合并仲裁需要满足的条件

(1)合并仲裁的最终决定权属于仲裁机构。除SIAC规则和LCIA规则对合并仲裁决定权有涉及仲裁庭之外,其他5家机构的仲裁规则均规定合并仲裁的决定权属于仲裁机构。仲裁机构决定合并仲裁的模式有利于防止出现对立决定,可以有效维护仲裁机构的公信力和权威以及合理调配仲裁机构资源,以保证仲裁程序的有序运转。SIAC规则规定,在拟被合并的各仲裁案均未组庭之前由主簿决定是否批准合并,已有部分案件组庭的则由仲裁庭决定。LCIA规则规定,所有的合并仲裁事项均必须经过仲裁院的批准,之后再交由仲裁庭决定是否合并。此外,一经当事人申请,仲裁机构在

[1] 这7份仲裁规则分别是:《深圳国际仲裁院仲裁规则》(2022年版)(以下简称深国仲规则)、《北京仲裁委员会仲裁规则》(2022年版)(以下简称《北仲规则》)、《中国国际经济贸易仲裁委员会仲裁规则》(2024年版)(以下简称贸仲规则)、《2024香港国际仲裁中心机构仲裁规则》(Hong Kong International Arbitration Centre Administered Arbitration Rules 2024,以下简称HKIAC规则)、《国际商会仲裁规则》(2023年版)(Rules of Arbitration of the International Chamber of Commerce 2023,以下简称ICC规则)、《新加坡国际仲裁中心仲裁规则》(2016年版)(Arbitration Rules of the Singapore International Arbitration Center 2016,以下简称SIAC规则)、《伦敦国际仲裁院仲裁规则》(2020年版)(The London Court of International Arbitration Rules,以下简称LCIA规则)。

[2] 参见《深国仲规则》第18条、《北仲规则》第30条、《贸仲规则》第19条、《HKIAC规则》第28条、《ICC规则》第10条、《SIAC规则》第8条、《LCIA规则》第22A条。

决定是否合并时,考虑的因素通常涉及主客观两个层面的问题。[1] 主观上,考虑的因素主要是拟被合并案件的各方当事人的意见,以及在已组庭情况下已被确认或指定的仲裁员的意见;客观上,考虑的因素主要是拟被合并案件的基本情况,包括各案在事实和法律等实体问题上的关联性以及各案在组庭、审理进度等程序性事项上的可协调性。

(2)合并仲裁的启动主体是当事人。合并仲裁通常需由部分当事人或全部当事人共同向仲裁机构提出书面申请。[2] 仲裁机构在收到申请后,必须审核该等申请是否符合规则规定的前提条件,才会进一步决定是否合并。该特定条件主要涉及拟被合并案件的各方当事人的意见,这是合并适用的必要条件。实践中,对当事人意见及仲裁协议内容这一适用条件的规定通常可以分为三种情形。第一,各方当事人均同意合并仲裁,仲裁机构即可有权决定是否合并。对此,七家仲裁机构的规则均规定了此种情形。需要注意的是,深国仲规则中尽管规定了此种情形,但同时规定只要任何一方当事人不同意合并,就没有任何适用的可能。这应该说是一种较为严格的标准,也在最大限度上维护了当事人的意思自治。第二,一方申请(仅部分当事人同意)且仲裁协议符合一定条件时,仲裁机构才会进一步决定是否合并。此情形下仲裁协议应满足的条件包括各案仲裁请求所依据的仲裁协议是同一

---

〔1〕 比如,《北仲规则》规定在决定是否进行上述合并时,仲裁委员会将考虑相关仲裁案件所依据的仲裁协议的具体情况、案件之间的关联性、案件程序进行的阶段以及已经组成仲裁庭的案件仲裁员的指定或者选定等情况;贸仲规则规定仲裁委员会应考虑各方当事人的意见及相关仲裁案件之间的关联性等因素,包括不同案件的仲裁员的选定或指定情况;ICC 规则规定在决定是否可以合并仲裁时,仲裁院可考虑其认为相关的各种情况,包括有无一名或多名仲裁员已经在一个以上仲裁案中得到确认或任命,如有,所确认或任命的是相同人员还是不同人员;SIAC 规则规定在考虑所有当事人意见以及案件的情况后,仲裁院应当决定……;LCIA 规则第 22.7 条规定"The Arbitral Tribunal shall have the power to order…after giving all affected parties a reasonable opportunity to state their views…"(在给予所有受影响之当事人合理机会陈述其观点后……仲裁庭有权作出命令……)。

〔2〕 有些机构规定了书面申请的具体要求以便实操,比如《SIAC 规则》第 8.2 条、《HKIAC 规则》第 28.3 款。

个,以及各案仲裁请求所依据的多份仲裁协议内容相同或相容[1]且案件在事实或法律上、组庭上具有一定关联性。对此,中国国际经济贸易仲裁委员会(以下简称贸仲)、香港国际仲裁中心(Hong Kong International Arbitration Centre, HKIAC)、国际商会(International Chamber of Commerce ,ICC)、新加坡国际仲裁中心(singapore international arbitration centre, SIAC)、英国伦敦国际仲裁院(London Court of International Arbitration, LCIA)均规定了此种情形,即在仅部分当事人同意合并时,仲裁机构可以从相同或相容的仲裁协议探寻当事人的潜在合意,并以案件的客观关联性加强合并仲裁的可能性。第三,一方申请且仲裁机构认为必要的,仲裁机构才会进一步考虑是否合并。根据《北仲规则》,在仅有部分当事人同意合并时,它不必须要求仲裁协议满足特定条件。但实质上,仲裁机构对合并必要性的判断通常会涉及对仲裁协议具体情况的考虑。此外,值得注意的是,除当事人的意见之外,仲裁机构通常也会考虑其他受影响主体的意见,如在已组庭情况下的仲裁员的意见,但这种意见并不构成适用的必要条件。[2]

(3)在案件存在多份仲裁协议且多份仲裁协议内容相同或相容的情形下,各案在实体和程序上的关联性。换言之,各案当事人、各案争议的法律关系、各案争议的基础交易和合同、各案仲裁庭组成应相同或相关联。[3] 对

---

[1] 通常理解为多份仲裁协议的内容虽不完全相同,但不存在相互冲突从而导致拟被合并的各案无法在同一个仲裁程序中合并审理的问题。如多份仲裁协议对于仲裁程序的进行是否具有特殊约定、对仲裁庭的组成方式是否兼容等。

[2] 比如《HKIAC 规则》第 28.1 款规定"经当事人申请,并与当事人和已被确认或指定的仲裁员商议后,HKIAC 有权在以下条件满足时,决定将依本规则正在进行的两个或多个仲裁合并……"《LCIA 规则》第 22.7 条规定:"The Arbitral Tribunal shall have the power to order...after giving all affected parties a reasonable opportunity to state their views..."(在给予所有受影响之当事人合理机会陈述其观点后……仲裁庭有权作出命令……)。

[3] 《贸仲规则》第 19 条规定,(一)符合下列条件之一的,经一方当事人请求,仲裁委员会可以决定将根据本规则进行的两个或两个以上的仲裁案件合并为一个仲裁案件进行审理。1. 各案仲裁请求依据同一个仲裁协议提出;2. 各案仲裁请求依据多个合同仲裁协议提出,该多个合同系主从合同关系,或多个合同所涉当事人相同及法律关系性质相同,或多个合同所涉标的具有牵连关系,且多个合同仲裁协议内容相同或相容;3. 所有案件的当事人均同意合并仲裁。(二)根据上述第(一)款决定合并仲裁时,仲裁委员会应考虑各方当事人的意见及相关仲裁案件之间的关联性等因素,包括不同案件的仲裁员的选定或指定情况。(三)除非各方当事人

此，贸仲、HKIAC、ICC、SIAC、LCIA 均规定了实体上相关联的要求，但仅 SIAC 和 LCIA 同时规定，在程序上各案仲裁庭组成的要求为"拟被合并的仲裁案件均未成立仲裁庭；已组庭的情况下仲裁庭的仲裁员组成相同"。值得注意的是，虽然深圳国际仲裁院（以下简称深国仲）和北京仲裁委员会（以下

另有约定，合并的仲裁案件应合并至最先开始仲裁程序的仲裁案件。（四）仲裁案件合并后，在仲裁庭组成之前，由仲裁委员会仲裁院就程序的进行作出决定；仲裁庭组成后，由仲裁庭就程序的进行作出决定。

《HKIAC 规则》第 28.1 款规定："经当事人申请，并与当事人和已被确认或指定的仲裁员商议后，HKIAC 有权在以下条件满足时，决定将依本规则正在进行的两个或多个仲裁合并：……（c）请求依据多于一个的仲裁协议提出，而所有仲裁中存在相同的法律或事实问题，请求救济的权利均涉及或源于同一交易或同一系列相关联的交易，且各仲裁协议彼此兼容。"

《ICC 规则》第 10 条规定："经一方当事人要求，并符合下列条件之一，仲裁院可将仲裁规则项下未决的两项或多项仲裁案合并为单个仲裁案：……c）各仲裁案的所有仲裁请求并非基于相同的一份或多份仲裁协议提出，但各仲裁案当事人相同且各争议所涉及的法律关系相同，且仲裁院认为各仲裁协议彼此相容。"

《SIAC 规则》第 8.1 条规定："在拟合并的各仲裁案件的仲裁庭均未组成之前，拟合并的仲裁案件符合下列条件之一的，一方当事人可以向主簿提出申请，要求将两个或以上根据本规则正在进行的待决仲裁案件合并为一个仲裁案：……C 各仲裁协议相容，并且：（i）争议由相同法律关系产生；（ii）产生争议的多个合同系主从合同关系；或者（iii）争议由同一交易或同一系列交易产生。"第 8.7 条规定："在拟合并的仲裁案件中已有案件组成了仲裁庭的情况下，如果拟合并的各仲裁案件符合下列条件之一的，一方当事人可以向仲裁庭提出申请，要求将依据本规则正在进行的两个或以上待决仲裁案件合并为一个仲裁案件：……C 各仲裁协议相容，各仲裁案已经组成了仲裁员相同的仲裁庭，或者其他仲裁案件尚未组成仲裁庭，并且：（i）争议由相同法律关系产生；（ii）产生争议的多个合同系主从合同关系；或者（iii）争议由同一交易或同一系列交易产生。"

《LCIA 规则》第 22.7 条规定：The Arbitral Tribunal shall have the power to order with the approval of the LCIA Court, upon the application of any party, after giving all affected parties a reasonable opportunity to state their views and upon such terms (as to costs and otherwise) as the Arbitral Tribunal may decide:...(ii) the consolidation of the arbitration with one or more other arbitrations subject to the LCIA Rules and commenced under the same arbitration agreement or any compatible arbitration agreement(s) and either between the same disputing parties or arising out of the same transaction or series of related transactions, provided that no arbitral tribunal has yet been formed by the LCIA Court for such other arbitration(s) or, if already formed, that such arbitral tribunal(s) is (are) composed of the same arbitrators; and...[应任何一方当事人申请，经 LCIA 仲裁院批准，在给予所有受影响之当事人合理机会陈述其观点后，并依据仲裁庭可以决定的（关于费用和其他方面的）条件，仲裁庭有权作出下述命令：……（ii）将仲裁与一个或多个其他仲裁合并，但须遵守 LCIA 规则，同时，仲裁是依据同一仲裁协议或任何兼容的仲裁协议启动的，而且是相同争议当事人之间的仲裁或仲裁源于同一交易或一系列相关交易，但条件是，LCIA 仲裁院尚未为此类其他仲裁组建仲裁庭，或者如果已经组庭，此仲裁庭由相同仲裁员组成；以及……]。

简称北仲)的规则未规定“一方申请(仅部分当事人同意)且仲裁协议符合一定条件时,仲裁机构才会进一步决定是否合并”这种适用情形,但深国仲规则明确规定拟被合并的数个案件必须是“关联案件”,《北仲规则》也明确规定,仲裁委员会在决定是否合并时将会考虑“案件之间的关联性”。

2. 合并及合并后的仲裁程序

实践中,在准确理解合并仲裁的适用条件后,还需要进一步把握具体的合并程序以及合并后的仲裁程序安排。这方面主要涉及合并案件的确定、合并前已进行程序的处理、合并后的程序事项决定以及合并后的裁决作出方式等内容。

(1)先案合并后案的原则。除 LCIA 之外的其他六家仲裁机构均明确规定,除非当事人另有约定,被合并的仲裁案件应合并进最新开始仲裁程序(或者是最先提起、最先启动、主簿认定最新开始)的仲裁案件。[1] 深国仲、HKIAC、SIAC 还规定,除非仲裁机构在参酌案件情况后另有决定,合并的仲裁案件应合并于最先开始仲裁程序的仲裁案件。之所以确定这一原则,主要是因为在通常情况下,最先开始的仲裁案件的仲裁程序进行得最为深入。如果将后案合并到进行得最为深入的前案仲裁程序中去,则意味着要通过当事人放弃有关程序性权利来实现省略其他参与合并的仲裁案件中部分尚未进行的仲裁程序的结果否则会形成已进行的部分仲裁程序归于无效,并极易造成合并过程的混乱,导致程序上的瑕疵。[2] 对于“除非全体当事人另有约定”或“仲裁院另有决定”这样的例外情况,主要是出于对当事人意思自治的维护,以及在个别情况下,程序先开始的仲裁案件,其仲裁程序还没有后开始的仲裁案件进行深入。[3]

---

〔1〕 深国仲、北仲、贸仲表述为“合并于最先开始仲裁程序的案件”,ICC 表述为“最先提起的仲裁案件”、HKIAC 表述为“最先启动的仲裁”、SIAC 表述为“主簿认定是最先开始的仲裁案件”。

〔2〕 参见刘晓春主编、深圳国际仲裁院编著:《深圳国际仲裁院仲裁规则理解与适用》,北京大学出版社 2020 年版,第 57 ~ 58 页;参见《〈新规则〉释义第二十九条》,载北京仲裁委员会网 2015 年 1 月 16 日,http://www.bjac.org.cn/news/view?id=2546。

〔3〕 参见刘晓春主编、深圳国际仲裁院编著:《深圳国际仲裁院仲裁规则理解与适用》,北京大学出版社 2020 年版,第 57 ~ 58 页。

（2）关于合并中程序事项的决定。深国仲和贸仲均明确规定，“仲裁案件合并后，在仲裁庭组成之前，由仲裁委员会仲裁院就程序的进行作出决定；仲裁庭组成后，由仲裁庭就程序的进行作出决定”。这一规定无疑赋予了仲裁机构较大的自由裁量权，有利于保证合并案件的审办效率。此外，SIAC 和 HKIAC 均规定，一旦决定合并，案件当事人〔1〕应被视为已放弃提名仲裁员的权利，〔2〕且仲裁机构有权撤销任何在合并仲裁决定作出前对仲裁员的确认或指定。〔3〕 SIAC 还规定，仲裁机构/仲裁庭批准合并仲裁的决定不影响仲裁庭随后对由该决定引起的就其管辖权提出的异议作出决定的权力；仲裁机构在组庭前作出的全部或部分驳回合并仲裁申请的决定，也不影响任何当事人在各案组庭后向仲裁庭申请合并仲裁的权利；任何未被合并的仲裁案件仍将继续被视为是本规则项下的各自独立的案件。HKIAC 规则规定，在合并申请提交后，HKIAC 可调整其管理费和（如适当）仲裁所需的费用。LCIA 规则规定，如果仲裁庭下令合并，则应记录在程序令中并应明确在仲裁中使用的案件编号，从那时起，LCIA 将合并处理仲裁的财务，以便仲裁庭成员可以将他们所有的时间记录在一个时间表中。〔4〕

（3）关于合并前已进行程序的处理。对此，HKIAC 和 SIAC 规则均明确规定，仲裁机构对被合并的仲裁案件中仲裁员的确认或指定的撤销不影响该仲裁员在被撤销前已作出的任何行为、指令、命令、裁决的效力。此外，HKIAC 规则还规定，合并两个或多个仲裁不影响具有管辖权的机关在仲裁被合并前为支持相关仲裁而作出的任何指令的效力。应该说，这些规定对于已发生的仲裁程序的正当性和有效性进行了确认和维护。

（4）关于合并后裁决的作出。因合并仲裁意味着最终只保留一个仲裁

---

〔1〕《SIAC 规则》第 8.12 条仅规定“任何未进行仲裁员提名或以其他方式参与仲裁庭组成程序的权利的当事人，将被视为放弃仲裁员的提名……”《HKIAC 规则》第 28.8 款则规定“所有这些仲裁的当事人应视为已放弃提名仲裁员的权利”。

〔2〕《SIAC 规则》第 8.12 条还进一步规定当事人要求仲裁员回避的权利并未丧失。

〔3〕《HKIAC 规则》第 28.8 款还进一步规定仲裁院应指定仲裁庭且指定时可考虑或不考虑任何一方当事人的提名。

〔4〕参见 LCIA NOTES FOR ARBITRATORS 第 29 条。

案件，故通常只需作出一个裁决，但基于合并案件的复杂性，也不排除合并仲裁案件会出具多份裁决。在这方面，深国仲规则明确规定，仲裁庭有权就当事人之间的争议分别或一并作出仲裁裁决。换言之，仲裁庭在作出裁决的方式方法上享有酌定权。仲裁庭可以结合案件的具体情况，在合并后的同一个仲裁案件中，就当事人之间的争议、不同的仲裁事项或请求，分别或一并作出多份或一份仲裁裁决书。[1]

（三）仲裁中合并制度的重要意义

通过前文分析可知，关于仲裁中的合并制度，虽各家仲裁机构的规则在内容方面存在这样或那样的差异，但都遵循一个基本的原则，那就是尊重当事人在仲裁程序中的意思自治。在具体考察当事人的意思自治和同意时，还存在从当事人在仲裁开始前已签署的仲裁协议中探寻潜在的当事人合意或意见的问题。这就提醒我们，应善于从后来的争议解决阶段存在的问题，倒推至商业合作之初需要解决和明确的问题。在商业合同的签订、仲裁协议的拟定之时，要注意有关仲裁合意的确认，以及之后可能适用到的仲裁合并规则。尤其是涉及多方当事人参与、多份合同的大型项目合作，需要特别注意仲裁协议的兼容性。

---

〔1〕 参见刘晓春主编、深圳国际仲裁院编著：《深圳国际仲裁院仲裁规则理解与适用》，北京大学出版社2020年版，第58页。

适用简易程序违反当事人协议适用普通程序的特别约定

陈丽阳*

一、撤销仲裁裁决理由的缘起

审理案号：(2020)浙01民特20号

申请人：某某公寓管理公司

被申请人：谷某某

基本案情：

2018年7月30日，某某公寓管理公司与谷某某签订《房屋委托租赁合同》，约定谷某某将某某房屋委托某某公寓管理公司出租，如某某公寓管理公司未经谷某某同意，对房屋现状进行装修或改造，谷某某有权解除委托租赁合同并要求某某公寓管理公司支付违约金。《房屋委托租赁合同》还约定将争议提交HZ仲裁委员会仲裁。

2019年9月16日，谷某某发现某某公寓管理公司擅自在其房屋客厅建起隔离墙，于是要求解除委托租赁合同。某某公寓管理公司不同意解除合同。2019年10月22日，谷某某向HZ仲裁委员会申请仲裁，要求解除《房屋

---

* 陈丽阳：北京天达共和（深圳）律师事务所合伙人律师，汕头仲裁委员会、广西玉林仲裁委员会、河源仲裁委员会的仲裁员，中山大学法学学士、中国政法大学民商法研究生。三级律师职称，持有企业法律顾问证书、基金从业资格证书、证券从业资格证书。

委托租赁合同》,并要求某某公寓管理公司支付 1 个月的租金和违约金。HZ 仲裁委员会立案后向某某公寓管理公司发送受理和答辩通知,要求当事人应当自收到通知书之日起 10 日内共同选定或共同委托仲裁委员会主任指定一名独任仲裁员成立仲裁庭审理案件。后仲裁委员会主任指定倪某担任独任仲裁员组成仲裁庭,按照简易程序审理。仲裁庭开庭后,HZ 仲裁委员会于 2020 年 1 月 6 日作出裁决书,裁决:(1)谷某某与某某公寓管理公司签订的《房屋委托租赁合同》于 2019 年 9 月 16 日解除,某某公寓管理公司应拆除 HZ 市江干区东海柠檬郡家园×栋##室房屋客厅内新增的隔离墙,并恢复至出租前原状;(2)某某公寓管理公司支付谷某某租金 2880 元;(3)某某公寓管理公司支付谷某某违约金 10,800 元;(4)驳回谷某某的其余仲裁请求,某某公寓管理公司应在裁决书送达之日起 10 日内履行以上义务。

某某公寓管理公司收到仲裁裁决书后,于 2020 年 1 月 16 日向 HZ 市中级人民法院申请撤销仲裁裁决,申请撤销仲裁理由是,首先,仲裁庭组成程序违反法定程序。HZ 仲裁委员会在仲裁中由仲裁委员会主任指定一名仲裁员组成仲裁庭,适用简易程序审理并仲裁,违反了《房屋委托租赁合同》第 12 条第 3 款的约定,存在程序违法。其次,仲裁庭认定事实不清,某某公寓管理公司不应当继续支付租金,也不应当拆除隔断。最后,合同约定的违约金标准过高,仲裁庭应当予以调低。

谷某某认为,HZ 仲裁委员会主任根据《HZ 仲裁委员会仲裁规则》的规定,指定独任仲裁员适用简易程序审理仲裁案件,不违反法定程序,而某某公寓管理公司的其他两个理由均不属于法定撤销仲裁裁决情形。因此,谷某某主张驳回某某公寓管理公司的撤销仲裁裁决申请。

二、法院的处理结果

HZ 市中级人民法院认为:《房屋委托租赁合同》第 12 条第 3 款一方面认可按照 HZ 仲裁委员会的仲裁规则进行仲裁,另一方面又对仲裁庭组成及仲裁员的指定方式作出了特别约定。《HZ 仲裁委员会仲裁规则》虽然明确简易程序适用于不超过60万元的争议标的，而且涉案金额在简易程序的范围内，但是《房屋委托租赁合同》仲裁条款特别约定了三人仲裁庭的组成方式，明显排除了《HZ仲裁委员会仲裁规则》所包含的简易仲裁程序的适用。HZ仲裁委员会未经某某公寓管理公司同意，直接适用简易程序审理案件，违反了当事人对仲裁程序的特别约定，所作出的仲裁裁决违反法定程序。因此，法院作出撤销仲裁裁决的裁定。

三、评析

本案的焦点问题在于仲裁协议既约定适用仲裁机构届时有效的仲裁规则，又对适用的仲裁程序作出特别约定，该特别约定如果与仲裁规则相矛盾时，仲裁委员会是适用仲裁规则还是要遵循当事人的意愿，适用特别约定的内容？

仲裁与民事诉讼最大的区别在于，仲裁尊重当事人的意思自治，自愿是仲裁的基石。从订立仲裁协议、选择仲裁机构、选择仲裁员或委托仲裁委员会主任指定仲裁员，到仲裁审理方式，以及当事人和解后是撤诉还是请求仲裁庭根据和解协议作出裁决书，《仲裁法》都赋予当事人意思自治的权利。当事人可以自愿订立仲裁协议，并在仲裁协议中自愿约定仲裁庭组成方式、仲裁员人选或仲裁员产生的方式，以及审理中适用仲裁普通程序还是简易程序，甚至适用的仲裁规则；在仲裁过程中，当事人也可以对仲裁庭组成和仲裁程序等作出特别约定，排除仲裁机构相关的仲裁规则规定。大多数仲裁机构的仲裁规则中均体现了当事人自愿的原则，例如，《中国国际经济贸易仲裁委员会仲裁规则》第4条就规定，当事人约定将争议提交仲裁委员会仲裁但对本规则有关内容进行变更或约定适用其他仲裁规则的，从其约定，但其约定无法实施或与仲裁程序适用法强制性规定相抵触者除外。当事人约定适用其他仲裁规则的，由仲裁委员会履行相应的管理职责。北京仲裁委员会、深圳国际仲裁院（深圳仲裁委员会）等著名仲裁机构均作出了相类似的规定。[1]

国际上的主流观点也普遍认为仲裁规则应当尊重当事人关于仲裁程序的特别约定,除非对于解决争议的仲裁案件当地的法律有强制性的规定。如果仲裁规则或仲裁庭的组成与当事人之间的协议约定不一致,该仲裁裁决属于可被异议的情形。根据《纽约公约》第5条"拒予承认及执行"的第4项理由"(丁)仲裁机关之组成或仲裁程序与各造间之协议不符,或无协议而与仲裁地所在国法律不符者"的规定,当事人之间的协议是第一位的,只有在当事人之间没有协议的情况下,才考虑仲裁地的《仲裁法》。

在本案中,HZ仲裁委员会审理本案时有效的仲裁规则中,虽然没有明确当事人另有约定时,仲裁规则可以例外适用当事人的约定,但是在"简易程序"一章中,也明确规定争议金额超过60万元的纠纷,经当事人同意的,也可以适用简易程序。HZ仲裁委员会在2020年版《HZ仲裁委员会仲裁规则》中的更进一步规定,金额不超过100万元的争议,当事人约定由三名仲裁员组成仲裁庭审理案件的,适用普通程序,除非当事人就适用程序另有约定。可见,HZ仲裁委员会的仲裁规则也尊重当事人关于仲裁程序的选择权。因此,法院认为,本案的当事人在《房屋委托租赁合同》中对仲裁庭由三名仲裁员组成的约定,属于对仲裁庭组成方式的特别约定,排除了《HZ仲裁委员会的仲裁规则》关于简易程序的适用;但是HZ仲裁委员会仍旧适用简易程序,违反了当事人的特别约定,因此作出的裁决属于"仲裁庭组成违反法定程序"的情形,故裁定予以撤销仲裁裁决。笔者比较赞同HZ市中级人民法院撤销仲裁裁决的理由和结果。

四、延伸

(一)仲裁程序中普通程序与简易程序对当事人仲裁权利的影响

司法程序的公平公正,一直是司法公平公正的重要保证。在商事仲裁

---

〔1〕 参见《深圳国际仲裁院仲裁规则》第3条,《北京仲裁委员会仲裁规则》第2条。

过程中,由于仲裁的“一裁终局”性,仲裁程序的公平公正更能确保仲裁结果的公平公正性。《仲裁法》只是规定了仲裁庭由三名仲裁员组成或者是由一名仲裁员组成,并没有规定仲裁的普通程序或者简易程序。在关于法院诉讼程序的规定中,却明确规定了普通程序和简易程序两种不同程序,一般由审判员、陪审员或审判员组成合议庭审理的案件,适用普通程序,由一名审判员独任审理案件则适用简易程序。[1] 参考《民事诉讼法》的审判程序,依据争议金额的大小,《中国国际经济贸易仲裁委员会仲裁规则》将仲裁程序分为普通程序与简易程序,第59条第1款规定:“除非当事人另有约定,凡争议金额不超过人民币500万元,或争议金额超过人民币500万元但经一方当事人书面申请并征得另一方当事人书面同意的,或双方当事人约定适用简易程序的,适用简易程序。”作为我国最早设立的商事仲裁机构,中国国际经济贸易仲裁委员会的仲裁规则一向是国内仲裁机构的范本,各地仲裁规则纷纷效仿,均单独设立“简易程序”(或“快速程序”)章节,一般规定该程序适用于争议金额小且事实简单的纠纷,由独任仲裁员审理,当事人答辩时间、案件审理时间也比普通程序规定得短。为保障当事人对仲裁程序的选择权利,“简易程序”(或“快速程序”)特别规定,争议金额超过简易程序规定的范围,但当事人同意或约定适用简易程序的案件,则按照当事人的约定进行。[2]

在诉讼中的普通程序与简易程序中,审判员或陪审员均由法院指派,当事人不享有选择审判员或陪审员的权利;而在仲裁中的普通程序与简易程序(或快速程序)中,仲裁员由当事人选择或共同委托仲裁委员会主任指定。《仲裁法》第31条规定:“当事人约定由三名仲裁员组成仲裁庭的,应当各自选定或者各自委托仲裁委员会主任指定一名仲裁员,第三名仲裁员由当事人共同选定或者共同委托仲裁委员会主任指定。第三名仲裁员是首席仲裁员。当事人约定由一名仲裁员成立仲裁庭的,应当由当事人共同选定或者

[1] 《民事诉讼法》第40条、第41条。

[2] 《北京仲裁委员会仲裁规则》第54~59条、《深圳国际仲裁院仲裁规则》第56~61条。

共同委托仲裁委员会主任指定仲裁员。”根据上述规定，各地仲裁委员会的仲裁规则在设立简易程序时，明确一名仲裁员成立仲裁庭。仲裁的普通程序与简易程序除了审理的标的金额不同外，其区别主要体现在仲裁庭组成人员的人数方面，普通程序由三名仲裁员组成仲裁庭，当事人可以各自选择一名仲裁员，并共同选择或委托仲裁委员会主任指定首席仲裁员，而简易程序由一名仲裁员组成仲裁庭。仲裁实践中，除非当事人在仲裁协议中提前共同约定好仲裁员人选，否则，当争议发生后，争议双方当事人共同选定一名仲裁员的可能性非常小。根据《仲裁法》的规定，如果当事人没有在仲裁规则规定的期限内约定仲裁庭的组成方式或者选定仲裁员的，由仲裁委员会主任指定仲裁员。因此，适用普通程序还是简易程序，关乎当事人选择仲裁员的权利能否实现。

仲裁员是仲裁程序的主导者，仲裁庭的组成和仲裁员的选任不仅体现了当事人自愿性原则，也确保了仲裁裁决的公平。如果仲裁庭的组成或仲裁程序不符合当事人协议的内容或违反当事人约定的程序，当事人对仲裁员的选择权不能按照仲裁协议的约定进行，将削弱仲裁公信力的基础，仲裁裁决的正确性和公平性将存疑。

（二）“仲裁程序违反法定程序可能影响正确裁决”的认定

司法实务中，据北京、广州司法部门的统计，当事人申请撤销仲裁裁决的理由以仲裁庭组成或仲裁程序违反法定程序居多。[1]《仲裁法》第 58 条第 1 款第 3 项明确仲裁庭的组成或仲裁的程序违反法定程序属于可撤销仲裁裁决的情形。对于何为“违反法定程序”的问题，《仲裁法司法解释》或《仲裁裁决执行规定》中均没有进一步明确。关于“法定程序”的范围，有观点认为，“法”包括《仲裁法》《民事诉讼法》及其司法解释；有观点认为，此处的“法定程序”单指《仲裁法》，不包括《民事诉讼法》；最高人民法院的观点是

〔1〕 参见《广州市中级人民法院 2012—2019 年商事仲裁司法审查白皮书》，载广州审判网，http://www.gzcourt.gov.cn/xwzx/bps/2020/10/14113538317.html。

“法宝程序”指《仲裁法》的规定或当事人选择的仲裁规则中影响正确裁决的程序。[1]

《仲裁法司法解释》出台前，法院对仲裁裁决的司法审查比较宽泛，一经发现仲裁程序违反法律规定或仲裁规则的规定，即撤销仲裁裁决。《仲裁法司法解释》对“违反法定程序”作了限缩性解释，特指违反《仲裁法》规定的仲裁程序和当事人选择的仲裁规则，可能影响案件正确裁决的情形。如何认定“可能影响案件正确裁决的情形”，学术界有两种不同的理解。第一种理解认为，“违反法定程序”的认定应同时满足实质要件和形式要件，其中违反《仲裁法》规定的仲裁程序或当事人选择的仲裁规则为形式要件，可能影响案件正确裁决为实质要件。第二种理解认为，只要违反《仲裁法》强制规定的仲裁程序，无论该情形是否可能影响案件正确裁决均可撤销；如果违反当事人选择的仲裁规则则同时需要可能影响案件正确裁决的条件。[2]

最高人民法院对此的解释是：(1)违反了《仲裁法》的强制性规定，如《仲裁法》第31条、第32条、第33条关于仲裁员的选任程序的规定；(2)违反了当事人约定的仲裁程序，且严重影响仲裁当事人的权利；(3)违反了其他仲裁程序，且实质影响仲裁裁决公正。[3] 正因为仲裁程序采取了普通程序和简易程序，而不同程序影响到当事人关于仲裁庭组成人数的选择，影响到当事人对仲裁员的选择权，进而可能影响仲裁的公平和正确，最高人民法院在《仲裁法司法解释》第20条的规定中，明确了违反当事人约定的仲裁程序具体包括违反仲裁协议关于仲裁庭组成人数的约定、未给当事人选择仲裁员或共同选定仲裁员的权利以及仲裁员应当回避而没有回避等情形。[4]

---

[1] 参见万鄂湘等主编，最高人民法院研究室、最高人民法院民事审判第四庭编著：《最高人民法院仲裁法司法解释的理解与适用》(第2版)，人民法院出版社2015年版，第174～175页。

[2] 参见牛鹏：《仲裁裁决撤销中“违反法定程序”的法律适用——以64份撤销裁定书为样本的考察》(上)，载《商事仲裁与调解》2021年第4期。

[3] 参见万鄂湘等主编，最高人民法院研究室、最高人民法院民事审判第四庭编著：《最高人民法院仲裁法司法解释的理解与适用》(第2版)，人民法院出版社2015年版，第178～179页。

[4] 参见万鄂湘等主编，最高人民法院研究室、最高人民法院民事审判第四庭编著：《最高人民法院仲裁法司法解释的理解与适用》(第2版)，人民法院出版社2015年版，第179页。

（三）当事人关于仲裁程序的特别约定与仲裁地法律的关系

仲裁以遵循当事人的意思表示作为基础，但并非当事人所有的意思表示都应当得到仲裁委员会的遵循。如果当事人在仲裁协议中特别约定仲裁程序适用外国仲裁法或者约定适用外国仲裁机构的仲裁规则，该约定的效力如何？20 世纪 80 年代前后，国际上出现了一种观点，认为仲裁的基础是当事人之间的合意，仲裁员的权利和权力源于当事人之间的仲裁协议，因此当事人有权以任何方式进行仲裁，可以将程序与国内法自由分离，只要该程序遵守跨国的最大正义标准。反对该理论的学者认为，每个仲裁案件最终由国内法管辖，仲裁需要仲裁地当地法院的支持和协助，法院在管辖此类案件时会适用当地的法律，因此，仲裁程序要遵循仲裁地的法律。[1]

正如民事诉讼程序分成国内诉讼程序和涉外诉讼程序一样，仲裁案件分成国内仲裁案件和涉外仲裁案件，对这两类仲裁案件，我国法院审查的标准略有不同。针对涉外仲裁案件，根据我国《涉外民事关系法律适用法》第 3 条的规定，当事人依照法律规定可以明示选择涉外民事关系适用的法律。仲裁协议作为合同的组成部分，是否也可以适用当事人选择的准据法，而不是仲裁地法律呢？《仲裁法司法解释》第 16 条规定："对涉外仲裁协议的效力审查，适用当事人约定的法律；当事人没有约定适用的法律但约定了仲裁地的，适用仲裁地法律；没有约定适用的法律也没有约定仲裁地或者仲裁地约定不明的，适用法院地法律。"《仲裁司法审查规定》第 13 条规定，当事人协议选择确认涉外仲裁协议效力适用的法律，应当作出明确的意思表示，仅约定合同适用的法律，不能作为确认合同中仲裁条款效力适用的法律。简言之，当事人在合同中约定了适用合同的准据法，但是如果没有明确仲裁条款也适用该准据法时，对于仲裁协议效力的审查，不能以合同约定的准据法作为依据，而应当适用仲裁地法律进行审查。国内法院在审查涉外仲裁裁

---

〔1〕 参见林一飞：《国际商事仲裁法律与实务》，中信出版社 2005 年版，第 255～256 页。

决执行或撤销的案件时,基本遵循了上述法条精神。在科兹集团分销与广东省东莞畜产进出口有限公司申请承认和执行俄罗斯联邦工商会国际商事仲裁法院 M－84/2018 号仲裁裁决案中,当事人的仲裁协议约定将争议提交俄罗斯联邦贸易工业联合会国际商事仲裁法院根据其规则解决,合同由俄罗斯联邦法律解释和管辖,《联合国国际货物销售合同公约》也适用于该协议。在履行合同过程中,双方发生争议。科兹公司依据前述合同项下的仲裁条款提起仲裁。法院审查后认为,由于案涉仲裁裁决在俄罗斯联邦作出,中华人民共和国与俄罗斯联邦均是《纽约公约》的缔约国,根据《民事诉讼法》(2017 年)第 283 条[1]的规定,仲裁裁决是否可以得到承认和执行,应当按照《纽约公约》的规定进行审查。关于案涉仲裁条款和仲裁程序所依据的准据法,由于在双方签订的供应协议中已约定适用俄罗斯联邦法律解释,根据《涉外民事关系法律适用法》第 18 条的规定,应适用俄罗斯联邦法律。故法院支持了科兹公司的诉求,承认并执行了该仲裁裁决。[2]

对于当事人约定的准据法是否适用于合同中的仲裁条款或双方当事人达成的仲裁协议,国际上的裁判观点与我国不同。2020 年 10 月 9 日,英国最高院就 Enka Insaat Ve Sanayi AS (Respondent) *v.* OOO Insurance Company Chubb (Appellant) [2020] UKSC 8 案作出判决,明确在当事人选择合同准据法的情况下,仲裁协议作为合同的一部分,也适用合同准据法。如果当事人没有作出选择,则仲裁地法作为与仲裁协议关系最密切的法律制度应予以适用。[3] 也就是说,当事人在合同中约定的准据法不仅适用于合同的实体审查,也适用于对仲裁条款或仲裁协议效力的审查。

对于国内仲裁裁决,虽然我国法律没有规定当事人可以将其不具有涉外因素的争议提交境外仲裁机构进行仲裁,在司法实践中,普遍的裁判观点

---

〔1〕 相关规定参见 2023 年修正的《民事诉讼法》第 304 条。

〔2〕 参见广东省东莞市中级人民法院民事裁定书,(2019)粤 19 协外认 1 号。

〔3〕 参见《英国最高院一槌定音:仲裁协议适用法优先适用主合同准据法》,载知乎网 2021 年 12 月 24 日,https://zhuanlan.zhihu.com/p/339033543。

认为,仲裁协议约定当事人将不具有涉外因素的争议提交境外仲裁机构或约定适用境外仲裁机构的仲裁程序审理的,该仲裁协议属于无效。在展讯通信(上海)有限公司因与被上诉人虹软科技股份有限公司计算机软件著作权许可使用合同纠纷管辖权异议案中,杭州市中级人民法院认为,"双方约定将案涉争议提交域外机构进行仲裁的意思表示明确。根据我国《民事诉讼法》第271条及《合同法》第182条的规定,具有涉外因素的争议可以提交域外仲裁""鉴于案涉协议的双方当事人,合同标的物,法律关系设立、变更、终止的法律事实均不具有涉外因素,故该协议不属于涉外民事关系。而我国法律没有规定当事人可以将其不具有涉外因素的争议提交境外仲裁机构进行仲裁,故本案当事人约定将案涉争议提交位于新加坡的新加坡国际仲裁中心进行仲裁,缺乏法律依据,案涉仲裁条款应属无效"[1]。因此,笔者认为,国内仲裁案件当事人可以对仲裁程序进行定制化的约定,但仲裁委员会审查该特别约定时,不能完全按照当事人的约定进行,应首先适用《仲裁法》的强制性规定,其次适用当事人之间有效的约定,最后适用《仲裁法》的任意性规定和仲裁机构的仲裁规则。

---

〔1〕 最高人民法院民事裁定书,(2021)最高法知民辖终90号。

仲裁庭未处理当事人提出的管辖权异议

赵　波*

一、撤销仲裁理由的缘起

审理案号：(2020)粤01民特18号

申请人：潘某某

被申请人：许某某、某某管理公司

基本案情：

2017年5月27日，某某管理公司与许某某签订了《股东合作协议》，约定共同组建公司(公司名称以工商核准登记为准)运营某项目。《股东合作协议》中约定：因执行本协议所发生的或与本协议有关的一切争议，双方应当通过友好协商解决；如果经协商不能解决，应当向GZ仲裁委员会提出仲裁。《股东合作协议》中甲方代表人一栏处有"潘某某"的签字并捺有指模；乙方代表人一栏处有"徐某某"的签字并捺有指模。《股东合作协议》签订时某某管理公司并未注册成立，涉案合同由潘某某、许某某签名并捺指模。直到2017年8月28日，某某管理公司正式成立，其中法定代表人为潘某某，工

---

* 赵波：万商天勤律师事务所合伙人，从事律师工作20年，为深圳市人大常委会法律助理、立法调研基地专家，深圳市龙岗区政府法律顾问、最高人民法院第一巡回法庭志愿律师，湛江国际仲裁院仲裁员，深圳市劳动仲裁院仲裁员，深圳市前海合作区、福田区、宝安区人民法院特邀调解员。赵波律师拥有上市公司独立董事资格，担任深圳市机场股份公司独立董事，深圳律协第五届监事会监事、《深圳律师》杂志撰稿人、实习考核委员会考官、纪律考核委员会评议员，校园普法讲师，深圳市消协维权律师，广东电视台、深圳电视台等媒体特邀点评嘉宾。□

商登记显示的股东为潘某某和梁某某。

后双方当事人产生纠纷,许某某向 GZ 仲裁委员会申请仲裁。2019 年 5 月 24 日,GZ 仲裁委员会受理了许某某作为申请人,潘某某、某某管理公司作为被申请人的股东出资纠纷仲裁申请。2019 年 9 月 20 日,仲裁庭依法不公开开庭审理该案件。在该仲裁庭首次开庭时,潘某某和某管理公司作为异议申请人向仲裁庭提交了两份《管辖权异议申请》,在庭后再通过邮寄的方式向仲裁庭邮寄并送达了管辖权异议申请书。2019 年 10 月 25 日 GZ 仲裁委员会作出了(2019)S 仲字第 7639 号仲裁裁决,而裁决书中并未对潘某某、某某管理公司的管辖权异议申请进行回应。因而潘某某认为裁决对其不公正,所以向 GZ 市中级人民法院申请撤销 GZ 仲裁委员会作出的(2019)S 仲字第 7639 号仲裁裁决书。

二、法院的处理结果

GZ 市中级人民法院则通过庭询、调卷等一系列查证活动,查明以下相关事实。

第一,仲裁庭于 2019 年 9 月 20 日首次不公开开庭,潘某某、某某管理公司当庭向仲裁庭提交了《管辖权异议申请》,同时于庭后向仲裁庭邮寄了《管辖权异议申请》,《邮件交寄单》的落款日期为 2019 年 9 月 24 日。

第二,GZ 市中级人民法院对仲裁庭的电子卷宗进行调卷查阅,未在电子卷宗中发现潘某某的管辖权异议申请书,也未发现仲裁庭对潘某某、某某管理公司的管辖权异议申请作出处理决定。

第三,明确潘某某所认为的许某某、某某管理公司所隐瞒的证据是:股东签到表、租赁合同、现金记账流水和股东聊天记录,而以上所述四份材料潘某某均已作为证据向法院提交。

第四,潘某某在法院进行庭询前向法院申请证人出庭作证,拟证明涉案仲裁裁决认定的基本事实错误。GZ 市中级人民法院则向潘某某解释说明证人出庭作证的申请已经超过举证期限,且本案的仲裁司法审查仅仅是根据《仲裁法》第 58 条的规定对程序问题予以审查，而潘某某申请证人出庭作证拟证明的事项属于实体问题，并不在本次的审查范围之内，且仲裁庭实际上有权对案件的实体问题作出审查和认定，因此 GZ 市中级人民法院综合上述情况不予采纳潘某某申请证人出庭作证的请求。

依据《中国 GZ 仲裁委员会仲裁规则》第 13 条第 1 款、第 2 款、第 4 款的规定及已查清的事实，GZ 市中级人民法院认定 GZ 仲裁委员会未对潘某某的管辖权异议问题进行回应的做法是违反法定程序的。同时，GZ 市中级人民法院对潘某某提出的其他撤销仲裁裁决的理由进行了回应。关于双方之间是否存在有效仲裁协议及许某某、某某管理公司是否隐瞒了足以影响公正裁决的证据这两个撤销理由，GZ 市中级人民法院在综合各项已查清的事实及相关法律、法规规定的基础上，认定潘某某以上两项主张撤销仲裁裁决的理由并不成立。

综上所述，GZ 市中级人民法院认为 GZ 仲裁委员会作出的裁决违反了《仲裁法》第 58 条第 1 款第 3 项关于“仲裁庭的组成或者仲裁的程序违反法定程序的”规定，涉案裁决存在违反法定程序的情形，依法应当予以撤销。

三、评析

笔者认为，本案 GZ 市中级人民法院裁定的关键是潘某某是否确已按照规定向仲裁庭提交了《管辖权异议申请》，在这个前提下，仲裁庭是否对潘某某的管辖权异议问题进行回应。

《中国 GZ 仲裁委员会仲裁规则》第 13 条第 1 款规定：“当事人对仲裁协议的存在、效力或者案件的管辖权有异议的，应当在首次开庭前以书面形式提出；约定不开庭的，应当在答辩期满前以书面形式提出。”第 2 款规定：“当事人在本条第一款规定的期限内未提出管辖权异议的，视为承认本会对仲裁案件的管辖权。”第 4 款规定：“当事人向本会提出管辖权异议，本会认为通过开庭审理才能作出决定的，可以授权仲裁庭对管辖权异议作出决定。仲裁庭的决定可以在仲裁程序中单独作出，也可以在仲裁书中作出。”

本案中，在首次开庭时，仲裁庭当庭询问双方当事人是否同意管辖权异议应该通过开庭审理才能做出决定，仲裁庭开完庭之后在仲裁程序中单独做出，或者在裁决书中处理，双方当事人均表示同意。根据 GZ 市中级人民法院所查证的事实、潘某某所提意见以及仲裁庭的庭审笔录所记载的事项，可以明确潘某某、某某管理公司确已在 GZ 仲裁委员会首次开庭前书面提出了管辖权异议申请。而潘某某、某某管理公司所提的管辖权异议在提出的形式、时间层面上均符合上述《中国 GZ 仲裁委员会仲裁规则》的规定，但仲裁庭没有在首次开庭后通过仲裁程序单独对当事人提出的管辖权异议问题作出回应，亦未在其作出的(2019)S 仲案字第 7639 号仲裁裁决书中对当事人提出的管辖权异议问题进行回应，违反上述《中国 GZ 仲裁委员会仲裁规则》第 13 条的规定，属于程序违法。而根据《仲裁法》第 58 条第 1 款第 3 项关于“仲裁庭的组成或者仲裁的程序违反法定程序的”的规定，可以明确涉案仲裁裁决存在违反法定程序的情形，依法应当予以撤销。所以 GZ 市中级人民法院认定仲裁程序违反法律规定，撤销该仲裁裁决。笔者认为 GZ 市中级人民法院的裁定是正确的。

仲裁是争议主体解决纠纷的重要途径之一，当事人意思自治是仲裁制度的重要原则，因为争议是否通过仲裁程序解决、通过哪一仲裁机构仲裁、适用何种仲裁规则、仲裁庭组成人员的选择等，均是由当事人进行自愿选择的。公正性、独立性、专业性、高效性等是我国当下仲裁规则的重要制度价值，在此前提下，还要保证当事人的纠纷得到及时、公正的解决。例如，《仲裁法》第 24 条规定：“仲裁委员会收到仲裁申请书之日起五日内，认为符合受理条件的，应当受理，并通知当事人；认为不符合受理条件的，应当书面通知当事人不予受理，并说明理由。”第 25 条第 1 款规定：“仲裁委员会受理仲裁申请后，应当在仲裁规则规定的期限内将仲裁规则和仲裁名册送达申请人，并将仲裁申请书副本和仲裁规则、仲裁员名册送达被申请人。”第 25 条第 2 款规定：“被申请人收到仲裁申请书副本后，应当在仲裁规则规定的期限内向仲裁委员会提交答辩书。仲裁委员会收到答辩书后，应当在仲裁规则规定的期限内将答辩书副本送达申请人。被申请人未提交答辩书的,不影响仲裁程序的进行。”上述相关仲裁制度的规定,一方面保障了仲裁程序进行的效率,另一方面可充分保障当事人的权利,这对仲裁的正当性、仲裁裁决的有效性及仲裁裁决公信力的提高具有重大的影响。

当事人之间存有现实的争议,约定了有效的仲裁条款或者签订了有效的仲裁协议,且当事人发生争议后将争议提交仲裁委员会解决时,仲裁委员会才有权对争议进行审查和处理。从某种意义上来说,仲裁委员会对案件的管辖权源于当事人,若当事人对仲裁委员会的管辖权表示异议,那么仲裁委员会对案件进行管辖处理的基础便不稳,应当根据法律、法规的相关规定,及时对当事人提出的管辖权异议问题进行审查,并作出回应。若仲裁委员会确实对案件具有管辖权,则可在首次仲裁庭开完庭后在仲裁程序中单独做出,也可在裁决书中对当事人的异议进行回应,同时要根据审理查明事实作出中立、公正的仲裁裁决,否则,将存在仲裁程序违反法律规定的可能。若仲裁委员会审查后发现当事人的管辖权异议确有事实和法律依据,则仲裁委员会应当及时按照有关法律、法规的规定,做出相应的处理,否则,将严重影响案件当事人的合法权益,属于仲裁程序违法,存在仲裁裁决被撤销的风险,还将导致当事人合法权益得不到保障、司法资源浪费、仲裁公信力下降等后果。

《中国 GZ 仲裁委员会仲裁规则》中明确当事人可对仲裁机构的管辖权问题提出异议,初衷是更好地保障当事人的合法权益,如及时向法院起诉、向仲裁庭提出合理诉求和主张、充分参与仲裁程序、申请证据和财产保全、维护仲裁秩序等。因此,在当事人对案件的管辖权提出异议时,仲裁机构应当给予充分的重视。

四、延伸

仲裁是当今社会多元化争议解决体系中一种重要的争端解决方式,在许多国家的国内法律制度中有所体现,给当事人解决争议提供了快速、有效的途径。《仲裁法》第 4 条规定:“当事人采用仲裁方式解决纠纷,应当双方自愿,达成仲裁协议。没有仲裁协议,一方申请仲裁的,仲裁委员会不予受理。”第 5 条规定:“当事人达成仲裁协议,一方向人民法院起诉的,人民法院不予受理,但仲裁协议无效的除外。”由以上仲裁条款的规定可明确,仲裁庭并不是对所有的民商事争议均具有管辖权,也并不是当事人将民商事争议提交仲裁庭就意味着仲裁庭对争议具有管辖权,因此仲裁庭对纠纷主体提交的争议事项是否具有管辖权是需要首先明确的重要问题。

《仲裁法》第 20 条第 1 款规定:“当事人对仲裁协议的效力有异议的,可以请求仲裁委员会作出决定或者请求人民法院作出裁定。一方请求仲裁委员会作出决定,另一方请求人民法院作出裁定的,由人民法院裁定。”最高人民法院《关于确认仲裁协议效力几个问题的批复》第 3 条规定:“当事人对仲裁协议的效力有异议,一方当事人申请仲裁机构确认仲裁协议效力,另一方当事人请求人民法院确认仲裁协议无效,如果仲裁机构先于人民法院接受申请并已作出决定,人民法院不予受理;如果仲裁机构接受申请后尚未作出决定,人民法院应予受理,同时通知仲裁机构终止仲裁。”以上条款对仲裁管辖权异议问题进行了规定。除此之外,《仲裁法司法解释》中亦对仲裁管辖权问题进行了规定,但笔者认为现有的相关规定对仲裁管辖权异议的提出主体、异议范围等重要问题未作出明确的规定,增加了实践操作的不确定性。例如,现有法律仅规定“当事人”有权对仲裁庭的管辖提出管辖权异议,而未具体明确“当事人”是仲裁申请人还是仲裁被申请人。有人认为仲裁申请人将争议事项提交仲裁委员会系对仲裁委员会具有管辖权的确认,其在仲裁程序中不应当再享有管辖权异议申请权。但是,实践中存在仲裁庭超出仲裁协议约定的范围而对仲裁协议中未约定的事项作出裁决的情况,此时若不允许仲裁申请人提出管辖权异议,岂不损害相关当事人的利益?且仲裁申请人也可能存在认识错误,误将争议事项提交不存在管辖权的仲裁委员会,如此时亦不允许仲裁申请人提出异议,可能导致实务与立法目的相背离,引发系列纠纷,进而导致司法资源的浪费、仲裁公信力下降等后果。

因此,笔者认为无论是在仲裁管辖权异议提出主体方面,还是在仲裁管辖权异议的范围、异议处理主体及程序等方面,都需要相关的法律法规进一步进行明确。在确认仲裁庭对争议事项具有管辖权的前提下,仲裁庭才能依据有效的法律及规则审查案件事实并作出公正的裁决。

一方面,仲裁委员会具有解决纠纷的能力,需要公正、高效地处理当事人提交的纠纷事项;另一方面,具有管辖权争议处理权也是极其重要的前提,系仲裁委员会必须要存在管辖权争议事项的权利基础。因此,在当事人对仲裁机构的管辖权提出异议时,仲裁委员会的管辖权基础或许存在问题,仲裁委员会一定要按照相关的规定和程序进行审查,并及时对当事人提出的异议进行回应。

当事人提出反请求且需鉴定，应当适用普通程序而未予适用

张　翠*

一、撤销仲裁裁决理由的缘起

审理案号：(2019)皖11民特26号

申请人：陈某

被申请人：朱某某

案件基本情况：

2017年6月16日朱某某因建设阳光房的需要，与陈某签订了《阳光房、门窗销售协议》，完工后因朱某某对陈某的工作并不满意，故怠于履行其付款义务。因此，陈某向CZ仲裁委员会提出请求，要求朱某某支付其合同款40,770元以及违约金20,000元。在仲裁庭审辩论结束前，朱某某基于本诉的标的提出反申请，请求解除与陈某签订的《阳光房、门窗销售协议》，并要求陈某拆除已施工部分的阳光房以及门窗，恢复原状，退还朱某某19,000元合同款以及支付自2017年7月27日至2018年1月18日期间，每月以总金额的2%计算的违约金共计17,204元。

---

* 张翠：北京德和衡(深圳)律师事务所权益合伙人律师，为省级广播电视台《律师帮帮忙》节目嘉宾，中国民主建国会会员，深圳市宝安区调解协会创会副秘书长，深圳市前海法院特邀调解员，深圳市黑龙江省商会副会长，深圳市律协商事仲裁专业委员会委员，省级企业法律顾问协会知识产权委员会主任，“深哈战队”法律服务团队创始人。

在仲裁庭审理过程中，朱某某请求对陈某施工部分进行鉴定，经鉴定后CZ仲裁委员会作出了(2018)C裁字第44号裁决：(1)《阳光房、门窗销售协议》由申请人陈某与被申请人朱某某继续履行。(2)申请人陈某自收到裁决书15日内，对某某山城某室阳光房窗户部分拆除重做。(3)某某山城某某室阳光房计算面积按照实际制作面积计算；申请人陈某承诺让利部分按比例扣减，赠送部分应依约履行。(4)驳回申请人陈某与被申请人朱某某其他仲裁请求。

后陈某向CZ市中级人民法院申请撤销CZ仲裁委员会于2019年7月25日作出的(2018)C裁字第44号裁决，并提出四点理由。(1)裁决内容超出当事人仲裁请求的范围。申请人陈某的主要请求是要求被申请人朱某某支付合同款，被申请人朱某某要求解除《阳光房、门窗销售协议》并支付违约金，在庭审过程中明确表示不同意申请人陈某重做，也未变更仲裁请求，裁决书第2项却裁定申请人陈某对窗户不合格部分进行重做，这一裁决完全超出了当事人的仲裁申请。(2)裁决结果不明确，无法强制执行。裁决结果第2项要求申请人陈某对窗户部分拆除重做，按照何标准重做并不明确。裁决结果第3项没有写明付款时间、金额、计算方法。(3)该裁决书事实认定有问题，裁定结果有违公平原则。(4)该仲裁案件程序违法。本案应适用普通程序而不是简易程序，本案被申请人提出反诉申请，而且还需鉴定，案情复杂，不应适用简易程序由一人独任审判。

二、法院的处理结果

CZ市中级人民法院认为被申请人朱某某在CZ仲裁委员会提出请求陈某将已施工部分的阳光房以及门窗拆除，恢复原状，但CZ仲裁委员会作出的(2018)C裁字第44号裁决要求对某某山城某某室阳光房窗户部分拆除重做，系裁决内容超出当事人仲裁请求的范围，且仲裁的程序违反法定程序，根据《仲裁法》第58条第1款第2、3项的规定，对于陈某提出撤销CZ仲裁委员会(2018)C裁字第44号裁决的请求予以支持。

三、评析

上述案件属于因CZ仲裁委员会超出仲裁请求作出裁决这一程序错误问题撤销仲裁裁决的案件,基于当事人意思自治原则,CZ市中级人民法院裁定撤销CZ仲裁委员会作出的裁决是正确的。

"当事人意思自治是仲裁制度的基石",因此裁判者应当严格遵从当事人的请求进行裁判,无论是超越请求裁判,还是无视当事人的请求裁判,均是对于当事人意思自治的侵犯。

本案例中无论是在陈某提出的申请事项,还是在朱某某提出的反申请事项中,均未对不合格部分拆除重做这一裁决内容进行申请,因此CZ仲裁委员会超出当事人申请做出裁决的行为属于"超裁",《仲裁法》第58条第2款规定,当事人提出证据证明裁决有裁决的事项不属于仲裁协议的范围或者仲裁委员会无权仲裁的情形的,可以向仲裁委员会所在地的中级人民法院申请撤销裁决。《仲裁裁决执行规定》第13条规定,"下列情形经人民法院审查属实的,应当认定为《民事诉讼法》第二百三十七条第二款第二项规定的'裁决的事项不属于仲裁协议的范围或者仲裁机构无权仲裁的'情形:(一)裁决的事项超出仲裁协议约定的范围;(二)裁决的事项属于依照法律规定或者当事人选择的仲裁规则规定的不可仲裁事项;(三)裁决内容超出当事人仲裁请求的范围;(四)作出裁决的仲裁机构非仲裁协议所约定"。如果裁决超出了仲裁请求范围,当事人可以此为由申请撤销裁决,本案便体现了这一点。因此,仲裁庭在审理案件时,应当严格围绕仲裁请求作出裁决,不得逾越当事人仲裁请求的范围。

因此,在上述案件中,CZ仲裁委员会超出当事人的仲裁请求作出裁决,严重侵犯了当事人意思自治原则,故此CZ市中级人民法院将该裁决予以撤销,保障了当事人的合法权益。

四、延伸

通过上述案例,笔者对于"仲裁委员会未完全按照当事人申请事项进行裁判是否应该予以撤销”以及“被申请人提出反诉申请，而且还需鉴定，案情复杂，是否应该转为普通程序审理”这两个问题进行了深入研究，心得如下。

仲裁庭“超裁”属于仲裁程序错误，应当予以撤销，若遗漏了当事人的仲裁请求，是否也构成撤销裁决的情形呢？

《仲裁法》第56条规定：“对裁决书中的文字、计算错误或者仲裁庭已经裁决但在裁决书中遗漏的事项，仲裁庭应当补正；当事人自收到裁决书之日起三十日内，可以请求仲裁庭补正。”因此，如仲裁庭对于仲裁请求已经作出了仲裁意见，但是在对于部分请求遗漏了裁项的情形下，并不需要将整个裁决撤销，可以以补正裁决的方式将遗漏的事项重新加入裁决中。

但是，在仲裁过程中，对于当事人的某项请求完全遗漏，或者在裁决书中，论证以及陈述也未作出裁项，即“告了不理”的，已然远超文字补正的范畴。在此种情形下，《仲裁法》及相关司法解释并未明确规定如何处理。笔者认为仲裁委员会作出此种漏项裁决主观上并非出于故意，也不是对当事人意思自治的侵犯，可以重新组织仲裁庭对于遗漏的申请项部分进行审理，并根据《仲裁法》第56条的规定进行补正，例如，在杨某某与周某申请撤销仲裁裁决案中，某市中级人民法院在民事裁定书中指出，裁决书漏列了申请人杨某某关于支付“逾期付息违约金从2007年6月9日起，每日按13,333元的千分之一点五计算，至清偿之日止”的请求，且在“仲裁庭意见”以及裁决主文中亦未对该请求事项作出处理。因此，裁决书遗漏了对当事人请求的事项，也未进行相应的处理。根据《仲裁法》第56条的规定，对裁决书遗漏的事项可以由仲裁庭通过补正的方式予以弥补，故该情况不属于应当撤销仲裁裁决书的法定情形。

综上所述，在未超出仲裁申请人的请求或被申请人的反请求的范围作出裁决，不违背当事人的意思自治原则。因此，仲裁委员会在遗漏当事人仲裁请求，并不需要将该裁决书进行撤销处理，可以通过仲裁庭补正的方式予以弥补，此种方式可以最大限度弥补仲裁委员会在此类案件中的程序瑕疵，以保障当事人的合法权益。

对于在上述案件中陈某所提出的本案被申请人提出反请求，而且还需鉴定，案情复杂，不应适用简易程序由一人独任审判的理由，尽管某市中级人民法院对此并未在裁定书中予以置评，但是仍值得对该意见的可行性进行讨论，笔者根据上述事实有以下几个方面心得。

对于陈某所提出的被申请人已经提出反请求，而且还需鉴定，案情复杂，不应适用简易程序由一人独任审判，该理由并不属于法律明文规定的不应当适用简易程序的情形。通过整理各地区仲裁委员会仲裁规则，简易程序转为普通程序应当满足当事人申请或者仲裁请求变更或者提出反请求导致争议金额超过简易程序的适用界限等情形，以《广州仲裁委员会仲裁规则》为例，广州仲裁委员会适用简易程序的案件应符合以下情形：(1)争议金额不超过300万元的案件，适用简易程序，当事人另有约定的除外。(2)争议金额超过300万元的案件，经当事人一致同意，可以适用简易程序。(3)没有争议金额或者争议金额不明确的，由仲裁委员会根据案件的复杂程度、涉及利益的大小以及其他有关因素综合考虑决定是否适用简易程序。

简易程序转普通程序应满足下列条件：(1)在审理过程中，经当事人一致申请或者一方当事人申请，其他当事人同意，或者本会、仲裁庭认为有必要，可以决定转换为普通程序审理，并向当事人发出程序转换通知。(2)仲裁请求的变更或者反请求的提出、变更导致争议金额超过300万元的，不转换程序。但当事人一致要求转换的，应当转换为普通程序；仅部分当事人要求转换的，是否同意，由仲裁委员会主任决定。

因此，在本案中陈某所提出的被申请人提出了反诉申请，而且还需鉴定，案情复杂，不应适用简易程序由一人独任审判的理由，并不符合仲裁规则中关于简易程序转为普通程序的规定。

参照《民事诉讼法》第160条的规定，基层人民法院和它派出的法庭审理事实清楚、权利义务关系明确、争议不大的简单案件，适用简易程序。通过本条的规定，我们可以推出如果是案情复杂、争议较大的案件，则不应适用简易程序。在司法实践中，简易程序转为普通程序主要有以下几种情况。

一是当事人改变或增加诉讼请求，导致案情复杂化；二是当事人依法申请法院调取证据、申请证人出庭等致使案件在3个月内难以审结；三是无法直接或者留置送达应诉通知书，需公告送达；四是虽然案件较为简单，标的额不大，但代表一类案件，可能影响大量相同或类似案件审理；五是案件较为简单，但关系到基本的生产生活，可能引发群体性事件等。结合实践来看，提出反请求导致案情复杂化确实可能使简易程序转变为普通程序。

但是"案情复杂"的案件范围并没有明确的规定，笔者参考了江苏省2013版《重大、疑难、复杂诉讼案件认定标准》，其中关于疑难、复杂民事诉讼案件认定标准中规定，涉及3个以上法律关系或者3项以上诉讼请求的案件属于疑难、复杂民事诉讼案件。因此，笔者认为被申请人提出反诉申请致使出现多项诉讼请求以及法律关系复杂的理由，在实践中确有简易程序转变为普通程序的可操作性。

综上所述，无论是"仲裁委员会未按照当事人的请求进行裁决"还是"应当简易程序转换普通程序未转换"均是仲裁程序的瑕疵或违法，严重违反了当事人意思自治原则。因此，仲裁委员会在审理案件的过程中，应注重仲裁案件程序的合法性，同时兼顾效率。

笔者认为，应当充分尊重仲裁当事人的选择权，充分体现当事人意思自治这一原则。首先，应扩大可仲裁的事项，放宽对仲裁协议要件的要求。《仲裁法》对仲裁协议的形式应作更为宽松的规定，对于仲裁程序中审理方式的选择，应当更充分地体现当事人的意思自治，在仲裁过程中，当事人双方形成合意，就应给予当事人更多选择仲裁规则和选择适用实体规范的权利。其次，应当完善仲裁程序中关于仲裁程序适用的规定，充分体现仲裁程序的简便、灵活、快捷等特点，以此完善简易程序的适用范围、审理方式、仲裁组织以及具体程序等内容并作出详尽的规定。只有着重实体与程序的正义，才能更好地保障仲裁的自愿、快速和权威，体现出仲裁制度的优越性。相信我国的仲裁程序定会随着仲裁制度的全面深化改革进一步完善。

争议标的较大，应当适用普通程序而未予适用

李团结*

一、撤销仲裁裁决理由的缘起

审理案号：(2017)冀08民特93号

申请人：李某、高某

被申请人：某某房地产开发公司

基本案情：

2015年4月，李某、高某与某某房地产开发公司签订《商品房买卖合同》，约定某某房地产开发公司应在2015年10月前将质量验收合格及竣工验收合格的房屋交付给李某、高某使用，否则应支付违约金。

2015年10月，某某房地产开发公司将房屋交给李某、高某，李某、高某在装修的过程中发现房屋存在质量问题，认为某某房地产开发公司将未验收合格的房屋交付给申请人，属于逾期交房，于是向CD仲裁委员会申请仲裁，要求某某房地产开发公司承担赔偿金、违约金合计148,773元。

2017年11月，CD仲裁委员会作出(2017)C仲裁字第110号裁决书，裁

---

* 李团结：2009年毕业于南开大学，获法律硕士学位。现为盛唐律师事务所高级合伙人律师，最高人民检察院民事行政检察咨询专家、海南国际仲裁院仲裁员、肇庆仲裁委员会仲裁员、深圳市律师协会商事仲裁法律专业委员会委员、深圳联合产权交易所法律专家。

定:(1)某某房地产开发公司自本裁决书生效之日起10日内向申请人支付逾期交房违约金28,713元;(2)驳回李某、高某的其他仲裁请求。

2017年12月,李某、高某向CD市中级人民法院申请撤销CD仲裁委员会作出的(2017)C仲裁字第110号裁决书,其申请撤销裁决的理由是:仲裁委员会调整违约金缺乏法律依据,属于枉法裁判;仲裁委员会存在违反法定仲裁程序超期裁决的情形。

某某房地产开发公司答辩称同意李某、高某申请撤销(2017)C仲裁字第110号裁决书,某某房地产开发公司也已经向CD市中级人民法院申请撤销该裁决。

二、法院的处理结果

CD市中级人民法院认为,该案在李某、高某申请仲裁时的争议标的为人民币148,773元,争议标的数额较大,不应适用简易程序,由一名仲裁员组成仲裁庭审理。在CD仲裁委员会采用简易仲裁程序审理该案时,某某房地产开发公司提出过该案不适用简易程序审理的书面意见,CD仲裁委员会仍坚持由一名仲裁员组成仲裁庭的方式进行审理,因此,该案仲裁庭的组成违反法定程序,仲裁裁决应予撤销。

三、评析

该案系一起因仲裁标的金额引起的仲裁庭组成的合法性问题撤销仲裁裁决案件,CD市中级人民法院认定该案适用简易程序,违反了法定程序,进而裁定撤销仲裁的做法是正确的。

(一)涉案仲裁应适用普通程序审理,CD仲裁委员会适用简易程序,由一名仲裁员组成仲裁庭审理,违反了仲裁规则的规定

根据《CD仲裁委员会仲裁规则》第67条"简易程序适用"的规定,"除非当事人另有约定,凡案件争议金额不超过10万元(指人民币,下同)适用

简易程序；争议金额超过 10 万元，但双方当事人书面同意的，也可适用简易程序。仲裁请求的变更或者反请求的提出，不影响简易程序的进行。反请求争议金额超过 10 万元且双方当事人不能一致同意适用简易程序的，对反请求仲裁另案适用一般程序”。根据上述仲裁规则，除当事人另有约定排除适用简易程序之外，CD 仲裁委员会受理的争议金额 10 万以下案件的适用简易程序。争议金额超过 10 万元的，除双方当事人约定适用简易程序之外，适用普通程序。根据《CD 仲裁委员会仲裁规则》第 68 条“仲裁庭组成”的规定，“适用简易程序的案件，由一名仲裁员组成仲裁庭独任审理”。

根据《仲裁法》第 30 条、第 32 条及《CD 仲裁委员会仲裁规则》第 74 条的规定，仲裁庭可以由三名仲裁员或者一名仲裁员组成。当事人未在仲裁规则规定的期限内约定仲裁庭的组成方式或者选定仲裁员的，由仲裁委员会主任指定。对于 CD 仲裁委员会受理的案件，简易程序变更为普通程序的，当事人应当按照仲裁规则的规定各自选定或者各自委托主任指定一名仲裁员。

基于上述法律以及仲裁规则的规定，依据 CD 市中级人民法院查明的事实，并未涉及当事人签订的《商品房买卖合同》对仲裁庭的组成方式或者仲裁员的选定有特别的约定，涉案仲裁是否适用简易程序，应由 CD 仲裁委员会根据其仲裁规则确定。涉案仲裁争议的标的金额为 148, 773 元，仲裁争议金额显然已经超过 10 万元，根据《CD 仲裁委员会仲裁规则》第 67 条的规定，涉案仲裁案件应当适用普通程序，因此 CD 仲裁委员会适用简易程序并由一人组成仲裁庭审理，违反了《CD 仲裁委员会仲裁规则》。在 CD 仲裁委员会决定由一名仲裁员组成仲裁庭，适用简易程序审理该案后，被申请人曾于 2017 年 10 月 7 日提出申请，认为该案不符合《仲裁法》《CD 仲裁委员会仲裁规则》的规定，不应由一名仲裁员组成仲裁庭适用简易程序进行审理，但 CD 仲裁委员会未听取被申请人的意见，并作出了裁决。显然，CD 仲裁委员会对应适用普通程序审理的案件采用简易程序审理，严重违反了《仲裁法》第 32 条以及《CD 仲裁委员会仲裁规则》第 67 条的规定。

（二）涉案仲裁程序及仲裁庭的组成违反法定程序，CD 市中级人民法院依据《仲裁法》第 58 条裁定撤销该裁决，符合相关法律规定

《仲裁法》第 58 条规定，人民法院经组成合议庭审查核实裁决有下述规定情形之一的，应当裁定撤销：（1）没有仲裁协议的；（2）裁决的事项不属于仲裁协议的范围或者仲裁委员会无权仲裁的；（3）仲裁庭的组成或者仲裁的程序违反法定程序的；（4）裁决所根据的证据是伪造的；（5）对方当事人隐瞒了足以影响公正裁决的证据的；（6）仲裁员在仲裁该案时有索贿受贿，徇私舞弊，枉法裁决行为的。人民法院认定该裁决违背社会公共利益的，应当裁定撤销。

根据《仲裁法司法解释》第 20 条的规定，上述《仲裁法》第 58 条规定的“违反法定程序”，是指违反《仲裁法》规定的仲裁程序和当事人选择的仲裁规则可能影响案件正确裁决的情形。《仲裁裁决执行规定》第 14 条规定，“违反《仲裁法》规定的仲裁程序、当事人选择的仲裁规则或者当事人对仲裁程序的特别约定，可能影响案件公正裁决”，经法院查证核实的，应当认定为《民事诉讼法》（2017 年）第 237 条第 2 款第 3 项[1]规定的“仲裁庭的组成或者仲裁的程序违反法定程序”。

从上述《仲裁法》《仲裁法司法解释》《仲裁裁决执行规定》的规定可以看出，当事人对仲裁程序的选择权，是仲裁裁决公信力的基础。既然当事人选择适用《CD 仲裁委员会仲裁规则》解决争议，仲裁委员会在组庭时，应充分尊重当事人选择的仲裁规则。案涉争议标的已经超过 10 万元，CD 仲裁委员会应按照普通程序进行审理。在被申请人对仲裁委员会适用简易程序提出异议的情况下，CD 仲裁委员会未征得当事人同意仍按照简易程序并指定一名仲裁员进行审理，违反了《CD 仲裁委员会仲裁规则》第 67 条规定的法定程序。根据《仲裁法司法解释》第 20 条、《仲裁裁决执行规定》第 14 条

---

〔1〕 相关规定参见 2023 年修正的《民事诉讼法》第 248 条。

的规定,上述违反《CD 仲裁委员会仲裁规则》的行为属于《仲裁法》第 58 条规定之应予撤销裁定之情形,CD 市中级人民法院裁定撤销裁决,符合相关法律规定。

四、延伸

(一)仲裁标的数额是仲裁机构判断案件是否适用简易程序的主要参考因素,但不是唯一因素

因各地经济发展水平、仲裁机构受理案件的情况不同,各仲裁机构的仲裁规则规定的简易程序适用的争议标的金额也不同,甚至有相当大的差别。例如,《中国国际经济贸易仲裁委员会仲裁规则》第 59 条"简易程序的适用"规定:"(一)除非当事人另有约定,凡争议金额不超过人民币 500 万元,或争议金额超过人民币 500 万元但经一方当事人书面申请并征得另一方当事人书面同意的,或双方当事人约定适用简易程序的,适用简易程序。(二)没有争议金额或争议金额不明确的,由仲裁委员会根据案件的复杂程度、涉及利益的大小以及其他有关因素综合考虑决定是否适用简易程序。"《深圳国际仲裁院仲裁规则》第 56 条"快速程序的适用"规定:"(一)凡争议金额不超过人民币 300 万元的,或争议金额超过人民币 300 万元但经当事人书面同意的,或当事人约定适用快速程序或简易程序的,适用快速程序。(二)争议金额不明确的,由仲裁院根据案件的复杂程度、涉及权益的情况以及其他有关因素综合考虑决定是否适用快速程序。"而《CD 仲裁委员会仲裁规则》第 67 条"简易程序的适用"规定:"除非当事人另有约定,凡案件争议金额不超过 10 万元(指人民币,不同)适用简易程序;争议金额超过 10 万元,但双方当事人书面同意的,也可适用简易程序。"

在北京市第四中级人民法院作出的(2022)京 04 民特 35 号民事裁定书中,申请人认为,涉案仲裁标的金额为 480 万元,接近《中国国际经济贸易仲裁委员会仲裁规则》(2015 年)适用简易程序的 500 万元上限。在仲裁过程中,申请人亦申请变更为普通程序,但是另一方当事人不同意适用简易程

序，最终该案以简易程序审理终结案件。上述程序违反了法定程序。法院经审理后认为“贸仲决定该案适用简易程序，符合仲裁规则的规定”，并认为申请人主张仲裁程序违法缺乏事实依据。而在吉林省吉林市中级人民法院作出的民事裁定书中，根据《吉林仲裁委员会仲裁规则》第 87 条第 1 款“争议金额不超过人民币 20 万元的争议案件，双方当事人未约定排除适用简易程序的，适用简易程序”的规定，吉林市中级人民法院认定“本案案件疑难复杂、当事人争议较大，起诉时一方当事人下落不明、属于辖区内有较大影响的案件，不宜采用简易程序仲裁。即便适用简易程序后，亦应及时转为普通程序。而吉林仲裁委员会视上述情形于不顾，强行适用简易程序仲裁不当，属程序违法。”〔1〕

从上述两个案例可以看出，虽然争议标的金额在仲裁规则简易程序的范围内，但法院在考虑认定仲裁委员会是否程序违法方面仍存在不同的观点。

其中，在(2022)京 04 民特 35 号民事裁定书中，北京市第四中级人民法院在认定是否存在程序违法时，考虑的只是涉案争议标的金额在《中国国际经济贸易仲裁委员会仲裁规则》规定的简易程序适用范围内，并未以该案复杂、双方争议较大、申请人在仲裁中对适用简易程序提出异议或者标的金额接近简易程序上限而认定贸仲未适用普通程序审理存在程序瑕疵。而在(2020)吉 02 民特 16 号民事裁定书中，吉林省吉林市中级人民法院在争议标的按照仲裁规则应适用简易程序的情况下，以“案件疑难复杂、当事人争议较大，起诉时一方当事人下落不明、属于辖区内有较大影响的案件”这一理由，认定仲裁不宜采用简易程序仲裁，并进而认定吉林仲裁委员会强行适用简易程序仲裁不当，属程序违法。

笔者认为，因各仲裁机构的仲裁规则关于适用简易程序的标的金额有所不同，但是简易程序的适用规则一般都是比较明确的，法院应当按照《仲

〔1〕 吉林省吉林市中级人民法院民事裁定书，(2020)吉 02 民特 16 号。

裁法》第58条和相关仲裁机构仲裁规则规定的因素和顺序,认定相关仲裁程序是否违反规定。例如,按照《中国国际经济贸易仲裁委员会仲裁规则》《深圳国际仲裁院仲裁规则》的规定,考虑各因素的顺序是:首先,尊重当事人的选择,即约定优先,当事人有约定的则排除按照仲裁标的金额选择,无论仲裁标的数额大小均优先按照当事人的约定选择适用普通程序或者简易程序;其次,若当事人没有约定的,基于当事人选择了仲裁机构以及仲裁规则,则按照仲裁规则规定的标的金额选择适用;最后,对于争议金额不明确,由仲裁机构根据案件的复杂程度、涉及权益以及其他因素综合考虑决定是否适用简易程序。就上述两个撤销仲裁案件而言,北京市第四中级人民法院在认定是否存在程序违法时,严格按照仲裁委员会是否违反了法律规定以及仲裁规则规定的简易程序适用条件进行审查,认为仲裁委员会在当事人没有约定且无法达成一致意见的情况下,按照仲裁规则适用简易程序符合法律规定。而吉林省吉林市中级人民法院在认定吉林仲裁委员会是否违反法定程序时,除仲裁规则外,还考虑了案件疑难复杂、争议较大等因素,但是笔者认为依据我国《仲裁法》《吉林仲裁委员会仲裁规则》的规定,在仲裁标的数额明确属于简易程序适用范围的情况下,法院以该案件复杂、争议较大以及对辖区有重大影响为由,认定仲裁委员会适用简易程序审理属于程序违法并撤销仲裁裁决的做法,值得商榷。

(二)仲裁庭对庭审程序是否合法进行过"特别提示",确认无异议的当事人是否可以程序违法提出撤销裁定

《仲裁裁决执行规定》第14条第3款规定,"适用的仲裁程序或仲裁规则经特别提示,当事人知道或者应当知道法定仲裁程序或选择的仲裁规则未被遵守,但仍然参加或者继续参加仲裁程序且未提出异议,在仲裁裁决作出之后以违反法定程序为由申请不予执行仲裁裁决的,人民法院不予支持"。在仲裁的过程中,仲裁庭在庭审结束之前通常都会询问双方当事人对之前进行的庭审程序是否有异议,即对仲裁程序和仲裁规则进行"特别提

示”。因仲裁尚未有结果,各方输赢未知,当事人通常都会说无异议。那么,对于在庭审中确认对仲裁程序或者仲裁规则适用无异议的当事人,在仲裁结果出来后以庭审程序违反法定程序提出撤销仲裁裁决的,是否属于《仲裁法》第 58 条第 1 款第 3 项规定的撤销仲裁裁决之事由,不能一概而论。

在浙江省杭州市中级人民法院作出的(2020)浙 01 民特 20 号民事裁定书中,法院认为当事人仲裁条款约定由三名仲裁员组庭,排除了《杭州仲裁委员会仲裁规则》所规定的仲裁简易程序的适用。杭州仲裁委员会在未征得当事人同意的情况下,要求当事人共同选定或共同委托仲裁委员会主任指定一名独任仲裁员并适用简易程序审理,违反了当事人对仲裁程序的特别约定,所作出的仲裁裁决违反法定程序,属于《仲裁裁决执行规定》第 14 条第 1 款规定的应予撤销仲裁裁决的情形。至于在案件审理过程中,独任仲裁员曾当庭询问当事人对此前程序有无异议,该仲裁案件的申请人没有对仲裁庭组成方式提出异议。法院认为独任仲裁员的上述询问,并非针对仲裁当事人就案涉仲裁案件是否选择独任仲裁员及适用简易程序的特别提示,不符合《仲裁裁决执行规定》第 14 条第 3 款规定的“特别提示”的要求,不能改变案涉仲裁违反法定程序的认定。

而在上海市第一中级人民法院作出的(2021)沪 01 民特 614 号民事裁定书中,申请人常州某医疗器械有限公司认为仲裁委员会延期受理仲裁申请违反了《仲裁法》的规定,构成程序违法。法院认为在仲裁庭审中,经仲裁庭特别提示,申请人明确表示对仲裁庭审前的仲裁程序无异议,故应当视为申请人对仲裁案件程序予以认可。法院认为关于《仲裁法》第 58 条第 1 款第 3 项规定的“违反法定程序”的构成要件,除应具备违反法律规定的仲裁程序和仲裁规则这一行为要件外,还应具备可能会影响案件正确裁决的这一结果要件,因此,并非所有违反仲裁程序或仲裁规则的行为均属于《仲裁法》第 58 条规定的“违反法定程序”的情形。

基于上述情况,就仲裁庭在开庭时作出的且当事人确认无异议的“特别提示”,能否作为人民法院认定仲裁程序是否违法以及是否属于《仲裁法》第

58 条规定的撤销仲裁裁决的依据,不能一概而论,还要视庭审中“特别提示”的内容、程序违法的性质以及对仲裁结果可能造成的影响判断。对于违反《仲裁法》规定的仲裁程序、当事人选择的仲裁规则或者当事人对仲裁程序的特别约定的情形,若可能影响案件公正裁决,仲裁庭应该就违反的法定程序进行明确的“特别提示”并取得当事人认可,否则仅泛泛就庭审程序是否违反法定程序要求当事人确认,当事人即便开庭时已经进行过确认也仍可以以此为理由申请撤销仲裁。

辖区内有较大影响的案件，应当适用普通程序而未予适用

马慧莲*

一、撤销仲裁裁决理由的缘起

审理案号:(2020)吉02民特16号

申请人:某某房地产开发公司

被申请人:高某某

基本案情:

高某某与某某房地产公司于2012年8月23日签订了《JL市商品房买卖合同》(以下简称《商品房买卖合同》),合同约定了仲裁条款。2019年5月21日,因针对《商品房买卖合同》发生争议,高某某向JL仲裁委员会提交了仲裁申请书,JL仲裁委员会受理了上述商品房买卖合同纠纷。高某某请求:(1)裁决某某房地产公司支付迟延办理房地产权属证明的违约金129,231.26元;(2)裁决某某房地产公司负担全部仲裁费用(包括但不限于仲裁费、保全费等)。

2020年1月17日,JL仲裁委员会向某某房地产公司公告送达仲裁申请

---

* 马慧莲:毕业于北京大学,取得法律硕士(中国法)& Juris Doctor(美国法)学位,任职于北京市通商(深圳)律师事务所,目前担任广东省律师协会仲裁法律专业委员会副秘书长,深圳市律师协会公平交易与公平竞争审查法律专业委员会委员,汕头、肇庆、河源、韶关、开封等多家仲裁委员会仲裁员,入选广东省涉外律师先锋人才库。

书副本、仲裁规则等8份材料。2020年4月7日JL仲裁委员会组成仲裁庭,确定由李某担任独任仲裁员,并于2020年4月9日将开庭时间及地点向房地产公司公告送达。2020年6月12日JL仲裁委员会向双方当事人发出《通知》,因本市疫情严峻,为防止人员聚集,将原定的开庭时间延期,开庭时间另行通知。2020年8月6日,因案情复杂,独任仲裁员李某请求延长审理期限3个月,JL仲裁委员会副主任赵某批准。2020年9月24日,JL仲裁委员会向双方当事人发送《开庭通知书》,2020年10月20日制作案涉裁决书。

2020年10月20日,JL仲裁委员会作出(2019)J仲裁字第0086号裁决:(1)某某房地产公司于本裁决送达后10日内向高某某支付迟延协助办理房屋权属证违约金(以高某某已付购房款总额486,328元为基数,自2016年5月21日起至2019年3月22日止,按中国人民银行同期贷款利率的标准计算);(2)驳回高某某的其他仲裁请求;(3)仲裁费5481元、保全费1166元、公告费1500元,合计8147元,由高某某负担3992元,由房地产公司负担4155元。

某某房地产公司认为该仲裁裁决受理违法,违反法定仲裁程序,且仲裁员在裁决该案时有枉法裁决行为,故向JL市中级人民法院申请撤销仲裁裁决。

二、法院的处理结果

某某房地产公司申请撤销仲裁裁决的理由之一为JL仲裁委员会适用简易程序仲裁不当、程序违法。JL中级人民法院认为,对于事实清楚、权利义务关系明确、争议不大的简单民事案件,可以适用简易程序。而对于已经不再适宜继续适用简易程序审理的案件,应依法转为普通程序审理,否则将违反法定程序,如起诉时一方当事人下落不明、适用简易程序审理期限到期后一方当事人申请适用普通程序、案件疑难复杂争议较大的案件、其他不宜适用简易程序的案件。

本案中,第一,双方当事人对案件的是非、责任承担以及诉讼标的的争议较大,存在原则性分歧。第二,因无法找到房地产公司,JL 仲裁委员会两次进行公告送达,不符合简易程序快裁快结的特点。第三,JL 仲裁委员会依据《JL 仲裁委员会仲裁规则》适用简易程序,指定李某担任独任仲裁员。审理期限到期后,某某房地产公司不同意继续适用简易程序,提出转为普通程序的申请,但 JL 仲裁委员会未予同意。第四,JL 仲裁委员会已经认识到案情疑难复杂,独任仲裁员李某请求延长审理期限 3 个月,JL 仲裁委员会副主任赵某批准。第五,本案存在其他不宜适用简易程序的情形。首先,对于简单的民事案件并非必须适用简易程序,尤其对于那些在辖区内类似案件较多,需要统一裁量标准的案件,即便案情简单,也应适用普通程序审理。本案属于系列案件之一,涉及众多当事人的利益,且一方当事人信访,矛盾激烈,社会影响较大,如处理不慎可能会影响社会稳定。其次,本案从受理到裁决长达 17 个月,周期较长,宜从简易程序转为普通程序。JL 仲裁委员会视上述情形于不顾,强行适用简易程序进行仲裁的做法不当,属程序违法。故 JL 中级人民法院对某某房地产公司依据《仲裁法》第 58 条第 1 款第 3 项主张撤销仲裁裁决的理由予以支持。

三、评析

在申请撤销仲裁裁决的司法审查案件中,法院主要根据《仲裁法》第 58 条进行审查。《仲裁法》第 58 条规定"当事人提出证据证明裁决有下列情形之一的,可以向仲裁委员会所在地的中级人民法院申请撤销裁决:(一)没有仲裁协议的;(二)裁决的事项不属于仲裁协议的范围或者仲裁委员会无权仲裁的;(三)仲裁庭的组成或者仲裁的程序违反法定程序的;(四)裁决所根据的证据是伪造的;(五)对方当事人隐瞒了足以影响公正裁决的证据的;(六)仲裁员在仲裁该案时有索贿受贿,徇私舞弊,枉法裁决行为的。人民法院经组成合议庭审查核实裁决有前款规定情形之一的,应当裁定撤销。人民法院认定该裁决违背社会公共利益的,应当裁定撤销"。

在本案中,某某房地产公司主要以《仲裁法》第 58 条第 1 款第 3 项"仲裁庭的组成或者仲裁的程序违反法定程序”为依据，提出 JL 仲裁委员会适用简易程序仲裁不当、程序违法，从而主张撤销仲裁裁决。根据《仲裁法司法解释》第 20 条、《仲裁法》第 58 条的规定，“违反法定程序”是指违反《仲裁法》规定的仲裁程序和当事人选择的仲裁规则可能影响案件正确裁决的情形。事实上，《仲裁法》等没有具体规定在何种情况下应当将简易程序转为普通程序，一般是由各仲裁机构以仲裁规则的方式予以规定。《JL 仲裁委员会仲裁规则》关于简易程序的主要规定为争议金额在 20 万元以下，此种案件适用简易程序。可见，在符合争议标的额 20 万元以下这一硬性标准且双方没有约定的情况下，简易程序的适用与否基本由仲裁委员会来认定，故 JL 仲裁委员会对此在一定程度上具有自由裁量权。

本案属于群体性系列案件之一，JL 仲裁委员会在本案仲裁程序中没有将简易程序转为普通程序。在司法审查中，JL 市中级人民法院从本案的具体案情出发认为本案不适宜适用简易程序，从而裁定仲裁庭未将本案从简易程序转为普通程序，构成程序违法。该五点理由主要包括：双方之间对案件的争议较大、经两次公告送达不符合简易程序快裁快结的特点、某某房地产公司已提出应将简易程序转为普通程序但未被同意、案情复杂导致审限延长、属于群体性案件且社会影响较大等。

在实践中，对《仲裁法》第 58 条第 1 款第 3 项“违反法定程序”中的“法”有不同理解。一种观点认为，此处的“法”应作广义解释，不仅包括《仲裁法》，也应包括《民事诉讼法》以及相关的司法解释。另一种观点认为，应作狭义解释，仅包括《仲裁法》规定的仲裁程序和当事人选择的仲裁规则。根据《仲裁法司法解释》第 20 条关于“可能影响案件正确裁决的情形”的规定，在仲裁法律没有规定、当事人没有约定的情况下，虽然仲裁庭可以行使自由裁量权，但是不能违反最低正当程序要求。所以，无论对违反法定程序中的“法”作广义还是狭义解释，此处的法定程序应包含最低正当程序的要求，即如存在可能影响正确裁决的情形也应考虑在内。基于法定程序应包含最低正当程序的要求及本案特定的具体案情，笔者认同 JL 市中级人民法院的裁定。

在本案中，虽然JL市中级人民法院并没有明确将违反法定程序中的“法”解释为包括《民事诉讼法》及其司法解释在内，但是在分析说理的过程中，法院在一定程度上参照适用了《民事诉讼法》及司法解释中关于在诉讼程序中简易程序的定义和适用范围。《民诉法解释》第140条规定，适用简易程序的案件，不适用公告送达。第256条规定，《民事诉讼法》第160条规定的简单民事案件中的事实清楚，是指当事人对争议的事实陈述基本一致，并能提供相应的证据，无须人民法院调查收集证据即可查明事实；权利义务关系明确是指能明确区分谁是责任的承担者，谁是权利的享有者；争议不大是指当事人对案件的是非、责任承担以及诉讼标的争执无原则分歧。第257条规定，下列案件，不适用简易程序：(1)起诉时被告下落不明的；(2)发回重审的；(3)当事人一方人数众多的；(4)适用审判监督程序的；(5)涉及国家利益、社会公共利益的；(6)第三人起诉请求改变或者撤销生效判决、裁定、调解书的；(7)其他不宜适用简易程序的案件。

一方面，法院参照适用民事诉讼程序中对简易程序的规定。在本案中，虽然单个案子争议标的不超过20万元，但是双方对案件的争议和分歧较大，不符合简易程序针对“事实清楚”“权利义务关系明确”“争议不大”案件的制度设置目的。而且，因某某房产公司无法取得联系等原因，仲裁委员会对某某房地产公司进行过两次公告送达，亦违反简易程序不适用公告送达的原则。另外，本案属于群体性案件之一，该系列案件涉及的当事人一方人数众多，且一方当事人信访，矛盾激烈，涉及社会公共利益，社会影响大，故这种情况下亦不适宜通过简易程序解决纠纷。

另一方面，法院亦应考虑尊重当事人在仲裁程序中的意思自治。在本案中，在简易程序的审理期限到期后，某某房地产公司不同意继续适用简易程序，提出转为普通程序的申请，但JL仲裁委员会未予同意。而且，JL仲裁委员会已经认识到案情疑难复杂并延长审理期限。由于当事人意思自治是仲裁的基石，在当事人对仲裁程序不满并提出异议时，仲裁庭应充分且慎重考虑当事人提出异议的合理性。然而，在本案中，仲裁庭在一方当事人明显对仲裁程序提出异议，且仲裁庭自身亦表明因案情复杂申请延长审限的情况下，依旧不将简易程序转为普通程序，既不尊重当事人的意思自治，也有违公平原则。

综上所述，从JL市中级人民法院对本案仲裁裁决的司法审查裁定可见，基于效率价值和公正价值之间的平衡，在仲裁程序中，对于事实清楚、权利义务关系明确、争议不大的简单民事案件，可以适用简易程序；而对于辖区内类案较多、影响较大的仲裁案件，已经不再适宜继续适用简易程序审理，应依法转为普通程序审理，否则将违反法定程序，故法院根据《仲裁法》第58条的规定应予以撤销相应的仲裁裁决。

四、延伸

关于当事人未明示排除简易程序，仲裁机构根据仲裁规则适用简易程序，但因类案较多、影响较大等原因应适用普通程序审理而未适用的，是否违反《仲裁法》第58条第1款第3项中“仲裁庭的组成或者仲裁的程序违反法定程序”之规定，本文所援引的（2020）吉02民特16号主题案例（以下简称主题案例）仅是该法院根据该特定案件的具体案情就前述焦点问题作出的认定，不能等同于我国其他法院的观点，基于特定个案的具体情况不同，我国各法院对该问题的裁判亦不尽相同。

下文将从应如何理解“违反法定程序”、简易程序的效率价值与仲裁程序的公正价值的博弈等方面，并综合分析我国部分法院对该问题的不同裁判观点，供读者对前述焦点问题有进一步的了解和思考。

（一）应如何理解“违反法定程序”

根据《仲裁法司法解释》第20条的解释，“违反法定程序”是指违反《仲裁法》规定的仲裁程序和当事人选择的仲裁规则可能影响案件正确裁决的情形。在进行撤销仲裁裁决的司法审查时，认定是否违反法定程序，主要从以下两个方面进行判断:(1)违反《仲裁法》规定的仲裁程序和当事人选择的仲裁规则;(2)可能影响案件的正确裁决。由此可见,在违反《仲裁法》规定的和当事人选择的仲裁规则关于仲裁庭组成或仲裁程序的规定,但在不影响案件的正确裁决的情况下,并不必然导致仲裁裁决被撤销。那么应如何理解"可能影响案件正确裁决的情形"呢? 在司法实践中,一般而言,主要包括以下情形。[1] (1)违反了《仲裁法》的强制性规定,如《仲裁法》第31条、第32条、第33条关于仲裁员的选任程序的规定;(2)违反了当事人约定的仲裁程序,且严重影响仲裁当事人的权利;(3)违反了其他仲裁程序,且实际影响到仲裁裁决公正的。

上述第三点可理解为兜底条款,一般来说属于仲裁最低正当程序要求,在实践中由仲裁庭及负责司法审查的法院在相应的程序中根据实际情况来认定。关于仲裁最低正当程序要求,虽然我国法律并没有明确规定,但是英国1996年《仲裁法》(Arbitration Act 1996)第33条"仲裁庭的一般义务"被普遍视为关于仲裁最低正当程序要求的典型性和原则性规定。[2] 该第33条第1款规定,仲裁庭应:(1)公平及公正地对待当事人,给予各方当事人合理的机会陈述案件并对抗对方当事人的陈述;(2)根据特定案件的具体情况采取合适的程序,避免不必要的延误和开支,以对待决事项提供公平的解决方式。第2款规定,仲裁庭在进行仲裁程序过程中、在其对程序和证据事项的决定以及在行使授予它的所有其他权力时,都应遵守该一般义务。[3]

---

[1] 参见万鄂湘等主编,最高人民法院研究室、最高人民法院民事审判第四庭编著:《最高人民法院仲裁法司法解释的理解与适用》(第2版),人民法院出版社2015年版,第179页。

[2] 参见万鄂湘等主编,最高人民法院研究室、最高人民法院民事审判第四庭编著:《最高人民法院仲裁法司法解释的理解与适用》(第2版),人民法院出版社2015年版,第178页。

[3] 英国1996年《仲裁法》(Arbitration Act 1996)第33条英文原文为:Article 33General duty of the tribunal。(1)The tribunal shall—(a)act fairly and impartially as between the parties, giving each party a reasonable opportunity of putting his case and dealing with that of his opponent, and (b)adopt procedures suitable to the circumstances of the particular case, avoiding unnecessary delay or expense, so as to provide a fair means for the resolution of the matters falling to be determined. (2)The tribunal shall comply with that general duty in conducting the arbitral proceedings, in its decisions on matters of procedure and evidence and in the exercise of all other powers conferred on it.

由上可见,在司法实践中,尽管仲裁法律没有明确规定且当事人也没有明确约定适用的仲裁程序,仲裁庭在有权自由裁量时应根据特定案件的具体情况选择合适的仲裁程序,兼顾效率和公正,属于仲裁程序正当性的应有之义。

(二)简易程序的效率价值与公正价值的博弈

相比诉讼,仲裁被普遍认为的优势之一在于,仲裁程序可以更快捷地解决纠纷,满足商业社会对效率的要求。然而现实却是,虽然仲裁为一裁终局,不像诉讼那样包含多层审级,但是实际上并非每个仲裁程序都能迅速解决纠纷,特别是遇到案情复杂的案件,仲裁程序可能持续长达数年。对仲裁效率的要求,也是为了保障当事人的实质正义,故仲裁制度的效率价值和公正价值均不可或缺。因此,为了保证仲裁能够有效率地进行,纠纷能得到及时解决,国内外绝大多数仲裁机构在其仲裁规则中都设置了简易程序,也称快速程序,用来解决事实清楚、权利义务关系明确、争议不大的案件。

2020 年以来,由于新冠疫情加上仲裁案件处理周期等各种原因,为了迅速高效解决简单案件和集中精力处理疑难案件,国内外的仲裁界对快速仲裁程序呼声渐高,不少仲裁机构和国际仲裁组织都在探索和研究应如何调整现有仲裁程序使之更有效率。目前比较引人瞩目的是 2021 年 7 月联合国国际贸易法委员会通过《联合国国际贸易法委员会快速仲裁规则》(以下简称《快速仲裁规则》)草案。《快速仲裁规则》于 2021 年 9 月 19 日生效。《快速仲裁规则》规定快速仲裁期限为 6 个月,并且从效率角度出发在仲裁程序上给予仲裁庭更大的自由裁量权,缩减当事人的部分权利,给予仲裁庭更多的权力来控制案件的进展速度、证据提交的范围、当事人陈述和辩护的范围和程度等。虽然《快速仲裁规则》有助于便利、灵活、迅捷地解决争议,但同时,对于败诉方而言,可能会以仲裁庭违反正当程序为由,要求撤销裁决或者申请不予承认和不予执行。目前在我国尚未看到与该《快速仲裁规则》相关的司法案例,但是在之前的“来宝案”[1]中,上海市第一中级人民法院(以下简称上海一中院)的观点可供参考。

在“来宝案”中,关于该案适用快速仲裁程序与当事人约定是否相符的问题,上海一中院认为,涉案仲裁案件标的额低于500万新加坡元,符合《新加坡国际仲裁中心的仲裁规则》(2013年第5版)第5条适用“快速程序”对争议标的额的规定,且双方当事人并未在仲裁条款中排除“快速程序”的适用,故新加坡国际仲裁中心根据来宝公司的书面申请适用“快速程序”进行仲裁,符合仲裁规则的规定,不存在与当事人约定不符的情形。

通过“来宝案”可见,在一般情况下,只要争议标的额符合适用的仲裁规则的要求,当事人没有约定,且不存在类案较多、影响较大等特殊情况,我国法院倾向于支持仲裁庭根据仲裁规则自由裁量适用简易程序或快速程序。该认定也体现了在不损害最低程序正当要求的前提下,我国法院尊重和维护仲裁设置简易程序制度所要实现的效率价值。

值得注意的是,在“来宝案”中,关于仲裁庭的组成与当事人约定是否相符的问题,上海一中院认为快速程序的适用与当事人约定的三人仲裁庭并不相悖。而事实上,在国内外绝大多数仲裁机构的仲裁规则中,适用快速程序时一般是由独任仲裁员审理。在“来宝案”中,《新加坡国际仲裁中心仲裁规则》(2013年第5版)亦作如此规定:“主席考虑各方当事人观点后决定仲裁应当适用本条快速程序的,仲裁程序应当按照如下规定进行……b.案件应当由独任仲裁员审理,但主席另有决定的除外。”对此,上海一中院认为,当事人意思自治是仲裁制度运作的基石,而仲裁庭的组成方式属于仲裁基本程序规则,因此《新加坡国际仲裁中心仲裁规则》(2013年第5版)第5.2条b项所规定的“主席另有决定的除外”不应解释为新加坡国际仲裁中心主席对仲裁庭的组成方式享有任意决定权;相反,在其行使决定权时应当充分尊重当事人关于仲裁庭组成方式的合意,保障当事人的意思自治。因此,新

---

[1] 参见上海市第一中级人民法院民事裁定书,(2016)沪01协外认1号。

加坡国际仲裁中心在当事人之间的仲裁条款约定仲裁庭由三名仲裁员组成且信泰公司明确反对独任仲裁的情况下，仍然依据《新加坡国际仲裁中心仲裁规则》（2013 年第 5 版）第 5.2 条的规定决定采取独任仲裁员的组成方式，违反了案涉仲裁条款的约定，属于《纽约公约》第 5 条第 1 款 4 项所规定的“仲裁机关之组成或仲裁程序与各造间之协议不符，或无协议而与仲裁地所在国法律不符者”的情形，故涉案仲裁裁决不应当被承认与执行。

由上可见，在“来宝案”中，通过上海一中院对上述两个焦点问题的分析和认定，可以窥探出法院对简易程序的效率和公正价值的平衡和考量，并坚持尊重当事人意思自治这一仲裁制度的基本价值，以保证仲裁结果的公正性。[1]

（三）我国部分法院的不同裁判观点

本文的主题案例和“来宝案”均涉及仲裁庭对简易程序与普通程序转换可能导致撤销仲裁的问题。究其根本，核心问题是仲裁庭在当事人不排除简易程序时根据仲裁规则适用简易程序，实现效率价值，但不得损害最低程序正当这一公正价值；如适用简易程序存在损害公正价值、影响案件正确裁决的可能性，即简易程序已不足以保证裁决的公正性，仲裁庭应根据特定案件的具体情况，转为普通程序，通过适用普通程序实现公正性，否则构成撤销仲裁的理由。下文集中在类案较多、影响较大这一维度，分析我国其他法院的部分司法案例。与上述主题案例不同，以下案例中，法院基于特定个案的具体情况认为即便涉及群体性案件，但是仲裁庭适用简易程序，而不转为普通程序，并不必然违反法定程序。

1. 广东省广州市中级人民法院（以下简称广州中院）（2019）粤 01 民特 943 号申请撤销仲裁裁决民事裁定书

针对撤销仲裁申请人刘某某以违反法定程序要求撤销仲裁裁决的申

---

〔1〕 也有观点认为上海一中院的该裁定存在争议，主要理由是，既然当事人选择适用该仲裁规则，就表明其对于该仲裁规则中快速程序的规定存在清晰的预期，能够合理预见仲裁院主席有权拒绝当事人关于三人仲裁庭的约定，并接受这一规则。

请，广州中院认为，在仲裁过程中，由于本案及其他数个仲裁案件的被申请人均为康威公司，且案件标的为同一种类，经双方当事人同意后，仲裁庭对该批案件进行合并审理，符合仲裁规则的规定。根据刘某某提出的仲裁请求可知，本案的争议标的金额少于50万元，依照仲裁规则的规定，仲裁庭适用简易程序，由独任仲裁员审理并无不当。仲裁规则第82条第1项规定，简易程序进行中，各方当事人共同申请或者一方当事人申请、其他当事人同意的，可以将简易程序变更为普通程序。在仲裁审理过程中，刘某某对于仲裁庭适用简易程序并未提出异议，亦未向仲裁庭申请将简易程序变更为普通程序，故仲裁庭适用简易程序审理本案，并无不当。本案中，仲裁庭未能在仲裁规则规定的期限内结案，仲裁庭向该会主任提出延期审理申请，经该会主任审查后，批准该案审理期可延长，而仲裁庭作出仲裁裁决的时间并未超出延长的审理期限。关于仲裁裁决是否违背社会公共利益的问题，社会公共利益是指社会上大多数成员的利益，而不是个人、部门或者集团的利益。涉案仲裁裁决处理的是刘某某与康威公司之间的商品房买卖合同关系，属于平等主体之间的民事纠纷，与社会公共利益无关。

2. 江苏省扬州市中级人民法院（以下简称扬州中院）（2021）苏10民特5号申请撤销仲裁裁决民事裁定书

针对撤销仲裁申请人金城公司提出的“本案不应适用简易程序。本案属于群体性案件之一，法律关系复杂，应组成合议庭适用普通程序进行审理，且仲裁庭适用简易程序未提前告知金城公司”之撤裁理由，扬州中院认为，仲裁规则规定，争议的金额不超过100万元等案件，适用简易程序；仲裁庭组成后，应当立即通知双方当事人。案涉仲裁案件的标的未超过100万元，符合仲裁规则规定的适用简易程序审理的条件，金城公司在仲裁过程中也未对仲裁庭适用简易程序提出异议。金城公司提出该案件系涉及上百户业主的群体性案件，但仲裁规则并未将此类群体性案件中的个案排除在简易程序适用范围之外。至于金城公司提出仲裁庭适用简易程序未提前告知也不符合事实情况，不予采信。

3. 河南省漯河市中级人民法院(以下简称漯河中院)(2021)豫11民特28号申请撤销仲裁裁决民事裁定书

关于撤裁理由,撤销仲裁申请人提出该案件系商品房买卖合同纠纷,涉案房屋价值均在30万元以上,且仲裁双方人数较多,属于群体性案件,双方争议较大、双方权利义务关系并不明确,因此原仲裁适用简易程序由一名仲裁员组成仲裁庭违反法定程序。对此,漯河中院认为,董某某申请仲裁的事项是泰威公司违约未办理不动产权证,涉案的金额较小且事实清楚,漯河仲裁委员会适用简易程序审理符合《漯河仲裁委员会仲裁规则》。

4. 贵州省贵阳市中级人民法院(以下简称贵阳中院)(2021)黔01民特79号申请撤销仲裁裁决民事裁定书

关于撤裁理由,申请人提出此次纠纷涉及业主众多,裁决结果不仅涉及面广,金额也大,贵阳仲裁委员会应适用普通程序进行审理,而贵阳仲裁委员会在未取得申请人的同意下,自行指定一名仲裁员采取简易程序进行独任仲裁,存在程序违法。对此,贵阳中院认为,根据《贵阳仲裁委员会仲裁规则》(2015年)第69条的规定,[1]除当事人另有约定外,凡案件争议金额不超过100万元的,适用本章规定的简易程序,以及第70条第1款"适用简易程序的案件,由一名仲裁员成立仲裁庭仲裁"的规定。首先,双方当事人对于本案应适用普通程序或者简易程序,并未作出明确约定;其次,案涉43户业主每户均是单独申请仲裁,各自根据自己的实际情况提出仲裁申请,标的金额均未超过100万元,在双方未约定一致的情形下,由贵阳仲裁委员会主任指定一名仲裁员采取简易程序进行独任仲裁,符合仲裁规则的规定;最后,在仲裁程序中,申请人与被申请人签订了《合并审理协议》,双方一致同意仲裁庭对各业主单独提起的仲裁案件合并审理,在仲裁庭审开始时,仲裁庭依法询问了双方当事人,双方当事人对于本系列案件由一名仲裁员成立仲裁庭适用简易程序合并审理均无异议。故申请人所提该项撤销理由不能

---

〔1〕 相关规定参见2022年版《贵阳仲裁委员会仲裁规则》第70条。

成立。

从上述案例可见，法院并没有支持凡涉及类案较多的案件都应从简易程序转为普通程序的观点，而是基于案件的具体情况进行分析和裁判。不同于主题案例，上述案例的事实部分并不涉及一方当事人无法取得联系需要公告送达、一方当事人信访矛盾激烈、一方当事人曾申请将简易程序转为普通程序但未被支持等情形，所以在上述案例中法院认为仲裁庭有权根据仲裁规则适用简易程序，足以使案件得以公正审理，无须转为普通程序，也不违反法定程序。

（四）结语

综上所述，在申请撤销仲裁裁决的司法审查程序中，就撤裁申请人提出对于虽然争议标的较小但属于辖区内类案较多、影响较大的仲裁案件，仲裁庭应将简易程序转为普通程序而未适用普通程序的，属于违反法定程序之撤销仲裁裁决的理由，审查法院一般会基于对效率价值和公正价值的平衡，综合考虑当事人之间对案件的争议是否较大、是否经公告送达、当事人是否已提出应将简易程序转为普通程序但未被同意、是否存在案情复杂导致审限延长、是否属于群体性案件且社会影响较大等因素，若确认适用简易程序可能会影响正确裁决、损害裁决的公正性，一般认为仲裁庭因没有选择适当的仲裁程序和仲裁庭组成方式而构成程序违法，应撤销该仲裁裁决。

第三章

送达的问题

向住所地邮寄送达被退回后径行采用公告送达

谭娇玲*

一、撤销仲裁裁决理由的缘起

审理案号:(2019)鲁08民特18号

申请人:苏某

被申请人:某某银行某某支行

基本案情:

2017年6月1日,JN仲裁委员会受理了某某银行某某支行与张某某、苏某某等金融借款、担保合同纠纷一案。2017年6月2日,JN仲裁委员会按苏某身份证上的地址进行了邮寄送达,但该邮寄单上只写明了地址,并未填写收件人手机号码。2017年6月6日,该邮件因查无此人被退回。2017年8月8日,某某银行某某支行向JN仲裁委员会申请公告送达。2017年8月10日,JN仲裁委员会在《山东法制报》公告专栏中对苏某进行了公告送达。

最后,JN仲裁委员会裁决苏某对借款人张某某的借款承担连带清偿责任,代为清偿后,有权向借款人张某某追偿。苏某认为仲裁委员会的送达程

* 谭娇玲:深圳大学经济法硕士,原就职于深圳市盐田区人民法院,现任广东联建律师事务所权益合伙人律师,中建五局广东公司常年法律顾问,深圳市律师协会商事仲裁法律专业委员会副秘书长,中国国际调解仲裁院调解员。

序违法,申请撤销仲裁委员会作出的仲裁裁决。

苏某认为,JN 仲裁委员会在没有依法向自己送达答辩通知书、仲裁申请书副本、仲裁规则、仲裁员名册的情况下,就擅自在《山东法制报》上对自己进行公告送达,剥夺了其辩论权和选定仲裁员的权利。另外,苏某认为自己一直住在济宁市任城区,电话号码没有更换过,JN 仲裁委员会在第一次通过邮递方式送达时,未写自己的电话号码。在自己不在家送达不到的情况下,完全可以将送达材料邮寄到工作单位,但 JN 仲裁委员会却进行了公告送达。

二、法院的处理结果

JN 市中级人民法院认为,某某银行某某支行明知苏某的工作单位、通信地址、手机联络号码,而未向仲裁庭提供。同时,根据《JN 仲裁委员会仲裁规则》的规定,"受送达人下落不明,或用本条规定的其他方式无法送达的,本会可以应当事人的书面申请公告送达"。本案中,受送达人苏某并非下落不明,JN 仲裁委员会在邮件被退回后在未采用其他方式送达的情况下即采用公告送达,违反了仲裁规则,损害了苏某在仲裁中提出抗辩的权利,对涉案仲裁的正确裁决造成影响。综上所述,某某银行某某支行向仲裁庭隐瞒了涉案重要证据,JN 仲裁委员会送达法律文书违反法定程序,符合《仲裁法》第 58 条第 1 款第 3 项"仲裁庭的组成或者仲裁的程序违反法定程序的"的规定,依法应撤销裁决。

三、评析

笔者认为,JN 仲裁委员会的送达程序确实存在瑕疵,违反了《JN 仲裁委员会仲裁规则》,应予撤销。但是,JN 市中级人民法院关于某某银行某某支行向仲裁庭隐瞒了涉案重要证据的事实认定值得商榷。

首先,关于某某银行某某支行主观上是否存在隐瞒故意的问题,根据该法院查明的事实,仲裁庭并未要求某某银行某某支行提供苏某的联系方式。

换句话说,即便某某银行某某支行在申请仲裁时未向仲裁庭提供苏某的联系方式,仲裁庭也应主动要求其提供,由此可推断某某银行某某支行不存在隐瞒的主观恶意。其次,关于本案中苏某的联系方式是否属于主要证据的问题,我国《仲裁法》第 58 条、《民事诉讼法》(2017 年)第 237 条[1]规定对方当事人"隐瞒了足以影响公正裁决的证据的"作为撤销或者不予执行国内仲裁裁决的事由。所谓足以影响公正裁决的证据,是指直接影响最终裁决结论的证据。这些证据通常与仲裁案件所涉及的纠纷或争议的焦点或重要情节有关联,直接影响着仲裁庭对案件的判断,[2]苏某的联系方式并不属于直接影响最终裁决结论的证据,甚至都不属于证据。据此,笔者认为 JN 市中级人民法院对本案的事实部分认定错误,并且未能与撤销裁决所依据的法律条款(《仲裁法》第 58 条第 1 款第 3 项规定)一一对应,存在逻辑问题。

四、延伸

仲裁送达,是指仲裁过程中,仲裁委员会依照法定或者当事人约定的方式,将仲裁文书、通知和其他材料交付当事人和其他仲裁参与人的行为。[3]仲裁送达是仲裁活动中十分重要的一个环节,其贯穿于立案、庭审、裁决的始终,是当事人与仲裁庭、仲裁机构之间仲裁信息传递的基本方式,关系到仲裁活动的顺利进行和仲裁程序正义的最终实现。[4] 笔者将从仲裁文件送达的适当性和公告送达在仲裁中的必要性两个方面展开论述。

---

〔1〕 相关规定参见 2023 年修正的《民事诉讼法》第 248 条。

〔2〕 参见李娜:《仲裁程序中"隐瞒证据"的认定——兼论对我国仲裁证据披露制度构建的启示》,载《中国应用法学》2021 年第 6 期。

〔3〕 参见刘春梅:《完善制度是解决仲裁送达难题的有效途径——以武汉仲裁委员会送达规定为例》,载《武汉仲裁》2018 年第 1 期。

〔4〕 参见马占军:《商事仲裁公告送达问题研究》,载《深圳大学学报(人文社会科学版)》2010 年第 2 期。

(一)如何判定仲裁文件是否合法送达

1. 司法实践中存在判定标准的类推适用

司法实践中,法院进行司法审查监督时,时常会类推适用《民事诉讼法》中关于送达的规定,由此判断仲裁文件是否合法送达。在(2019)鄂05执异41号一案中,湛江仲裁委员会受理案件,并通过约定的电子送达方式给被申请人送达相关材料,被申请人未提交证据及答辩,仲裁庭缺席审理,最后以电子送达方式向双方当事人进行送达。申请人向宜昌市中级人民法院申请强制执行上述仲裁裁决。宜昌市中级人民法院经审查认为,根据《民事诉讼法》(2017年版)第87条第1款规定,[1]判决书、裁定书、调解书不得采用电子送达的方式进行送达。仲裁一裁终局,裁决书采用电子送达会影响仲裁裁决的公信和权威以及当事人的权利,故仲裁送达方式在法律没有特别规定的前提下,应当参照民事诉讼的送达方式。最终法院认定湛江仲裁委员会采用电子送达方式将裁决书送达给被申请人违反《民事诉讼法》的规定,驳回了申请人的执行申请。

笔者认为,既然双方事前已经协商一致约定电子送达的方式,仲裁庭基于意思自治原则采用电子送达方式向当事人送达仲裁文件,并无不妥,宜昌市中级人民法院以《民事诉讼法》的规定认定仲裁裁决书的送达违法,应属适用法律错误。司法实践中,确有不少法院进行司法审查监督时,类推适用《民事诉讼法》的规定判定仲裁文件送达是否合法。究其原因,是因为我国《仲裁法》对于仲裁具体程序,特别是仲裁送达的规定非常有限,未作出明确规定,这块空白多由各个仲裁机构的仲裁规则进行填补,在不违反《仲裁法》强制性规定的前提下,仲裁规则可对送达进行具体规定,各个仲裁机构对此的规定各有不同,法院在审理此类撤销仲裁裁决案件时,基于统一裁判尺度的考虑往往会类推适用《民事诉讼法》的规定。

---

〔1〕 案件审理时适用2017年版,相关规定参见2023年修正的《民事诉讼法》第90条。

2. 判定仲裁文件是否合法送达的依据应当是仲裁适用的程序法及仲裁规则

在法理层面上，仲裁与诉讼截然不同，仲裁属于民间机构接受当事人让渡权利所采取的争议解决方式，这种意思自治的属性决定了仲裁的送达方式要么由当事人自行约定，要么受仲裁规则约束，法律不再作出强制性规定。

在法律层面上，笔者通过检索现行法律法规发现，《仲裁法司法解释》第20条对该标准给出了答案，根据该规定，《仲裁法》第58条规定的“违反法定程序”，是指违反《仲裁法》规定的仲裁程序和当事人选择的仲裁规则可能影响正确裁决的情形。由此可见，法院判定仲裁文件是否合法送达的依据应当是仲裁适用的程序法及仲裁规则。

在案例层面上，2006年3月3日，最高人民法院在《关于是否承认和执行大韩商事仲裁院仲裁裁决的请示的复函》(〔2005〕民四他字第46号)中明确表示，判定仲裁文件是否适当通知的依据应当是仲裁适用的程序法及仲裁适用的仲裁规则，并指出《中华人民共和国和大韩民国关于民事和商事司法协助的条约》中有关“司法协助的联系途径”和“文字”的规定仅适用于两国司法机关进行司法协助的情形，不适用于仲裁机构或者仲裁庭在仲裁程序中的送达。2012年11月2日，最高人民法院在《关于“昂佛化品”合资有限责任公司申请承认并执行白俄罗斯工商会国际仲裁院仲裁裁决一案的请示的复函》中明确提出，仲裁程序中的送达，应当依照当事人约定或约定适用的仲裁规则确定是否构成适当通知，不应适用《海牙送达公约》或相关司法互助条约的规定。

(二)公告送达是否适用于仲裁活动

根据《民事诉讼法》第95条的规定，公告送达，通常是指对于下落不明或用其他送达方式(包括直接送达、邮寄送达、留置送达等)无法送达的当事人，通过在媒体上刊登或在特定地点张贴公告的方式将案件基本情况示明，待经过一定期限后,视为已送达该当事人。公告送达是民事诉讼的送达方式之一,被广泛使用,然而在仲裁活动中却并非如此,综观国际头部仲裁机构的仲裁规则,如伦敦国际仲裁院、新加坡国际仲裁中心等的仲裁规则均未在仲裁送达中规定公告送达。国内的仲裁机构则各不相同,如中国国际经济贸易仲裁委员会、北京仲裁委员会、深圳国际仲裁院、香港国际仲裁中心等机构未规定公告送达,而是采用"视为送达"的规定,也有不少仲裁机构,如广州仲裁委员会、湛江仲裁委员会等仲裁机构则规定了公告送达。

在我国,仲裁机构关于公告送达的规定基本是以我国《民事诉讼法》相关规定为蓝本。笔者认为,仲裁与诉讼属于不同的争议解决方式,各具特点,从仲裁的保密性和高效性特点来看,公告送达并不适合运用在仲裁活动中。

1. 公告送达有损仲裁的保密性

与诉讼的公开性相比,仲裁的特色之一就是保密性,何为仲裁的保密性?根据《仲裁法》第 40 条规定和仲裁规则可知,仲裁的保密性大致体现在审理不公开进行(当事人要求公开的除外)以及当事人信息不公开两方面。这也正是当事人倾向选择仲裁的原因。许多公司不愿意所涉商业争议为外界知晓,媒体跟踪报道商业争端,可能会对其产生各种不可控的经营风险,如投资人对公司失去信心、商业交易受阻等。特别是对于上市公司来说,商业争端的公开极易引起公司的股价下跌,由此带来的损失往往大于商业争端的赔偿金额。

仲裁中的公告送达通常需要将申请人与被申请人的基本信息、案由、案号、开庭时间和地点、裁决书领取时间等内容公示,尽管与诉讼中的公告送达相比(如诉讼中的公告送达还需要列明起诉要点、判决书主要内容等),仲裁的公告送达已经尽可能减少对案件信息披露的事项以求在公告送达和仲裁保密性之间寻求某种平衡。[1] 笔者认为,这种平衡无异于掩耳盗铃,一旦

〔1〕 参见马占军:《仲裁公告送达问题初探》,载《武汉仲裁》2006 年第 1 期。

采用公告送达，则势必会泄露当事人的信息，哪怕泄露的信息较少，也违背了仲裁的保密性要求，有损仲裁的保密性原则。

2. 公告送达弱化仲裁的高效性

仲裁的高效性向来是其相比于诉讼所具有的优势之一，特别是随着市场竞争越发激烈，对高效的追求成为各家仲裁机构争取案件的重要砝码。

一般而言，仲裁庭在决定启动公告送达之前，已逐一尝试其他送达方式进行送达，耗费了一定的时间，一旦启动公告送达，公告期限少则不到 1 个月，多则数月，将大幅延长案件审理期限，严重降低仲裁的效率。以广州仲裁委员会为例，普通程序的审限为 4 个月，从组庭之次日开始起算，如果采用公告送达方式，公告期限为 60 天，再加上立案到组庭这段时间，意味着案件实际最长要经过 7 个月才能裁决。如此看来，公告送达方式与仲裁的高效性确实难以兼容，大大弱化了仲裁原本的优势。

舍近求远向租住地以外的户籍地送达

许泽杨*

一、撤销仲裁裁决理由的缘起

审理案号:(2019)浙02民特138号

申请人:吴某某

被申请人:某某投资公司

基本案情:

2014年5月20日,某某投资公司与吴某某签订《房屋物业租赁合同》,约定由吴某某向某某投资公司租赁某某厂房一处,租期自2014年5月20日至2016年5月19日,租金每年3万元。2016年5月20日,双方又续签了《厂房租赁合同》,租赁期为5年,租金不变。自2017年4月20日起吴某某便不再向某某投资公司交纳租金,随后某某投资公司分别多次以解除厂房租赁合同通知函和催款函等书面形式,要求吴某某履行合同义务,但吴某某均未予理睬,并长期占用某某投资公司出租的房产,导致双方产生纠纷。后某某投资公司以租赁合同约定的仲裁条款向NB仲裁委员会提起仲裁。NB仲裁委员会于2019年5月16日作出缺席裁决,裁决确认租赁合同解除。且

---

* 许泽杨:西南政法大学法学学士,四川外国语大学英语学士,广东外语外贸大学MBA。现任职广东君言律师事务所主任律师,深圳市南山区第八届人大代表、深圳国际仲裁院仲裁员、广州仲裁委员会仲裁员、东莞仲裁委员会仲裁员、东莞市第三人民法院特邀调解员、深圳市南山区人民政府法律顾问、深圳市宝安区人民政府法律顾问等。

吴某某须向某某投资公司支付租金、违约金等金额。

2019 年 9 月 18 日，吴某某向 NB 市中级人民法院申请撤销 NB 仲裁委员会作出的(2018) Y 仲字第 197 号裁决书。吴某某认为，首先，其作为案外人某某实业公司的法定代表人，在租赁合同上的签名只是履行职务的行为，其并未与某某投资公司签订有关约定仲裁管辖的条款。其次，仲裁委员会的送达程序违法，并未有效送达。NB 仲裁委员会受理案件后，没有通知吴某某，也没有将仲裁申请书、变更仲裁请求申请书副本和仲裁规则、仲裁员名册寄往其合同地址。在规定的期限内，NB 仲裁委员会也未将仲裁庭的组成情况和开庭日期书面通知吴某某，而是寄往吴某某户籍地，除其第一次无法证明非本人签收外，此后均无人签收，最终致使吴某某被法院执行时才得知该仲裁裁决。

二、法院的处理结果

NB 市中级人民法院认为，本案焦点包括两个。(1)关于是否存在有效仲裁协议的问题，某某投资公司申请仲裁时，提交了该公司与吴某某签订的《厂房租赁合同》，该合同第 14.3 条约定的仲裁条款系吴某某与该公司的真实意思表示，符合《仲裁法》第 16 条的规定，属于有效的仲裁协议，不存在未约定有效仲裁协议的撤销仲裁裁决理由。(2)关于 NB 仲裁委员会是否未有效送达导致仲裁程序违法的问题，本案系租赁厂房腾退纠纷，吴某某的租住地与某某投资公司在同一栋楼内，在租赁合同中已明确为吴某某的工作、生活和经常居住地，某某投资公司对此已知情，且某某投资公司此前寄送的催款函亦寄往吴某某租住厂房地址并被成功签收。NB 仲裁委员会以吴某某户籍地为送达地址，第一次寄送的文书虽显示“已签收”，但没有证据表明由吴某某本人签收。NB 仲裁委员会此后的各次送达继续以该户籍地为送达地址，均无人签收，故本案送达不符合《NB 仲裁委员会仲裁规则》第 97 条第 1 款“除非当事人另有约定，有关仲裁的文书、通知、材料等均可以当面送达或以邮寄、专递、传真、电传、电报或本委办公室认为适当的其他方式发送给当事人”的规定,也不适用《NB 仲裁委员会仲裁规则》第 97 条第 3 款“本委将仲裁文书第一次以上述邮寄方式送达当事人成功的,在之后的程序中邮寄同一地址无人签收或者拒绝签收的,即视为送达”的规定,故不能将后续继续往该地址邮寄相关法律文书但被拒收的行为视为有效送达。

综上所述,因本案存在《仲裁法》第 58 条第 1 款第 3 项规定的“仲裁庭的组成或者仲裁的程序违反法定程序”情形,仲裁裁决应予以撤销。

三、评析

关于本案中所涉及的送达问题,在《仲裁法》以及《仲裁法司法解释》中并未有详细的规定,送达程序的规定仍是以各地的仲裁规则为准。因此,关于送达问题是否存在违反法定程序事由的认定,必须依赖具体的仲裁规则来判断。例如,《NB 仲裁委员会仲裁规则》第 97 条第 2 款关于送达的规定,就明确“当事人在合同中明确约定了仲裁法律文书送达地址的,本委办公室以邮寄或能提供投递记录的其他任何手段向当事人事先约定的仲裁法律文书送达地址投递的,即视为送达”。故合同纠纷中,如当事人事先明确约定仲裁法律文书送达地址的,可以向该地址进行送达。在该条文中,规定只需通过邮寄或能提供投递记录的方式向该地址进行投递即完成了有效送达程序,并未要求必须要有当事人本人签收。

又如,在广东省广州市中级人民法院作出的(2021)粤 01 民特 1837 号民事裁定书中,法院便以双方当事人已约定了明确的仲裁法律文书送达地址,认定该仲裁文书的送达程序有效。该案中,申请人主张仲裁的程序违反法定程序。(1)仲裁开庭通知及证据资料未送达申请人,申请人在仲裁庭审当天才收到开庭通知,没有准备时间,合法权益未得到充分保障。《广州仲裁委员会仲裁规则》第 69 条第 1 款载明,“仲裁庭应当于首次开庭审理五日前将开庭时间和地点通知当事人。当事人一致同意的,仲裁庭可以提前开庭”。(2)案涉仲裁裁决送达延迟。案涉仲裁裁决于 2021 年 6 月 30 日作出,申请人在 2021 年 12 月 6 日才得知情况,后亲自到广州仲裁委员会询问领取裁决书,缺乏合理时间对裁决事项进行确认,更未能留存合理时间就裁决生效内容中的错误事项主张权利,给申请人造成更大损失。而法院最终认为,《仲裁法司法解释》第 20 条规定,《仲裁法》第 58 条规定的“违反法定程序”,是指违反仲裁法规定的仲裁程序和当事人选择的仲裁规则可能影响案件正确裁决的情形。本案中,当事人在纠纷发生之前已明确约定了买卖双方的送达地址,同时合同第 10 条也明确约定了送达条款:“广州仲裁委员会向合同约定地址以邮寄方式寄出法律文书的第五日,即使出现拒收、无人接收等情形,均视为有效送达。”广州仲裁委员会按照合同约定向该地址进行邮寄送达,同时也以短信方式向申请人发出开庭时间等案件信息通知。依据《广州仲裁委员会仲裁规则》第 57 条第 3 款的规定,当事人未向本会确认自己的送达地址的,以合同中约定的送达地址送达。仲裁文书邮寄至该地址的,即为送达。广州仲裁委员会案涉仲裁送达程序符合上述规定,申请人以其未收到仲裁材料为由主张仲裁程序违反法定程序的理由不能成立,法院未予支持。

这与《关于进一步加强民事送达工作的若干意见》中第 8 条“当事人拒绝确认送达地址或以拒绝应诉、拒接电话、避而不见送达人员、搬离原住所等躲避、规避送达,人民法院不能或无法要求其确认送达地址的,可以分别以下列情形处理:(一)当事人在诉讼所涉及的合同,往来函件中对送达地址有明确约定的,以约定的地址为送达地址;(二)没有约定的,以当事人在诉讼中提交的书面材料中载明的自己的地址为送达地址……”的立法本意大抵相同。

再如,最高人民法院再审案例(2019)最高法民申 1000 号案件中,申请人以法院未依法送达,违反有关送达的法律规定,致使其在不知情的情况下被缺席判决,严重损害其合法权益为由提请再审。最终法院认为,因申请人在与对方签订的《委托贷款质押合同》中已明确约定了自己的送达地址,同时约定了送达方式为以邮政信函递交的,寄出后满 7 日视为送达。一审法院在不能或无法要求申请人确认送达地址的情况下,按合同约定地址向申请人寄送诉讼文书的,应视为有效送达。而申请人出现未签收或拒收的情况,应视为其对自身权利义务的处分,故需自行承担不利后果。

在本案中还涉及另一问题,即仅送往当事人的户籍地时,在当事人未签收或者在无证据证明文件由本人签收的情况下,仲裁委员会是否应采取其他手段进行送达。《NB 仲裁委员会仲裁规则》第 97 条第 5 款规定,"本条规定的其他方式无法送达的,公告送达。自发出公告之日起,经过三十日,即视为送达"。仲裁委员会在既未按合同约定地址送达,也未采取留置送达的情况下,仅送往户籍地无人签收时,并不能直接推定为有效送达,而应采用公告送达的方式,否则,该送达程序违法。

综上所述,关于仲裁有效送达的程序,还应依据具体的仲裁规则具体分析。

四、延伸

仲裁是商事贸易活动中常见的争议解决机制,是商业活动主体基于双方或者多方的约定,自愿将争议交由第三方按照商业惯例或者商业习惯进行公断的一种非诉讼纠纷解决机制。在这种机制下,当事人可以享有最大限度的自主权,其意思自治可以得到充分的保障和发挥。同时又因为其既灵活又便捷,可以避免较多烦琐环节,所以可以达到及时快速解决争议的效果。正因如此,为了保障仲裁机制的高效性、公正性、一裁终局等特点,仲裁委员会应审慎把握仲裁程序。

作为仲裁程序的关键环节,仲裁送达的含义是指仲裁机构按照法定方式和程序,将仲裁文书送交至对方当事人或者其他仲裁参与人的行为。仲裁送达在商事仲裁程序中扮演着重要角色,一方面,仲裁送达的有效性直接关乎当事人参与仲裁的权利,有效的送达是保障仲裁程序正义的重要一环,对于保障当事人的利益必不可缺;另一方面,有效的送达对于仲裁的结果也至关重要。所以,它不仅决定着仲裁程序能否顺利进行,更关系到当事人程序权利和实体权利的实现。

笔者已在前文具体论述了合同明确约定仲裁文书的送达地址，在无人签收的情况下可视为送达的情形。那么，如合同中虽约定送达地址但却未将其明确约定为仲裁文书的送达地址，或合同只约定为联系地址但并未约定为送达地址的，是否也适用于上述情况。据此，笔者进行了以下两个方面分析。

（一）关于合同约定送达地址但未明确为仲裁文书的送达地址，在无法直接送达时，是否视为有效送达的问题

笔者认为，如已提前在合同中对送达地址的约定有准确清晰的表述，是可以按照合同的约定进行仲裁送达的。理由如下：（1）基于当事人意思自治的原则，该送达是合同各方对自己权利的处分，无违反法律法规强制性的规定即可。合同中的约定送达与仲裁程序的送达本质上起到的法律效果是一致的，目的都是通知对方当事人，是各方当事人对送达的认可，不应做区别对待。（2）合同中的送达约定是对等的，各方当事人均须遵守。在纠纷未产生之前，没有任意一方可以预测到自己在未来可能扮演的角色，既有可能是申请人，也有可能是被申请人，故双方均是按照该约定进行送达，符合公平原则。（3）承认送达约定有利于仲裁的高效运行。仲裁程序为大多数商业纠纷所选择，一个重要的原因就在于其高效性。仲裁程序相较于诉讼程序减少了一些烦琐的流程，同时，其仲裁审限较于诉讼程序也更短。因此承认合同送达的约定更有利于维护其高效的优势。

在司法实践中也认可这一观点。例如，山东省济南市中级人民法院在其作出的（2021）鲁01民特275号裁定书中认为，合同的送达约定可适用于仲裁送达。本案中，申请人主张济南仲裁委员会作出的（2020）济仲裁字第0389号裁决书程序违法，其未收到任何书面仲裁资料，未收到电子邮件通知，也未接到电话通知，仲裁委员会同时未经过公告送达程序，草率作出裁决书，程序违法，应予以撤销。法院认为，《仲裁裁决执行规定》第14条第2款规定："当事人主张未按照仲裁法或仲裁规则规定的方式送达法律文书导

致其未能参与仲裁,或者仲裁员根据仲裁法或仲裁规则的规定应当回避而未回避,可能影响公正裁决,经审查属实的,人民法院应当支持;仲裁庭按照仲裁法或仲裁规则以及当事人约定的方式送达仲裁法律文书,当事人主张不符合民事诉讼法有关送达规定的,人民法院不予支持。”在仲裁审理过程中,仲裁庭先后两次根据案涉合同约定的地址和联系电话向申请人邮寄送达了相关法律文书,后仲裁庭向该地址进行了直接送达,均未送达成功。上述送达地址是案涉合同载明的申请人确认的地址,联系电话也是合同载明的联系方式,在申请人变更地址未按照合同约定告知被申请人的情况下,上述地址仍应视为双方就案涉合同履行约定的送达地址及联系方式,仲裁庭据此进行了邮寄送达和直接送达。《济南仲裁委员会仲裁规则》第 78 条规定:“当事人拒绝确认送达地址(包括本会能通过电话方式取得联系,其在本会电话通知后,拒不领取仲裁文书,也不提供准确送达地址的)或者以拒绝仲裁、拒接电话等方式躲避、规避送达,本会不能或无法要求其确认送达地址的,可以分别以下列情形处理:(一)当事人在仲裁所涉及的合同、往来函件中对送达地址有明确约定的,以约定的地址为送达地址;(二)没有约定的,以当事人在仲裁中提交的其他书面材料中载明的自己的地址为送达地址;(三)没有约定、当事人也未提交书面材料或者书面材料中未载明地址的,当事人为企业等市场主体的,以其在各级企业登记机关办理设立、变更等登记业务时承诺确认的接收法律文书的地址为送达地址;(四)无以上情形的,以当事人一年内进行其他诉讼、仲裁案件中提供的地址为送达地址;(五)当事人一年内无其他诉讼、仲裁案件的,以其一年内进行民事活动时经常使用的地址为送达地址。依上述规定仍无法确认送达地址的,自然人以其户籍登记的住所或者在经常居住地登记的住址为送达地址,法人或其他组织以其工商登记或其他依法登记、备案的住所地为送达地址。本会按照上述地址进行送达的,同时以电话、短信等方式通知受送达人。有关仲裁的文书、通知、材料等送达至上述送达地址,视为已经送达。申请人未确认送达地址且本会无法联系申请人的,视为申请人撤回其仲裁申请。被申请人为自然人的，经本会催告后申请人未在规定的期间提供被申请人合法有效的户籍查询资料，而导致无法送达的，视为申请人撤回其仲裁申请。”仲裁庭的做法符合该条的规定，故不属于程序违法。在上述案件中，仲裁委员会已根据仲裁规则的规定，认定当事人在仲裁所涉及的合同、往来函件中对送达地址有明确约定的，以约定的地址为送达地址，因此确认其同时也为仲裁程序的送达地址。

（二）关于合同只注明地址但未约定送达地址，在无法直接送达时，是否视为有效送达的问题

当事人在签订合同时，通常会写明双方的联系地址和联系方式，但如果合同中没有特别约定送达地址，在一方提请仲裁程序时，仲裁委员会是否可以直接将联系地址作为仲裁文书的送达地址向其他签约方进行送达，目前仍存在争议。另外，签订合同的一方当事人存在地址变动但又没有及时地通知其他签约当事人的可能性；如果不对合同中载明的地址进行特殊说明，明确其为合同当事人的送达地址，在后续处理问题时可能会在各方当事人之间产生歧义。[1] 也有观点认为，即使没有注明为送达地址，但因双方之间存在基础的商事合同，若一方地址变更，另一方有权要求其在第一时间内向自己通知。这不仅是为了在仲裁程序中及时送达文书，即使不发生争议，基于双方合作的商事合同，为了商事交易活动的顺利进行，双方也应该负有友好告知的义务。若不及时告知，另一方就极有可能在争议产生之后收不到仲裁相关的文件而使自己承担责任。

在启动仲裁程序后，被申请人地址不明或者住址变更后并未告知申请人，所产生的责任还并不能直接归被申请人承担，此时就涉及申请人的“合理查询”义务。仍然以仲裁通知的送达为例，根据“谁主张，谁举证”原则，被送达人的地址应当是由申请人提供的，仲裁机构并没有主动去查询被送达

---

〔1〕 参见四川律师：《如何定制仲裁条款——送达条款》，载华商无讼仲裁研究中心网 2021 年 3 月 5 日，http://www.scfxls.com/2021/lswj_0305/3176.html。

人地址的义务。因此,若被送达人地址不明而使被送达文件退回,此时应当由申请人负责查询。[1] 因此,若该地址邮寄后无法签收,那仍需要申请人另寻渠道查询,或者由仲裁委员会根据仲裁规则采用其他方式送达。故笔者认为即使合同中注明了地址,但如果未明确该地址为当事人的送达地址,那也可能造成送达的瑕疵进而产生程序违法的风险。

---

〔1〕 参见郝玉洁:《国际商事仲裁中的送达制度研究》,中国政法大学 2010 年硕士学位论文,第 21 页。

邮件被他人签收而没有证据证明当事人收到开庭的书面通知

黄大成[*]

一、撤销仲裁裁决理由的缘起

【案例一】

审理案号：(2019)鲁10民特4号

申请人(仲裁被申请人)：周某某

被申请人(仲裁申请人)：某某小贷公司

基本案情：

2016年8月17日，某某小贷公司与某某公司签订《借款合同》，约定某某公司向某某小贷公司借款300万元，年利率24%，期限30日，并与周某某、李某等分别签订《保证合同》，周某某、李某等为B公司的借款提供连带责任保证担保。借款到期后，B公司未偿还借款本息，保证人亦未承担保证责任。2018年2月5日，某某小贷公司向WH仲裁委员会申请仲裁。

WH仲裁委员会受理某某小贷公司的仲裁申请后，向周某某及其他仲裁被申请人邮寄了仲裁申请书副本、开庭通知等文书，快递单中填写的手机号

---

[*] 黄大成：广东银华律师事务所合伙人律师，毕业于西北政法大学，最高人民法院第一巡回法庭受聘值班志愿律师，担任深圳市福田区人民法院特邀调解员，湛江国际仲裁院仲裁员，深圳市律师协会商事仲裁法律专业委员会委员，深圳市律师协会规章制度委员会委员。

码均为B公司的法定代表人李某(系保证人之一)的手机号码,该号码曾由李某提供给某某小贷公司,并由某某小贷公司负责该业务的人员填写在涉案《保证合同》中保证人"电话"一栏。李某接到快递派送人员的电话后让快递派送人员将邮件都送到某某公司,邮件被某某公司办公室工作人员签收。周某某及其他保证人均未参加仲裁庭审。

2018年9月12日,WH仲裁委员会作出(2018)W仲字第1012号裁决书,裁决:(1)某某公司于裁决生效后10日内向某某小贷公司偿还借款本金300万元,截至2018年2月5日的逾期利息为645,500元,并以300万元为本金按照年利率24%支付自2018年2月6日至实际履行之日止的逾期利息;(2)某某公司于裁决生效之日起10日支付保全费5000元、保全担保费10,936.5元;(3)仲裁费25,606元,由某某公司承担。因申请人申请仲裁时已全部预交,B公司应于裁决生效之日起10日内向某某小贷公司支付25,606元;(4)周某某、李某对B公司的上述(1)(2)(3)项裁决内容承担连带清偿责任。

后周某某不服仲裁裁决,向WH市中级人民法院申请撤销该仲裁裁决。周某某的主要理由为:其从未收到WH仲裁委员会关于仲裁立案、仲裁庭组成、开庭通知等文书,在其对仲裁案件不知情的情况下,WH仲裁委员会作出裁决,违反了法定程序,侵犯了其合法权益。某某小贷公司答辩主要理由为:WH仲裁委员会向周某某邮寄送达相关文书是根据周某某在《保证合同》中所留地址进行邮寄送达的,不存在送达不到的情形;即使送达过程存在瑕疵,也不影响周某某对担保的债务承担保证责任,不属于《仲裁法司法解释》规定的"可能影响案件正确裁决的情形",不属于《仲裁法》第58条规定的可以撤销仲裁裁决的情形。

【案例二】

审理案号:(2015)深中法涉外仲字第295号

申请人(仲裁被申请人):陈某某

被申请人(仲裁申请人):施某某

基本案情：

某某公司向施某某借款，陈某某为该公司的借款提供连带责任保证担保。借款到期后，该公司未偿还借款本息，保证人亦未承担保证责任。2015年3月13日，施某某向HN国际经济贸易仲裁委员会申请仲裁。

HN国际经济贸易仲裁委员会受理施某某的仲裁申请后，向陈某某及其他仲裁被申请人邮寄了仲裁申请书副本、开庭通知等文书，但仲裁通知邮件被退回的原因为“拒收”“无人签收邮件，找不到收件人”。仲裁庭让仲裁申请人施某某提供其他送达地址，但施某某回复：“我们查过他（陈某某）的户口，但是不在这里。”陈某某未参加仲裁庭审。

2015年7月20日，HN国际经济贸易仲裁委员会作出HN国仲深裁（2015）D393号裁决，裁决：（1）某某公司承担还款责任；（2）陈某某对某某公司的债务承担连带清偿责任。

后陈某某向SZ市中级人民法院申请撤销该仲裁裁决。陈某某的主要理由为，（1）HN国际经济贸易仲裁委员会在施某某未提供陈某某合法身份证信息而无法查明仲裁申请书中住所地址是否有效情形下，作出受理仲裁的决定是错误的，违反了《仲裁法》和《HN国际经济贸易仲裁委员会仲裁规则》的相关规定。即使仲裁庭在已查明施某某未提供陈某某身份证复印件情形下，只听信施某某一面之词“我们查过他（陈某某）的户口，但是不在这里”，而未进一步查明陈某某的户籍地或要求施某某依法调取陈某某在SZ的居住信息，但事实上施某某所谓户籍地不在SZ的陈述与事实不符，由此造成送达错误。（2）仲裁程序中，仲裁庭按照某某地址送达存在错误，违反仲裁规则的规定。仲裁程序送达规则遵循穷尽地址原则，但仲裁庭不但未向陈某某的户籍住所地送达，也从未电话通知陈某某，反而仅仅依据施某某提供的错误地址送达，导致陈某某未接收到任何仲裁资料，完全剥夺了陈某某参与仲裁的权利。

【案例三】

审理案号：（2003）海商初字第469号

申请人(仲裁被申请人):D公司

被申请人(仲裁申请人):E公司

基本案情:

2002年11月29日,E公司因与D公司产生轮船租金纠纷,向中国HS仲裁委员会申请仲裁。

中国HS仲裁委员会受理E公司的仲裁申请后,根据《中国HS仲裁委员会仲裁规则》将仲裁通知等文件以特快专递方式向被申请人公司进行送达,因"迁移新址不明"被邮政部门退回。仲裁委员会秘书处遂致函E公司请其核查D公司的地址,但E公司未提供。仲裁委员会根据2000年修订的《中国HS仲裁委员会仲裁规则》第81条"向当事人或其代理人发送的任何书面通讯,如经当面递交收讯一人或投递至收讯人的营业地点、惯常住所或通讯地址,或者经合理查询不能找到上述任一地点而以挂号信或能提供作过投递企图的记录的其他任何手段投递给收讯人最后一个为人所知的营业地点、惯常住所或通讯地址,即应视为已经送达"的规定,[1]委托某某律师事务所宋某某律师向D公司再次送达仲裁通知及附件材料。此后该案所有仲裁文件(包括裁决书)均通过宋某某律师以平信方式向D公司寄送。由于各当事人未在规定期间共同选定或共同委托仲裁委员会主任指定一名独任仲裁员,根据仲裁规则,仲裁委员会主任指定一名独任仲裁员组成仲裁庭,仲裁庭对该案进行了书面审理并作出裁决,第一、第二被申请人承担连带付款责任。

后D公司向TJ海事法院申请撤销该仲裁裁决。D公司的主要理由为,申请人对仲裁委员会关于"M"轮租金案的整个裁决过程毫不知情。申请人在仲裁案中为第二被申请人,在该案整个仲裁裁决过程中,申请人从未收到任何仲裁委员会的仲裁文件。申请人直到YS县人民法院执行庭携带执行通知书和(2003)H仲裁字第002号裁决书,执行申请人的财产时方知其涉

---

[1] 现行有效的为2021年修订版本,该条已删除。

及所谓的“M”轮租金仲裁一案。在整个仲裁过程中,申请人没有收到任何指定仲裁员或进行仲裁程序的通知,申请人未能陈述意见。在撤销仲裁裁决案件审理程序中,被申请人E公司答辩的主要理由:仲裁委员会的仲裁完全符合仲裁程序,适用法律得当,请求依法驳回申请人的请求,维持仲裁委员会的仲裁裁决。

二、法院的处理结果

【案例一】 WH市中级人民法院裁定撤销WH仲裁委员会(2018)W仲字第1012号裁决。

WH市中级人民法院支持撤销裁决的主要理由为,《仲裁法》第25条第1款规定:“仲裁委员会受理仲裁申请后,应当在仲裁规则规定的期限内将仲裁规则和仲裁员名册送达申请人,并将仲裁申请书副本和仲裁规则、仲裁员名册送达被申请人。”第41条规定:“仲裁委员会应当在仲裁规则规定的期限内将开庭日期通知双方当事人。当事人有正当理由的,可以在仲裁规则规定的期限内请求延期开庭。是否延期,由仲裁庭决定。”第42条规定:“申请人经书面通知,无正当理由不到庭或者未经仲裁庭许可中途退庭的,可以视为撤回仲裁申请。被申请人经书面通知,无正当理由不到庭或者未经仲裁庭许可中途退庭的,可以缺席裁决。”本案中,虽然WH仲裁委员会向周某某邮寄送达仲裁申请书副本、开庭通知等文书,但邮件未被送至周某某的住所地,而被他人签收,现没有证据证明周某某本人收到了WH仲裁委员会开庭的书面通知,WH仲裁委员会缺席裁决不符合法律规定,违反了法定程序。

【案例二】 SZ市中级人民法院裁定驳回申请人陈某某撤销HN国际经济贸易仲裁委员会HN国仲深裁(2015)D393号裁决的申请。

SZ市中级人民法院不予撤销裁决的主要理由为,涉案裁决为国内仲裁裁决,法院依据《仲裁法》第58条的规定对陈某某的撤销仲裁裁决申请理由进行审查。陈某某主张HN国际经济贸易仲裁委员会违反法定程序的理由是送达地址错误、送达方式违反仲裁规则规定。首先,仲裁规则第5条第3

款规定，“向当事人或者其代理人发送的仲裁文书、通知、材料等，如经当面送交受送达人或者邮寄至受送达人或者他方当事人提供的受送达人的营业地、注册地、住所地、惯常居住地或者其他通讯地址，即视为已经送达。经合理查询不能找到上述任一地点而以邮寄的方式或者能提供投递记录的其他任何方式投递给受送达人最后一个为人所知的营业地、注册地、住所地、惯常居住地或者通讯地址，即视为已经送达”。故 HN 国际经济贸易仲裁委员会根据施某某提供的地址向陈某某邮寄送达仲裁文书、通知、材料，没有违反仲裁规则的规定。其次，《仲裁法司法解释》第 20 条规定，“仲裁法第五十八条规定的‘违反法定程序’，是指违反仲裁法规定的仲裁程序和当事人选择的仲裁规则可能影响案件正确裁决的情形”。即使 HN 国际经济贸易仲裁委员会的送达程序有瑕疵，但陈某某未举证证明 HN 国际经济贸易仲裁委员会的送达程序存在可能影响案件正确裁决的情形，因此，陈某某以 HN 国际经济贸易仲裁委员会违反法定程序为由申请撤销 HN 国仲深裁（2015）D393 号裁决，没有事实和法律依据，法院不予支持。

【案例三】 TJ 海事法院裁定撤销 HS 仲裁委员会作出的（2003）H 仲字第 002 号仲裁裁决。

TJ 海事法院支持撤销裁决主要理由为，仲裁委员会先以特快专递形式向 D 公司送达，送达地址是 D 公司的原住所地哈尔滨市珠江路××号，而当时其已在工商行政主管机关将住所变更为哈尔滨市开发区嵩山路××号，仲裁委员会在送达仲裁文件的特快专递被邮政部门以“迁移新址不明”退回的情况下，仍委托送达人按原地址进行送达，而未采取向当地工商行政主管机关查询这一最通常的合理查询的方法。因此本案仲裁文件的送达不符合《HS 仲裁委员会仲裁规则》第 81 条“向当事人或其代理人发送的任何书面通讯，如经当面递交收讯人或投递至收讯人的营业地点、惯常住所或通讯地址，或者经合理查询不能找到上述任一地点而以挂号信或能提供作过投递企图的记录的其他任何手段投递给收讯人最后一个为人所知的营业地点、惯常住所或通讯地址，应视为已经送达”的规定，不能视为已经送达。仲裁委员会的仲裁裁决是在本案申请人没有得到指定仲裁员和进入仲裁程序通知的情况下作出的，属于不应由本案申请人负责的原因未能陈述意见的情况，符合《民事诉讼法》(1991 年)第 260 条第 1 款规定的情形，[1]本案申请人的该项撤销仲裁裁决的理由成立。

三、评析

以上三个案例，时间跨度从 2003 年到 2019 年，地域跨度从北到南，案例一的撤销仲裁裁决程序时间在 2018 年 2 月 23 日即最高人民法院《仲裁裁决执行规定》公布后，案例二发生在 2006 年 9 月 8 日即最高人民法院《仲裁法司法解释》(2006 年)实施后，案例三发生在该司法解释实施之前。三个案例都存在一个相似事实：仲裁庭在被申请人未收到仲裁通知的情形下作出缺席裁决，只是收到仲裁通知的原因略有不同，案例一中的原因是仲裁通知虽按照《保证合同》中所留地址邮寄送达，但不是被申请人本人签收；案例二中的原因是仲裁通知按照仲裁申请人提供的地址送达后未被签收，且没有送达被申请人的身份证户籍地址。案例三中的原因是仲裁通知按照仲裁申请人提供的地址送达后未被签收，且没有送达被申请人的公司注册地址。

然而，三个案例结果不尽相同。其中案例一、案例三都被法院以仲裁通知没有有效送达违反法定程序为由裁定撤销仲裁裁决，案例二被法院以仲裁通知送达没有违反仲裁规则，且即使仲裁通知送达存在瑕疵但申请人未举证证明送达程序瑕疵存在可能影响案件正确裁决的情形为由不予支持撤销。

笔者仔细分析了法院的评判理由，三个案例适用的法律各不相同，也由此造成了结果不尽相同。

案例一、案例三中法院直接适用《仲裁法》第 58 条第 1 款第 3 项规定："仲裁庭的组成或者仲裁的程序违反法定程序的。"裁判文书中没有适用《仲

---

〔1〕 相关规定参见 2023 年修正的《民事诉讼法》第 291 条。

裁法司法解释》第 20 条“仲裁法第五十八条规定的‘违反法定程序’,是指违反仲裁法规定的仲裁程序和当事人选择的仲裁规则可能影响案件正确裁决的情形”的规定。当然,由于案例三中撤销仲裁裁决审查程序发生时最高人民法院发布的《仲裁法司法解释》尚未实施,当时《仲裁法》第 58 条是撤销仲裁裁决审查的唯一法定依据。

案例二中法院直接适用《仲裁法司法解释》第 20 条规定和仲裁规则进行司法审查。在裁判理由中法院认为申请人有举证证明送达程序瑕疵存在可能影响案件正确裁决情形的责任。

四、延伸

通过分析以上三个案情近似但结果不尽相同的案例,引发了笔者对仲裁送达程序违法司法审查范围、仲裁庭对被申请人送达地址的审查标准、律师代理撤销仲裁裁决案件的方案制定的深入思考。

(一)仲裁送达程序违法司法审查范围

目前,涉及仲裁送达程序违法的司法审查法律依据主要集中在以下三个法律规定。

(1)《仲裁法》第 58 条第 1 款第 3 项规定:仲裁庭的组成或者仲裁的程序违反法定程序的。

(2)《仲裁法司法解释》第 20 条规定:“仲裁法第五十八条规定的‘违反法定程序’,是指违反仲裁法规定的仲裁程序和当事人选择的仲裁规则可能影响案件正确裁决的情形。”

(3)《仲裁裁决执行规定》第 14 条规定(虽然该条属于申请不予执行仲裁裁决司法审查程序中的规定,但由于该规定进一步细化了违反法定程序的标准,在司法实践中,笔者已见到有法院在审理撤销仲裁裁决案件时参考适用该规定):违反仲裁法规定的仲裁程序、当事人选择的仲裁规则或者当事人对仲裁程序的特别约定,可能影响案件公正裁决,经人民法院审查属实的,应当认定为《民事诉讼法》(2017 年)第 237 条第 2 款第 3 项规定[1]的"仲裁庭的组成或者仲裁的程序违反法定程序"的情形。当事人主张未按照《仲裁法》或仲裁规则规定的方式送达法律文书导致其未能参与仲裁,或者仲裁员根据《仲裁法》或仲裁规则的规定应当回避而未回避,可能影响公正裁决,经审查属实的,法院应当支持;仲裁庭按照《仲裁法》或仲裁规则以及当事人约定的方式送达仲裁法律文书,当事人主张不符合《民事诉讼法》有关送达规定的,法院不予支持。适用的仲裁程序或仲裁规则经特别提示,当事人知道或者应当知道法定仲裁程序或选择的仲裁规则未被遵守,但仍然参加或者继续参加仲裁程序且未提出异议,在仲裁裁决作出之后以违反法定程序为由申请不予执行仲裁裁决的,人民法院不予支持。

从以上三个规定可以看出,最高人民法院通过司法解释的形式,将《仲裁法》第 58 条规定的"违反法定程序"进行了不断细化,既体现了法院通过仲裁司法审查的监督,又严格了"违反法定程序"的标准,以此维护仲裁一裁终局的效率。

通过最高人民法院《仲裁法司法解释》第 20 条的规定,严格了"违反法定程序"中"法"的范围,将此处的"法"限定为《仲裁法》和仲裁裁决适用的仲裁规则。所以,《仲裁法》第 58 条第 1 款第 3 项规定的仲裁庭的组成或者仲裁程序违反法定程序,不应当包括《民事诉讼法》未明确适用于仲裁程序的规定。[2]

又因作为多元化解决纠纷途径之一的仲裁的最大特点就是当事人的意定性,当事人可以自由约定仲裁条款、所适用的仲裁规则、适用的法律、仲裁地、仲裁使用的语言等不违反《仲裁法》中强制性条款的要素。故此,仲裁裁决适用的仲裁规则(含当事人对仲裁程序的特别约定)自然属于该条中"法"的范畴。

---

[1] 相关规定参见 2023 年修正的《民事诉讼法》第 248 条。

[2] 参见万鄂湘等主编,最高人民法院研究室、最高人民法院民事审判第四庭编著:《最高人民法院仲裁法司法解释的理解与适用》(第 2 版),人民法院出版社 2015 年版,第 175 页。

上述规定明确了在对仲裁送达程序违法的司法审查中适用法律的范围,那么是否意味着违反法定程序必然导致撤销仲裁裁决?司法审查范围是否涉及案件实体问题?对此,存在两种截然不同的观点。[1] 最高人民法院在制定司法解释时,基于仲裁程序效率、公正的核心价值,采纳了违反法定程序且"可能影响案件正确裁决"的双重审查标准。这个双重审查标准,在前述案例二中得到完全体现和适用。

但是,最高人民法院《仲裁法司法解释》第 20 条中的双重审查标准,会不会引发申请人对"可能影响案件正确裁决"负担过高的举证责任?会不会导致被申请人答辩权、选择仲裁员等保障仲裁最低正当程序要求的权利落空?会不会导致法院撤销仲裁裁决案件司法审查程序陷入对仲裁案件实体问题和裁决结果的纠缠?笔者认为,该条更多的是从程序正义和仲裁效率角度规定"可能影响案件正确裁决",不能对申请人分配过高的举证责任,尤其是落入对仲裁案件实体问题的举证,否则,将导致仲裁最低正当程序这一基本要求无法实现。因为,一个最基本的道理为:程序正义是实现实体公正的基本前提。试想如果仲裁庭没有依法送达相关材料文书,必然导致被申请人无法参加庭审,自然也相当于剥夺了被申请人的答辩权、选择仲裁员、申请回避等基本的权利,在这种仲裁被申请人未参加、不知情、无法举证答辩的情形下作出的裁决,其结果的公正性会受到质疑。如果对申请人分配过高的实体公正举证责任,对申请人而言是不公平的,对提高仲裁公信力而言也是不利的。"具体而言,此处所讲'可能影响案件正确裁决的'主要包括以下情形:1. 违反了《仲裁法》的强制性固定的。如《仲裁法》第 31 条、第 32 条、第 33 条关于仲裁员的选任程序的规定。2. 违反了当事人约定的仲裁程序,且严重影响仲裁当事人的权利。3. 违反了其他仲裁程序,且实质性影响

---

〔1〕 参见万鄂湘等主编,最高人民法院研究室、最高人民法院民事审判第四庭编著:《最高人民法院仲裁法司法解释的理解与适用》(第 2 版),人民法院出版社 2015 年版,第 177 页。

到仲裁裁决公正的。”[1]这个问题也在《仲裁裁决执行规定》第 14 条第 2 款中得以细化完善：“当事人主张未按照仲裁法或仲裁规则规定的方式送达法律文书导致其未能参与仲裁，或者仲裁员根据仲裁法或仲裁规则的规定应当回避而未回避，可能影响公正裁决，经审查属实的，人民法院应当支持。”

（二）仲裁庭对被申请人送达地址的审查标准

《仲裁法》及其相应司法解释对仲裁程序中的送达地址并无具体规定，《仲裁裁决执行规定》第 14 条第 2 款又进一步规定：“仲裁庭按照仲裁法或仲裁规则以及当事人约定的方式送达仲裁法律文书，当事人主张不符合民事诉讼法有关送达规定的，人民法院不予支持。”由此说明，仲裁送达规则并不适用《民事诉讼法》具体规定的送达规则。

那么，对仲裁送达规则的具体规定都在各个仲裁委员会的仲裁规则中予以体现。笔者对比了现行有效的关于送达的具体规定，例如，《中国国际经济贸易仲裁委员会仲裁规则》第 8 条“送达及期限”规定：“（一）有关仲裁的一切文书、通知、材料（以下简称‘仲裁文件’）等均可采用当面递交、挂号信、特快专递、传真及其他任何能提供投递记录的通讯手段，或仲裁委员会仲裁院或仲裁庭认为适当的其他方式发送。电子方式送达包括向当事人约定/指定的电子邮箱、其他电子通讯地址，以及经由仲裁委员会信息化存储系统、各方可无障碍存取的信息系统等以电子形式送达仲裁文件。（二）仲裁文件可优先采用电子方式送达。（三）仲裁文件应发送当事人或其仲裁代理人自行提供的或当事人约定的地址，当事人或其仲裁代理人没有提供地址或当事人对地址没有约定的，按照对方当事人或其仲裁代理人提供的地址发送。（四）向一方当事人或其仲裁代理人发送的仲裁文件，如经当面递交收件人或发送至收件人的营业地、注册地、住所地、惯常居住地或通讯地址，或经对方当事人合理查询不能找到上述任一地点，仲裁委员会仲裁院以

---

[1] 万鄂湘等主编，最高人民法院研究室、最高人民法院民事审判第四庭编著：《最高人民法院仲裁法司法解释的理解与适用》（第 2 版），人民法院出版社 2015 年版，第 179 页。

挂号信或特快专递或能提供投递记录的包括公证送达、委托送达和留置送达在内的其他任何手段投递给收件人最后一个为人所知的营业地、注册地、住所地、惯常居住地或通讯地址，即视为有效送达。（五）本规则所规定的期限，应自当事人收到或应当收到仲裁委员会仲裁院向其发送的仲裁文件之日的次日起计算。”再如，《深圳国际仲裁院仲裁规则》第6条“送达”规定：“（一）当事人对送达方式有约定的，从其约定。（二）除非当事人另有约定，有关仲裁的文书、通知、材料等可以当面送达或者以邮寄、传真、电子邮件、其他能提供记录的电子数据交换方式或者仲裁院认为适当的其他方式送达。（三）仲裁院向当事人或者其代理人发送的仲裁文书、通知、材料等，有以下情形之一的，视为送达：1. 送达至受送达人的营业地、注册地、居住地、户籍登记地址、身份证地址、口头或书面向仲裁院确认的地址、对外使用的任何有效地址、当事人协议中列明的地址或者仲裁院认为适当的其他通讯地址中的任意一个地址；2. 经合理查询不能找到上述任一地点而以邮寄的方式或者能提供投递记录的其他任何方式投递给受送达人最后一个为人所知的通讯地址；3. 当事人或者其代理人收到仲裁院送达的仲裁文书、通知、材料后变更地址而未通知仲裁院的，仲裁院将后续仲裁文书、通知、材料等投递给受送达人原送达地址。（四）送达时间以上述送达方式中最先送达到受送达人的时间为准。（五）除非当事人另有约定，仲裁院或仲裁庭可以决定当事人在提交仲裁文书和证明材料时直接发送给其他当事人或发送至仲裁院网络仲裁服务平台，并将送达记录提交仲裁院。送达时间由仲裁院或仲裁庭根据送达记录确定。”这两份仲裁规则都明确了这样一个送达程序：首先是约定优先（包括当事人或其代理人自己提供的地址），其次是按照规则视为送达（实践中仲裁秘书往往都穷尽已知地址进行送达），都没有约定公告送达。中国国际经济贸易仲裁委员会规定了如当事人未提供地址的，可按对方提供的地址送达，但没有规定查询义务。深圳国际仲裁院规定了“合理查询”义务，但未进一步规定是仲裁庭要进行合理查询，还是对方当事人要进行合理查询。

笔者认为,虽然《仲裁法》及其司法解释没有规定具体送达规则,几大知名仲裁委员会的仲裁规则中也没有规定仲裁庭的送达地址审查义务,但为保障仲裁程序正义和裁决结果公信力,仲裁庭对送达地址进行必要、合理审查是应有之义。除进入仲裁程序后,当事人自己提供明确地址可直接按照该地址送达的情形之外,对其他当事人未提供地址、未参加仲裁程序的情形,即使存在事先对送达地址的约定,从保障当事人有效参加仲裁程序的角度出发,仲裁庭应对送达地址履行必要、合理的审查义务。比如,要求对方当事人提供所知地址和电话号码,对自然人进行户籍、居住信息查询,对法人进行工商查询、联系已知电话等合理措施。前述案例二中,仲裁庭虽按照对方当事人提供的地址进行邮寄送达,但并未送达该自然人的户籍地址,也未通过已知电话号码进行必要通知,应当属于仲裁送达瑕疵。

(三)律师代理撤销仲裁裁决案件的方案制定

基于前面对三个案例的分析和对《仲裁法司法解释》第 20 条中的双重审查标准的解读,笔者认为作为执业律师在代理撤销仲裁裁决司法审查案件时,应根据委托方的诉求采取不同的代理方案。

代理撤销仲裁裁决案件申请人作为进攻的一方,笔者建议其采取"双线"进攻代理方案,在举证证明上,既重视违反法定程序的事实举证,也重视该违法情形足以引起裁决结果失之偏颇的举证和论证,如在案例二中,撤销仲裁裁决案件申请人在仲裁中被裁决作为保证人承担连带担保责任,笔者事后了解到其实该案中主债务人当时已因涉嫌非法吸收公众存款罪被刑事立案,如该司法审查程序中撤销仲裁裁决申请人就主债务涉嫌非法吸收公众存款,担保合同应被认定无效进一步举证论证,结果可能有所改观。

代理撤销仲裁裁决案件被申请人作为防守的一方,笔者建议其采取保守的代理方案,在答辩对抗中既应重视对程序不违法的论证,也应重视对该程序即使存在瑕疵也不会影响裁决公正的论证。

向户籍地邮寄送达被退回后径行公告送达

张　艳*

一、撤销仲裁裁决理由的缘起

审理案号：(2019)闽05民特64号

申请人(仲裁被申请人)：黄某

被申请人(仲裁申请人)：陈某

基本案情：

2016年12月陈某以合伙协议纠纷[1]向QZ仲裁委员会申请仲裁，黄某收到仲裁通知书等法律文书后遂委托律师参与仲裁，提交了个人及律师的送达地址信息。后因陈某申请，仲裁委员会于2017年3月8日作出终结审理通知书并送达给黄某的律师。2017年4月1日，陈某又以同一案由重新向QZ仲裁委员会申请仲裁，以邮政快递(EMS)的方式向黄某的户籍地址送达仲裁答辩通知书等法律文书，但快递未被签收而退回QZ仲裁委员会。QZ仲裁委员会便通过公告的方式向黄某送达仲裁材料并在开庭审理后作出了仲裁裁决。陈某根据生效的仲裁裁决向财产所在地的中级人民法

---

* 张艳：广东一律美律师事务所主任律师，北海仲裁委员会仲裁员，深圳市律师协会商事仲裁法律专业委员会委员，深圳市龙华区律师工作委员会委员，最高人民法院第一巡回法庭志愿律师。

[1] 2020年修正的最高人民法院《关于适用简易程序审理民事案件的若干规定》将该纠纷名称改为“合伙合同纠纷”。

院申请强制执行。黄某的财产被法院强制执行，黄某方才得知其再次被陈某申请了仲裁，2019 年 3 月 5 日向 QZ 仲裁委员会领取了仲裁裁决书。2019 年 4 月 11 日，黄某向 QZ 仲裁机构所在地的中级人民法院申请撤销 QZ 仲裁委员会作出的仲裁裁决。

黄某认为，仲裁委员会在首次审理黄某与陈某的案件时，即已获悉黄某及其委托代理人的收件地址，故在其受理此后同一案件时，理应向黄某在仲裁机构留存的地址进行寄送，除非该地址无法送达，否则直接向黄某户籍所在地进行送达不能视为尽到送达义务。仲裁委员会未尽到送达义务，导致黄某丧失了到庭抗辩的权利，显然已构成程序违法。

陈某认为：(1)黄某撤销裁决的理由不成立，诉求无依据；(2)仲裁文书送达遵循法律规定，程序没有违法；(3)申请撤销仲裁裁决书的诉讼时效已过。陈某请求法院依法裁定驳回申请。

二、法院的处理结果

QZ 市中级人民法院认为，陈某对于黄某现住在某地址的事实是明知的，其在申请撤诉后，不到 1 个月的时间内重新向 QZ 仲裁委员会申请仲裁，未将上述情况告知仲裁委员会，导致仲裁委员会以 EMS 方式向黄某户籍所在地送达有关法律文书，因未被签收而退回。仲裁委员会在未向陈某了解其他送达途径、未采取其他适当合理的方式进行送达的情况下，以黄某下落不明为由公开送达开庭传票并做出缺席裁决，程序明显不当。因此黄某关于 QZ 仲裁委员会仲裁程序违反法定程序的主张成立，其要求撤销 QZ 仲裁委员会仲裁裁决的申请符合我国《仲裁法》第 58 条第 1 款第 3 项的规定，应予以支持。

三、评析

本案的关键是仲裁的送达程序是否违反了我国《仲裁法》第 58 条第 1 款第 3 项规定中所指的“法定程序”。按照最高人民法院《仲裁法司法解释》

第20条的规定,我国《仲裁法》第58条规定的"违反法定程序",是指违反我国《仲裁法》规定的仲裁程序和当事人选择的仲裁规则可能影响案件正确裁决的情形。我国《仲裁法》并未直接规定仲裁送达程序问题,本案应适用当事人选定的QZ仲裁委员会的仲裁规则。笔者查阅了QZ仲裁委员会2017年适用的仲裁规则第66条关于送达2的规定,邮寄至对方当事人提供的受送达人的经常居住地或者其他通信地址即视为送达。从该条规定可以看出当事人应优先提供便于有效送达的地址。该仲裁规则第66条送达3规定,对于国内案件,如上述方式不能送达的发出公告,自公告之日起60日,即视为已经送达。从该条规定可以看出,在其他方式不能送达的情况下,才考虑适用公告。本案中陈某明知黄某的现居住地址,未向仲裁委员会提供,错过了最有效、最便捷的送达方式,导致仲裁委员会以EMS方式向黄某户籍所在地送达有关法律文书。在仲裁委员会的法律文书未被签收的情况下,仲裁委员会未主动向陈某了解、陈某也未主动提供黄某其他的送达地址,仲裁委员会也未主动查询黄某在此前的案件中已经提供的现居住地址,导致仲裁委员会认为黄某下落不明,采取了最为低效的公告送达方式,违反了QZ仲裁委员会仲裁规则的规定,剥夺了黄某选定仲裁员、出庭申辩等程序性权利,仲裁裁决应予以撤销。从另一个层面来讲,陈某故意不如实提供当事人的送达地址,应当承担由此产生的不利后果。笔者看到QZ仲裁委员会在现行的2022年仲裁规则里也规定了不如实提供当事人地址的法律后果。笔者认为,法院的处理是正确的。

四、延伸

(一)送达的重要意义

仲裁中的送达是指仲裁委员会将有关仲裁文件以适当的方式通知仲裁当事人及其他仲裁参与人,以便当事人及其他仲裁参与人及时了解仲裁信息并参加仲裁活动的行为。仲裁文件的送达是顺利进行仲裁程序的基础,关系着其他仲裁程序的启动。仲裁当事人只有在收到仲裁文书后才能在规定的期限内积极行使相关权利。仲裁文件送达的最直接功能就是通知，而能否得到适当通知已经成为法院裁定是否承认和执行仲裁裁决的重要理由。

《纽约公约》第5条第1款规定："裁决唯有于受裁决援用之一造向声请承认及执行地之主管机关提具证据证明有下列情形之一时，始得依该造之请求，拒予承认及执行……（乙）受裁决援用之一造未接获关于指派仲裁员或仲裁程序之适当通知，或因他故，致未能申辩者……"

《国际商事仲裁示范法》第36条(1)(a)(ii)也作了相同的规定，可见送达在商事仲裁中有着重要的意义。

（二）我国商事仲裁送达与民事诉讼送达的主要不同

1. 我国《民事诉讼法》中的送达与商事仲裁的送达性质不同

我国《民事诉讼法》中的送达是指法院依照法定的方式和程序将诉讼文书交给当事人和其他诉讼参与人的行为，显然我国《民事诉讼法》将送达定性为公权力行为。关于商事仲裁的送达，我国《仲裁法》对此无规定。我国《仲裁法》中除了第75条规定仲裁机构依照本法和《民事诉讼法》的有关规定制定仲裁规则外，没有关于仲裁送达的任何具体条款。关于商事仲裁的送达从理论上来看，仲裁程序的开始到结束都是由当事人约定并在当事人的参与下完成的，当事人选定仲裁机构、进而选定了仲裁规则（包括送达规则）不涉及任何公权力，具有民间性，应定性为私权利行为。

2. 我国《民事诉讼法》中的送达与商事仲裁的送达方式不同

我国《民事诉讼法》规定了直接送达、邮寄送达、公告送达、留置送达、电子送达、转交送达、委托送达等送达方式，而商事仲裁的送达方式多为直接送达、邮寄送达、电子送达。

国内仲裁机构成立初期的仲裁规则有参照我国《民事诉讼法》规定的痕迹，2021年发布的《中华人民共和国仲裁法（修订）（征求意见稿）》第95条也明确了仲裁规则依照《仲裁法》制定，去掉了依照《民事诉讼法》制定仲裁规则的规定。我国仲裁机构在实践中结合我国的国情及民情特点，不断地创新、修改、精简仲裁规则，如民事诉讼的公告送达方式因突破仲裁的保密性及无送达实际效果、与国际仲裁脱钩等原因而逐渐被仲裁机构舍弃，以最后一个为人所知的地址替代公告送达或者仲裁机构采取区分国内案件和国际案件的做法分别送达；留置送达也仅限于采用拍照、录像等方式记录送达过程而非邀请基层组织或单位的代表；电子送达在疫情时代也被广泛和充分的运用等。仲裁机构的仲裁送达条款也在不断地精简，复杂的送达方式会增加仲裁机构的送达成本，同时会增加当事人对仲裁裁决提出异议、申请撤销、拒绝承认和执行的风险，削弱当事人参与仲裁的积极性，甚至会加大撤销裁决、法院拒绝承认和执行的风险，影响仲裁机构的声誉。笔者注意到，现行《上海仲裁委员会仲裁规则》第 65 条、《北京仲裁委员会仲裁规则》第 71 条，以及《深圳国际仲裁院仲裁规则》第 6 条中关于送达的篇幅都是精简实用的务实条款。

3. 民事诉讼中的送达与商事仲裁送达关注重点不同

民事诉讼中的送达更多关注送达程序是否符合法律法规的规定，侧重于送达动作是否标准和规范。相较于民事诉讼的送达方式，我国商事仲裁的送达方式更为灵活、高效、关注送达的实际结果而不拘泥于送达形式。商事仲裁送达能将仲裁所具有的优势发挥出来，提高仲裁效率、节约成本，尊重当事人意志，使当事人以最少的投入，在最短的时间内以最妥当的方式解决争议。

关于商事仲裁中的最低送达标准，根据《纽约公约》及《国际商事仲裁示范法》的规定，确认送达的结果远远大于送达这个行为本身的意义。《纽约公约》第 5 条第 1 款第 2 项实际上只关注是否收到了指派仲裁员及仲裁程序的适当通知和申辩权，而对送达方式在所不问。《国际商事仲裁示范法》第 3 条规定，只要投递到收件人的营业地点、惯常住所或通信地址即为送达，或经合理查询不能找到上述任一地点而以挂号信或能提供做过投递企图的记录的其他任何方式投递到收件人最后一个为人所知的营业地点、惯常住所或通信地址的，即视为已经收到。只要通知能够保证当事人被公平公正地对待，及时知晓通知内容，参与仲裁程序并有机会对自己的主张进行陈述以及对他方当事人的陈述进行抗辩,通知即为适当通知,即使在某些环节上可能存在某些瑕疵。

国内的仲裁机构对于送达的标准均规定得大同小异,只要送达到受送达人或对方当事人提供受送达人的营业地点、注册地、居住地、身份证载明地址、户籍地址、当事人约定的送达地址或者其他通信地址,即为已经送达。经合理查询不能找到上述地址而以邮寄、专递的方式或者能提供投递记录的其他任何方式投递给受送达人最后一个为人所知的上述地址即视为已经送达。无论是投递到营业地点、惯常住所或通信地址或其他地址,还是通过直接送达、邮寄送达、电子送达等方式提供投递意图的投递记录,均可视为已经送达。

4. 送达中当事人的义务

仲裁程序是一个以当事人参与为主导的程序,各方仲裁当事人积极善意地参与仲裁程序应是一项基本的义务。提供可供联系的送达方式或许是对仲裁当事人最基本的要求。尽可能提供当事人的有效送达地址,包括当事人确认的送达地址、联系方式、合同中的送达地址,合同中的当事人联系方式、营业地点、注册地、居住地、身份证载明地址、户籍地址,以利于仲裁机构方便、快捷、经济地进行送达。当事人试图通过隐瞒地址达到让对方当事人缺席参与仲裁程序,或者试图通过拒不提供送达地址或提供的送达地址不准确或变更地址未通知仲裁机构,达到拖延仲裁进程的目的,都是与商事仲裁的原则和精神相悖的,该当事人都应该承担不利后果。笔者注意到,《上海仲裁委员会仲裁规则》第 65 条第 4 款作出了这样的规定,《广州仲裁委员会仲裁规则》第 57 条第 1 款也作出了类似的规定。

当然仲裁机构为了保证自己送达的实现及防止撤销仲裁裁决,也应积极地关注最低限度实现送达,不能以公告送达作为简单粗暴的送达方式。

5. 关于公告送达

世界上主要仲裁国家的立法及仲裁规则中都没有公告送达的规定。如果我国采用公告送达,与国际商事仲裁制度存在相异之处,在承认与执行我国国内仲裁机构作出的裁决时,外国法院也很难接受这种送达方式。国际通行的做法未使用公告送达的方式,可能基于的原因有两点。第一,基于保密方面的考虑。当事人选择仲裁的主要目的是保护商业秘密,仲裁案件一般不公开审理,与案件无关的当事人在未得到仲裁当事人和仲裁庭的同意的情况下,不得参与仲裁程序,而仲裁公告的送达使纠纷存在的事实公之于众,违背当事人选择仲裁的初衷。第二,基于仲裁程序的特点。仲裁程序应该是一个快捷的程序,公告送达周期长,如果仲裁中的每一个环节都使用公告送达,将使仲裁漫长而且没有效率、浪费人力、物力和财力。我国仲裁机构仲裁规则规定公告送达的比较少。《东莞仲裁委员会仲裁规则》第 69 条规定了公告送达。我国仲裁机构仲裁规则也有区分国内国际案件来选择是否采用公告送达的,《武汉仲裁委员会仲裁规则》并未规定公告送达,但在《武汉仲裁委员会仲裁送达的若干规定》的第 7 条国内案件适用公告送达,国际案件不适用公告送达。《广州仲裁委员会仲裁规则》第 59 条有关公告送达的规定也作了同样的区分。上述机构规定公告送达,可能更多的是考虑到诚信环境尚需营造和维护。《中国国际经济贸易仲裁委员会仲裁规则》及《深圳国际仲裁院仲裁规则》都未规定公告送达,均使用了最后一个为人所知的地址。

实际上大多数公告送达在送达的效果上都是仲裁规则意义上或法律意义上的送达,都未达到让当事人得到通知的实际效果,当事人基本上不清楚仲裁程序的启动和进行,而且更重要的是违反了商事仲裁的保密原则。最后一个为人所知的通信地址的送达,在实际操作中也同样很难达到让当事人得到通知的实际效果,但该做法未将仲裁事实公之于众,笔者认为基于商事仲裁的特点,参照国际上的做法,公告送达应被慎用或者不用。

在上述案例中,陈某作为再次申请仲裁的申请人,明知道被申请人的现居住信息,却未积极善意地提供被申请人的送达信息,被申请人也并非下落不明,采取公告送达的方式,导致本案的送达未达到最低限度的送达标准,程序违法,应被撤销。

向户籍地邮寄送达被退回后未向居住地送达

韦　征*

一、撤销仲裁裁决理由的缘起

审理案号:(2020)沪74民特43号

申请人:沈某某

被申请人:赵某、某某资产管理中心(有限合伙)

赵某就《份额转让协议》相关争议向SH国际经济贸易仲裁委员会申请仲裁。SH国际经济贸易仲裁委员会秘书处于2019年5月29日向沈某某、某某资产管理中心(有限合伙)寄出《仲裁通知》等,并附随赵某提交的《仲裁申请书》和附件材料。寄送沈某某住址“SH市大连西路×××号×××室”的材料因“查无此人,电话空号”而被退回。秘书处于2019年7月9日致函赵某,要求其提供沈某某其他联系地址或者发表书面评述意见。2019年7月11日,赵某代理人提交评述意见认为:经向委托人询问及通过其他合理手段查询,代理人未掌握沈某某的其他居住地或任何通信地址。代理人认为,代理人向SH市公安局人口管理办公室查询的常口现实库信息资料所载的

* 韦征:毕业于中山大学,获法律硕士学位,现为英国特许仲裁员学会资深会员(FCIArb),北京市炜衡(深圳)律师事务所合伙人律师,兼任泰国仲裁中心(THAC)、韶关仲裁委员会、江门仲裁委员会等仲裁机构仲裁员。

地址为沈某某正确户籍地址，根据《中国（上海）自由贸易试验区仲裁规则》（以下简称《自贸区仲裁规则》）第80条的规定，前述寄送给沈某某的材料应视为已送达。在本案此后的程序中向沈某某寄送材料，均与上述情形相同。2019年12月28日，SH国际经济贸易仲裁委员会作出（2019）H贸仲字第1064号裁决。

沈某某认为，根据《自贸区仲裁规则》第80条第2款的规定，沈某某"最后一个为人所知的营业地、注册地、住所地、惯常居住地或通讯地址"应指沈某某的居住地址"××××路××××号××××室"〔1〕。仲裁庭向沈某某的户籍所在地投递案涉仲裁材料被退回，其后向赵某代理人致函明确要求其提供沈某某的其他联系地址或者发表书面评述意见。沈某某的惯常居住地址是在公安局派出所公开可查的，赵某代理人应当查询沈某某的居住地址但未查询，违反了"合理查询"义务，导致仲裁机构未向沈某某惯常居住地送达相关仲裁材料。因此，仲裁庭向沈某某户籍地址寄送相关仲裁材料不能视为已经送达，仲裁庭违反法定程序，据此沈某某向法院申请撤销仲裁裁决。

二、法院的处理结果

《自贸区仲裁规则》第80条第2款规定："向一方当事人及/或其仲裁代理人发送的有关仲裁的文书、通知、材料等，如经当面递交或投递至营业地、注册地、住所地、惯常居住地或通讯地址，或者经对方当事人合理查询不能找到上述任一地点，秘书处以挂号信或能提供投递记录的其他任何手段投递给受送达人最后一个为人所知的营业地、注册地、住所地、惯常居住地或通讯地址，即视为已经送达。"法院认为，在仲裁庭向沈某某的住所地即户籍所在地投递有关仲裁材料被退回的情况下，赵某应履行合理查询义务，查询

〔1〕根据公开的本案撤销仲裁裁定，沈某某的户籍地址与居住地址均显示为"SH市大连西路×××号×××室"，结合裁定上下文推定，应为不同的两个地址，因无法确定是不同的牌号抑或不同的室号，故均援引公开文书的表述。

其他有效送达地址。

本案审查中，沈某某代理人提供了由 SH 市 × ×路派出所、× ×派出所分别出具的沈某某“户籍人员基本信息”，其上显示沈某某户籍地址为“ × × ×西路× × ×号× × ×室”，居住地址为“大连西路× × ×号× × ×室”；还提供了其居住地址所属物业公司出具的《居住证明》，以说明沈某某现居住于该地址处。沈某某代理人表示，沈某某上述户籍地址、居住地址均系律师本人单独到 SH 市 × ×路派出所、× ×派出所查询而知。

对此，法院认为受送达人沈某某的居住地址为“对公”信息，律师持律师证及律所介绍信即可查询。赵某代理人在能够较为方便地获取受送达人居住地址的情况下，疏于履行查询义务，未能向仲裁庭提供有效送达地址，导致沈某某不能到庭参加仲裁，可能影响仲裁裁决结果的公正性，属于我国《仲裁法》规定的仲裁程序违反法定程序的情形。因此，沈某某申请撤销仲裁裁决的理由成立，法院裁定撤销（2019）H 贸仲字第 1064 号裁决书。

三、评析

《仲裁法》并无关于送达程序和送达地址的具体规定，因而国内商事仲裁中有关送达的各项要求由各仲裁机构的仲裁规则予以明确。各仲裁机构仲裁规则规定的送达方式一般包括直接送达、邮寄送达和拟制送达。直接送达即当面将仲裁相关文书送达给受送达方，不存在提供送达地址信息的问题；邮寄送达中的送达地址通常有收件人的营业地、注册地、住所地、惯常居住地或通信地址（如《中国国际经济贸易仲裁委员会仲裁规则》及《自贸区仲裁规则》等规定的地点）；拟制送达则适用于经对方当事人合理查询不能找到上述任一地点的情况，仲裁机构以挂号信或能提供投递记录的其他任何手段投递给受送达人最后一个为人所知的上述地址，即视为已经送达。民事诉讼程序中就普遍使用了拟制送达，但由于商事仲裁的保密性，民事诉讼中的公告送达一般不适用于商事仲裁。

在司法实践中，往往也以拟制送达作为“兜底”的送达方式，如北京市第四中级人民法院在(2017)京04民特30号民事裁定书中认为“对于《仲裁规则》中上述规定之理解,应以相关仲裁文件能够有效到达当事人为基本前提,只有在实际送达存在困难时,才能以其他方式推定送达作为补充”。

国际商事仲裁中普遍采用的《贸法会仲裁规则》[1]、《国际商事仲裁示范法》[2]等有着类似的规定,如送达地址属于受送达人的惯常居所、营业所、通信处或最后所知的居所或营业所,则无论邮件被签收与否均可视为有效送达,而如果寄送的收件地址不在前述地址之列,且邮件未被签收而被退回,则不能视为有效送达。

由此可见,拟制送达的有效与否以对方当事人的合理查询为前提,即在适用顺位上,邮寄送达应当优先于拟制送达。该等顺位上的安排的初衷仍在于确保受送达人能够收悉仲裁文件以行使其提交答辩和证据、参与庭审等各项仲裁权利。

本案中赵某向SH国际经济贸易仲裁委员会提供的沈某某送达地址为其户籍地址,并非《自贸区仲裁规则》送达要求的“最后一个为人所知的”住所地、惯常居住地或通信地。如果赵某及其代理人经合理查询找到了上述任一地址并经由SH国际经济贸易仲裁委员会针对该查询到的地址进行了投递,则无论送达的仲裁材料是否被退回,均应视为有效送达。然而赵某及

---

[1] 《贸法会仲裁规则》第2条“通知和期限计算”第1~4款规定:“1.通知包括通知书、函件或建议,可通过任何能够留有或容许产生传输记录的通信手段进行传输。2.凡一方当事人已为此目的专门指定某一地址,或者仲裁庭已为此目的同意指定某一地址的,均应按该地址将任何通知送达该当事人;照此方式递送的,视为收到通知。使用传真或电子邮件等电子方式的,只能将通知递送到按上述方式指定或同意指定的地址。3.没有指定地址或没有同意指定地址的,(a)通知直接交给收件人,即为收到;或者(b)通知递送到收件人的营业地、惯常住所或通讯地址,即视为收到。4.经合理努力仍无法根据第2款或第3款递送通知的,用挂号信或以能够提供递送记录或试图递送记录的方式,将通知递送到收件人最后一个为人所知的营业地、惯常住所或通讯地址,即应视为已收到通知。”

[2] 《国际商事仲裁示范法》第3条“收到书面通讯”规定:(1)除非当事各方另有协议:(A)任何书面通讯,经当面递交收件人,或投递到收件的营业地点、惯常住所或通信地址的,或经合理查询仍不能找到上述任一地点而以挂号信或能提供作过投递企图的记录的其他任何方式投递到收件人最后一个为人所知的营业地点、惯常住所或通信地址,应视为已经收到;(B)通讯视为已于以上述方式投递之日收到。(2)本条规定不适用于法院程序中的通讯。

其代理人未尽到“合理查询”义务，在此基础上推定寄送出的仲裁材料从沈某某户籍地被退回视为有效送达，导致沈某某不能到庭参加仲裁，违反了法定程序。

四、延伸

（一）本案对于仲裁参与方和从业者的启示

仲裁参与方提供对方送达地址时应注意“合理查询”的范围。以本案所涉的《自贸区仲裁规则》为例，仲裁规则一般并未（或者说也无法）对当事人应当或可以采取哪些“合理查询”行为给出指引，但通常都可以对查询的地址项进行列举。我国仲裁机构的仲裁规则多采用此等方式列举当事人应当“合理查询”的地址范围，见表 3 – 1。

表 3 – 1　我国仲裁机构仲裁规则列举的“合理查询”的地址范围

仲裁规则	条款	合理查询地址相关规定
《自贸区仲裁规则》	第 80 条第 2 款	营业地、注册地、住所地、惯常居住地或通讯地址
《中国国际经济贸易仲裁委员会仲裁规则》	第 8 条第 4 款	营业地、注册地、住所地、惯常居住地或通讯地址
《上海国际经济贸易仲裁委员会仲裁规则》	第 65 条第 2 款	营业地、注册地、居住地、惯常居住地或通讯地址
《北京仲裁委员会仲裁规则》	第 71 条第 3 款	营业地点、注册地、居住地、身份证载明地址、户籍地址、当事人约定的送达地址或者其他通讯地址
《广州仲裁委员会仲裁规则》	第 57 条第 3 款	住所地、营业地点、注册地、居住地、户籍地址、合法身份证明上载明的地址、当事人约定的送达地址或者其他通讯地址
《深圳国际仲裁院仲裁规则》	第 6 条第 4 款	营业地、注册地、居住地、户籍登记地址、身份证地址、口头或书面向仲裁院确认的地址、对外使用的任何有效地址、当事人协议中列明的地址或者仲裁院认为适当的其他通讯地址

由表3-1可见,《北京仲裁委员会仲裁规则》、《广州仲裁委员会仲裁规则》以及《深圳国际仲裁院仲裁规则》对"合理查询"的范围列举更为广泛,且均包括了"户籍地址"和"身份证地址/合法身份证明上载明的地址",对于当事人一方来说更容易查询,进而实现仲裁材料的有效送达。

关于仲裁机构对于仲裁一方的"合理查询"行为是否有审查的义务,本案中,仲裁庭向赵某代理人致函明确要求其提供沈某某的其他联系地址或者发表书面评述意见,赵某代理人对此亦作出了回应。可见,仲裁机构对其"合理查询"行为进行了一定程度上的审查,但并未对赵某代理人认为已完成送达的意见及时予以纠偏(当然,由于案件的保密性,不排除在庭审中有释明或在裁决书中有相应的说理),而是继续推进了仲裁程序并作出了仲裁裁决。因此,对于仲裁机构或仲裁庭审查"合理查询"的义务和职责,似乎亦有待在仲裁规则文件中予以明确,在提供送达地址一方当事人推动仲裁程序的意图和确保受送达一方当事人知悉并有机会参与仲裁的权益之间达成有序的平衡。

(二)临时仲裁程序下仲裁参与"合理查询"送达地址的义务

在国际商事仲裁中,大量的临时仲裁案件未由作为案件管理方的仲裁机构来安排仲裁资料的送达,尤其在仲裁程序启动阶段,仲裁庭亦尚未组成,该阶段的送达通常由仲裁申请人自行完成。例如,英国1996年《仲裁法》Section 76就仲裁通知的送达作出了规定,其Section 76(3)要求仲裁申请人可以任何有效方式送达(any effective means),"这用词是非常广泛的,而容许原告用任何方法去通知被告,唯一需要的是被告真正收到通知"[1]。因而在实践中,通过传真或电邮送达非常普遍。但同时,Section 76(4)也对通过预付邮件送达(prepaid and delivered by post)作出了规定,如果通知或其他文件写明地址并预付邮费,以邮递方式寄送至下列地址,应视为有效送

---

〔1〕 杨良宜、莫世杰、杨大明:《仲裁法:从1996年英国仲裁法到国际商务仲裁》,法律出版社2006年版,第162页。

达:(a)收信人最后为人所知的主要居住地,或如其正在或已在从事贸易、职业或商业活动,则为其最后一个为人所知的主要营业地;(b)如果收信人是法人组织,则为其登记注册地或主要办公地。此外,Section 77 也对特定情况下由法院协助送达作出了规定。[1] 由此可见,在临时仲裁中,一般也要求仲裁申请人合理地查询受送达人的地址。

综上所述,无论是以本案为例的国内机构仲裁,还是国际商事仲裁,他们常常采用的临时仲裁均对于仲裁参与方(主要是申请人)合理查询对方送达地址提出了不同程度的要求。鉴于仲裁协议往往系仲裁参与方在拟定相关交易合同时达成(通常是作为交易合同的争议解决条款),笔者建议仲裁参与方首先应在草拟仲裁条款时明确仲裁送达的地址或其他送达方式,其次则需要充分理解所选择的仲裁机构的仲裁规则,依据有关送达条款的规定,合理调查并提供符合仲裁规则要求的送达地址,以避免送达程序违法,导致仲裁裁决被撤销。

---

〔1〕 (1)本条适用于以当事人约定的方式或无约定时根据 Section76 规定向某人送达文件不具合理操作性时的情况。(2)除非当事人另有约定,法院可以其认为合适的方式作出命令:(a)以法院指令的方式送达,或(b)免除文件送达。(3)仲裁协议任一方当事人仅可在用尽解决此事项可资利用的仲裁程序后方可向法院申请作出命令。(4)针对本条项下法院决定的上诉应取得法院的准许。

第四章

授权委托书的问题

缺失委托进行仲裁活动的授权委托书

姚　远*

一、撤销仲裁裁决理由的缘起

【案例一】　代理人未提供授权委托书，仲裁庭径行作出裁决

审理案号：（2016）鲁 17 民特 4 号

申请人：某某春景园林工程有限公司

被申请人：郭某某

基本案情：

2014 年 11 月 29 日，郭某某向 HZ 仲裁委员会提起仲裁，请求某某春景园林工程有限公司支付其工程款 840,823.44 元。

该案分别于 2015 年 1 月 7 日、2015 年 1 月 22 日和 2015 年 11 月 2 日三次开庭审理。根据第三次开庭的庭审笔录的记载，陈某某作为某某春景园林工程有限公司的委托人参加了庭审，其称庭后提交委托函和身份证明，但是其在庭后未补交委托手续。

2015 年 12 月 28 日，HZ 仲裁委员会作出涉案仲裁裁决，在裁决书中的某某春景园林工程有限公司答辩部分采纳了陈某某在 2015 年 11 月 2 日庭

* 姚远：拥有中南财经政法大学法学学士学位、英国阿伯丁大学法学硕士学位、英国 BPP 大学国际仲裁培训课程结业证书。现任北京浩天（深圳）律师事务所高级合伙人律师，被国内多家仲裁机构（上海仲裁委员会、海南国际仲裁院、东莞仲裁委员会、新乡仲裁委员会、北海仲裁委员会）聘为仲裁员。

审中陈述的内容。

后某某春景园林工程有限公司向HZ市中级人民法院申请撤销该仲裁裁决。某某春景园林工程有限公司认为其没有委托陈某某参加仲裁庭审，但仲裁裁决书却认可了陈某某的答辩和质证意见，这一裁决违反法定程序。

【案例二】 代理人提供的授权委托书系概括性授权，当事人对代理人参与仲裁程序不予认可

审理案号：(2018)黔01民特16号

申请人：某某置业有限公司

被申请人：饶某某

基本案情：

2016年5月5日，饶某某与蒋某某一起前往GY仲裁委员会提交仲裁申请书。蒋某某持有2016年1月29日某某置业有限公司向其出具的授权委托书，该授权委托书载明："某某置业有限公司授权受托人蒋某某全权代表本公司处理与饶某某债务的相关事宜，本公司代理人（即受托人）签署的一切文件、处理结果（涵盖强制执行类文件和结果）和与本纠纷有关的一切事务，本公司均予以承认并同具法律效力。受托人在此范围内所签署的一切文件，委托人均予以承认。委托期限：办理完毕上述事宜为止。"饶某某与蒋某某共同提交了对本案仲裁程序的特别约定，包括被申请人自愿放弃答辩期、双方共同选定仲裁员何某某组成独任仲裁庭不开庭进行书面审理、仲裁程序按照GY仲裁委员会现行仲裁规则中的简易程序进行、被申请人放弃举证期限。

2016年5月20日，GY仲裁委员会作出(2016)G仲裁字第266号裁决，其中认定蒋某某系某某置业有限公司仲裁代理人，裁决某某置业有限公司向饶某某归还欠款及利息。

后某某置业有限公司向GY市中级人民法院申请撤销该仲裁裁决。某某置业有限公司认为其没有委托蒋某某参加仲裁庭审，而GY仲裁委员会没有根据《仲裁法》的规定要求蒋某某提交代理仲裁活动的委托书，导致某某置业有限公司对仲裁活动不知晓，违反法定程序。

二、法院的处理结果

【案例一】 HZ 市中级人民法院裁定撤销 HZ 仲裁委员会作出的仲裁裁决。

HZ 市中级人民法院认为，按照《HZ 仲裁委员会仲裁规则》第 23 条的规定，当事人委托律师或者其他代理人进行仲裁活动的，应当向仲裁委员会提交授权委托书。在 2015 年 11 月 2 日的庭审中，陈某某以某某春景园林工程有限公司的委托代理人的身份参加了仲裁庭庭审，但其当庭未提交授权委托手续且在庭后也未补交委托手续，陈某某的代理行为系无效行为。而该份仲裁裁决书将陈某某在庭审中的质证意见作为某某春景园林工程有限公司的辩论意见违反了上述仲裁规则，因此该仲裁裁决予以撤销。

【案例二】 GY 市中级人民法院裁定撤销 GY 仲裁委员会作出的（2016）G 仲裁字第 266 号裁决。

GY 市中级人民法院认为，GY 仲裁委员会认定蒋某某系某某置业有限公司仲裁代理人，但其授权委托书系仲裁申请人饶某某提交，作出日期在申请仲裁之前，且该授权委托书并没有明确委托事项为仲裁代理，也没有进行特别授权，蒋某某自己亦未另行提交某某置业有限公司向 GY 仲裁委员会出具的委托授权证明，GY 仲裁委员会未审查蒋某某的代理权限即作出裁决，故 GY 仲裁委员会（2016）G 仲裁字第 266 号裁决存在《仲裁法》第 58 条第 1 款第 3 项规定的可以撤销的情形。

三、评析

两个案件的争议焦点，都在于仲裁庭未审查代理人授权委托书而径行出具仲裁裁决是否构成《仲裁法》第 58 条第 1 款第 3 项下的程序违法问题。两个案件的区别在于，前者系仲裁庭在形式上未审查代理人的授权委托书，而后者系仲裁庭仅在形式上审查而未实质性审查代理人是否具备参与仲裁程序的特别授权。

(一)《仲裁法》第 58 条第 1 款第 3 项的“违反仲裁程序”的范围

一般认为,《仲裁法》第 58 条第 1 款第 3 项规定所指的“违反法定程序”应是指仲裁庭在仲裁过程中违反了《仲裁法》第四章及仲裁规则中的相关程序。[1]《仲裁法》第四章“仲裁程序”第一节第 29 条规定:“当事人、法定代理人可以委托律师和其他代理人进行仲裁活动。委托律师和其他代理人进行仲裁活动的,应当向仲裁委员会提交授权委托书。”该条明确了仲裁程序中代理人进行仲裁活动需要提交授权委托书,核实代理人的身份及代理权限是继续进行后续仲裁程序的必要环节,因此仲裁庭未能审查及核实代理人的授权委托书属于程序缺陷。

但是值得注意的是,并非任何违反法定程序作出的仲裁裁决都必然被撤销。《仲裁法司法解释》第 20 条进一步规定:“仲裁法第五十八条规定的‘违反法定程序’,是指违反仲裁法规定的仲裁程序和当事人选择的仲裁规则可能影响案件正确裁决的情形。”最高人民法院《关于仲裁机构“先予仲裁”裁决或者调解书立案、执行等法律适用问题的批复》更明确说明“仲裁机构在仲裁过程中未保障当事人申请仲裁员回避、提供证据、答辩等仲裁法规定的基本程序权利的”。因此,仲裁程序中的基本程序是否得到保障是法院在面对撤销仲裁申请的情况下首先需要考量的。

换言之,在司法实践中,仲裁程序的轻微瑕疵,如果不会对仲裁庭的公正裁决产生决定性影响,当事人主张撤销仲裁裁决的,法院出于对保障仲裁结果的稳定性的考虑,一般不会支持。比如,在(2020)京 04 民特 662 号申请撤销仲裁裁决案中,北京市第四中级人民法院认为,“贸仲收到金马气体公司补充提交的符合受理条件的材料后,未在 5 日内通知金马气体公司,存在迟延通知立案的情形,但该迟延通知立案并未严重影响金马气体公司的

---

[1] 参见江苏省宿迁市中级人民法院民事裁定书,(2016)苏 13 民特 19 号。

程序权利，且未实质影响案件的正确裁决，故四中院对金马气体公司以贸仲故意延迟立案为由申请撤销仲裁裁决不予支持”[1]。通过北京市第四中级人民法院上述观点，笔者可以总结出，法院的判断标准无外乎以下两点：(1)是否严重影响当事人的程序权利；(2)是否实质影响案件的正确裁决。尤其是对于第2点而言，判断的标准相对模糊，只能根据案件的自身事实予以判断，无法给出统一且细化的标准，因为同一程序瑕疵发生在不同的事实背景中，得出的结论也会大相径庭。

回到上文提到的两个案件，法院均作出撤销裁决的裁定。那么“未审查代理人授权委托书”为什么属于严重影响当事人程序权利的程序问题呢？笔者认为这与仲裁程序的特殊性是密不可分的。

(二)合意性是仲裁程序的突出特性

仲裁是纠纷当事人在自愿基础上达成协议，将纠纷提交非司法机构的仲裁机构审理，由仲裁员/庭作出对争议各方均有约束力的裁决的一种解决纠纷的制度。当事人的合意性是仲裁最突出的特点。《仲裁法》第4条规定：“当事人采用仲裁方式解决纠纷，应当双方自愿，达成仲裁协议。没有仲裁协议，一方申请仲裁的，仲裁委员会不予受理。”仲裁以双方当事人的自愿为前提，即当事人之间的纠纷是否提交仲裁，交由谁仲裁，仲裁庭如何组成，由谁组成，以及仲裁的审理方式、开庭形式等都是在当事人自愿的基础上通过协商确定的。仲裁是充分体现意思自治原则的争议解决方式，当事人将争议提交仲裁并参与仲裁的权利并非单纯依法获得，而是基于一致的意思表示产生。

正是由于仲裁的这一特点，司法机关对仲裁程序的正当性与合法性提出了较高的要求。仲裁程序不符合当事人的合意，在实体上剥夺了当事人完整参与仲裁的机会，属于对仲裁基本程序的违反。

---

[1] 北京市第四中级人民法院民事裁定书，(2020)京04民特662号。

（三）仲裁的一裁终局的特点要求仲裁当事人完整充分地参与到仲裁程序中

仲裁的另一个主要特性就是一裁终局（特殊情况下的除外），这就要求仲裁当事人必须完整参与到仲裁程序中，且有充分的机会表达自己的意见。在当事人不能参加，需要委托代理人参与仲裁程序的情况下，仲裁庭需要对授权委托人得到的授权进行严格的审查。其背后的法理考量在于，如果当事人被代理的法律行为有瑕疵，不能反映当事人的真实意思表示，即剥夺了当事人使用仲裁规则参与仲裁程序、表达诉求、进行抗辩、维护自身合法权益的机会。

（四）仲裁程序中对授权委托书的审查

1. “全权代理”不能取代参与仲裁程序的专项授权

由于上述仲裁程序的特殊性，代理人参与仲裁程序的授权需要明确。通过案例二可以看出，某某置业有限公司抗辩称，蒋某某持有的授权委托书不是仲裁活动的委托书，而在双方签署授权委托书时，某某置业有限公司并不知晓其未来将会作为被申请人参与仲裁活动，因此其没有授权蒋某某进行仲裁活动的明示或者默示的意思表示。因此，如果所谓的“全权代表”“全权授权”不明示对“参与仲裁程序”给予授权的话，将会被视为对参与仲裁活动没有授权。

2. 当事人被无权代理、越权代理的，仲裁裁决书不能对当事人发生效力

根据《民法典》第 171 条关于代理制度的规定，行为人没有代理权、超越代理权或者代理权终止后，仍然实施代理行为，未经被代理人追认的，对被代理人不发生效力。案例一中，代理人陈某某没有出具授权委托书便代表当事人某某春景园林工程有限公司参与仲裁程序，事后也没有向仲裁庭出具授权委托书，且被代理人事后无追认，陈某某的行为属于无权代理。仲裁庭在没有审查授权委托书的前提下径行出具的裁决，属于无权代理的法律

后果,不能对不知情的被代理人发生效力。案例二中,虽然蒋某某出具了授权委托书,但是结合上述分析,其代表某某置业有限公司参与仲裁超越了委托人授权的范围,属于越权代理,仲裁结果也不应当对委托人某某置业有限公司发生效力。

3. 代理人未经明确授权不得处分当事人的实体性权利

《民法典》第165条规定:"委托代理授权采用书面形式的,授权委托书应当载明代理人的姓名或者名称、代理事项、权限和期限,并由被代理人签名或者盖章。"如果授权委托书没有明确记载代理人的权限和代理事项,则其效力需要根据相关事实进一步认定。具体到仲裁程序中,《民事诉讼法》第62条第2款规定:"授权委托书必须记明委托事项和权限。诉讼代理人代为承认、放弃、变更诉讼请求,进行和解,提起反诉或者上诉,必须有委托人的特别授权。"涉及实体性权利的程序,必须有当事人的特别授权。对于委托人未明确限定授权范围,而是以"全权代理"进行表述的,参照《民诉法解释》第89条第1款"授权委托书仅写'全权代理'而无具体授权的,诉讼代理人无权代为承认、放弃、变更诉讼请求,进行和解,提出反诉或者提起上诉"的规定,法院只给予代理人以程序性的代理权,而不给予其对实体权利进行处分的代理权。案例一中,仲裁庭在裁决书中采纳了陈某某的答辩、质证意见。案例二中,授权委托书中载明"全权代理",但代理人蒋某某提交了对仲裁程序的特别约定,其中包括被申请人自愿放弃答辩期、请求仲裁程序按照GY仲裁委员会现行仲裁规则中的简易程序进行、放弃举证期限等。两案件中代理人的行为实际上是未经当事人同意处分了其实体性权利,这无疑是对仲裁程序的根本性违背。

综合上述三个方面的分析,两个案件中"未审查授权委托书"这一环节导致仲裁程序未能保障当事人的基本程序权利,因此HZ市中级人民法院、GY市中级人民法院作出撤销仲裁裁决的裁定适用法律正确。

基于上述两个案例,我们假设两种情形:(1)如果当事人事后予以追认,向代理人出具符合要求的授权委托书,仲裁庭复核通过后,是否意味着该案中的程序瑕疵得以补正，仲裁裁决不应当予以撤销？（2）如果当事人在没有对授权予以追认和补正的情况下履行了裁决，之后又向法院申请撤销仲裁裁决，那么仲裁裁决是否应当予以撤销？

针对第一种情况，笔者认为如果授权得到完善，则代理人在仲裁程序中的行为不属于无权代理或越权代理，虽然程序有瑕疵，但是当事人的程序权利没有受到损害，因而无须撤裁。第二种情况则较为复杂，笔者认为当事人的主动履行并不能视为对仲裁程序合法的确认，当事人仍然有权利以“参与仲裁程序的权利遭到损害”为由在符合法定条件下继续申请撤销仲裁。

四、延伸

（一）仲裁程序合法性、严谨性与效率价值之间的平衡

相较于民事诉讼程序，仲裁程序具有高效性和灵活性等特点，而随着对仲裁程序的效率要求的提高，“先予仲裁”“网络仲裁”等新兴形式不断兴起。从“先予仲裁”的模式来看，当事人间只是存在发生纠纷的可能性或者风险，如果在合同尚未履行或未完全履行的情况下申请仲裁，那么仲裁机构便会根据此前的仲裁调解协议作出仲裁裁决或调解书，这无疑剥夺了当事人的基本程序权利，违背了仲裁制度的合意性基础，脱离了仲裁的基本原理和制度目的。因此，最高人民法院在《关于仲裁机构“先予仲裁”裁决或者调解书立案、执行等法律适用问题的批复》中明确了两个问题：一是在纠纷发生前先予仲裁的，应驳回执行申请；二是对当事人基本程序权利保护不足，没有充分体现仲裁合意性的，可以裁定不予执行。而对于“网络仲裁”，一切仲裁流程通过互联网进行，程序进一步简化，的确节约了当事人的时间和精力，但对仲裁庭审查当事人的授权委托书等工作造成了更多的困难。但是单纯一味地追求效率也可能会牺牲仲裁制度的程序正义。如何确保新的仲裁程序能够在提升效率的同时保障当事人的正当程序权利，尊重当事人的意思自治，保障仲裁制度合意性的基石不动摇，是新时代法律工作者面临的挑战。

（二）对参与仲裁程序的主体的建议

结合以上案例与司法实践中的态度，为了推进仲裁程序，兼顾效率价值与公平价值，笔者对当事人、代理人、仲裁委员会和仲裁庭有如下建议：

当事人及代理人应熟悉仲裁规则，密切关注自身程序利益。如果需要授权代理人参与仲裁程序的，在委托授权书中应尽可能详细地限定委托事项、代理权限等内容。如果当事人或代理人认为存在可能会影响案件正确裁决的程序瑕疵，应及时提出异议，并说明该种情形的后果，要求仲裁庭予以纠正。同时，应当正确认识申请撤销仲裁裁决这一程序的法律价值。申请撤销仲裁裁决是对仲裁裁决明显不公、损害当事人合法利益的事后救济，作为兜底性的规则而存在。当事人因为仲裁程序的瑕疵寻求撤销仲裁，一方面会耗费时间精力，另一方面审理结果有不确定性。产生这种情况是由于对何种程序瑕疵会"影响案件正确裁决"这一问题的立法态度尚不够清晰明确，并且司法实践中尚未形成统一的定论。

对于仲裁委员会、仲裁庭，笔者建议应当严格遵循《仲裁法》和仲裁规则进行工作，不能为了提高工作效率而一味地采取简化流程或者事后补足材料的方式进行仲裁。如果当事人因为仲裁程序违法而向法院提出撤销裁决的请求，则意味着其对仲裁庭工作的不认可，即使最终法院认定仲裁庭背离仲裁规则的具体行为达不到"违反仲裁法规定的仲裁程序和当事人选择的仲裁规则可能影响案件正确裁决的情形"的程度，没有撤销原裁决，仲裁庭的权威性也会遭受质疑，社会公信力也会受到贬损。

委托他人进行仲裁活动的授权委托书非“委托人”签署

郭凤冬*

一、撤销仲裁裁决理由的缘起

【案例一】

审理案号:(2020)京 04 民特 65 号

申请人:吴某某

被申请人:某某公司

基本案情:

BJ 仲裁委员会依据《连带责任保证合同》作出吴某某应对某某公司承担连带保证责任的认定,该合同文本中虽然订有仲裁条款,但经北京明正司法鉴定中心司法鉴定,《连带责任保证合同》上“吴某某”的签名非吴某某本人所签,仲裁卷宗所附授权委托书亦非吴某某本人签署,没有证据证明吴某某知晓并认可《连带责任保证合同》的内容及相关仲裁情况,故亦无法证实吴某某与某某公司之间存在仲裁的意思表示。根据《仲裁法》第 58 条第 1 款

---

* 郭凤冬:先后毕业于中国人民公安大学(法学学士)、中国政法大学(经济法硕士)和香港财经学院(工商管理硕士),具有 AMAC 私募基金从业资格和上市公司高管(独立董事)资格。现担任第十一届深圳市律协公平竞争与公平交易委员会委员,东莞仲裁委员会仲裁员、韶关仲裁委员会仲裁员、深圳市前海国际商事调解中心调解员、中国国际贸易促进委员会/中国国际商会调解中心调解员。

第1项之规定，吴某某与某某公司之间不存在仲裁协议，BJ仲裁委员会(2019)J仲字第0316号仲裁裁决关于吴某某应对某某合作社对某某公司的给付义务承担连带清偿责任部分应予撤销。

【案例二】

审理案号：(2020)京04民特650号

申请人：某某投资公司

被申请人：张某某

基本案情：

关于某某投资公司与张某某申请确认仲裁协议效力一案，BJ市第四中级人民法院审理时认为，由于某某投资公司主张合同并非某某投资公司与张某某签署，故仲裁条款无效。法院认为，根据《仲裁法》第19条的规定，仲裁协议独立存在，合同的变更、解除、终止或者无效，不影响仲裁协议的效力。《仲裁法司法解释》第10条第2款规定，当事人在订立合同时就争议达成仲裁协议的，合同未成立不影响仲裁协议的效力。本案中，张某某明确表示案涉合同为其本人签署，某某投资公司向法院提交的《居间顾问合同》加盖有某某投资公司合同章及负责人签名，某某投资公司未提供该合同非其真实意思表示的证据。有关该合同是否成立以及效力问题，为仲裁庭实体审理范畴，现阶段不予审查。法院审查过程中，某某投资公司提出对签名和印章进行鉴定的申请。

【案例三】

审理案号：(2020)京04民特775号

申请人：彭某某

被申请人：某某合伙企业

基本案情：

彭某某与某某合伙企业(有限合伙)申请确认仲裁协议效力，BJ市第四中级人民法院审理时认为，根据彭某某的申请事项、事实理由及法院询问审查情况可以确定，本案的争议焦点是案涉《股权转让协议》中的仲裁条款对彭某某是否有效。

在仲裁案件中,当申请人或被申请人不能亲自处理仲裁程序中的相关事务时,就需要委托他人代理来参加仲裁活动。仲裁案件中当事人需要向其代理人签发授权委托书。授权委托书是指国内经济仲裁案件和涉外经济仲裁案件的当事人在委托律师或其他代理人代为参与仲裁活动时,向仲裁委员会提交的说明受委托人的代理事项和代理权限的文书。

授权委托书是委托人授权受委托人代理仲裁的证明文件,既是受委托人参加仲裁的合法依据,也是仲裁委员会确定受委托人的仲裁代理人地位的依据。

申请人或被申请人必须向仲裁机构提交书面授权委托书,仲裁机构才会允许代理人代表被代理人来处理仲裁程序中的事务。被代理人签发授权委托书后,代理人在委托书的授权范围内以被代理人的名义参加仲裁活动,并由被代理人来承担相关的法律责任,因此授权委托书是一份很重要的法律文件,签发时需要非常谨慎。

二、法院的处理结果

虽然《仲裁法》第 58 条赋予了当事人请求撤销仲裁裁决的权利,但基于仲裁裁决"一裁终局"的特性、《仲裁法》及司法解释规定的有限性、司法审查规则以及撤销仲裁裁决应报高级人民法院的审核并依高级人民法院的意见作出裁定之规定,司法实务中法院裁定撤销仲裁裁决的比例极低。

笔者在 Alpha 系统以"申请撤销仲裁裁决"为案由查询近 3 年(2020—2022 年)撤销仲裁裁决案件(以下简称撤裁案件,不含申请撤销劳动仲裁裁决案件),共计 20,680 例,其中裁定撤销裁决仅 202 例,另通知重新仲裁 272 例,二者合计 474 例,仅占申请撤裁案件的 2.3%。从法院撤销仲裁裁决的理由来看,虽然《仲裁法》第 58 条规定了 6 种可撤销裁决理由,但以"(一)没有仲裁协议的;(二)裁决的事项不属于仲裁协议的范围或者仲裁委员会无权仲裁的;(三)仲裁庭的组成或者仲裁的程序违反法定程序的",特别是第

3 项为由的撤裁案件占绝大多数。因此,申请撤销仲裁裁决时能否结合案件事实及法律规定找出正确的撤销仲裁裁决理由尤为关键。

以下为代理人签署的授权委托书非“委托人”亲自签字或伪造盖章的情形,法院对撤销仲裁裁决的处理意见。

案例一中,BJ 市第四中级人民法院在审理时认为,本案是当事人申请撤销国内仲裁裁决的案件,应依据《仲裁法》第 58 条的规定,对本案进行审查。《仲裁法》第 58 条规定:“当事人提出证据证明裁决有下列情形之一的,可以向仲裁委员会所在地的中级人民法院申请撤销裁决:(一)没有仲裁协议的;(二)裁决的事项不属于仲裁协议的范围或者仲裁委员会无权仲裁的;(三)仲裁庭的组成或者仲裁的程序违反法定程序的;(四)裁决所根据的证据是伪造的;(五)对方当事人隐瞒了足以影响公正裁决的证据的;(六)仲裁员在仲裁该案时有索贿受贿,徇私舞弊,枉法裁决行为的。人民法院经组成合议庭审查核实裁决有前款规定情形之一的,应当裁定撤销。人民法院认定该裁决违背社会公共利益的,应当裁定撤销。”上述规定是人民法院撤销国内仲裁裁决的法定事由。法院认为,BJ 仲裁委员会依据《连带责任保证合同》作出吴某某应对某某公司承担连带保证责任的认定,该合同文本中虽然订有仲裁条款,但经 BJ 明正司法鉴定中心司法鉴定,《连带责任保证合同》上“吴某某”的签名非吴某某本人所签,仲裁卷宗所附授权委托书亦非吴某某本人签署,没有证据证明吴某某知晓并认可《连带责任保证合同》的内容及相关仲裁情况,故亦无法证实吴某某与某某公司之间存在仲裁的意思表示。根据《仲裁法》第 58 条第 1 款第 1 项之规定,吴某某与某某公司之间不存在仲裁协议,BJ 仲裁委员会作出的(2019)J 仲裁字第 0316 号仲裁裁决中关于吴某某应对某某合作社对某某公司的给付义务承担连带清偿责任部分应予撤销。

(2018)黑 08 民特 4 号案中,法院认为,刘某某使用的公章经司法鉴定确认并非麦克某某公司公章,刘某某持无效的授权委托书参加仲裁活动,违反了《仲裁法》第 29 条规定的仲裁程序。

值得注意的是,同样是BJ市第四中级人民法院申请撤销仲裁裁决的案例,在部分案例中,当事人在申请撤销仲裁裁决时向法院申请对合同上的签字进行鉴定,未获法院支持,当事人以合同上签字非本人所签为由申请撤销仲裁裁决也未获支持。

其中,案例二中,法院认为,确认仲裁协议效力的司法审查是为当事人解决纠纷的方式,以便各方尽快解决争议。因仲裁条款的效力争议与合同实体争议密切相关,仅通过对当事人的签字和印章进行鉴定,不足以判断当事人在行为时的真实意思表示,更无法判断法律行为的效力,故法院在此阶段不予鉴定。案例三中,法院经审查认为,当事人对自己提出的请求事项所依据的事实或者反驳对方请求所依据的事实,应当提供证据加以证明,不能提供证据予以证明或提供证据不能证明其主张的,应当承担因此产生的不利后果。另外,在法院组织的询问谈话中,彭某某又主张《股权转让协议》上的签字不是其本人所签,否认《股权转让协议》的真实性、完整性。法院认为,彭某某在确认仲裁协议无效申请书中认可审阅并签署了《股权转让协议》,并未对其签字的真实性提出异议,只是对协议的正文页与签字页是否为同一文件不予认可。彭某某在未提供证据的情况下,又主张《股权转让协议》上的签字不是其本人所签,缺乏事实依据和证据支持,法院不予采信。关于彭某某申请法院对《股权转让协议》的完整性、签字页彭某某签字的真实性进行鉴定的申请,由于仲裁司法审查仅系对仲裁协议进行的有限审查,彭某某上述申请对法院进行司法审查并非必要,如果彭某某对《股权转让协议》的完整性、真实性有异议,可到仲裁实体审理阶段向仲裁庭提出鉴定申请,因此,对其向法院提出的上述鉴定申请,法院不予准许。

值得强调的是,撤销仲裁裁决的概率极低,个案即使符合特定理由,仍应结合适用的仲裁规则及法律分析论述。而且,我国并不是判例法国家,本文所引述分析的案例也不是指导性案例,对同类案件的审理和裁判并无约束力。

三、评析

代理人签署的授权委托书非“委托人”亲自签字或伪造盖章的情形，属于法院撤销仲裁裁决的重要理由之一。申请人或被申请人向仲裁机构提交书面授权委托书，代理人才能在委托书的授权范围内以被代理人的名义参加仲裁活动，并由被代理人来承担相关的法律责任，因此授权委托书是一份很重要的法律文件。以下笔者简单介绍说明一下关于签订授权委托书的注意事项及其对仲裁协议效力的影响。

（一）签订授权委托书的注意事项

1. 委托内容

授权委托书应具备以下 5 项内容：(1) 委托人的名称或姓名，法定代表人的姓名；(2) 被委托人的姓名、职位、工作单位；(3) 授权范围；(4) 授权期限；(5) 签发授权委托书的时间。授权期限既可以是明确的时间，如从某年某月某日至某年某月某日，也可以是不具体的时间，如本案件仲裁过程中或从某年某月某日至本案终结之日。

2. 委托权限

当事人在进行特别授权时，需要将特别授权的事项明确列出，而不能笼统地写上“全权代理”。

3. 委托报酬

委托合同如果是有偿的，应在合同中对于报酬的支付时间、支付方式等进行明确约定：(1) 明确约定报酬的支付方式，以现金支付或是通过银行转账的方式。(2) 明确约定报酬的支付时间，在受托人完成委托事务后，委托人应支付约定的报酬给受托人。同时，委托人还应支付给受托人在处理委托事务中垫付的相关必要费用。(3) 明确约定委托事务因受托人的过失而未能完成，委托人可以不支付报酬或是就已经完成的部分支付相应的报酬。

4. 受托人损害赔偿

委托合同若是有偿的,因受托人的过错给委托人造成损失的,委托人可以要求赔偿损失。但是,因委托人自己指示不当或其他过错致使受托人遭受不应有的损失的,该损失由委托人自行承担。

委托合同若是无偿的,因受托人的故意或者重大过失给委托人造成损失的,委托人可以要求赔偿损失。

5. 其他事项

在订立委托合同时,建议根据具体委托事项对违约责任、争议解决方式、管辖地等约定清楚,以降低委托合同履行风险和保证代理活动的顺利进行,并尽可能保障作为委托人的合法权益。

(二)授权委托书对仲裁协议效力的影响

1. 授权委托书真实性与否,将直接影响仲裁协议的效力

仲裁协议是整个仲裁程序的起点,在有些时候,也会成为仲裁程序的"终点"。通常而言,当事人申请仲裁所依据的合同上的签字非本人所签,将直接导致被认定为仲裁条款并非双方当事人的真实意思表示,即不存在有效的仲裁协议,当事人将无法通过申请仲裁解决纠纷。一方面,《仲裁法》第4条规定:"当事人采用仲裁方式解决纠纷,应当双方自愿,达成仲裁协议。没有仲裁协议,一方申请仲裁的,仲裁委员会不予受理。"《仲裁法》第21条规定,当事人申请仲裁应当有仲裁协议。在司法实践中,经济仲裁案件或涉外仲裁案件仲裁所依据合同上签字处的签名、《授权委托书》中委托人处的签名并非合同主体、委托人本人亲自签名,因无法证实存在仲裁协议的意思表示,从而无法证实仲裁协议的有效性。另一方面,《仲裁法》第58条规定,当事人提出证据证明没有仲裁协议的,法院应当撤销仲裁裁决。在仲裁机构作出仲裁裁决后,当事人能否以合同上的签字非本人所签为由申请撤销仲裁裁决?申请撤销仲裁过程中,当事人申请法院对合同上的签字进行司法鉴定,法院是否应支持当事人的申请?目前司法裁判过程中,如当事人非

因自身原因未参加仲裁庭审，则可在撤裁案件中，通过申请司法鉴定认定载有仲裁条款的合同上的签字非本人所签，并以当事人之间不存在仲裁协议为由，申请撤销仲裁裁决，法院对当事人的撤销仲裁裁决的申请应予支持。

2. 授权委托书需要本人亲自签名

授权委托书需要本人亲自签名。若没有本人签名，就不能表达其真实的意思表示，则将无法证实存在有效的仲裁协议。根据我国相关法律规定，授权委托书是必须要本人签名的，未经委托人本人签名一般是无效的，如果是法人的授权委托，则必须加盖法人印章。

四、延伸

相较于诉讼程序，仲裁程序在国际商事争议解决上使用更频繁。关于国际商事仲裁裁决的撤销理由及意义影响更深远。

随着国际商事关系的发展，国际商事争议大量发生，客观上需要相应的争议解决机制。国际商事仲裁以其高度自治性、民间性和准司法性而受到国际社会的普遍欢迎，成为解决国际商事争议的一种行之有效的手段。但是，国际商事仲裁活动不能完全脱离国家的司法干预和控制，这是司法最终解决原则的体现。国际商事仲裁裁决的撤销作为一项司法监督仲裁行为，已为大多数国家所规定和采用，但也存在许多问题，如有关裁决撤销理由的不一致，比较混乱。裁决的撤销理由，即当事人申请撤销裁决及法院接受申请并处理撤销裁决事宜的条件和根据。撤销裁决的理由以及理由的成立与否，直接关系到裁决的有效与否，进而影响当事人权利义务关系能否实现。

在撤销裁决的理由问题上，虽然各国仍存在不同，但各国的仲裁立法与实践在逐渐地协调和统一。已有学者提出在保留现行体制的基础上在世界范围内设立对国际商事仲裁裁决效力实施监督的国际仲裁法院，并得到了积极的响应。因此，我们有理由相信，随着国际经济全球化进程的加快和维护正常的国际商事交往秩序的需要，在进一步加强各国的共同合作与对话的基础上，统一国际商事仲裁裁决的撤销理由不仅是必要的，而且是可能的。

未依法审查委托代理人变更情况

章宏春*

一、撤销仲裁裁决理由的缘起

审理案号:(2019)鲁 08 民特 36 号之一

申请人:某某物业公司

被申请人:业主某某

案情简介:

某某物业公司因为与业主某某在履行物业服务合同期间发生纠纷,业主某某对物业公司提供的物业服务不满意而拒缴物业服务费,而某某物业公司认为已经提供了优质的物业服务,业主某某应当按照合同约定支付物业服务费,双方发生争议。双方在物业服务合同中约定,如发生纠纷交由 JN 仲裁委员会仲裁处理。

JN 仲裁委员会作出裁决后,某某物业公司向 JN 市中级人民法院申请撤销该裁决。

二、法院的处理结果

法院认为,仲裁裁决过程中,某某物业公司向 JN 仲裁委员会提交的委

* 章宏春:毕业于湘潭大学,广东开野律师事务所律师,从 2006 年开始执业,代理各类案件数百件,办理民商事案件具有一定的经验,海南国际仲裁委员会仲裁员,深圳市律师协会第九、十届不良资产法律专业委员会委员。

托书证明，某某物业公司除了委托两名律师李某光、盛某光作为仲裁代理人外，又委托公司工作人员时某栋以职工身份作为仲裁代理人参加仲裁庭审，其并未依规定提交书面变更或解除仲裁代理人的申请。因此，JN 仲裁委员会未依法审查某某物业公司委托代理人的情况，违反了《JN 仲裁委员会仲裁规则》第 22 条之规定。

《JN 仲裁委员会仲裁规则》第 22 条规定：当事人或其法定代理人可以委托 1 ~2 名仲裁代理人进行仲裁活动。下列人员可以被委托为仲裁代理人：(1)律师、基层法律服务工作者；(2)当事人的近亲属或者工作人员；(3)当事人所在社区、单位以及有关社会团体推荐的公民。当事人委托仲裁代理人进行仲裁活动，应向本会提交授权委托书及仲裁代理人的身份证明文件。授权委托书应载明仲裁代理人的姓名、工作单位、职务、有效通信方式(固定电话、移动电话、传真、电子信箱等)、委托事项、代理权限。仲裁代理人代为承认、放弃、变更仲裁请求、进行和解、提起反请求、代收法律文书，须有委托人的特别授权。仲裁代理人的代理权限包含代收法律文书的，授权委托书还应载明仲裁代理人的住所、邮政编码。仲裁代理人的委托事项和代理权限发生变更或被解除的，当事人应书面通知本会，已进行的仲裁程序不因此受到影响。

《JN 仲裁委员会仲裁规则》第 25 条规定：(1)当事人或者其法定代理人可以委托一人至两人作为仲裁代理人参与仲裁活动。(2)当事人委托仲裁代理人进行仲裁活动，应当向本会提交载明代理事项和代理权限的授权委托书以及委托代理人的身份证明文件。(3)仲裁代理人的委托事项和代理权限发生变更或者被解除的，当事人应当书面通知本会并提供相关文件。已进行的仲裁程序不因此受到影响。

JN 市中级人民法院依法组成合议庭进行了审查，认为可以由 JN 仲裁委员会重新仲裁。依据《仲裁法》第 61 条的规定，法院裁定本案中止撤销程序。

三、评析

仲裁程序中委托代理人出庭代理已经非常普遍了,《仲裁法》第 29 条规定,当事人、法定代理人可以委托律师和其他代理人进行仲裁活动。委托律师和其他代理人进行仲裁活动的,应当向仲裁委员会提交授权委托书。但《仲裁法》对代理人的人数没有规定。参照《民事诉讼法》第 61 条第 1 款的规定,当事人、法定代理人可以委托一至二人作为诉讼代理人。法律之所以这样规定,一方面是考虑诉讼的需要,尊重当事人的意思;另一方面是对委托代理人人数的限制。这种限制,既不影响当事人行使诉讼权利,又有利于诉讼的进行。

仲裁委员会的仲裁规则一般都有类似规定,对仲裁代理人的身份及人数都有详细说明。《JN 仲裁委员会仲裁规则》第 22 条就有明确的规定。本案中,某某物业公司委托两名律师李某光、盛某光作为仲裁代理人外,又委托公司工作人员时某栋以职工身份作为仲裁代理人参加仲裁庭审,其并未依规定提交书面变更或解除超额仲裁代理人的申请,导致本案的委托代理人人数超过《JN 仲裁委员会仲裁规则》的规定,而 JN 仲裁委员会未依法审查某某物业公司委托代理人情况,违反了《JN 仲裁委员会仲裁规则》第 22 条之规定,在仲裁程序上存在瑕疵。JN 市中级人民法院经审查后认为本案仅在程序上存在些许瑕疵,司法救济权不宜轻易介入,应尊重仲裁裁决的权威性、独立性及公信力,遂作出了中止撤销程序,申请人及被申请人可以重新仲裁的处理结果。

仲裁规则在开庭前送达给双方当事人,双方当事人都应当严格遵守。当事人既然选择了以仲裁的方式解决纠纷,就应当熟悉并遵守选定的仲裁委员会的仲裁规则,避免因不遵守仲裁规则而给自己带来不利后果。仲裁是一裁终局,仲裁程序的重要性不言而喻。仲裁委员会在仲裁过程中应坚持实体与程序并重,仲裁的各方都要从本案例中吸取教训。

四、延伸

仲裁是国际上通行的解决经济纠纷的法律制度。1995 年 9 月 1 日，《仲裁法》正式实施，标志着适应社会主义市场经济要求的仲裁法律制度实现了与国际通行做法的接轨。仲裁委员会的主要职责是遵循法律规定、依据事实、参照国际惯例和公平合理的原则，独立、公正、合法、及时地仲裁平等主体的公民、法人和其他组织之间发生的合同纠纷和其他财产权益纠纷。民商事仲裁因适应市场经济发展的需求而诞生，是市场经济发展的产物，因此它必须服务于市场经济的发展。一个国家的民商事仲裁制度，体现着这个国家社会成员之间信赖合作的能力，这种能力直接反映着这个国家的竞争力；而信用制度的发达与否，则直接影响着一个国家或者地区的经济发展速度。市场经济的不断发展、市场主体诚信意识的不断增强，又使得民商事当事人愿意通过比较平和、相对私隐的方式去解决民商事纷争。因此，作为独立于行政和司法之外的民商事争议解决机制，仲裁通过调动社会各行各业的专业人士裁断纠纷、化解矛盾，其与生俱来的快捷、专业、灵活解决经济纠纷的优势，越来越多地被市场经济主体所青睐。仲裁作为除诉讼之外的纠纷解决方式，拥有其独特的优势和功能，也为各国所重视。这是世界仲裁的发展趋势，同样也是我国仲裁的发展趋势。

公正与效率应是办理仲裁案件的永恒主题。一方面，公正是仲裁的生命，失去了公正，仲裁就会失去存在的理由和基础；公正也是各方追求的终极目标。另一方面，公正也有时效性，或者说，效率本就是公正的应有之义，世界上从来没有无效率的公正。“迟来的正义为非正义”这句话，早已超出了法治格言的范畴。要保证仲裁的公正性，仲裁员队伍最关键。“打铁还需自身硬”，任何工作都是一样的，要想有一定的业务素质，干出一定的工作水平，法律和相关领域的基础知识是基本保障。要办出当事人满意的仲裁案件，首先需要一支值得信赖的仲裁员队伍。仲裁员队伍的建设不能一蹴而就，要在长年累月中提升自身资质和能力，不断学习，积累实务经验。仲裁活动中我们提倡当事人要诚信合作解决问题，并不是不讲法律、不讲约定、不讲事实、不区分是非曲直，而是在讲法律、讲约定、讲事实、讲是非曲直的前提下提倡双方当事人讲诚信、讲合作、讲利益平衡、讲理性理智、讲退一步海阔天空、讲共谋发展、讲经济效益和效率。事实上，也只有在讲公平、讲正义、讲法律的前提下，双方当事人才会心服口服从而心甘情愿地讲诚信和合作。失去效率可能就会失去利益，迟到的公正在丧失经济利益的条件下很难称之为公正，因此公正与效率在多数情况下相辅相成，必须两手一起抓。仲裁机构要求仲裁员、秘书工作人员在办理案件、处理仲裁程序时尽可能兼顾二者，使二者有机统一，切实维护当事人的合法权益。随着我国仲裁事业的蓬勃发展，仲裁委员会的仲裁规则越来越规范，越来越细化，仲裁员的业务水平也越来越高，出现本编案例的情形非常少见，该种情形不但严重影响了仲裁的效率，也给仲裁机构带来了一定的不良影响。作为仲裁员应当尽量避免这种情况出现，这也给仲裁员提出了更高的要求。而仲裁的关键在于仲裁员，在仲裁过程中或者争议解决过程中，仲裁员扮演着非常重要的角色。仲裁员应该是独立的、无偏见的，能够提出关键问题并正确、清晰、简洁地给出仲裁决定，让双方能更好地理解和执行。除此之外，仲裁员还应该道德高尚，严格按照职业守则来工作，并且在法律、新技术、经济等方面具有丰富的知识和经验。仲裁员必须努力提高专业素质，在仲裁活动中也要注重程序和细节，充分展现仲裁员的法律专业素养和能力，开展高效优质的仲裁服务，进而形成一份份高质量的仲裁裁决书。同时仲裁机构也要狠抓树立仲裁机构的公信力建设，公正、快捷地仲裁各类民商事经济纠纷和争议。从改革工作机构，提高工作效率、完善办案程序，健全规章制度，快速调处经济纠纷、建立监督机制、严格工作纪律、切实保证仲裁案件的质量等多方面入手，公正、快捷地依法仲裁各类经济纠纷和争议，认真履行好《仲裁法》赋予仲裁机构的重要职责，树立优良的社会形象，更好地服务于社会主义市场经济，维护社会的稳定，为构建和谐社会做出努力。回顾过去、展望未来，仲裁的发展首先需要人才；因为仲裁是专家办案，专业性很强，对仲裁人才条件的要求很高。仲裁的好坏取决于仲裁员，因此要大力加强仲裁员队伍管理，一方面需要提高仲裁员的入门门槛，要始终坚持国际化、专业化的高标准，以吸收德才兼备、素质好、业界认可度高的优秀专业人才，进而培养造就一批国际化涉外仲裁人才；另一方面要健全仲裁员的聘任资格审查、日常管理、监督考核机制，要严明仲裁员纪律，严格规范仲裁员依规履职，形成日常监督管理制度。对违反仲裁员管理制度的行为，要坚决予以及时处理，以保障仲裁员队伍的廉洁公正，不断提升自身仲裁公信力。只有仲裁的公信力得到大多数国家的认可，涉外仲裁裁决才能得到更好的执行，仲裁裁决才会有旺盛的生命力。我国的仲裁事业已经进入新的发展阶段，要乘势而上，不断增强使命感和责任感，提高仲裁围绕中心、服务大局的整体效能，以打造国际一流仲裁机构为目标，科学谋划，强弱项、补短板，强化责任担当，增强主动性和创造性，推动仲裁高质量发展。我国仲裁要沿着《仲裁法》和党中央、中央人民政府确定的正确道路发展，有党的正确领导，有《仲裁法》等法律和党中央、中央人民政府的相关规定指导和指引，有众多法学和经济学大家以及务实的仲裁人群体的深入研究，有各大学、研究机构和中国仲裁论坛这样众多高层次平台提供的理论支持，有仲裁机构提供的成功经验，我国的仲裁事业将沿着正确的轨道稳步前行，也肯定还会有一些仲裁机构步入世界著名仲裁机构的行列。中国国际商事仲裁在解决国际商事争议方面具有重要地位，受理的争议类型趋于复杂多样，同时通过吸收借鉴国际商事仲裁最新发展和成功经验，仲裁规则的国际化程度日益提高。我们有理由相信，中国的仲裁机构会出现更多更好的仲裁人，中国的仲裁机构成为国际一流仲裁机构的数量会越来越多，中国仲裁裁决在国际上的公信力也会越来越大。随着“一带一路”沿线经贸活动的不断深化，中国企业“走出去”遇到的纠纷也随之增多，因此中国商事仲裁国际化是必然趋势。“一带一路”共建国家的政治体制、文化传统、法律制度、营商环境不同，带来了企业之间纠纷解决的复杂性。国际商事仲裁裁决依据《纽约公约》已经得到了 157 个国家和地区的承认，相比法律诉讼，仲裁已成为解决中国企业在“一带一路”建设过程中所产生纠纷的重要手段。要着手加强“一带一路”共建国家仲裁制度研究,推进与“一带一路”共建国家仲裁机构的合作,强化对“一带一路”相关仲裁案件的公正裁决,通过化解矛盾纠纷助力中国企业“走出去”。中国企业在“走出去”过程中亟须我国的仲裁机构为其“保驾护航”。越来越多的中国企业也会将中国的仲裁机构作为解决纠纷的首选。希望我国的仲裁机构加强对仲裁员的培养和选拔,多参与国际仲裁业务的办理,建设更多更好的一流仲裁机构,为我国仲裁事业的发展做出应有的贡献!

未审查委托代理权限即作出裁决

杨成名*

一、撤销仲裁裁决理由的缘起

审理案号:(2018)黔01民特16号

申请人:某某置业公司

被申请人:饶某某

基本案情:

某某置业公司于2016年1月29日向蒋某某出具授权委托书,该授权委托书载明:"某某置业公司授权受托人蒋某某全权代表本公司处理与饶某某债务的相关事宜,本公司代理人(受托人)签署的一切文件、处理结果(涵盖强制执行类文件和结果)和与本纠纷有关的一切事务,本公司均予以承认并同具法律效力。受托人在此范围内所签署的一切文件,委托人均予以承认。委托期限:办理完毕上述事宜为止。"饶某某于2016年5月5日依据其与某某置业公司之间的仲裁协议向GY仲裁委员会申请仲裁,提交了上述授权委托书。同日,饶某某与蒋某某共同提交了对本案仲裁程序的特别约定:"1.被申请人自愿放弃答辩期;2.双方共同选定何某某仲裁员组成独任仲裁

---

* 杨成名:深圳大学法学学士、中国人民大学法学硕士(在读),现为广东卓建律师事务所合伙人律师。深圳国际仲裁院仲裁员、深圳市民商事调解中心调解专家、深圳市前海合作区人民法院调解员。

庭不开庭进行书面审理;3. 仲裁程序按照贵阳仲裁委员会现行仲裁规则中的简易程序进行;4. 被申请人放弃举证期限。”

2016 年 5 月 20 日,GY 仲裁委员会作出案涉仲裁裁决:(1)被申请人某某置业公司于本裁决书送达之日起 15 日内,向申请人饶某某归还欠款××元,不计利息;至 2016 年 12 月 30 日,以尚未归还的欠款余额为本金,按月利率 2%,自 2016 年 4 月 11 日起计付利息,并按先息后本的顺序还本付息。(2)本案仲裁费用××元,此费用已由申请人饶某某向仲裁委员会提交,由申请人饶某某自行承担。

后某某置业公司向 GY 市中级人民法院申请撤销 GY 仲裁委员会作出的仲裁裁决。某某置业公司称,GY 仲裁委员会作出的仲裁裁决存在以下可以撤销的情形,依法应予撤销:《仲裁法》第 29 条规定,委托律师和其他代理人进行仲裁活动的,应当向仲裁委员会提交授权委托书。而蒋某某根本没有某某置业公司委托其进行仲裁活动的委托书,其无权代理某某置业公司参加本次仲裁活动。2016 年 5 月 5 日蒋某某与仲裁申请人饶某某一起前往仲裁委员会提交仲裁申请书涉嫌虚假仲裁。在此情形下,仲裁委员会尤其应该谨慎审查。蒋某某既非法律专业人士又非某某置业公司员工,只持有一份 2016 年 1 月 29 日处理纠纷的公证委托,该委托显然不是本次仲裁活动的委托书。而仲裁委员会没有根据《仲裁法》的规定要求蒋某某提交代理仲裁活动的委托书,导致某某置业公司对仲裁活动不知晓。直到 2017 年 8 月 16 日收到 GY 市中级人民法院执行局的执行裁定,某某置业公司才知道案涉仲裁裁决书。至今某某置业公司没有收到案涉仲裁裁决。经查卷,仲裁庭没有向某某置业公司寄送裁决书,裁决书是蒋某某个人签收的,程序违法,已经构成《仲裁法》第 58 条第 1 款第 3 项可以撤销裁决的情形。

二、法院的处理结果

GY 市中级人民法院认为,当事人申请撤销仲裁裁决的,应当依据《仲裁法》第 58 条“当事人提出证据证明裁决有下列情形之一的,可以向仲裁委员会所在地的中级人民法院申请撤销裁决:(一)没有仲裁协议的;(二)裁决的事项不属于仲裁协议的范围或者仲裁委员会无权仲裁的;(三)仲裁庭的组成或者仲裁的程序违反法定程序的;(四)裁决所根据的证据是伪造的;(五)对方当事人隐瞒了足以影响公正裁决的证据的;(六)仲裁员在仲裁该案时有索贿受贿,徇私舞弊,枉法裁决行为的。人民法院经组成合议庭审查核实裁决有前款规定情形之一的,应当裁定撤销。人民法院认定该裁决违背社会公共利益的,应当裁定撤销"的规定进行审查。本案中,GY 仲裁委员会认定蒋某某系某某置业公司的仲裁代理人,但其授权委托书系仲裁申请人饶某某提交的,作出日期在申请仲裁之前,且该授权委托书并没有明确委托事项为仲裁代理,也没有进行特别授权,蒋某某自己亦未另行提交某某置业公司向 GY 仲裁委员会出具的委托授权证明,GY 仲裁委员会未审查蒋某某的代理权限即作出裁决,违反了《GY 仲裁委员会仲裁规则》第 85 条"当事人可以委托一至二名代理人进行仲裁。委托代理人进行仲裁活动的,应当提交载明具体委托事项和权限的授权委托书。委托代理人代为提起、承认、放弃、变更仲裁请求或反请求,选定仲裁员,进行和解,请求调解,应当有委托人的特别授权"之规定,故 GY 仲裁委员会案涉仲裁裁决存在《仲裁法》第 58 条第 1 款第 3 项规定的可以撤销的情形,案涉仲裁裁决应予以撤销。

三、评析

本案的症结在于仲裁双方是否按照《仲裁法》及《GY 仲裁委员仲裁规则》的规定进行仲裁活动,委托代理人进行仲裁活动时是否向仲裁委员会提交载明具体委托事项和权限的授权委托书。本案中,蒋某某并非某某置业公司的员工,其持有的某某置业公司出具的授权委托书载明的委托代理权限仅为处理某某置业公司与饶某某之间的纠纷事宜,该授权委托书并没有明确委托事项为仲裁代理,也没有进行特别授权,且该授权委托书系仲裁申请人饶某某所提交,蒋某某自己亦未另行提交某某置业公司向仲裁委员会出具的委托授权证明,其并不具有本次仲裁活动的代理权限,仲裁委员会未审查蒋某某的代理权限即作出裁决,故法院认定仲裁程序存在问题,裁定撤销仲裁裁决,该处理结果是正确的。

程序正义是实体公正的前提,仲裁程序过程本身能够发挥使结果正当的重要作用。正因如此,仲裁程序是否正当是仲裁裁决司法监督审查的重要范围。从实践来看,绝大部分撤销仲裁裁决的理由都是基于对仲裁程序的审查,主要为仲裁协议无效或不存在、超权仲裁或仲裁程序不当,仅在案件涉及证据、公共利益等问题的情况下才对仲裁裁决进行实体审查。随着法治的发展,人们越来越重视程序的正当性,人们对结果公正与否的标准从程序过程以外的实体公正标准转向程序过程本身的公正、合理性标准,关注程序是否按照法律规定贯彻运行,如正当程序被彻底地得以贯彻,能最大限度地保证实体公正。

程序正当原则的第一项内涵是对仲裁程序中关乎各方当事人的利益的重要环节给予双方当事人适当、有效的通知。程序正当原则的第二项内涵是保证各方当事人陈述权利的实现。在仲裁活动中,当事人往往会委托代理人代表其参与仲裁活动,行使选定仲裁员、选择审理方式等程序性权利,以被代理人的名义发表质证、辩论等法律意见,维护被代理人的合法权益。关于仲裁代理人,不同的仲裁机构的规定大体相似,《中国国际经济贸易仲裁委员会仲裁规则》第 22 条规定,当事人可以授权中国及/或外国的仲裁代理人办理有关仲裁事项,当事人或其仲裁代理人应向仲裁委员会仲裁院提交授权委托书。《贵阳仲裁委员会仲裁规则》第 88 条规定,当事人可以委托一至二名代理人进行仲裁,委托代理人进行仲裁活动的,应当提交载明具体委托事项和权限的授权委托书,委托代理人代为提起、承认、放弃、变更仲裁请求或反请求、选定仲裁员、进行和解、请求调解,应当有委托人的特别授权。《深圳国际仲裁院仲裁规则》第 24 条规定:“当事人可以委托包括中国内地、香港特别行政区、澳门特别行政区、台湾地区和外国律师在内的人士担任其仲裁代理人。当事人委托代理人进行仲裁活动的,应当向仲裁院提交载明具体委托事项和权限的授权委托书。”可见,委托代理人向仲裁委员会提交的授权委托书,都应当载明具体委托事项和代理权限,这是因为代理制度的本质决定了代理人必须正确行使自己的代理权,即行使代理权必须是为了被代理人的利益;代理人在代理权限内,以被代理人名义实施的民事法律行为,对被代理人发生效力,产生的法律后果由被代理人承受;代理人接受委托后进行的一系列代理活动,必须符合被代理人的意志,不得超出被代理人的授权范围,更不能违背被代理人的意志;任何滥用代理权、用代理损害被代理人利益的行为,都是法律所不允许的。故在仲裁活动中的各方当事人向仲裁委员会提交授权委托书后,仲裁委员会或仲裁庭应当审查代理人的具体代理事项和代理权限,确保代理人在仲裁活动中所行使的具体代理事项及权限均在当事人所出具的授权委托书中载明的代理事项及权限范围内,从而保障当事人陈述权利、维护自身合法权益的实现。若代理人没有代理权限或其所行使的代理权限超出授权委托书所载明的代理事项和代理权限,其所代理的事项或陈述等并非当事人的真实意志,而仲裁委员会或仲裁庭疏于审查而作出的仲裁裁决,如何保障程序的正当性?又如何保障当事人的合理诉求及合法权益?

本案中,在代理人没有仲裁代理权限的情况下,仲裁委员会或仲裁庭未审查代理人的代理权限直接作出了仲裁裁决,表面上看仅为疏于审查代理权限,而事实上剥夺了当事人使用仲裁规则参与仲裁程序,合理地表达诉求、寻求抗辩,进而维护自身合法权益的机会,已经严重违背了仲裁最低正当程序要求,该仲裁裁决自然应当被撤销。

四、延伸

程序正义根植于古老的自然法思想,其观念和理论体系都起源于英美法系。程序正义的思想最早可以追溯到亚里士多德时期。亚里士多德提出"以正当方式制定的法律应当具有终极性的最高权威"[1],第一次提出了

---

〔1〕［美］E. 博登海默:《法理学:法律哲学与法律方法》,邓正来译,中国政法大学出版社 1999 年版,第 12 页。

"以正当方式"的限定性词语,强调法律调整手段的正当性。该程序正义的思想虽起源于诉讼,但仲裁作为纠纷解决程序,与诉讼一样,都以程序公正作为实体公正的保障,正当法律程序的基本原理是相通的。

仲裁的特点之一是高效便捷,该特点体现在仲裁程序中,故仲裁程序不仅体现正当原则,同时也体现效率原则。各国仲裁立法均有对程序正当与效率的要求,如英国 1996 年《仲裁法》第 33 条规定:"(1)仲裁庭应:(a)公平及公正地对待当事人,给予各方当事人合理的机会陈述案件并抗辩对方当事人的陈述;(b)根据特定案件的具体情况采取合适的程序,避免不必要的延误和开支,以对待决事项提供公平的解决方式。(2)仲裁庭应在进行仲裁程序过程中、在其对程序和证据事项的决定中以及在行使授予它的所有其他权力时,都应遵守该一般义务。"这一条是对仲裁当事人正当程序权利的保障,不仅体现了程序公正,也体现了程序效率,程序公正与程序效率相统一。1998 年德国《民事诉讼法典》第 10 编"仲裁程序"的"总则"第 1026 条限定了"法院干预范围",这一规定旨在保障仲裁程序的独立性;而后,该法又在第 1042 条"一般程序规则"之中规定了"各方当事人应平等对等,并应给予一方充分陈述案件的机会""当事人没有约定,且本编也没有规定,则仲裁庭应以其认为适当的方式进行仲裁"〔1〕。该两条规定亦体现了程序公正与程序效率的一般性原则。1999 年《瑞典仲裁法》第 21 条规定的"仲裁员应以公正、实用和快捷的方式处理案件。仲裁员应按照当事人的约定行事,只要该约定不被禁止"〔2〕也体现了程序公正与效率的要求。

仲裁程序属于一种强制性要求,其核心内容是要确保仲裁程序符合当代正义的仲裁正当程序要求,当事人不能通过协议事先予以排除。众多国家或地区的法律不仅载明了上述强制性要求而且将违反行为列为拒绝执行所导致的仲裁裁决理由之一,而且将发生在该国或地区的此种行为归入可撤销仲裁裁决的一项理由,如《德国民事诉讼法典》第 1059 条第 2 款第 4 项

〔1〕 宋连斌、林一飞译编:《国际商事仲裁资料精选》,知识产权出版社 2004 年版,第 397 页。
〔2〕 宋连斌、林一飞译编:《国际商事仲裁资料精选》,知识产权出版社 2004 年版,第 411 页。

“仲裁庭的组成或者仲裁程序不符合本编规定”、1999 年《瑞典仲裁法》第 34 条第 6 项“非因当事人的过错而在仲裁程序上出现了可能影响案件结果的不当情况”、2003 年《日本仲裁法》第 44 条“仲裁庭的构成或者仲裁程序，违反日本的法令（关于有关法令的与公共秩序无关的事项，当事人之间有合意的时候，依该合意）”等规定，均为违反仲裁正当程序的要求而导致仲裁裁决被撤销的理由之一。

随着社会发展，公正在现代被赋予了更深、更全的含义，公正被认为包括实体公正与程序公正两大方面，实体公正不再是评价裁决公正与否的主要标准，程序公正才被看作反映仲裁活动规律和内在要求的价值目标。程序具有稳定性和统一性，以程序公正与否评价仲裁的正当性可贯彻仲裁的始终，对其的坚持和维护为人们追求公正提供了信念保障。

持加盖非委托人公章的授权委托书进行仲裁活动

张明利*

一、撤销仲裁裁决理由的缘起

审理案号:(2018)黑08民特4号

申请人:某某园林公司

被申请人:谭某某

2018年2月13日,在JMS市中级人民法院立案审查的申请人某某园林公司与被申请人谭某某申请撤销仲裁裁决一案中,申请人某某园林公司称,JMS仲裁委员会作出的(2017)J仲字第12号仲裁裁决程序违法,应予撤销。申请人的事实及理由为:双方当事人之间不存在债权债务关系,并且申请人也并未委托刘某作为代理人参加仲裁庭审。刘某伪造申请人单位公章参加了庭审并不具备法定的主体资格,申请人也未授权其为申请的工程与被申请人借款施工。JMS仲裁委员会在申请人不知情的情况下作出(2017)J仲字第12号仲裁裁决书,违反了《仲裁法》第58条所规定的情形,代理人的主

---

* 张明利:北京市京师(深圳)律师事务所专职律师。1996年起先后从事过辅警、基层法律工作者、公务员、公证员、法律援助、基层调解、审判员、执行法官、央企合同主管、证券公司经纪人等工作。现任京师审判研究中心轮值主任,兼任内地两家仲裁机构仲裁员、前海法院常驻特邀调解员、深圳市律师协会商事仲裁法律专业委员会及广东省律师协会公司法律专业委员会委员等。

体资格是伪造的,侵害了申请人的合法权益,影响了案件的公正审理,依法应予撤销。被申请人谭某某辩称:经与某某园林公司法定代表人郭某通话得知,郭某对本案不知情,也不知道公章鉴定一事,所以本案诉讼是虚假的。某某园林公司放在施工管理人员刘某手中的公章是刘某用于处理该工程请款、转款、结算、还款、仲裁等一切事宜,我方申请证人刘某出庭作证,证实其参与仲裁活动是经过某某园林公司认可并承认的,某某园林公司既然存在两套公章,就没有真假之说。

二、法院的处理结果

2018 年 4 月 5 日,JMS 市中级人民法院作出(2018)黑 08 民特 4 号民事裁定,认为在 JMS 仲裁委员会所作裁决中,刘某使用的公章经司法鉴定确认并非某某园林公司公章,刘某持无效的授权委托书参加仲裁活动,违反了《仲裁法》第 29 条规定的仲裁程序。本案申请人某某园林公司的申请理由符合《仲裁法》第 58 第 1 款第 3 项规定的情形,应予支持,JMS 仲裁委员会所作(2017)J 仲字第 12 号裁决书应当予以撤销。依照《仲裁法》第 58 条、第 59 条、第 60 条之规定,法院裁定撤销 JMS 仲裁委员会(2017)J 仲字第 12 号仲裁裁决书。

三、评析

首先,参加仲裁活动应当持有当事人出具的授权委托书,这是仲裁案件在申请和受理阶段就应当遵循的法定程序性要求。

第一,当事人无论委托律师,还是委托公司员工作为其代理人进行仲裁活动,都应当按要求向仲裁委员会提交授权委托书等,授权委托书须明确载明具体委托事项、权限和委托期限等内容。

《仲裁法》第 29 条规定:“当事人、法定代理人可以委托律师和其他代理人进行仲裁活动。委托律师和其他代理人进行仲裁活动的,应当向仲裁委员会提交授权委托书。”授权委托书作为仲裁活动的程序性要求,体现的是当事人的意思行为，这也是当事人受仲裁活动约束的必然要求和前提条件。此外，授权委托书的授权须出于当事人的真实意思，且当事人具有完全民事行为能力，委托内容不违反法律效力性强制性规定。为规范管理、方便庭审、提高效率，与仲裁有关的法律法规及各仲裁委员会的仲裁规则、材料清单等对授权委托书的出具一般均有相应的规定及更为具体的要求，各仲裁委员会一般也会在其官网及立案大厅等现场提供有关格式文本供参考。这些举措大大减少或避免了当事人在申请与受理阶段就出现与授权委托有关的瑕疵问题，在一定程度上有效降低了撤销仲裁率，维护了仲裁裁决的公信力。

第二，虽然各仲裁机构在仲裁审理活动开始前，就已经在程序上为此做了很多准备工作，但在实践中，当事人授权委托书的签署或盖章确认仍存在着较多不规范之处。

按照要求，授权委托书格式文本一般都会包括委托人姓名或名称、委托事项、权限范围、委托期限及落款名称和日期等基本要素。但在具体填写过程中，因为当事人的不同理解、认识差异或主观态度等原因，往往会存在很多不规范的地方。例如，结尾落款处都会根据当事人主体身份的不同，要求当事人签字、捺印或盖章确认，而实际上，对自然人而言，有的只有签名无捺印，有的有捺印无签名，有的是替人代签名，签的是自己的，捺印也是各个手指都有，一时找不到印泥就随意使用口红等物品，彩色打印、复印的也都不在少数。对单位而言，盖的章也会出现诸多不同的表现形式，如公章、合同专用章、项目部章、财务专用章、法定代表人章、发票专用章等，法定代表人签字或盖章也时有时无，或者只有法定代表人签字没有盖公章等。在仲裁案件立案审查活动中，形式审查就能对前述问题加以纠正，因为形式审查包含对有无签字盖章、是一般授权还是特别授权、授权内容是否全面、是否超出授权范围、有无超过授权期限等条件的判断。但对于其中公章是否存在伪造等重大瑕疵，则无法快速识别，且往往缺乏判明真伪的参照。

第三，授权委托书若存在重大瑕疵，可能影响到正确裁决，则属于仲裁违反法定程序申请撤销裁决的理由。

对此,《仲裁法》第58条第1款已明确规定:"当事人提出证据证明裁决有下列情形之一的,可以向仲裁委员会所在地的中级人民法院申请撤销裁决:……(三)仲裁庭的组成或者仲裁的程序违反法定程序的……"对该规定的理解,需要注意以下几点。

其一,在申请撤销裁决过程中,提出申请的当事人需要举出相应证据加以证明。

其二,当事人可以在一定期限内提出撤销裁决的申请,是否提出撤销仲裁裁决是当事人一方的合法权利而非义务,当事人可以放弃不行使,法院通常不会依职权主动撤销仲裁裁决。

其三,撤销仲裁裁决的管辖法院系仲裁委员会所在地的中级人民法院,其原因在于仲裁委员会是在地级市以上行政辖区所设立的,且设立之初为数不多,出于对或裁或审制度稳定性及仲裁制度公信力的维护以及对撤销仲裁裁决的重大影响审查评估等因素的考虑,撤销仲裁裁决的司法审查在程序上采取了较为审慎的原则及态度。

其四,《仲裁法司法解释》第20条规定:"仲裁法第五十八条规定的'违反法定程序',是指违反仲裁法规定的仲裁程序和当事人选择的仲裁规则可能影响案件正确裁决的情形。"能够被撤销裁决所违反的程序必须是法定的,须限于一定范围内且可能会影响到案件的正确裁决,否则也不得被撤销,撤销裁决的权力不能被随意滥用。

其次,在裁决被撤销的案件中,仲裁程序违反法定程序是最常见的原因,其理由众多,且涉案比例甚至超过了50%。

相较于诉讼,仲裁具有程序上灵活的优势,但因程序问题撤销裁决的理由仍较为常见,其中违反法定程序的撤销仲裁裁决理由主要包括:违反回避情形、不当利冲、剥夺了当事人选任仲裁员的权利、送达问题、超审限、仲裁员未能到庭时未依法重新选定或指定仲裁员、公告不当、不当驳回鉴定申请、未依法处理调查取证、未及时缴纳仲裁费、应质证而未质证、重复仲裁、错误适用审理程序、受聘仲裁员不符合法定条件、当事人主体资格已不存在仍作出裁决等。但从上述事由来看，持加盖伪造公章的授权委托书参加仲裁活动的情形相对较少、占比较低，究其原因与诉讼目的衡量与利益比较分析、责任后果大小、电子印章启用、身份信息认证识别的数据安全等因素不无关系。

再次，有关签约合同及授权委托书上伪造公章的分析认定非常重要。

公章本质上是法人意思表示的外在推定，代表着公司的意思行为，其在一定范围内是具有公信力、证明力和约束力的。为防范公章问题引发风险，有关管理部门对刻制公章会有一些程序要求。

通常来说，刻制公章需要公司持统一社会信用代码证书、法定代表人或负责人和经办人的身份证复印件、单位介绍信或法定代表人或负责人的授权委托书等，到公安机关许可的刻制企业，由刻制企业审核录入印章治安管理系统，系统根据录入信息自动生成芯片和印章编码，刻制企业再从印章系统数据库下载公章信息刻制公章，同时扫描相关资料上传系统建立电子档案。印章完成后，刻制企业将制作的印章在《备案登记单》上留存印模，连同相关证明材料一并交公安机关办理备案手续。

实践中，用章不一致大致可以分为公章种类和文件内容不匹配、公章是伪造的、使用的公章未经备案这三种情形。当公司内部出现管理混乱时，就极易发生上述情形，相应地也难免会出现诸如“抢章大战”或公司法定代表人、授权委托人使用伪造印章对外签订合同的情况。而利用伪造的印章签订合同并非当然无效，交易相对方通常并不负有实质审查公司签署合同所使用印章真实与否的义务，只要有证据证明公司在经营管理过程中已经使用过签约时所使用的印章，则公司就不得主张该印章系伪造，进而以此为基础否认合同效力。

目前，只认公章的观念早已有所转变，司法实务中“认人不认章”的理念和在商事领域存在的“商事外观主义”原则已然成为对公司法律行为效力进行判断的重要标准。交易相对人是否负有审查印章真伪的义务，具体还得结合对方的代理权限、代表权、身份职位、签约场所、交易资金流动方向、交易规范性等多个方面进行判断，即根据当事人表现出来的意思确定其相应的法律效果。

“认人不认章”是《九民纪要》第 41 条的规定，即“人民法院在审理案件时，应当主要审查签约人于盖章之时有无代表权或者代理权，从而根据代表或者代理的相关规则来确定合同的效力”。通常而言，审查核实签约代表的自然人身份及代理权限比判断公章的真伪更为方便，相对人也比较容易做到，“认人不认章”也就更符合常理。伪造公章对公司行为的效力具有不确定性，但行为人在有权盖章的情况下，无论公章的真假，公司均应对“盖章行为”承担责任。概言之，如果行为人有权盖章即可认定盖章行为属于公司所为。行为人是否能够代表公司为或不为一定的法律行为，要看其有无相应的授权。如对公司具有法律约束力，就需要相对人有理由相信行为人具有代表权或代理权成立，即是否构成表见代表或表见代理。反之，则对公司不具有法律约束力。

如此一来，此种认定可以在最大限度上发现并还原公司的真实意思进而追求实现公平正义的价值理念，这一理念可以有效保护交易安全和市场信赖，降低交易成本，促进经济发展。

与此不同的是，持伪造印章的授权委托书参加仲裁活动属于法定程序问题，不同于签订合同行为，其撤销仲裁审查标准应当是严于合同效力的认定标准的，司法审查必须严格遵循法律条文的明确规定，法官无自由裁量空间。授权委托书也并非仲裁案件审理过程中当事人双方提交审理案件的证据本身，因而不能混淆为伪造证据的范畴，加之其适用条件等也有所不同，故而在目前的司法观念中大多不会套用“认人不认章”的逻辑作为是否撤销仲裁裁决的判断依据。

但无论如何，撤销仲裁裁决或不予执行仲裁裁决均须严格依法进行，不得或不应有自由裁量的空间，程序性审查毕竟不同于实体审理，这是负责对仲裁案件进行司法审查的审判人员防止错案追究情形发生的必然选择和正当反应。

这也意味着,公司对外出具函件、授权委托书、往来公文、承诺书,向有关部门递交申请资料等,必须确保用章前后一致,以避免交易风险的发生。

复次,授权委托书出现重大瑕疵后,仲裁庭若继续进行裁决活动,无论当时是否知情,都难免会在司法审查中出现因程序违法被撤销裁决的法律风险。

最后,在仲裁司法审查过程中,立法变化对仲裁裁决的司法判断有着广泛而深远的影响。

鉴于国内仲裁和涉外仲裁两种制度并行的情况,1991 年 4 月 9 日经第七届全国人民代表大会第四次会议通过的《民事诉讼法》采取了“双轨制”的司法审查模式,对国内仲裁裁决的审查采取涵盖实体和程序事项的全面审查模式;对涉外仲裁裁决则参照《纽约公约》等的规定,采取程序审查模式。2012 年《民事诉讼法》第二次修正时,针对国内仲裁裁决不予执行审查的原则的内容〔1〕,新规定参照《仲裁法》第 58 条撤销仲裁裁决的标准进行了修改,实现了司法审查标准的基本统一。其重要意义在于该条修改删除了原有“认定事实的主要证据不足”和“适用法律确有错误”对裁决进行实体审查的标准,从法律规定上明确了国内仲裁司法审查应以程序审查为主的有限审查原则〔2〕。

上述立法过程的发展变化,既适合中国特色社会主义法律制度的现状,又有利于保障我国现阶段“一裁终局”“两审终审”等基本法律制度的稳定性,便于实现多元化争端解决方案制度的设计初衷,以顺应国际公约应用需求及改革开放潮流,尽最大可能扩大国内司法或准司法活动中我国法律适用的外延,在维护人民应有利益的同时,也能进一步增强我国的国际影响力,实现“一带一路”倡议。

---

〔1〕 1991 年《民事诉讼法》第 217 条在 2012 年《民事诉讼法》修正后为第 237 条,2023 年《民事诉讼法》修正后为第 248 条。

〔2〕 参见最高人民法院民事审判第四庭编:《最高人民法院商事仲裁司法审查年度报告》,人民法院出版社 2009 年版,第 6 ~ 7 页。

四、延伸

（一）就公司角度而言，避免授权委托书出现因公章系伪造被撤销仲裁裁决的应对策略

第一，公司对外发文一律要进行规范有序的编号，为查档方便、明晰用途或及时发现超越权限、虚假授权等情况创造良好条件，对不再使用的印章、用印和公文要及时收回并载册销毁。

第二，在日常内部管理上，公司刻制公章应规范印模、发文通告并留档备查，方便比较和区别，切勿为使用方便大量刻制各类名目公章、合同章、业务章等。

第三，公司应当积极避免出具空白授权书、空白介绍信，对特殊离职人员要视情形行文通告，如果出现印章丢失、伪造、盗盖等情况要及时通知交易对手与关联主体并登报公示，避免交易伙伴、上下游及关联主体上当受骗或被抗辩“不善意”。

第四，保证用章管理规范，登记入册，不允许随意挂靠，并通过作出股东会决议、修订公司章程、完善内部管理制度等方式加以限权保护。

第五，实行合同管理、授权管理网上签报审批制度，对审签环节分流程、分部门和职能进行，各司其职、各尽其责，形成“防火墙”和良好的监督制约机制。

第六，加强内部稽核检查，强化内控制度，发现涉嫌私刻伪造公章的行为要及时予以报案，不能因为短期蝇头小利而放任内部私刻公章的行为，以免引发大额索赔。

（二）涉外、涉港澳台企业或其他组织、自然人的主体资格和授权材料

1. 涉外、涉港澳台企业或其他组织作为诉讼或仲裁当事人的主体资格材料

（1）我国香港特别行政区企业或其他组织的主体资格证明材料（商业登

记证、注册证书、周年申报表)，须经我国司法部委托的香港律师公证，同时应当由中国法律服务(香港)有限公司加盖转递专用章。

(2)我国澳门特别行政区企业或其他组织的主体资格证明材料，须经我国司法部派驻澳门的中国公证员公证，同时应当由中国法律服务(澳门)有限公司加盖转递专用章。

(3)我国台湾地区企业或其他组织的主体资格证明材料，须经我国台湾地区公证机构公证，由财团法人海峡交流基金会寄送公证书副本，由中国公证协会或省、自治区、直辖市公证协会出具正副本相符核验证明。

(4)外国企业或其他组织的主体资格证明材料，须经所在国公证机关公证，并经我国驻该国使领馆认证，或者履行我国与该所在国订立的有关条约中规定的证明手续；需要办理公证、认证手续，而外国当事人所在国与我国没有建立外交关系的，可以经该国公证机关公证，经与我国有外交关系的第三国驻该国使领馆认证，再转由我国驻该第三国使领馆认证。

(5)涉外、涉港澳台企业或者其他组织作为原告或申请人的，需另外提交：企业或其他组织同意起诉或仲裁并推举出代表人的股东会决议、董事会决议、一人股东或一人董事证明书、合伙人协议或者负责人意见等(根据实际情况任选其一)及该代表人身份证明书、该代表人的身份证件复印件，并办理公证及认证手续。(以上材料一并办理公证、认证手续)

2. 涉外、涉港澳台企业或其他组织、自然人作为诉讼或仲裁当事人的授权材料

授权委托书须注明一般授权或特别授权(须明确具体权限)。

(1)当事人为外国人或我国港澳台地区自然人的，其在我国境外出具的授权委托书，应当依法履行相关的公证、认证手续或者其他证明手续。

其在境内签署的授权委托书，应当经我国公证机关证明其身份，并证明该委托书是在我国境内签署的，无须在其所在国家或地区再办理公证、认证或者其他证明手续。

(2)当事人为外国人或我国港澳台自然人的，可以在法庭或仲裁庭工作

人员面前签署授权委托书,但应提供其身份证明和入境证明等文件。

(3)当事人为涉外、港澳台企业或者组织的法定代表人或者负责人,代表该企业或者组织在我国境外出具授权委托书的,应当办理相关的公证、认证手续或者其他证明手续。

(4)该法定代表人或者负责人代表该企业或者组织在我国境内签署的授权委托书,应当经我国公证机关证明其身份,并证明该委托书是在我国境内签署的,且向法院或仲裁庭提交该企业或者组织出具的办理了公证、认证或者其他证明手续等能够证明其有权签署授权委托书的证明文件。

(5)该法定代表人或者负责人代表该企业或者组织在法庭上或仲裁庭工作人员面前当面签署的授权委托书,无须办理公证、认证或者其他证明手续,但在签署授权委托书时,该法定代表人或者负责人除了向工作人员出示身份证明和入境证明外,还必须提交该企业或者组织出具的办理了公证、认证或者其他证明手续等能够证明其有权签署授权委托书的证明文件。

第五章

证据的问题

仲裁案件中依法调取的证据未组织质证

郝众望*

一、撤销仲裁裁决理由的缘起

审理案号:(2018)鄂01民特296号

申请人:某某联合集团公司

被申请人:某某动画公司

2010年,某某动画公司与某某联合集团公司签订合同,合同约定某某动画公司向某某联合集团公司购买位于某技术开发区软件园×栋商品房(诉争房屋),某某动画公司付清房款后取得相应权证,并将诉争房屋在华夏银行某分行设定了抵押。

2014年6月25日,某某动画公司向某某联合集团公司借款2000万元,借款期限为1个月,月息3%。某某多媒体公司签订《股权质押协议》,将持有的某某动画公司股权质押给某某联合集团公司,为上述借款作担保。借款到期后,某某动画公司无力偿还上述借款本息,与某某联合集团公司协商一致,于2014年12月31日将《股权质押协议》转换成《房产回购协议》,约定于2015年3月31日前由某某动画公司向某某联合集团公司完成诉争房屋的转让,某某联合集团公司向某某动画公司支付2370万元作为房屋回购

---

* 郝众望:毕业于西南政法大学国际法学院,曾任职于北京市炜衡(重庆)律师事务所,现为泰和泰(深圳)律师事务所律师、深圳市律师协会商事仲裁法律专业委员会干事。

的首付款,并在过户手续办理完毕后支付剩余尾款。但在2015年3月31日前,该回购协议并未得到履行。

2015年6月25日,某某联合集团公司与某某动画公司约定,将2370万元(原为本息)作为本金,通过某银行某支行向某某动画公司发放为期3个月的委托贷款,利率为17.65%,某某多媒体公司仍然作为股权质押担保人。2015年9月25日该委托贷款到期,某某动画公司无法归还贷款。

2015年12月20日,某某动画公司、某某联合集团公司、某某多媒体公司三方签订《房产购买协议书》,约定:某某动画公司将自建房产一栋转让给某某联合集团公司,某某联合集团公司于签订当日向某某动画公司支付2370万元作为首付款,该协议特别约定,在2016年6月20日前某某动画公司可将某某联合集团公司已支付的首付款足额返还,且一并支付从某某联合集团公司支付首付款之日起按月3%计算的首付款占用金,该协议自某某联合集团公司足额收到首付款及占用金之日起予以终止,并办理股权质押解除手续。

2016年5月16日,某某联合集团公司发函,要求某某动画公司按照协议于2016年6月20日前办理完毕房屋产权转让变更登记手续,或者足额返还已支付的首付款2370万元及其产生的首付款占用金。

2016年6月20日,某某动画公司、某某联合集团公司、某某多媒体公司三方签订《终止协议书》,约定:自协议签订之日起,终止2015年12月20日签署的《房产购买协议书》,关于某某动画公司尚未支付利息、某某联合集团公司未付款项及产生违约金等事项另行签订《关于软件园×栋商品房买卖合同》。

2016年6月30日,某某动画公司、某某联合集团公司、某某多媒体公司、朱某某签订《软件园×栋商品房买卖合同》,合同约定:某某动画公司将×栋商品房转让给某某联合集团公司,将29,116,314.17元欠款转为某某联合集团公司支付的首付款,某某多媒体公司、朱某某同意为所涉房屋买卖事宜及某某动画公司收取的买卖首付款、某某动画公司应当支付的违约金等合同项下其他义务提供连带责任保证;某某多媒体公司将其持有的某某动画公司 1419 万股股份全部质押给某某联合集团公司。

2016 年 12 月 9 日,某某动画公司向某某联合集团公司表示,计划分期偿还购房首付款 29,116,314.17 元后终止《关于软件园 × 栋商品房买卖合同》,而某某联合集团公司的经办人员表示如果某某动画公司于 2016 年 12 月 31 日全额退还已支付的首付款并按每月 3% 支付首付款的占用金,则可以考虑终止合同。

2016 年 12 月 30 日,某某联合集团公司收到某某动画公司支付的 300 万元并开具收到利息的发票,某某动画公司认为该款项是本金而拒收发票。

2017 年 3 月至 6 月,某某动画公司与某某联合集团公司就诉争房屋未能达成一致意见,某某联合集团公司依据仲裁协议向 WH 仲裁委员会申请仲裁。

2018 年 1 月 15 日,WH 仲裁委员会作出(2017)W 仲裁字第 000001839 号裁决:(1)某某动画公司继续履行《关于软件园 × 栋商品房买卖合同》,某某动画公司于裁决书送达次日起 15 日内协助某某联合集团公司办理完成某技术开发区软件园 × 栋 1—18 层房屋产权变更登记及缴纳税费的手续;(2)某某动画公司承担房屋腾退的协助义务;(3)某某动画公司、某某多媒体公司、朱某某共同赔偿某某联合集团公司损失 500,000 元;(4)仲裁费 894,595 元,由某某动画公司承担 805,135.5 元,某某多媒体公司、朱某某承担连带责任,某某联合集团公司承担 89,459.5 元。

某某动画公司、某某多媒体公司、朱某某向 W 市中级人民法院申请撤销上述裁决。

二、法院的处理结果

某某动画公司、某某多媒体公司、朱某某申请称,第一,主要证据未经申请人质证。申请人向仲裁庭提交了调取该 300 万元发票存根的申请书,仲裁庭接受该请求后通知被申请人提交发票存根,但仲裁庭未将该证据向申请人出示,亦未通知申请人质证,违反仲裁法定程序。第二,仲裁庭未经申请人质证就相关事实作出认定,足以影响仲裁的公正性。该发票存根记载内容为利息,证明双方履行的是借款合同而非房屋买卖合同,仲裁庭在裁决书中将300万元款项认定为申请人单方支付行为而与本案无关实属错误。第三,被申请人隐瞒了足以影响公正裁决的证据。被申请人主张欠款为29,116,314.17元而非原始的2000万元,其并未提供相关证据举证证明,仲裁庭没有将发票作为证据,帮助被申请人隐瞒证据。第四,被申请人提交的证据不足以推翻双方之间构成的民间借贷法律关系。申请人提交的证据已经证明被申请人在《关于软件园×栋房屋买卖合同》签订后向申请人主张了债权,且备案登记的股权质押担保合同与被申请人主张的房屋买卖关系相互矛盾。第五,仲裁庭认定双方系房屋买卖合同关系的证据不足,且违反法律规定。仲裁庭在申请人提交大量证据证明双方在房屋买卖合同签订后继续按照借款合同履行相关权利义务的情况下,仅凭一份被申请人为担保其债权而签订的房屋买卖合同认定存在房屋买卖关系,明显证据不足。综上,某某动画公司、某某多媒体公司、朱某某请求法院撤销该仲裁裁决。

某某联合集团公司辩称,首先,300万元发票存根不是本案仲裁案件的证据,不存在质证问题。仲裁开庭时双方对记载“利息”的300万元发票没有争议,仲裁庭对该事实进行了认定,未对申请人产生不利影响,且该发票不是某某动画公司提供的证据,也不是仲裁庭应某某动画公司要求向税务机关调取的证据,某某联合集团公司并未将该发票列为证据,仅供仲裁庭印证当事人的陈述内容进行参考。其次,某某联合集团公司并未隐瞒证据。某某动画公司并未说明隐瞒证据的具体名称、指向、持有人等基本信息,本案所涉的商品房买卖合同的首付款2911万元的形成过程及相关合同、协议等证据均是双方共同参与完成的,某某联合集团公司不可能隐瞒证据。最后,仲裁庭认定案件为商品房买卖合同法律关系正确。借款合同双方当事人经协商一致终止借款合同关系,建立商品房买卖合同关系,将借款本金及利息转化为已付购房款并对账清算,不属于法律禁止情形,亦非民间借贷合同的担保,该商品房买卖合同具有法律效力。综上,某某联合公司申请驳回申请人的撤销仲裁裁决申请。

法院认为,本案中,双方当事人均确认300万元发票存根未予质证。因争议证据系某某动画公司申请调取,该证据虽由某某联合集团公司提交,但本质上属于某某动画公司的举证证据,且该证据属于合同履行证据之一,与涉案多份合同是否真实履行存在直接关联,理应向某某动画公司开示。庭审后,某某联合集团公司按照仲裁庭要求提交了该发票存根,该证据作为庭后补充证据亦应当按照前述仲裁规则的规定进行质证或者要求当事人在一定期限内对该证据提交书面质证意见,但在仲裁案件审理过程中,仲裁庭收到某某联合集团公司提交的发票存根后,并未组织双方当事人质证,或者要求当事人提交书面质证意见,违反仲裁规则中关于证据质证的程序规定,故申请人某某动画公司关于提交证据未经质证的理由构成撤销仲裁裁决的法定事由,法院予以支持。

三、评析

《仲裁法》第58条第1款规定:"……申请撤销裁决:……(三)仲裁庭的组成或者仲裁的程序违反法定程序的……"关于仲裁庭的组成,由于实践中操作较为成熟,故争议相对较少。争议多集中在是否违反法定程序,而程序问题主要集中在证据上。为进一步明确何为"违反法定程序",《仲裁法司法解释》进一步对仲裁庭的组成和仲裁程序违反法定程序的情形作了列举式规定,其中"证据未向对方当事人展示的"属于仲裁程序违反法定程序的8种情形之一。[1] 本案以"依法调取的证据未经双方当事人质证"为由撤销仲裁裁决,对仲裁案件中质证程序问题的研究具有重要的参考意义。

本案属于撤销仲裁裁决案件,根据《仲裁法》第58条第1款第3项的规定,仲裁庭的组成或者仲裁的程序违反法定程序的,人民法院应当裁定撤

〔1〕 参见万鄂湘等主编,最高人民法院研究室、民事审判第四庭编著:《最高人民法院仲裁法司法解释的理解与适用》,人民法院出版社2007年版,第185页。

销。当事人主张的证据是否足以证明双方之间的法律关系,或证据是否应当采信等事由,均非撤销仲裁裁决的法定事由。而对于违反法定程序,《仲裁法司法解释》第20条进一步规定:"仲裁法第五十八条规定的'违反法定程序',是指违反仲裁法规定的仲裁程序和当事人选择的仲裁规则可能影响案件正确裁决的情形。"据此,《仲裁法》规定的仲裁程序和当事人选择的仲裁规则可以作为是否符合法定程序的判定依据。

本案中双方当事人选定的仲裁机构为WH仲裁委员会,根据《WH仲裁委员会仲裁规则》(2022年)第35条的规定,[1]仲裁庭对于庭后提交证据的应当交换证据,并可以要求当事人在一定期限内对该证据提交书面质证意见。就本案事实而言,虽然争议证据即300万元发票存根是由被申请人某某联合集团公司提交的,但该证据系由申请人某某动画公司申请调取,本质上属于某某动画公司的举证证据。在庭审结束后,某某联合集团公司根据仲裁庭的要求向其提交了该发票存根,但是仲裁庭在收到争议证据后,并未组织双方当事人质证,或者要求当事人提交书面质证意见,故违反《WH仲裁委员会仲裁规则》(2022年)第35条的规定。因此,申请人某某动画公司关于提交证据未经质证的理由构成撤销仲裁裁决的法定事由。

四、延伸

(一)质证程序之域外分析

质证是指通过当事人之间的对抗,从各自的利益角度对案件证据进行分析。通说认为,在仲裁案件中,质证的主体只能是当事人,而不包括仲裁

[1] 《WH仲裁委员会仲裁规则》(2022年)第35条规定:"(一)开庭审理的案件,证据应当在开庭时出示,由当事人质证。(二)依据书面文件审理的案件的证据材料,或者在开庭后提交的证据材料经仲裁庭同意,当事人可以书面质证,并应当在仲裁庭规定的期限内提交书面质证意见。(三)当事人在证据交换过程中已经相互认可并记录在案的证据,经仲裁庭在庭审中说明后可以不经质证直接作为认定事实的依据。(四)逾期提供的证据不纳入开庭审理的范围,仲裁庭许可的除外。仲裁庭决定不再开庭审理的,可以要求当事人在一定期限内对该证据提交书面质证意见。"2023年修改为第38条。

庭。仲裁庭应当是质证过程中的旁观者,经过双方当事人的利益对抗使仲裁庭成员形成内心确信,从而认定案件事实。质证的方式一般是直接询问和交叉询问。质证的对象不仅限于证人证言,任何形式的证据一般都应经过质证这一程序,未经质证的证据不得被仲裁庭采纳。质证具体包括庭前交换证据中的质证、开庭审理中的质证和书面质证,当庭进行质证是主要方式。〔1〕

比较法上,美国与英国仲裁规则中的质证程序具有参考价值。

1. 美国

美国仲裁中,对证人的询问一般由律师进行,仲裁员亦有权亲自询问证人。仲裁员也可以要求当事人的代理人另外提供那些他们认为可以用来支持或驳回主张的证据。在质证过程中,仲裁员只有在所有仲裁员和当事人都在场的情况下才能接受证据,除非一方当事人没有参加仲裁审理或是放弃在场的权利。当一个证人不能出席审理的时候,宣誓书则在仲裁证据中起到重要作用。仲裁员可以选择接受一份宣誓书作为证据,但他们没有被要求一定要这么做,他们拒绝这么做也不会被称为不良行为。《美国仲裁协会商事仲裁规则》第34条(a)规定:仲裁员应当接收并考虑证人以及宣誓书作出的证言,但是对这种证言,仲裁员只能在考虑了一切反对提出这种证言的意见后给予证言适当的评估。〔2〕

美国哥伦比亚地区的仲裁法赋予了仲裁员签发传票以强制证人出庭的权力。

2. 英国

英国仲裁中,对于证人证言,在实践中通常是由提出证人的当事人提交证人的书面陈述,但也有证人必须到庭的情形。《伦敦国际仲裁院仲裁规则》第20.5条规定:"仲裁庭和任何一方当事人均可以要求另一方当事人以

---

〔1〕 参见赵秀文主编:《国际商事仲裁法》,中国人民大学出版社2007年版,第234页。

〔2〕 See Martin Domke, *Dombe on commercial arbitration: volume 1*, London: Thomson Reuters, 3rd edition, 2011, p. 120.

其书面证词为依据的证人在仲裁庭举行的庭审中接受口头询问。仲裁庭命令另一方当事人确保该证人出庭,而该证人无正当理由拒绝出庭或未出庭的,仲裁庭可以根据案件的情况,给予该书面证词其认为恰当的权重,或者将其全部或部分排除。”

由此延伸出另外一个问题,即证人在作证之前能否被会见甚至是训练。某些国家的法院(或律师协会)规定禁止当事人或其顾问在亲自作证前接触证人,或者认为这是违反职业道德的。[1] 但是一些仲裁规则并不认为该会见行为不适当。《伦敦国际仲裁院仲裁规则》第 20 条第 6 款规定:“在任何适用的法律的强制性规定的规限之下,任何当事人或其法定代表人为了以书面方式出示有关证人的证言或者为了让该证人作为口头证人而会见任何证人或可能成为证人的人,并无不当之处。”由此看来,此类会见是有一定限制的,而以训练为目的的会见证人则被认为是一种严重不当的行为。与证人的会见应该是为了让证人有作证的心理准备,明确知道自己要证明的内容是什么,而不是对证人进行训练,使其证言更有利于主张方、更可信。律师的作用应当是协助证人获得信心,整理好清晰的思路,这些都是证人依其自身的知识或对事实的回忆进行真实而有效的作证所必要的。

英国诉讼中当事人申请专家证人需要经过法庭的同意,对于仲裁中仲裁员是否有相关权力并未作出具体规定。而事实上,仲裁庭只可能在双方当事人同意的情况下限制专家证据或指定共同专家证人。英国法院和仲裁庭都可以指定他们的专家及审理顾问,以便需要时从技术方面对其进行协助。虽然法院的专家及审理顾问的费用将由法院来判定由谁来承担,但用来指定专家及审理顾问以协助仲裁庭的费用,最终肯定是由双方当事人来支付。这样来看,仲裁庭可能发现当事人对指定专家及审理顾问会有些勉强或并不乐意。即便是在专家及审理顾问对仲裁庭理解技术方面的争议或是理解双方当事人提供的极其复杂的专家证据方面很有帮助的情况下,这

---

〔1〕 参见黄璨:《论国际商事仲裁程序中的证据规则》,载《经济与社会发展》2007 年第 5 期。

种消极情绪也有可能发生。[1]

(二)质证程序之域内分析

对于证据质证程序,《仲裁法》第 45 条规定:“证据应当在开庭时出示,当事人可以质证。”在早期,这一规定被法院认为是强制性规定,不容许有例外。比如,在 2000 年某行政公署诉某建筑公司一案中,裁定书认定:“鉴定复议报告应依法定程序在庭审中出示、质证。仲裁庭未能对该证据进行开庭质证,违反了《仲裁法》第 45 条的规定。”诚然,质证是当事人的一项重要权利,证据的质证意见是仲裁庭决定是否采信证据的重要因素。但《仲裁法》第 45 条的规定似乎否定了书面审理形式及其他适当的证据交换形式,受到了法律界的批评。[2] 在有些情况下,由于当事人在当庭或在开庭之后才提交证据,再次开庭无论是对于仲裁庭,还是对于当事人,都是沉重的负担,会造成仲裁资源的浪费。为解决上述问题,庭后书面质证应运而生。有学者指出,在符合一定条件的情况下,书面质证形式应得到认可。[3] 这种形式对于当事人权利的保障和仲裁资源的合理利用都起到了重要的作用。

《中国国际经济贸易仲裁委员会仲裁规则》《中国海事仲裁委员会仲裁规则》《北京仲裁委员会仲裁规则》也都对质证进行了具体规定。其中,《北京仲裁委员会仲裁规则》第 37 条相对规定得更具体,“……(二)开庭审理的案件,在开庭前已经交换的证据应当在开庭时出示,由当事人质证。当事人已经认可的证据,经仲裁庭在庭审中说明后,可以不经出示,直接作为认定案件事实的依据。(三)对于当事人当庭或者开庭后提交的证据材料,仲裁庭决定接受但不再开庭审理的,可以要求当事人在一定期限内提交书面质

---

[1] 参见杨良宜、杨大明:《国际商事仲裁中的证据——问题领域及最新发展》,载《中国海商法年刊》2002 年第 1 期。

[2] 参见宋连斌、赵健:《关于修改 1994 年中国〈仲裁法〉若干问题的探讨》,载陈安主编:《国际经济法论丛》第 4 卷,法律出版社 2001 年版。

[3] 参见毕玉谦:《仲裁程序上的质证与有关实务问题》,载《人民法院报》2005 年 6 月 27 日,第 B03 版。

证意见”。由此看来,中国在仲裁立法中关于质证仅作了一般性规定,规定当事人有质证的权利。

质证中存在的主要问题是对证人的质证,包括一般证人和专家证人。中国立法中仅简单规定了当事人有质证的权利,有的仲裁规则中还规定了质证的简单程序,但对于质证中的重要问题还是未提及。笔者认为应该明确的是律师对证人的作用,律师对证人应该起到积极的作用,协助证人获得信心,整理好清晰的思路。笔者认为没有必要对律师在仲裁审理前会见当事人进行限制。首先,会见有利于发挥律师的积极作用,使证人厘清思路从而查明事实真相;其次,从反面来看,若是律师对证人起到消极作用,则可以通过仲裁员的严格审理排除证言中的虚假成分。

仲裁庭对未发表质证意见的证据直接认定当事人对该证据无异议

林志平*

一、撤销仲裁裁决理由的缘起

审理案号:(2018)浙10民特19号

申请人:某某工艺品公司

被申请人:某某建筑安装工程公司

基本案情:

某某工艺品公司与某某建筑安装工程公司签订有仲裁协议,双方之间发生争议后,先交由TZ仲裁委员会处理。后申请人某某工艺品公司在TZ仲裁委员会向被申请人某某建筑安装工程公司提起仲裁。

2018年1月24日,TZ仲裁委员会作出(2014)T仲字第67号裁决。(1)被申请人某某工艺品公司在本裁决书发生法律效力之日起10日内支付给申请人某某建筑安装工程公司工程款606,987元并向申请人支付自2014年1月28日起至实际履行之日止按照中国人民银行同期贷款利率计算逾期

---

* 林志平:拥有华南师范大学管理学和法学双学士学位,现任广东连越(深圳)律师事务所高级合伙人律师、管委会委员兼党支部书记,华南师范大学校友联谊会理事兼深圳校友会副会长兼秘书长、华南师范大学法学院校友会常务副会长、深圳市律师协会监事等社会职务。曾获深圳市律师协会庆祝改革开放40周年暨深圳市律师协会成立30周年之“十佳优秀青年律师”和深圳市福田区沙头街道“优秀共产党员”等荣誉称号。

付款的利息损失。(2)驳回申请人某某建筑安装工程公司的其他仲裁请求。(3)驳回被申请人某某工艺品公司的仲裁反请求。本案的本请求仲裁受理费18,729元、处理费6432元,合计25,161元(已由申请人预交),由申请人承担10,941元,被申请人承担14,220元;反请求受理费9235元、处理费2275元,合计11,510元(已由被申请人预交),由被申请人承担;工程造价鉴定费30,000元(已由申请人预交),由申请人承担13,045元,被申请人承担16,955元;工程质量鉴定费20,000元(已由被申请人预交)及修复方案鉴定费48,600元(已由被申请人预交),由申请人承担。如被申请人某某工艺品公司未在本裁决书指定期间内履行给付金钱义务,应当依照《民事诉讼法》的规定,加倍支付迟延履行期间债务的利息。

后某某工艺品公司向TZ市中级人民法院申请撤销TZ仲裁委员会作出的仲裁裁决。某某工艺品公司认为仲裁庭未经质证便将有关证据认定为裁决结果的依据,随意剥夺申请人的基本权利,违反法定程序。

二、法院的处理结果

TZ市中级人民法院认为,《仲裁法》第58条第1款对法院撤销仲裁裁决的情形作出了具体的规定,只有符合该款6种情形之一的法院才可以予以撤销。就本案而言,针对申请人的主张,法院分析如下:(1)在仲裁案件审理过程中,申请人对第一份《建设工程施工合同》涉及的工程费数额、鉴定人意见、现场勘察记录的异议属于实体审理范围,不属于申请撤销仲裁裁决案件的审理范围。对第二份、第三份《建设工程施工合同》,仲裁案件的第一次庭审笔录和裁决书举证质证部分均没有某某工艺品公司的质证意见,但仲裁庭在证据认证时却认定某某工艺品公司对该两份合同无异议,故仲裁庭程序不合法。申请人在仲裁案件中对证人证言均予以认可,未提出异议,却在本案提出异议,前后矛盾。关于仲裁案件涉及的《工程变更单》,仲裁庭只对有原件的部分予以确认,对复印件部分未予认可,不存在申请人所陈述的将复印件内容认定为工程的情形。(2)申请人对鉴定报告通过提交书面质证意见书的方式进行了质证，并不存在未质证的情形。被申请人未提交1号车间、2号车间、3号车间及综合楼的施工图纸或竣工图纸，不需要申请人进行质证。申请人主张用电用水等证据系其举证范围，而非被申请人出具的证据未质证，故不存在损害申请人质证权利的情形。（3）双方在仲裁案件第二次开庭时均明确该案涉及的128万元价款不在仲裁案件的审理范围，该128万元亦未在裁决书中进行处理，故不属于本案申请撤销仲裁裁决案件的审理范围。申请人主张其上交的与128万元相关的47份单据为原件，但仲裁委员会案卷中反映该部分单据为复印件，如申请人确有证据证明，应向相关行政部门进行主张。申请人主张仲裁庭将其陈述内容多次修改并篡改庭审记录，但未提供相关依据予以证明，法院不予采信。（4）《仲裁法司法解释》第7条规定："当事人约定争议可以向仲裁机构申请仲裁也可以向人民法院起诉的，仲裁协议无效。但一方向仲裁机构申请仲裁，另一方未在仲裁法第二十条第二款规定期间内提出异议的除外。"本案被申请人向仲裁机构申请仲裁，申请人未在规定期间内提出异议，且委托代理人参加了8次仲裁，并在仲裁中提出了反请求。故仲裁机构受理本案并无不当。而申请人的其他申请理由，均涉及实体处理问题，非申请撤销仲裁裁决案件的审理范围。综上，仲裁庭在证据认证时程序不合法，属于《仲裁法》第58条予以撤销的法定情形。依照《仲裁法》第58条第1款第3项、第60条之规定，法院作出撤销TZ仲裁委员会（2014）T仲字第67号裁决的裁定。

三、评析

本案争议的焦点在于TZ仲裁委员会的仲裁程序是否合法。TZ仲裁委员会虽然在仲裁程序中开展了质证，对部分证据要求双方发表质证意见，并且针对鉴定意见有申请人的书面质证意见，但却忽略部分证据即第二份、第三份《建设工程施工合同》的质证程序，导致庭审笔录以及裁决书都没有记录上述证据的质证意见，即没有从程序上听取申请人对上述两份《建设工程施工合同》的质证意见。如果仲裁庭重视申请人的质证权利，重视法定程序,便不会出现"对第二份、第三份《建设工程施工合同》,仲裁案件的第一次庭审笔录和裁决书举证质证部分均没有某某工艺品公司的质证意见;但仲裁庭在证据认证时却认定某某工艺品公司对该两份合同无异议,故仲裁庭程序不合法"这样重大的程序违法。故法院认定仲裁程序违法,进而撤销仲裁裁决。笔者认为法院的裁定结果是符合事实和法律规定的,也反映了法院对程序以及当事人权利的重视。

《仲裁法》第 58 条规定:"当事人提出证据证明裁决有下列情形之一的,可以向仲裁委员会所在地的中级人民法院申请撤销裁决:(一)没有仲裁协议的;(二)裁决的事项不属于仲裁协议的范围或者仲裁委员会无权仲裁的;(三)仲裁庭的组成或者仲裁的程序违反法定程序的;(四)裁决所根据的证据是伪造的;(五)对方当事人隐瞒了足以影响公正裁决的证据的;(六)仲裁员在仲裁该案时有索贿受贿,徇私舞弊,枉法裁决行为的。人民法院经组成合议庭审查核实裁决有前款规定情形之一的,应当裁定撤销。人民法院认定该裁决违背社会公共利益的,应当裁定撤销。"该规定为申请人或被申请人撤销不公正的仲裁裁决提供了救济路径。由此折射出我国司法机关深层的价值取向,即实体公正需要程序正义这个内核进行支撑,否则实体公正便是无源之水。

仲裁作为多元化纠纷解决机制之一,效率是其追求的价值,也是仲裁的基本原则,因此,仲裁从诞生之初便奉行"一裁终局"原则,以最小的成本投入,获取最大化的利益回报,但由此带来的一个问题是对于不公的裁决结果,申请人或被申请人应当如何处理。基于这个问题,又出现了赋予法院撤销仲裁裁决的权力,作为平衡仲裁以效率为主的价值追求的作用。为难以避免的失利设计一种救济程序,是正义的根本要求。而撤销仲裁裁决这种"底线"救济机制也在本案中得以体现。经由仲裁协议这一"旋转门"和仲裁的受理与通知,当事人就参与到了实体和程序的博弈场中。在这一场博弈中,经由当事人选定或仲裁机构指定的仲裁员组成仲裁庭居中审理案件,当事人处于两端,与仲裁庭形成"等腰三角"之格局,实现其权利主张或者防御。在这个过程中,仲裁庭必须恪守程序规则,才能作出合格的仲裁裁决,否则,仲裁庭的组成或者仲裁程序的进行违反《仲裁法》或仲裁规则,从而构成法院撤销或不予执行仲裁裁决的依据。故在本案中,仲裁庭忽视申请人质证权利的行使,从根本上违背了程序的正当性,自然而然地,法院即有权行使法律所赋予的撤销该仲裁庭所作出裁决的权力,这也反映出了我国法律界越来越认识到程序的重要性,不断出台充分保障程序正义的法律法规;过往"重实体轻程序"的事件将会越来越少,因为"迟来的正义非正义",只有实现程序的正义才能真正保障实体权利的行使。

四、延伸

某种程度上,仲裁与人类文明一样久远,其自罗马时期便存在,后由法国不断发展、壮大,随后法国立法者通过一系列法案、规范将其对外输出。仲裁变革的发生是内在的,跟随商业惯例、国家政策、全球治理而自然发生的变化,最终反映在法律层面上。

仲裁裁决的撤销是司法监督机制的一种重要方式,法院应当对仲裁进行适度监督,保障仲裁裁决的有效执行。但是仲裁程序同样要求公平性,在仲裁裁决因各种因素的影响出现偏差或错误时,需要通过撤销仲裁裁决等司法监督机制予以纠正。通过比较中韩两国撤销仲裁裁决制度,分析撤销事由及撤销程序,笔者对我国撤销仲裁制度提出几点完善建议。《韩国仲裁法》第 36 条规定,只有在两类情形下法院才可以决定撤销仲裁裁决,第一种情形是,当事人申请并举证证明的事由。其一,仲裁协议一方当事人是无行为能力人,根据当事人约定的法律或者韩国的仲裁法律,仲裁协议视为无效情形。其二,提出申请的当事人没有及时收到通知或者因其他原因没有陈述其主张。其三,仲裁裁决的争议事项不是仲裁协议约定的仲裁事项或者超出提交仲裁的范围。其四,组成仲裁庭或者仲裁程序的进程与当事人约定的不一致。第二种情形则是法院依据职权认定的撤销事由。其一,根据韩国法律的规定,争议的标的无法通过仲裁解决。其二,仲裁裁决的承认和执行,违背韩国的公共秩序或善良风俗。《韩国仲裁法》之规定与我国《仲裁法》的规定存在一定的相似之处,都以一国之公序良俗作为撤销仲裁裁决的事由,但二者同样都未对公序良俗的范围作出限定,赋予涉案法官极大的自由裁量权。韩国仲裁庭与中国仲裁庭最大的区别在于,前者的仲裁程序是当事人事先约定好的,而后者的仲裁程序却具有法定性,虽然两国的法律都将程序之违反作为撤销事由之一,但韩国更注重当事人之间的意思自治,中国则更注重国家公权力对仲裁的监督。由此,我国仲裁程序还存在以下几个完善方向:其一,明确仲裁裁决撤销的审查程序;其二,明确撤销事由中社会公共利益的含义;其三,对于申请撤销仲裁裁决的裁定设置救济程序。只有在坚持尊重仲裁的民间性和独立性的基础上,由司法机关对其进行适度监督,才能够有力地保证仲裁的公正性,提高仲裁的公信力。

对于上述案件,笔者认为,仲裁员的行为规范与正当程序之间的关系应当引起重视。在仲裁过程中,仲裁员需要遵守的程序规范,除了众所周知的《仲裁法》、仲裁规则,还包括仲裁机构内部管理规范,如仲裁员职业伦理规范及各种办案指南。在内容上,三者可能互相交叉,但在法律效力上,三者必须加以区别。一般而言,《仲裁法》是仲裁程序的准据法,规定了仲裁的最低限度的正当程序标准,仲裁员、仲裁机构应当予以遵守,尤其是其中的强制性规定,一旦违反将产生严重后果,本案之所以被撤销原因就在于此。仲裁规则是当事人直接或间接选定的,具有契约性。仲裁机构的内部管理规范(其中最常见的是仲裁员守则)是仲裁机构为了加强案件管理、仲裁员管理及提升竞争力、吸引当事人,在《仲裁法》、仲裁规则的基础上制定的促进型规范,相较于《仲裁法》、仲裁规则,其属于锦上添花,但也是仲裁机构对自身以及仲裁机构提出的最高标准。

撤销仲裁裁决虽是对仲裁最严厉的监督,但仍应将其贯穿于仲裁之中。理想的司法监督应当将支持仲裁寓于其中,而不是制造对立。事实上,虽然各国仲裁法普遍规定了撤销程序,但司法谦抑理念亦以支持仲裁或仲裁友好之面目出现。

对逾期提交的与案件基本事实有关的证据未予审查

张燕君*

一、撤销仲裁裁决理由的缘起

审理案号:(2018)湘02民特61号

申请人:某某房地产公司

被申请人:某某建设工程公司

基本案情:

ZZ仲裁委员会根据某某建设工程公司与某某房地产公司订立的建设工程施工合同中的仲裁条款和某某建设工程公司提交的书面仲裁申请,于2017年1月20日受理了双方当事人之间的合同纠纷。2018年7月10日,ZZ仲裁委员会作出(2017)Z仲字第0217号裁决。(1)某某房地产公司于收到本裁决书之日起10日内向某某建设工程公司支付工程款20,343,305.46元,逾期按《民事诉讼法》(2017年)第253条处理[1]。(2)某某建设工程公司于收到本裁决书之日起10日内向某某房地产公司支付违约金1,090,000

---

* 张燕君:北京德恒(深圳)律师事务所律师,深圳市蓝海法律查明和商事调解中心与"一带一路"国际商事调解中心调解员,2022年担任深圳市律师协会商事仲裁法律专业委员会副主任、深圳市律师协会青年律师工作委员会委员,2021年入选广东省涉外律师人才库(新锐)。

〔1〕 相关规定参见2023年《民事诉讼法》第264条。

元,逾期按《民事诉讼法》(2017 年)第 253 条处理[1]。(3)驳回某某建设工程公司的其他仲裁请求。(4)驳回某某房地产公司的其他仲裁反请求。

某某房地产公司之后提出申请撤销仲裁裁决,主张其在仲裁庭 2018 年 7 月 6 日开庭时,提交了已付工程进度款 3,153,633 元的证据,仲裁庭均以未在规定举证期限内提交为由不予审查。在 ZZ 市中级人民法院撤销仲裁裁决审查中,某某房地产公司陈述,该部分证据有的是某某建设工程公司因该项目有对外欠款,法院要求某某房地产公司予以协助执行或被法院扣划的款项的证据;有的证据是在举证期限届满后才发生的。上述证据涉及的工程款均是为了本案施工合同事项的后续履行而支付的费用。申请人某某房地产公司提交了记账凭证、广发银行客户回单、ZZ 市 LS 区人民法院(2017)0203 民初 736 号民事判决书各一份,拟证明在没有认定的 315 万元证据中有一笔是举证期限届满,仲裁裁决作出之前被法院强制扣划的工程款。被申请人某某建设工程公司质证认为对此份证据记账凭证和广发银行的客户回单的真实性、合法性、关联性均有异议,对 ZZ 市 LS 区人民法院的民事判决以及执行裁定书的真实性无异议,关联性有异议,这两份文书与本案无关。

二、法院的处理结果

ZZ 市中级人民法院认为,本案某某房地产公司虽存在逾期举证行为,但因该部分证据与案件基本事实有关,仲裁庭应当根据法律及仲裁规则的规定,对证据进行审查和分析认定。同时,可以责令某某房地产公司说明理由,酌情决定是否予以训诫、罚款。但仲裁庭在当庭收取某某房地产公司提交的该部分证据后,并未当庭询问某某房地产公司逾期举证的原因,也未审查该部分证据是否与案件基本事实有关,存在对可能影响案件基本事实的证据不予审查的情形,符合《仲裁法》第 58 条第 1 款第 3 项"仲裁庭的组成

---

[1] 相关规定参见 2023 年《民事诉讼法》第 264 条。

或者仲裁的程序违反法定程序的”之情形,程序违法。法院遂裁定撤销该仲裁裁决。

三、评析

本案中 ZZ 市中级人民法院所作出的撤销裁决的依据为《仲裁法》第 58 条第 1 款第 3 项“仲裁庭的组成或者仲裁的程序违反法定程序的”,即 ZZ 市中级人民法认为虽然当事人存在逾期举证行为,但因该部分证据与案件基本事实有关,仲裁庭应当根据法律及仲裁规则的规定,对证据进行审查分析认定。但实际上仲裁庭直接以某某房地产公司逾期举证而不予审查,属于程序违法。

根据《ZZ 仲裁委员会仲裁规则》中第 33 条举证、质证和认证的相关规定,“……(三)仲裁庭可以根据当事人的主张和案件审理情况,确定当事人应当提交的证据及其期限。当事人在该期限内提供证据确有困难的,可以向仲裁庭申请延长期限,仲裁庭根据当事人的申请可以决定适当延长。当事人逾期提交证据的,仲裁庭应当责令其说明理由;拒不说明理由或者理由不成立的,仲裁庭根据不同情形可以不予采纳该证据,或者采纳该证据,但予以训诫”。

囿于未能查询到该裁决书全文,笔者仅能根据(2018)湘 02 民特 61 号裁定书窥探原貌:“仲裁庭在当庭收取某某房地产公司提交的该部分证据后,并未当庭询问某某房地产公司逾期举证的原因,也未审查该部分证据是否与案件基本事实有关。”可以看出该案中仲裁庭未依据该仲裁委员会的仲裁规则要求责令当事人说明逾期举证的理由,而是直接不予审查。

本案中,关于某某房地产公司逾期举证的证据,根据某某房地产公司的陈述,“该部分证据有的是某某建设工程公司因该项目的对外欠款,人民法院要求某某房地产公司予以协助执行或被法院扣划的款项的证据;有的证据是举证期限届满后才发生的”,也就是说,部分证据是举证期限届满之后产生的“新证据”。且该等证据为某某房地产公司在仲裁开庭时提交,能够证明某某房地产公司已付工程进度款 3,153,633 元的事实。案涉纠纷为建设工程施工合同纠纷,某某建设工程公司申请某某房地产公司支付欠付的工程款,可见工程款的欠款数额应为仲裁庭应当主要审查的基本事实。虽然某某房地产公司逾期举证的该部分证据已经过了仲裁庭的举证期限,但从以上内容可知部分逾期提交的证据存在合理性事由,如举证期满后支付了部分款项。

根据《仲裁法司法解释》第 20 条[1]和《全国法院涉外商事海事审判工作座谈会会议纪要》第 101 条[2]的规定,违反法定程序是指违反仲裁法规定的仲裁程序、当事人选择的仲裁规则或者当事人对仲裁程序的特别约定,可能影响案件公正裁决的情形。《仲裁法》第 45 条规定:"证据应当在开庭时出示,当事人可以质证。"根据《ZZ 仲裁委员会仲裁规则》第 33 条的规定,即便已经过了仲裁庭指定的举证期限,但仲裁庭仍应当进行审查,应当责令逾期提交人说明理由;逾期提交人拒不说明理由或者理由不成立的,仲裁庭根据不同情形可以不予采纳该证据,或者采纳该证据,但予以训诫。而本案中仲裁庭直接不予审查,确为不妥,程序方面的瑕疵直接导致了最终实体方面的明显错误。ZZ 市中级人民法院最后裁定撤销仲裁裁决,笔者认为是恰当的。

四、延伸

(一)不同仲裁机构关于举证期限的相关规则

笔者查阅了几大仲裁机构现行适用的仲裁规则中关于举证期限的规定,主要内容参见表 5-1。

---

[1] 《仲裁法司法解释》第 20 条规定,《仲裁法》第 58 条规定的"违反法定程序",是指违反仲裁法规定的仲裁程序和当事人选择的仲裁规则可能影响案件正确裁决的情形。

[2] 《全国法院涉外商事海事审判工作座谈会会议纪要》第 101 条规定,违反《仲裁法》规定的仲裁程序、当事人选择的仲裁规则或者当事人对仲裁程序的特别约定,可能影响案件公正裁决,经人民法院审查属实的,应当认定为《仲裁法》第 58 条第 1 款第 3 项规定的情形。

表 5－1　不同仲裁机构关于举证责任的相关规则

仲裁机构	关于举证期限的规则
中国国际经济贸易仲裁委员会	第 41 条　举证 (一)当事人应对其申请、答辩和反请求所依据的事实提供证据加以证明,对其主张、辩论及抗辩要点提供依据。 (二)仲裁庭可以规定当事人提交证据的期限。当事人应在规定的期限内提交证据。逾期提交的,仲裁庭可以不予接受。当事人在举证期限内提交证据材料确有困难的,可以在期限届满前申请延长举证期限。是否延长,由仲裁庭决定。 (三)当事人未能在规定的期限内提交证据,或虽提交证据但不足以证明其主张的,负有举证责任的当事人承担因此产生的后果。
深圳国际仲裁院	第 42 条　举证 (一)仲裁庭可以决定举证期限,当事人应当在该期限内提交证据。逾期提交的,仲裁庭有权拒绝接受。 (二)当事人对自己的主张承担举证责任。仲裁庭有权决定当事人的举证责任。 (三)负有举证责任的当事人未能在规定的期限内提交证据,或者虽提交证据但不足以证明其主张的,应承担因此产生的后果。
北京仲裁委员会	第 33 条　证据提交 (一)当事人对自己的主张承担举证责任。 (二)仲裁庭有权要求当事人在一定期限内提交证据材料,当事人应当在要求的期限内提交;逾期提交的,仲裁庭有权拒绝接受。当事人另有约定或者仲裁庭认为有必要接受的除外。 (三)当事人未能在规定的期限内提交证据,或者虽提交证据但不能证明其主张的,负有举证责任的当事人承担因此产生的不利后果。
上海国际仲裁中心	第 46 条　举证 (一)当事人应当对其申请、答辩和反请求所依据的事实提供证据加以证明。 (二)除本规则另有规定外,当事人提交证据的期限由仲裁庭决定。当事人应在仲裁庭规定的期限内提交证据,逾期提交的,仲裁庭可以不予接受。当事人在举证期限内提交证据材料确有困难的,可在期限届满前申请延长举证期限并说明理由,是否延长由仲裁庭决定。 (三)当事人未能在规定的期限内提交证据,或虽提交证据但不足以证明其主张的,负有举证责任的当事人承担因此产生的后果。

从以上仲裁规则及《仲裁法》的相关规定可知,现行《仲裁法》并没有关于仲裁证据的系统规范,其关于仲裁证据的规定仅有 4 个条文,分别是举证责任、鉴定、仲裁机构收集证据的权力和证据保全,证据制度的其他内容则由仲裁规则加以规范,而仲裁规则的制定需要依据《仲裁法》及参考《民事诉讼法》的规定。但是,多数仲裁委员会制定仲裁规则时,在有关证据制度的条文方面仍然内容较少〔1〕。理论上来说,从仲裁意思自治的角度,无论是对仲裁当事人,还是对仲裁庭、仲裁机构来说,各方主体拥有更多的自主权,可以对仲裁的许多事项进行自由约定,所以仲裁规则的"笼统性"规定似乎也有其合理性。但这同时也暴露出一个弊端,即在仲裁规则模糊的情形下,要依赖于仲裁员的专业度;仲裁员如果不具有良好的法律素养和丰富的行业经验及仲裁实践经验,在过分依赖"人治"而制度缺位的情形下,则极有可能出现因人为因素导致的程序不正义。

(二)我国"仲裁证据的诉讼化"

在仲裁机构仲裁证据制度"缺位"的情形下,结合笔者代理的仲裁案件及仲裁实务,特别是国内商事仲裁案件,可以看出仲裁代理人、仲裁庭多直接援引《民事诉讼证据若干规定》,这在一定程度上造成了"仲裁证据的诉讼化"。证据规则是仲裁制度的核心,但就形式和实质而言,仲裁证据却越来越具有诉讼证据的实质性特征,这一现象被学术界定位为"仲裁证据诉讼化",这深刻体现在举证、质证、认证等方面。〔2〕

商事仲裁与民事诉讼的趋同性远远高于其差异性。鉴于仲裁规则的笼统性规定,参与仲裁的各方主体(包括但不限于仲裁代理人、仲裁员)更多地求诸民事诉讼相关证据规定。民事诉讼证据规则为仲裁庭提供了可供参照的规范依托。首先,对"证据材料"与"证据"的概念区分,即证据材料是仲裁当事人向仲裁庭提交的或仲裁庭依职权调取的用以证明案件事实的各类资

〔1〕 参见宋朝武:《仲裁证据的非诉化及其路径选择》,载《河南社会科学》2010 年第 3 期。
〔2〕 参见宋朝武:《仲裁证据制度研究》,中国政法大学出版社 2019 年版,第 22 ~ 26 页。

料,而证据是仲裁庭据以证明案件真实情况并正确处理案件的根据,证据材料只有经仲裁庭查证属实方可作为认定案件事实的根据,这一点与民事诉讼不存在本质差异。其次,对证据基本特征的要求,即证据需满足客观性、关联性、合法性标准,各国不尽一致,如英美国家确立了证据可采性的概念,采取以证据排除规则为基础的证据立法体例,否定不具备可采性的证据进入庭审,大陆法系则更侧重于关注不同证据的证明力比较,对仲裁而言,虽然其程序的内在灵活性决定了其并不受制于仲裁地的国家诉讼如何实践,但对证据三性的要求却同为诉讼与仲裁的基本要求。再次,在证据的理论分类与法定证据种类方面,仲裁与诉讼具有相似性。最后,在证明责任分配、免证事实、证明标准等方面,仲裁也尚未形成脱离于民事诉讼的独立证据规则。[1]

在了解了商事仲裁程序与诉讼程序当中的证据规则并非同一内容的情形下,我们能够得出结论——在商事仲裁程序当中完全套用诉讼的证据规则,不符合商事仲裁的原理,也存在与国际脱轨的不良现象,由此,商事仲裁证据去诉讼化刻不容缓。

(三)仲裁证据制度的升级是否一定以"硬法"的完善为必需

基于上文提出的问题,有学者呼吁修改《仲裁法》以应对仲裁证据制度的缺失与不足。但又有观点认为,仲裁证据制度的升级并不以"硬法"的完善为必需。国际仲裁机构诸如斯德哥尔摩商会仲裁院、伦敦国际仲裁院、美国仲裁协会国际争议解决中心、瑞士商会仲裁院、中国香港特别行政区国际仲裁中心的仲裁规则采取了仅作宽泛的仲裁法和仲裁规则规定,但同时结合"软法"予以适用的条款设计。其他国家和地区的立法和仲裁规则表明,仲裁规则并非规定得越细越好。以仲裁规则为例,过于细化的仲裁证据制度不仅会影响仲裁机构崇尚的程序灵活性,也不利于体现仲裁规则的全球

---

〔1〕 参见张建:《仲裁证据规则"去诉讼化"的法律思考——对我国〈仲裁法〉证据规定的修订提案》,《淮南师范学院学报》2016 年第 18 期。

普适性。但是,犹如硬币的两面,过于宽泛的条款设计难免会降低仲裁证据制度的确定性。为了实现灵活性和确定性之间的平衡,填补立法和仲裁规则的刻意留白,仲裁证据“软法”应运而生。[1] 国际上的“软法”较为有名的诸如《国际律师协会国际仲裁取证规则》《国际冲突预防与解决协会仲裁文件披露与证据出示规程》等,均可在本国仲裁法及仲裁机构规则的基础上为仲裁当事人选用。笔者研究了《仲裁法征求意见稿》,发现该征求意见稿仍然沿袭此前宽泛约定的处理方式[2],但给予了仲裁庭和当事人更多的自主权。

笔者得出的结论为:未来《仲裁法》的修订思路可能仍然沿袭宽泛化的处理方式,不排除有更多的适合在国内使用的“软法”应运而生,给仲裁当事人、仲裁庭以指引,带来更多的确定性。

---

〔1〕 参见王徽:《论我国国际商事仲裁证据制度的症结及完善——以国际商事仲裁证据“软法”为切入点》,载《上海对外经贸大学学报》2018 年第 4 期。

〔2〕 《仲裁法征求意见稿》第 63 条规定:证据应当及时送达当事人和仲裁庭。当事人可以约定质证方式,或者通过仲裁庭认为合适的方式质证。仲裁庭有权对证据效力及其证明力作出判断,依法合理分配举证责任。

第六章

鉴定的问题

仲裁庭认为需要鉴定而未依职权指定鉴定

黄全来*

一、撤销仲裁裁决理由的缘起

对于仲裁庭认为需要鉴定而未依职权启动鉴定是否属于违反法定程序而应撤销仲裁裁决，不同的司法案例中有截然相反的观点。相反案例举例如下。

（一）判定为属于违反法定程序的判例

【案例一】

审理案号：（2016）内01民特14号

申请人：某某建筑公司

被申请人：某某国税局

基本案情：

某某建筑公司因与某某国税局产生建设工程施工合同纠纷，向仲裁委员会申请仲裁。仲裁庭认为，本案的工程价款需要通过鉴定方式确定，但经仲裁庭释明，当事人双方均明确表示不申请鉴定，致使本案的工程价款无法

---

* 黄全来：北京大学法律硕士，伦敦大学全额政府奖学金学者，1996年律师执业，现为广东北源律师事务所高级合伙人律师，司法部及广东省律师协会"涉外律师领军人才"（知识产权与信息安全），中国（深圳）知识产权保护中心海外知识产权维权专家，广东省律师协会涉外法律服务讲师团讲师，以及多个仲裁机构仲裁员。

确定,某某建筑公司的仲裁请求无事实依据,仲裁庭不予支持。某某建筑公司向法院申请撤销该仲裁裁决。在其多项撤销仲裁裁决理由中,其认为仲裁的鉴定程序违反法定程序的理由是"仲裁委依职权对涉案工程造价决定鉴定,而未组织也未指定鉴定机构进行鉴定程序违法"。

【案例二】

审理案号:(2006)二中民特字第0574号

基本案情:

仲裁庭审理期间,双方均当庭表示同意仲裁庭对某一专门性问题进行鉴定。仲裁庭亦认为,当事人虽未申请但案件仍需要进行鉴定。但其后仲裁庭又以一方当事人不同意,因而要承担举证不能的后果为由,裁决驳回其仲裁请求。该申请人以仲裁的鉴定程序违反法定程序为由,向法院申请撤销该仲裁裁决。

(二)判定为不属于违反法定程序的判例

【案例三】

审理案号:(2019)桂07民特8号

申请人:刘某某

被申请人:黄某某

基本案情:

黄某某因与刘某某产生合作协议纠纷,向仲裁委员会申请仲裁。刘某某就其投入"采挖印尼东龙目铁砂矿"项目的损失提出仲裁反请求,但对损失未申请评估。仲裁庭因刘某某对索赔数据无法确认而驳回刘某某的反请求。刘某某向法院申请撤销该仲裁裁决。在其多项撤销仲裁裁决理由中,其认为仲裁的程序违反法定程序的理由是"故意不评估损失与进行鉴定,程序上违反《仲裁法》第44条的规定,使申请人刘某某对索赔数据无法确认"。

【案例四】

审理案号:(2017)京02民特73号

申请人:丰某公司

被申请人:浦某公司

基本案情:

丰某公司因与浦某公司产生厂房租赁合同纠纷,向仲裁委员会申请仲裁,浦某公司提出反请求。仲裁审理过程中,浦某公司申请对房屋质量进行专项检测鉴定,认为厂房质量问题与本案仲裁请求、仲裁反请求密切相关,但丰某公司坚持认为没有必要鉴定,仲裁庭认为租赁厂房的损坏是客观存在的问题,但厂房质量问题没有经过专门机构鉴定。因此仲裁庭无法作出判断而驳回丰某公司的仲裁请求及浦某公司的仲裁反请求。丰某公司向法院申请撤销该仲裁裁决。其撤销仲裁裁决理由是:"本案仲裁员在庭审中不仅没有依法释明鉴定的问题,反而当庭表示赞同认为没有必要进行鉴定。但仲裁裁决中却以没有经过专门机构鉴定为由,拒绝作出判断,直接导致丰某公司败诉,作出了不公正的裁决。"

二、法院的处理结果

案例一中,法院裁定认为,本案的鉴定程序违反法定程序。根据《仲裁法》第 44 条以及《HHHT 仲裁委员会仲裁规则》第 40 条的规定,仲裁庭认为专门性问题需要鉴定的,可以交由当事人约定的鉴定部门鉴定,也可以由仲裁庭指定的鉴定部门鉴定。当事人虽未申请但仲裁庭认为需要鉴定的,可以通知当事人在仲裁庭规定的期限内共同选定有相应资质、资格的鉴定机构或者鉴定专家;当事人不能达成一致意见的,由仲裁庭指定。也就是说,仲裁庭认为需要鉴定的话,可以依职权指定鉴定机构等,而不是直接驳回当事人的请求。

案例二中,法院裁定认为,本案的鉴定程序违反法定程序。"根据《仲裁法》第 44 条的规定,仲裁庭对专门性问题认为需要鉴定的,可以交由当事人约定的鉴定部门鉴定,也可以由仲裁庭指定的鉴定部门鉴定。这是对仲裁庭审理案件中有关鉴定程序的规定,属于法定程序范畴,一般情况下启动鉴定程序要以当事人申请为前提,但根据案件的具体情况和审理工作的需要,仲裁庭也可以启动鉴定程序,对双方当事人争议的问题,依职权直接委托鉴定。本案仲裁庭的做法显然与上述法律规定不符。"

案例三中,法院裁定认为,"针对仲裁庭未对被申请人黄某某的反请求进行评估的问题,本院认为,在申请人未向仲裁庭提出评估书面申请的情况下,没有法律规定,仲裁庭必须进行评估,因此,对于申请人刘某某的仲裁反请求,仲裁庭没有进行评估没有违反法律规定"。

案例四中,法院裁定认为,"《仲裁法》第 44 条第 1 款规定:仲裁庭对专门性问题认为需要鉴定的,可以交由当事人约定的鉴定部门鉴定,也可以由仲裁庭指定的鉴定部门鉴定。可见是否需要鉴定,应由仲裁庭结合案情及案件证据进行综合判断,此为仲裁庭依职权所作之判断,且仲裁庭对是否需要进行鉴定的判断是对案件实体的处理,不属于《仲裁法》第 58 条申请撤销仲裁裁决的理由"。

三、评析

笔者认为,案例一与案例二中的观点,即"仲裁庭认为需要鉴定而未依职权启动鉴定属于违反法定程序",有待商榷;笔者倾向于支持案例三与案例四中的观点,即"仲裁庭认为需要鉴定而未依职权启动鉴定不属于违反法定程序,不应撤销仲裁裁决"。具体理由笔者拟从两个方面来论述:第一,什么是"仲裁的程序违反法定程序"中的"违反法定程序";第二,《仲裁法》第 44 条规定的"仲裁庭认为需要鉴定而依职权启动鉴定"是否属于法定程序。

第一,"仲裁的程序违反法定程序"中"违反法定程序"的内涵。

由于上述司法判例中相关核心与焦点均指向"仲裁的程序违反法定程序",有必要对此"违反法定程序"的内涵进行详细的讨论与解读。

关于如何理解和适用《仲裁法》第 58 条第 1 款第 3 项"仲裁庭的组成或仲裁的程序违反法定程序",目前从规范层面来讲,仅有《仲裁法司法解释》第 20 条作出了指引:"仲裁法第五十八条规定的'违反法定程序',是指违反仲裁法规定的仲裁程序和当事人选择的仲裁规则可能影响案件正确裁决的情形。”对于该司法解释第20条的文义可以有两种理解。第一种理解是,违反《仲裁法》规定的仲裁程序可能影响案件正确裁决,或违反当事人选择的仲裁规则可能影响案件正确裁决。无论是仅违反《仲裁法》规定的仲裁程序还是仅违反仲裁规则,抑或同时违反《仲裁法》规定的仲裁程序和仲裁规则,在撤销裁决时,其违反程度均必须达到“可能影响案件正确裁决”,对于没有达到“可能影响案件正确裁决”程度的程序性瑕疵,在司法监督时不应以此条规定为由撤销仲裁裁决。该种理解对以程序性瑕疵为由撤销裁决作出了适度限制。第二种理解是,违反《仲裁法》规定的仲裁程序,以及违反当事人选择的仲裁规则并可能影响案件正确裁决。在此种理解下,违反《仲裁法》规定的仲裁程序和违反仲裁规则所适用的程度有不同的限度,对于违反《仲裁法》而言,只要违反了该法规定的仲裁程序,即可以“违反法定程序”为由撤销仲裁裁决;而相比之下,对于违反当事人选择的仲裁规则,其违反程度则应该达到“可能影响案件正确裁决”。该种理解给以程序性瑕疵为由撤销仲裁裁决赋予了更大的空间。

笔者认为,前述第一种理解更加符合《仲裁法》的立法精神,与我国长期以来尊重和支持包括仲裁在内的多元化纠纷解决机制的顺利发展的方针相吻合,也是对仲裁裁决公信力的认可。因此,在以仲裁裁决的程序性瑕疵为由撤销裁决时,对《仲裁法》规定的仲裁程序或(和)仲裁规则的违反,均应以“可能影响案件正确裁决”为限度。前述具体案例分析中,法院在有的裁定中表现出的只要违反法定仲裁程序或当事人选定的仲裁规则就可以予以撤销裁决的态度与该条规定的精神不符。

第二,《仲裁法》第44条所规定的“仲裁庭认为需要鉴定而依职权启动鉴定”是否属于法定程序。

同样根据前述《仲裁法》立法精神与我国尊重和支持仲裁的方针,对于“是否属于法定程序”应限缩性地理解为“是否属于法定的强制性程序”,而不包含法定的选择性或指引性程序。

法院两种相反观点背后的核心是:《仲裁法》第 44 条所规定的仲裁庭认为需要鉴定而依职权启动鉴定,是否属于法定的强制性程序。如果是,未依职权启动鉴定才可能涉嫌违反法定程序;如果不是,未依职权启动鉴定则不属于违反法定程序。显然,前两个案例中法院认为这属于法定的强制性程序。案例二的裁定评析认为:"这是对仲裁庭审理案件中有关鉴定程序的规定,属于法定程序范畴。"后两个判例则相反,案例三的裁定评析认为:"在申请人未向仲裁庭提出评估书面申请的情况下,没有法律规定,仲裁庭必须进行评估。"

笔者认为,《仲裁法》第 44 条所规定的仲裁庭认为需要鉴定而依职权启动鉴定并非法定的强制性程序,理由体现在两个方面。(1)该条使用的是"可以"这一祈使词。《仲裁法》第 44 条规定,仲裁庭对专门性问题认为需要鉴定的,可以交由当事人约定的鉴定部门鉴定,也可以由仲裁庭指定的鉴定部门鉴定。这表明,仲裁庭依职权启动鉴定是选择性或指引性而非强制性的。认为这"属于法定程序范畴"没有法律依据。(2)如果认为这是法定的强制性程序,则与仲裁庭有权依照适当的方式进行仲裁程序这一众多仲裁机构通常采用的惯例和做法背道而驰。例如,《广州仲裁委员会仲裁规则》第 61 条第 1 款规定,除当事人另有约定外,仲裁庭由本会主任指定一名仲裁员组成,并按照其认为适当的程序进行审理,具体程序和期限不受本规则其他条款限制;第 115 条第 1 款规定,适用本章规定的案件,除当事人另有约定或者一方当事人明确表示反对外,仲裁庭可以按照其认为适当的方式进行审理,包括但不限于采用简化庭审模式、决定书面审理。再如,《海南国际仲裁院(海南仲裁委员会)仲裁规则》第 3 条第 5 款规定,本规则未明确规定的事项,本院或仲裁庭有权决定以适当的方式推进仲裁程序,以促进当事人之间的争议得到高效和公平的解决。这是由仲裁的灵活性这一仲裁程序区别于诉讼程序的重要特点决定的。认为仲裁庭依职权启动鉴定是法定的强制性程序的观点,有悖于仲裁的灵活性,是对仲裁制度本身的理解偏差和不足。

退言之,即便是违反法定程序,也不能机械地适用《仲裁法》第 58 条第 1 款第 3 项,直接以存在"仲裁的程序违反法定程序"程序瑕疵为由撤销裁决,还应具体分析该种瑕疵在个案中多大程度上影响了程序公正,是否达到"可能影响案件正确裁决"的程度,对于"仲裁庭依职权启动鉴定"这一并非法定程序的情形而言,更应当仔细分析。

综合第一点、第二点的论述,仲裁庭认为需要鉴定而未依职权启动鉴定不属于违反法定程序,不应因此撤销仲裁裁决。

四、延伸

法院能否以仲裁裁决的程序性瑕疵为由撤销裁决,取决于该程序性瑕疵是否"可能影响案件正确裁决",因此,有必要对"可能影响案件正确裁决"程序瑕疵的裁量标准进行探讨。

"可能影响案件正确裁决"程序瑕疵应当采用从严标准,即该程序瑕疵必须实质性地严重损害了当事人的程序性权利。这种从严的标准,是由仲裁的价值取向及司法的有限监督原则决定的。仲裁的基本价值取向在于尊重当事人的意思自治,迅速、快捷地解决纠纷。为维护仲裁的独立性,法院在审理仲裁司法审查案件时应遵循有限监督原则,充分尊重仲裁的权威性与效率性,保护当事人选择仲裁解决纠纷的意思自治,避免审判权对仲裁的过度干预。

从《仲裁法》或仲裁规则的规定层面来讲,违反以下几种程序规定可以认为严重损害当事人的程序性权利,从而可以适用"可能影响案件正确裁决"的情形而撤销裁决,包括:(1)没有给被申请人充分答辩的机会、仲裁申请材料未在规定的期限内转交等违反仲裁申请、答辩和反请求的程序;(2)仲裁员的选定不符合要求、仲裁员应回避而不回避等违反仲裁庭的组成程序;(3)仲裁委员会未在合理期限内通知当事人开庭、仲裁不应公开审理却公开审理、当事人未能就证据进行质证等违反审理程序;(4)裁决作出违反程序;(5)其他违反仲裁规则影响当事人权利的情形。因此,在仲裁裁决虽存在一定的微小程序瑕疵但并未违反仲裁的最低正当程序标准时,则不应该轻率地以“可能影响案件正确裁决”为由而予以撤销。仲裁中最低正当程序标准为:(1)尊重当事人的意思自治;(2)公平及公正地对待当事人;(3)给予各方当事人合理的机会陈述案件并抗辩对方当事人的陈述。仲裁庭在处理仲裁案件时对程序的推进满足上述最低正当程序标准,而未实质性地违反当事人的程序性权利时,法院不轻易撤销仲裁庭作出的裁决。[1]

---

〔1〕 参见王瑞华:《对国内仲裁裁决程序瑕疵的司法监督标准之实证研究》,载《北京仲裁》2015 年第 4 期。

仲裁庭未对专门性问题组织鉴定

王碧宇*

一、撤销仲裁裁决理由的缘起

审理案号:(2018)琼01民特25号

申请人:某某园艺公司

被申请人:某某花卉公司

基本案情:

2014年3月31日,某某园艺公司(以下简称园艺公司)与某某花卉公司(以下简称花卉公司)签订《海南国际花卉产业园场地租用合同》,承租该产业园编号为C25、C26两宗地块(面积分别为2.388亩和2.385亩)20年使用权,租期从2014年3月31日至2033年12月31日。合同签订后,园艺公司依约向花卉公司支付了履约保证金和管理费,缴纳了施工保证金和水电保证金,并于2014年8月开工建设配套用房。

2015年,花卉公司先后收到相关部门作出的《关于海南国际花卉产业园项目违法用地问题的报告》,海南省原国土资源厅给海口市政府的《关于依法对海南国际花卉产业园项目违法用地查处的函》(琼国土资函〔2016〕94

---

* 王碧宇:北京市君泽君(深圳)律师事务所合伙人律师,专业领域为:商事争议解决、国际仲裁、国际贸易、跨境金融、公司组织事务。王律师是广东省律协、深圳市律协涉外人才库成员之一,擅长涉外争议解决,与澳大利亚、新加坡、马来西亚、印度尼西亚、柬埔寨、越南、泰国等亚太区域的律师均有良好合作。

号)。园艺公司于2017年6月就涉案土地性质事项向相关部门征询,相关部门答复花卉产业园项目存在违法用地行为,查处工作尚未完成。园艺公司主张花卉公司隐瞒土地性质及违法开发建设,导致其租用项目园区土地从事经营的目的无法实现,产生直接经济损失3,035,226.04元及资金占用利息损失1,462,066.58元,遂向HN国际仲裁院提起仲裁。

仲裁庭在审理过程中对涉案地块进行现场勘验,认为现场两个水池均为硬底化水池,破坏耕地表层,钢结构建筑物占地面积超过500平方米,高度为两层,没有架空80厘米以上,有建筑风水墙和砖混实体围墙。仲裁庭未委托专业机构对涉案建筑房屋工程造价具体数额进行鉴定,直接作出房屋占地面积超过500平方米的认定,并以此认定合同无效部分的责任由园艺公司承担80%,最终裁决花卉公司赔偿园艺公司经济损失607,045.21元。

二、法院的处理结果

HK市中级人民法院认为,在法律适用方面,与鉴定相关的法律依据主要有以下两组。第一,直接适用《仲裁法》第44条第1款的规定。该条款规定"仲裁庭对专门性问题认为需要鉴定的,可以交由当事人约定的鉴定部门鉴定,也可以由仲裁庭指定的鉴定部门鉴定"。第二,参考适用《民事诉讼法》(2017年)第76条第1款的规定[1]。该条款规定:当事人可以就查明事实的专门性问题向法院申请鉴定。当事人申请鉴定的,由双方当事人协商确定具备资格的鉴定人;协商不成的,由法院指定。法院同时认为,仲裁机构对当事人提出的专门性问题是否予以鉴定,属于法定程序问题。在事实认定方面,虽然仲裁庭对涉案地块进行了现场勘验,但仲裁庭仅凭观测结果认定建筑物中钢结构房屋占地面积超过500平方米,并据此对双方违约责任进行分配,最终裁决花卉公司向园艺公司支付修建案涉违章建筑的花费607,045.21元。

---

〔1〕 相关规定参见2023年《民事诉讼法》第79条第1款。

HK 市中级人民法院认为,仲裁庭对案涉房屋面积测算的专门性问题未进行准确勘测,亦未按照法定程序委托专业鉴定机构对房屋面积和经济损失的具体数额进行鉴定。仲裁庭仅凭约数对双方责任进行划分并作出裁决,有悖于《仲裁法》及《民事诉讼法》对证据审查和认定的相关规定,构成程序违法。园艺公司以仲裁程序违反法定程序为由申请撤销该仲裁裁决,具有事实依据和法律依据,故法院予以支持。最终,法院裁定撤销 HN 仲裁委员会(2017)H 仲字第 307 号裁决书。

此外,园艺公司向仲裁庭提出由专业机构对案涉项目环评进行鉴定,仲裁庭未予鉴定亦未作答复,也是 HK 市中级人民法院考量鉴定问题的一个点。

三、评析

本案中,HK 市中级人民法院在查明案件事实后,认为仲裁庭在分配双方违约责任和计算损失时,并未对案涉房屋面积进行准确勘测,亦未委托专业机构进行鉴定,仅以仲裁员现场勘验得出的大致房屋面积(裁定主文中提及的“约数”)裁决被申请人向申请人支付修建案涉违章建筑的费用 607,045.21 元不妥,故而认定相关仲裁机构存在违反法定程序的情节,裁定撤销仲裁裁决书。笔者通过梳理案情,总结相关焦点问题如下:(1)构成法定撤销仲裁裁决的事由有哪几项;(2)商事争议引起的鉴定问题属于程序问题还是实体问题;(3)专门性问题的定义与边界。接下来,笔者进行逐一分析。

(一)撤销仲裁裁决的法定事由

《仲裁法》第 58 条第 1、2 款规定:当事人提出证据证明裁决有下列情形之一的,可以向仲裁委员会所在地的中级人民法院申请撤销裁决:(1)没有仲裁协议的;(2)裁决的事项不属于仲裁协议的范围或者仲裁委员会无权仲裁的;(3)仲裁庭的组成或者仲裁的程序违反法定程序的;(4)裁决所根据的证据是伪造的;(5)对方当事人隐瞒了足以影响公正裁决的证据的;(6)仲裁员在仲裁该案时有索贿受贿,徇私舞弊,枉法裁决行为的。法院经组成合议庭审查核实裁决有前款规定情形之一的,应当裁定撤销。本案当事人申请撤销裁决依据的是《仲裁法》第 58 条第 1 款第 3 项。

本案中,申请人认为仲裁庭未对专门性问题予以鉴定属于程序错误。在此种情形下,仲裁庭仅凭约数即对双方责任进行划分,是否构成《仲裁法》第 58 条第 1 款第 3 项"仲裁的程序违反法定程序"的理由,是本案的争议焦点。

(二)鉴定问题属于程序问题还是实体问题

鉴定在民商事审判活动中是指鉴定人运用科学技术或者专门知识对诉讼涉及的专门性问题进行鉴别和判断,并提供鉴定意见的活动。根据类型不同,鉴定可以分为法医学鉴定、物证类鉴定、声像资料类鉴定、产品质量鉴定、计算机鉴定、环境监测鉴定、工程造价鉴定等。司法鉴定程序则是指司法鉴定机构和司法鉴定人进行司法鉴定活动的方式、步骤以及相关规则的总称。[1]

实务中,由于我国关于仲裁鉴定及鉴定程序的规范性文件较少,仲裁鉴定活动频频出现争议。因此,在当前环境下,借鉴或参照适用诉讼程序的规范性文件具有阶段性意义。虽然诉讼与仲裁是平等关系,仲裁庭没有义务依照最高人民法院的司法解释进行裁断,考虑到仲裁的鉴定规则尚未完善,笔者认为,相关司法解释对仲裁案件的审理有帮助的,仲裁庭可以参照适用。

《仲裁法》第 44 条第 1 款规定:仲裁庭对专门性问题认为需要鉴定的,可以交由当事人约定的鉴定部门鉴定,也可以由仲裁庭指定的鉴定部门鉴定。《民事诉讼法》第 79 条规定:当事人可以就查明事实的专门性问题向法

---

〔1〕 参见全国人民代表大会常务委员会《关于司法鉴定管理问题的决定》第 1 条,《司法鉴定程序通则》第 2 条。

院申请鉴定。当事人申请鉴定的，由双方当事人协商确定具备资格的鉴定人；协商不成的，由法院指定。当事人未申请鉴定，法院对专门性问题认为需要鉴定的，应当委托具备资格的鉴定人进行鉴定。从以上规定可以推定，与程序相关的鉴定问题，包括鉴定程序的启动、鉴定机构的选定、鉴定材料的筛选与提交等，因受《民事诉讼法》《仲裁法》调整，属于程序问题；与鉴定意见有关的，是否作为意见证据使用，是否被法庭或仲裁庭采纳并作为断案依据，需要结合实体法使用的，视为实体问题。

本案申请人提出鉴定申请，仲裁庭未启动鉴定程序且未在裁决主文中予以答复，应当归类为程序问题。

（三）专门性问题的定义与边界

当事人对案件中无法自行举证的专门性问题有申请鉴定的权利，鉴定事项是否属于专门性问题成为仲裁庭、法庭是否同意鉴定的前提。一般认为，专门性问题在外延和内涵上与生活科学中的技术问题有着根本性区别。专门性问题有别于客观自然规律或为公众所熟知的事实，或根据日常生活经验法则推定的常识性问题及普遍知识，无法运用常规调查或侦查方法解决，需要借助科学技术手段或专门知识予以鉴别和判断。[1]

参照《关于人民法院民事诉讼中委托鉴定审查工作若干问题的规定》，常见的专门性问题有：建设工程合同纠纷关于建设工程质量问题或工程造价问题，交通事故人身损害赔偿纠纷中伤者的伤残等级问题，买卖合同纠纷中的产品质量问题等。常见的不予委托鉴定的情形有：(1)通过生活常识和经验法则推定的事实；(2)与待证事实无关联、对证明待证事实无意义的问题；(3)通过法庭/仲裁庭调查、勘验等方法可以查明的事实；(4)责任认定和法律适用问题；(5)测谎；(6)其他。

实务中，部分裁判者秉持“有请必鉴”的处理方式，对当事人提出的鉴定

---

〔1〕 参见黄文俊、江澜：《〈关于人民法院民事诉讼中委托鉴定审查工作若干问题的规定〉的理解与适用》，载《人民司法》2021年第1期。

申请全盘接受,导致部分不符合委托鉴定要求的案件也同样移送鉴定,给当事人造成不必要的程序负担;也有裁判者对专门性问题判断错误,将专门性问题理解为可以通过日常生活经验法则推定的常识性问题,不支持当事人的鉴定请求,最终导致案件审理结果的走向不确定。本案系土地租赁合同纠纷,园艺公司建房损失的认定依赖配套用房是否超出约定面积,配套用房面积的测算显然属于专门性问题。仲裁庭对专门性问题不予鉴定,仅凭约数划分责任并作出裁决,导致案件裁决结果显失公平,显然构成程序错误,符合法院撤销仲裁裁决的要件。

四、延伸

鉴定程序是仲裁案件审理过程中的一项重要活动,提起鉴定程序及落实相关事项(如预交鉴定费用等)是实施具体鉴定活动的积极表现。因此,哪一方掌握仲裁鉴定程序的启动权和决定权成为业界讨论的焦点。

首先,商事仲裁案件的当事人及其代理人或者仲裁庭均有权针对专门性问题启动鉴定程序,是否启动鉴定程序的决定权归于仲裁庭。

在法律方面,《仲裁法》第 44 条第 1 款规定:"仲裁庭对专门性问题认为需要鉴定的,可以交由当事人约定的鉴定部门鉴定,也可以由仲裁庭指定的鉴定部门鉴定。"该条款表明,仲裁庭有权自主决定是否启动专门性问题的鉴定程序,鉴定程序并非仲裁必经程序。

各地仲裁规则显示,全国各地仲裁机构亦将专门性问题鉴定程序的决定权赋予仲裁庭。笔者列举了几个国内仲裁机构关于鉴定的仲裁规则(见表6-1),对比分析如下。

表 6－1　关于鉴定的仲裁规则

仲裁规则名称	仲裁规则内容
《海南仲裁委员会仲裁规则》第36条	鉴定 (一)当事人申请鉴定且经仲裁庭同意,可通知当事人在仲裁庭规定的期限内共同选定鉴定机构或鉴定专家。当事人不能达成一致意见的,由仲裁庭指定鉴定机构或鉴定专家。当事人应当按照约定或仲裁庭确定的比例按期预交鉴定费用,不预交的,视为撤回鉴定申请。 (二)当事人虽未申请鉴定但仲裁庭认为有必要,可通知当事人在仲裁庭规定的期限内共同选定鉴定机构或鉴定专家。当事人不能达成一致意见的,由仲裁庭指定鉴定机构或鉴定专家。当事人应当按照仲裁庭确定的比例按期预交鉴定费用。不预交的,承担不予鉴定的后果。 ……
《海南国际仲裁院(海南仲裁委员会)仲裁规则》第40条	鉴定 (一)当事人申请鉴定且经仲裁庭同意,可通知当事人在仲裁庭规定的期限内共同选定鉴定机构或鉴定专家。当事人不能达成一致意见的,由仲裁庭指定鉴定机构或鉴定专家。当事人应当按照约定或仲裁庭确定的比例按期预交鉴定费用,逾期未交的,可视为撤回鉴定申请。 (二)当事人虽未申请鉴定但仲裁庭认为有必要,可通知当事人在仲裁庭规定的期限内共同选定鉴定机构或鉴定专家。当事人不能达成一致意见的,由仲裁庭指定鉴定机构或鉴定专家。当事人应当按照仲裁庭确定的比例按期预交鉴定费用,逾期未交的,仲裁庭有权决定不进行相关鉴定。 ……
《中国国际经济贸易仲裁委员会仲裁规则》第44条	专家报告及鉴定报告 (一)仲裁庭可以就案件中的专门问题向专家咨询或指定鉴定人进行鉴定。专家和鉴定人可以是中国或外国的机构或自然人。 (二)仲裁庭有权要求当事人、当事人也有义务向专家或鉴定人提供或出示任何有关资料、文件或财产、实物,以供专家或鉴定人审阅、检验或鉴定。 ……
《深圳国际仲裁院仲裁规则》第45条	专家报告 (一)仲裁庭认为有必要,或者当事人提出请求且经仲裁庭同意的,仲裁庭可以决定聘请专家进行鉴定、审计、评估、检测或咨询,并提供专家报告。 (二)仲裁庭可以通知当事人在一定的期限内共同选定专家;当事人不能达成一致的,由仲裁庭指定。 (三)当事人应当按照约定或仲裁庭决定的比例预交专家费用。当事人不预交的,仲裁庭有权决定不进行本条第(一)款的程序。 ……

续表

仲裁规则名称	仲裁规则内容
《北京仲裁委员会仲裁规则》第35条	鉴定 (一)当事人申请鉴定且仲裁庭同意,或者当事人虽未申请鉴定但仲裁庭认为需要鉴定的,可以通知当事人在仲裁庭规定的期限内共同选定鉴定人或者由仲裁庭指定鉴定人。 (二)当事人应当按照约定或者仲裁庭确定的比例预交鉴定费用。不预交的,仲裁庭有权决定不进行相关鉴定。 ……
《2024香港国际仲裁中心机构仲裁规则》第25.1款	为协助其审定证据,经与当事人商议,仲裁庭可以指定一名或数名专家。专家应就仲裁庭所需决定的特定问题,向仲裁庭作出书面报告。在征求当事人意见后,仲裁庭应制备专家任务书,并将复本传送至各方当事人和HKIAC。

从表6-1内容可以看出,各大仲裁机构的仲裁规则均使用"经仲裁庭同意""仲裁庭可以""仲裁庭认为有必要""仲裁庭同意""仲裁庭认为需要"等表述。换言之,仲裁庭对于是否启动鉴定程序享有充分的自由裁量权。

其次,在司法实践中,大多数法院均认为仲裁庭有权自主决定是否对专门性问题进行鉴定。笔者通过威科先行法律信息库检索类案,设定检索条件如表6-2所示。

表6-2　威科先行法律信息库检索类案条件设定

检索式项目	内容
搜索范围	全文
搜索模式	间隔
关键词	"违反法定程序""鉴定",且两个关键词的间隔字数小于30字,标点符号不包含在内
包含以下任意一个关键词(OR)	"不予鉴定""拒绝鉴定"
不包含的关键词(NOT)	"劳动"
案件类型	民事
案由	申请撤销仲裁裁决

检索结果显示，法院裁定撤销仲裁裁决61篇，其中有1篇因仲裁庭不予鉴定构成程序违法而裁定撤销仲裁裁决的案例。“针对申请人提出的关于鉴定的问题。因申请人请求被申请人给付的工程价款需以鉴定结论为依据，且鉴定是当事人的程序性权利，只有当事人申请鉴定与本案无关时，方可不予鉴定。在双方选定的鉴定机构以检材不足、鉴定事项不明确为由不接受鉴定委托的情况下，应另行选定鉴定机构进行鉴定。依据《仲裁法》第44条的规定，仲裁庭在未另行委托鉴定机构进行鉴定的情形下，驳回申请人的仲裁请求违反法定程序……”[1]从中可以看出，MDJ市中级人民法院对MDJ仲裁委员会牡仲裁字(2014)第24号裁决书的撤销仲裁理由，与HK市中级人民法院在(2018)琼01民特25号裁定书中陈述的观点相近。

《2021年全国法院司法统计公报》显示，民事案件共收案19,244,432件，其中30,422件为撤销仲裁裁决案件，[2]仅凭61份撤销仲裁裁决的民事裁定书似乎难以把握审判实践的全貌。本次检索结果显示绝大多数法院认可“是否启动鉴定程序”由仲裁庭自主决定，不予鉴定不能推定“仲裁程序违法”，也不必然导致撤销仲裁裁决。

综上，(2018)琼01民特25号撤销仲裁裁决案给我们带来有关仲裁鉴定程序的思考：仲裁庭应当秉持“有请必鉴”的处理方式，充分保护当事人的程序性权利，或坚守效率优先原则，凭约数划分责任并作出裁决，需要仲裁庭结合案件实际情况具体分析。依法公正对待当事人的诉求，兼顾效率与公平，提高仲裁机构的公信力，是所有仲裁机构的一致目标和核心追求。

---

〔1〕 黑龙江省牡丹江市中级人民法院民事裁定书，(2015)牡民他字第6号。

〔2〕 参见《2021年全国法院司法统计公报》，载最高人民法院网，http://gongbao.court.gov.cn/Details/a6c42e26948d3545aea5419fa2beaa.html。

鉴定机构选定程序违法

陈胜南*

一、撤销仲裁裁决理由的缘起

审理案号:(2018)陕01民特124号

申请人:韩某

被申请人:某某园区管理办公室

基本案情:

2016年5月5日,申请人韩某因与被申请人某某园区管理办公室存在租赁合同纠纷,向XA仲裁委员会申请仲裁,要求解除与被申请人的租赁合同、被申请人向其返还已交租金和保证金并赔偿装修装饰和设施设备损失等。

2018年8月16日,申请人在第一次仲裁庭审中,就上述装修装饰及设施设备损失向仲裁庭提出鉴定申请。

2017年1月3日,仲裁庭召开鉴定协调会,但无相关通知存卷。被申请人对召开鉴定协调会及案件主体问题提出异议。仲裁庭进行合议过程中被申请人自行离开,合议结束后仲裁庭决定缺席继续审理。在该次庭审中,仲裁庭认定双方当事人未在期限内选定鉴定机构,仲裁庭推荐某司法鉴定所

---

* 陈胜南:毕业于北京第二外国语学院,现为广东星辰律师事务所合伙人律师、深圳市福田区人民法院特邀调解员、深圳市律师协会商事仲裁法律专业委员会委员。

为该案鉴定单位，并认定双方当事人对仲裁庭推荐的鉴定机构没有异议。被申请人选定的仲裁员当场表示“不存在双方没有选定鉴定单位”的情况。

2017 年 8 月 14 日，某司法鉴定所作出司法鉴定意见书。

2017 年 12 月 13 日仲裁庭审，被申请人对该司法鉴定意见书提出“至今为止没有收到仲裁庭同意鉴定的通知，没有收到限定期限选定鉴定机构的通知，也没有收到其他关于鉴定的文件”等质证意见，认为鉴定程序违法。庭审中，鉴定单位针对被申请人选定的仲裁员的询问，回复称将书面答复，后实际未提交书面答复意见。

该案于 2018 年 3 月 5 日作出裁决，其中包括裁决被申请人应向申请人赔偿设计、装修、设施、设备采购等损失 7,013,807.87 元。后被申请人以仲裁程序违反法定程序为由诉至 XA 市中级人民法院，请求撤销该案仲裁裁决。

二、法院的处理结果

关于仲裁庭鉴定程序是否违反法定程序问题，法院根据《XA 仲裁委员会仲裁规则》关于“就案件涉及的专门性问题，当事人申请鉴定且经仲裁庭同意的，或者仲裁庭认为需要鉴定的，由仲裁庭通知当事人在仲裁庭限定的期限内共同选定仲裁司法鉴定机构或者鉴定人。当事人在限期内不能共同选定的，由本会主任指定”等的规定，认为对于申请人提出的鉴定申请，仲裁庭未询问被申请人意见，也没有同意鉴定的表示；仲裁庭认为双方在规定期限内都未选定鉴定单位，案卷中没有通知双方在限定期限内共同选定仲裁司法鉴定机构或者鉴定人的记录和书面通知存档，而且当场有仲裁员提出异议，表示“不存在双方没有选定鉴定单位”；指定某司法鉴定所为本案鉴定单位没有仲裁委员会主任指定的材料。综上，法院认定仲裁庭鉴定程序违反法定程序，违反《仲裁法》第 58 条第 1 款第 3 项的规定，裁定撤销该案仲裁裁决。

三、评析

判断仲裁中的鉴定程序是否违反法定程序，根据《仲裁法司法解释》第20条的规定，一般要考量是否违反《仲裁法》规定的仲裁程序或仲裁机构的仲裁规则，以及该违反情形是否影响案件的正确裁决。

鉴定程序作为解决专门性问题的仲裁程序，基于鉴定人所具备的专业知识和实践经验，其所作出的鉴定意见一般对仲裁裁决有着较大的影响，因此鉴定程序是否违反法定程序直接影响仲裁裁决的结果。而根据前述判决文书，该仲裁案中仲裁庭的鉴定程序存在多处违反《XA仲裁委员会仲裁规则》的情形，或者说仲裁庭未能就已履行的仲裁程序保留和出示相应的通知和记录，无法反映鉴定程序完全依据《XA仲裁委员会仲裁规则》执行。因此，笔者认为前述判决基于仲裁程序违反法定程序而判决撤销该案仲裁裁决具有相应依据。

但前述判决文书中似乎遗漏了鉴定单位对仲裁员的询问未作回应的问题。为避免裁判人员囿于专业知识的缺乏而出现认知偏差，我国现行程序性法律规定鉴定意见的举证包含提交书面报告和鉴定人出庭两种举证形式，仲裁庭对鉴定意见经过质证、询问鉴定人等审查后决定是否采信该鉴定意见。虽然《仲裁法》中没有像《民事诉讼证据若干规定》明确规定鉴定人拒不出庭作证的，鉴定意见不得作为认定案件事实的根据，但笔者认为，对于鉴定人拒不出庭或出庭后拒不回答当事人和仲裁员的询问的情形，仲裁庭也应当考虑其鉴定意见是否科学、公正，是否应予以采信。

四、延伸

（一）司法鉴定制度简述

1. 两大法系中的司法鉴定制度与专家证人制度

在诉讼和仲裁中，对案件中遇到的专门性事实问题的判定和解决，大陆法系和英美法系分别采取司法鉴定和专家证人两种不同的制度。

在大陆法系中,鉴定人往往被视为裁判者的“科学辅助人”,鉴定程序系为了弥补裁判者在案件事实调查中因对专门性问题相关知识的缺乏而启动的程序,因而鉴定程序的决定权一般掌握在裁判者手中,裁判者依职权决定是否启动鉴定程序以及选定鉴定人。而在英美法系中,专家证人系由案件当事人根据案情需要自行选聘并支付其报酬,当事人拟通过专家证人的专业知识、技术经验去表达和争取其自身的诉讼利益。专家证人程序的启动由当事人自己决定,不需要征求裁判者的同意。

专家证人和鉴定人均系在某一领域具备较高水平的知识或技能的专业人士,但两大法系对其资格管理并不相同。在大陆法系中,对鉴定人一般采取事前审查、认定的方式,确认鉴定人的资格、水平,乃至制定不同行业的鉴定人名册。在英美法系中,专家证人的范围广泛,没有事先明确的标准,因此需要代理律师在举证中展示专家证人的学识、经验和技能等,并由对方当事人审查专家证人的资格,如专家证人的资格存在瑕疵,相应地其证言的证明力也会弱化。相较而言,大陆法系中虽然当事人也可以对鉴定人的主体提出疑问,但一般在不存在有力证据支持当事人质疑意见的情况下,裁判者对鉴定人的资格往往给予高度的信任。

从以上的简单描述我们可以看出,专家证人制度更体现英美法系的对抗制诉讼,虽然英美法系在立法中一般会要求专家证人应客观、公正地进行陈述,但专家证人由当事人选聘并通过提供利于己方当事人的专家证言以获得报酬,因而很多情况下专家证人不可避免地倾向于己方当事人,缺乏客观性和中立性,甚至忽略事实。而对方当事人基于诉讼对抗的需要,往往也需要对应选聘专家证人,这也导致英美法系的诉讼和仲裁中专家证人泛滥性使用,诉讼/仲裁程序迟延、冗长,增加了当事人的讼累。

而在大陆法系中,鉴定人由裁判者选定,相较而言具有较高的客观性和中立性。但仅有一方鉴定人作出的鉴定意见,缺乏对抗,无法及时、充分展现案件审查中的事实和问题。虽然当事人可以对鉴定人作出的鉴定意见进行质证,但在缺乏相应专业知识且无其他专业人士支持的情况下,一般也无法对鉴定意见的鉴定方法、鉴定过程、鉴定意见等作出具有专业高度的挑战和论述,较难提出足以影响裁判者对鉴定意见的认定的意见,在鉴定意见对己方不利时无从保障自身的诉讼权益。在实践中,当事人和裁判者也往往容易过分依赖鉴定人,常常可以见到鉴定意见直接左右裁判结果的情形,甚至有时鉴定意见可能成为裁判者规避"裁判责任"的挡箭牌。

2. 我国的司法鉴定制度

我国初始施行的是职权主义明显的司法鉴定制度,但在法治建设进程中,我国根据自身庭审制度改革和发展的客观需要,对两大法系的鉴定制度和专家证人制度进行辩证性的借鉴与吸收,逐渐形成现行的"司法鉴定 + 专家辅助人"的二元化鉴定制度。一方面,我国保留了司法鉴定制度的主导地位,确保鉴定人的中立性和客观性;另一方面,赋予当事人申请具有专门知识的人出庭的权利,当事人申请的专家辅助人可以对鉴定意见进行质证、对专门性问题发表意见以及与对方专家辅助人进行对质。专家辅助人制度的补充,加强了我国庭审中的对抗式诉讼,对鉴定人形成有效制衡,有利于裁判者充分认识和理解案件事实中的专门性问题,可以有效利用鉴定意见查清案件事实,避免出现所作裁判被鉴定意见左右的情形。

同时,我国通过立法对司法鉴定程序制定了细致的管理机制,如《司法鉴定程序通则》《人民法院司法鉴定工作暂行规定》《最高人民法院对外委托鉴定、评估、拍卖等工作管理规定》等,囊括鉴定人登记制度、鉴定单位的选定、法院委托鉴定程序的管理等,以保证鉴定质量和提高诉讼效率。尤其在2019年修正的《民事诉讼证据若干规定》施行后,我国进一步完善了鉴定人和专家辅助人程序的启动条件、出庭规则、质询规则,有力推动了我国庭审制度职权主义模式和对抗主义模式的融合。但严格的制度要求可能赋予了鉴定人过多的义务和责任,不利于鉴定人制度的发展,甚至可能让部分优秀的鉴定人出于责任过重和报酬较低的考虑转向做专职的"专家辅助人"。

(二)关于仲裁启动鉴定程序的思考

1. 我国仲裁中的鉴定程序

相较于诉讼程序,我国仲裁程序在立法上要宽松许多。对于鉴定程序,《仲裁法》中仅在第44条规定“仲裁庭对专门性问题认为需要鉴定的,可以交由当事人约定的鉴定部门鉴定,也可以由仲裁庭指定的鉴定部门鉴定。根据当事人的请求或者仲裁庭的要求,鉴定部门应当派鉴定人参加开庭。当事人经仲裁庭许可,可以向鉴定人提问”。因《仲裁法》关于鉴定程序的规定较为粗糙,各仲裁委员会普遍通过仲裁规则对鉴定程序进行一定程度的完善,包括当事人提供鉴定资料和预交鉴定费的义务、鉴定机构的选定、当事人查阅鉴定报告和发表意见的权利、鉴定人出庭和解释鉴定意见的义务等。

虽然《仲裁法》和大部分国内仲裁委员会的仲裁规则中没有“专家辅助人”或专家证人的相关规定,但仲裁中对代理人一般不设置资格和人数的限制,因此专家可以作为当事人的代理人直接参与仲裁程序,并对鉴定意见或专门问题发表意见,实际上仲裁可能要远早于诉讼开始实施专家辅助人制度。当然专家以代理人身份出庭,便不能简单地视同“专家辅助人”身份,其更代表己方当事人的利益,具有明显的倾向性;同时其可以全程参与案件的审理,并在全面了解案件情况的基础上根据自身的专业知识进行分析和发表意见,可提出的意见也不仅限于鉴定意见或相关专业问题。

此外,深圳国际仲裁院等部分国内仲裁委员会直接引入专家证人制度。

基于国情和司法环境,我国仲裁对案件事实中专门性问题的判定和解决仍是以鉴定程序或程序上与鉴定程序相仿的专家报告为主导。但仲裁的鉴定程序过于宽松,缺乏诉讼中对仲裁程序明确且细致的管理性规定,对于鉴定程序的效率难以管理和控制,在鉴定人基于主观或客观原因怠于出具鉴定意见时,往往难以破局,造成仲裁迟延。而鉴定期间不计入作出裁决的期限,仲裁员对于因鉴定导致的仲裁迟延缺少紧迫感和责任感,容易消极应对。

同时,仲裁程序缺乏具体的操作规程,而仲裁员对仲裁程序的管理和推进均较为依赖仲裁秘书,这要求作为仲裁案件程序管理者的仲裁秘书需要具有较强的专业素养、工作经验和责任心。因我国仲裁员普遍实行非值班制,难以对秘书进行有效的管理和约束,秘书的案件管理工作往往由其一人独立完成,如其工作量过大或出现工作失误等情形,容易产生仲裁程序低效、案件台账不清乃至仲裁程序违法等可能之情形。

2. 仲裁鉴定程序的启动条件

《仲裁法》规定仲裁庭对于专门性问题可以启动鉴定程序,笔者认为鉴定程序的启动还应考虑关联性和必要性要求。

关联性指仲裁庭应判断鉴定意见与案件事实是否存在科学的、实质的联系。鉴定意见作为证据的一种,其应与案件待证事实具有内在的必然联系。例如,医疗损害纠纷中,对涉案药物作出的鉴定意见为该药物经对老鼠等动物临床试验未发现副作用或不良反应,但该鉴定意见未明确指向人类服用该药物时产生的反应,不能必然推出服用该药物不会对案件当事人造成损害之结论,则该鉴定意见对于当事人遭受的损害是否由于服用涉案药物不具有关联性,对于案件事实的查明不具有意义。因此,如仲裁庭判断该专门性问题与案件待证事实具有关联性则应启动鉴定程序;反之则不应启动。

鉴定程序启动的必要性涵盖两个方面的内容。一是应以“专门性问题”为限,不具有“专门性”的问题则不具备启动鉴定程序的条件。《仲裁法》中虽然没有对“专门性问题”进行释义,但笔者认为,“专门性问题”应指能通过科学技术或者专门知识进行证明或证伪的问题。因此“专门性问题”应限定于科学领域,基于社会常识、行业经验等进行判定的问题不应纳入“专门性问题”的范畴,无法通过科学技术或专门知识进行鉴定的问题也不应纳入“专门性问题”的范畴。二是启动鉴定程序应具有必要性,这要求仅当仲裁庭凭借自身的专业知识不足以判断案件中的问题的时候,才可以求助于鉴定人。仲裁员一般系由具备多年法律相关工作经验的专业人士担任，其认知水平高于一般人的平均认知水平，同时考虑仲裁案件选定仲裁员时一般也会考量仲裁员对该类型案件具有一定的专长或经验，仲裁员对案件中遇到的问题所作出的判断应在一般人认知水平以上，因此仅在基于一般人的认知乃至作为专业人士的认知不足以判断案件中的问题时，才具备启动鉴定程序的必要性。此外，如案件当事人对“专门性问题”并无争议，或案件相关证据已经足以支持仲裁庭对“专门性问题”作出判断时，也不应认定为具有启动鉴定程序的必要，否则将损害仲裁效率，增加当事人的讼累。例如，关于公司的财务问题，一般需要通过审计机构审计确定公司的财务状况，但如果双方当事人对争议期间的公司收支数据没有异议，或证据已完整显示争议期间的公司收支数据，仅通过简单的计算即可知悉公司的财务状况，则也不具有进行审计的必要性。

3. 启动鉴定程序的合法性审查

《仲裁法》和仲裁机构的仲裁规则中关于鉴定程序的规定较为宽松。在撤销仲裁裁决的案件中，对仲裁程序的合法性审查一般仅审查是否违反《仲裁法》或仲裁机构仲裁规则中关于程序的规定，因此仲裁庭在庭审和裁决过程中，对鉴定程序的合法性审查的难度并不高。但笔者仍建议仲裁委员会可以参照和借鉴诉讼程序中关于鉴定程序的管理性规定制定内部的仲裁操作规范和管理机制，保障鉴定程序的有序、有效管理和推进。

鉴定机构不具有申请鉴定事项所要求的鉴定资质

李　欢*

一、撤销仲裁裁决理由的缘起

审理案号：(2015)东仲撤字第29号

申请人：某某石油公司

被申请人：某某园林绿化中心

基本案情：

2011年4月8日，某某石油公司(以下简称石油公司)与某某园林绿化中心(以下简称园林绿化中心)签订了《绿化工程施工合同》，园林绿化中心承揽了石油公司位于孤岛的绿化工程。园林绿化中心依据施工图纸完成了绿化工程施工后，双方对工程进行了验收结算，石油公司支付了部分工程款。在养护期间，园林绿化中心对死亡苗木进行了重新栽种，双方同意对补栽的苗木品种进行了部分更换。因对苗木死亡原因及责任互不认同，石油公司没有对补栽工程进行验收确认，对补栽及变更增加的工程量不予进行工程造价结算。

仲裁庭认为，双方签订的《绿化工程施工合同》合法有效。根据合同约

---

* 李欢：拥有河北地质大学法学学士学位，先后在北京利天知识产权代理有限公司、江西赣硕律师事务所工作，现为北京市京师(深圳)律师事务所专职律师。

定和原国家林业局(现由国家林业和草原局行使职权)森林公安鉴定所出具的鉴定意见,园林绿化中心主张苗木死亡的责任应当由石油公司承担的理由成立,园林绿化中心更换死亡苗木增加的苗木费、施工费应由石油公司承担。仲裁庭依据园林绿化中心的申请,委托某资产评估公司对涉案工程造价进行了评估,评估机构主体适格、程序合法,仲裁庭对其出具的评估报告依法采信。仲裁庭裁决石油公司向园林绿化中心支付工程款。

后石油公司向DY市中级人民法院申请撤销DY仲裁委员会作出的仲裁裁决。石油公司认为,涉案工程造价的司法鉴定是由没有工程造价咨询资质的某资产评估公司出具的,DY仲裁委员会采纳该公司出具的评估报告属程序违法。

二、法院的处理结果

法院查明,园林绿化中心申请鉴定的事项和DY仲裁委员会委托鉴定的事项是明确且一致的,即对涉案工程施工现场进行勘验,确定施工合同的实际工程量,并对变更后的工程造价(补栽、增加的苗木造价及成品草坪的造价)进行司法鉴定。

法院认为,工程造价的司法鉴定属于工程造价审计范畴,应委托具备工程造价审计资质的机构进行鉴定,但DY仲裁委员会委托的是具备资产评估资质而非工程造价审计资质的某资产评估公司。某资产评估公司在资产评估报告中将委托的工程造价事项以资产评估的方式作出,造成申请鉴定事项、委托目的与鉴定结果偏离。鉴定机构的选择与确定,是基于当事人申请鉴定的事项而确定的。即使存在当事人申请鉴定的事项无法鉴定的情形,仲裁庭正确的做法应当是向当事人释明,或告知当事人变更申请鉴定的事项。在当事人申请鉴定事项明确的情况下,仲裁庭应选择委托有相关资质的鉴定机构进行鉴定。

本案中,某资产评估公司是当事人在仲裁庭提供的鉴定机构名册中选中的,但其并不具有申请鉴定事项所要求的工程造价鉴定资质。《仲裁法》

第44条、《DY仲裁委员会仲裁规则》第56条均规定当事人申请鉴定且仲裁庭同意的,可以交由当事人共同选定的鉴定机构鉴定。但是,对鉴定机构的选择,有一个基本的前提与限制:仲裁庭提供的必须是对相关项目有鉴定资质的鉴定机构名册。关于鉴定机构资质方面的要求,虽然有关法律、仲裁规则未明确对其加以限定,但其却是有关法律以及仲裁规则对鉴定意见作为证据形成程序合法性方面的隐含的必然要求。在鉴定机构缺乏法定资质的情况下,可以认定仲裁裁决存在违反法定程序的情形。申请人主张仲裁程序违法的理由成立,法院予以采纳,遂裁定撤销该仲裁裁决。

三、评析

在诉讼或仲裁过程中经常会遇到一些专门性问题,委托鉴定成为解决专门性问题的重要路径。就专门性问题委托鉴定的必然要求就是所选定的鉴定机构具有能对专门性问题进行鉴别和判断并提供鉴定意见的活动的资质。本案实际涉及两个鉴定程序问题,其中一个是原国家林业局(现由国家林业和草原局行使职权)森林公安鉴定所出具的鉴定意见,对于苗木死亡原因进行的鉴定,涉及园林绿化中心补栽及增加工程量的责任和费用由哪方承担的问题。石油公司并未对原国家林业局(现由国家林业和草原局行使职权)森林公安的资质和鉴定意见的合法性、有效性提出异议,那么仲裁庭有权采纳该鉴定意见作为认定的事实。

本案重点是某资产评估公司对补栽和增加工程量的工程造价评估是否具备鉴定资质、是否违反法定程序。笔者认为,在本案仲裁过程中,仲裁庭依据园林绿化中心的申请,对涉案工程造价启动了委托某资产评估公司进行评估的程序,仲裁庭作为鉴定程序的主持者,其应该对鉴定机构有无鉴定资质这一事项进行审查,这是鉴定意见作为证据形成程序合法性方面所隐含的必然要求。法院就本案作出的撤销仲裁裁决的裁定,再一次体现了司法活动过程中遵守程序的重要性。

《仲裁法》第58条规定:"当事人提出证据证明裁决有下列情形之一的,

可以向仲裁委员会所在地的中级人民法院申请撤销裁决:(一)没有仲裁协议的;(二)裁决的事项不属于仲裁协议的范围或者仲裁委员会无权仲裁的;(三)仲裁庭的组成或者仲裁的程序违反法定程序的;(四)裁决所根据的证据是伪造的;(五)对方当事人隐瞒了足以影响公正裁决的证据的;(六)仲裁员在仲裁该案时有索贿受贿,徇私舞弊,枉法裁决行为的。人民法院经组成合议庭审查核实裁决有前款规定情形之一的,应当裁定撤销。人民法院认定该裁决违背社会公共利益的,应当裁定撤销。”本案实体上的核心争议点在于双方对苗木死亡原因和对补栽及变更增加工程量的责任和费用由哪方承担存在重大分歧。根据上述规定,撤销仲裁裁决只能针对程序违法或违背社会公共利益等少数情形。本案法院审理撤销仲裁裁决的理由主要聚焦在鉴定机构是否缺乏法定资质、仲裁裁决是否存在违反法定程序的情形。

鉴定机构在仲裁机构认定的鉴定机构名册中并不必然表示其在特定案件中具有鉴定资质,而是要综合评估其在个案所属的细分领域是否具备鉴定资质,不同领域鉴定内容往往存在极大差异。《仲裁法》第 44 条规定:“仲裁庭对专门性问题认为需要鉴定的,可以交由当事人约定的鉴定部门鉴定,也可以由仲裁庭指定的鉴定部门鉴定。根据当事人的请求或者仲裁庭的要求,鉴定部门应当派鉴定人参加开庭。当事人经仲裁庭许可,可以向鉴定人提问。”虽然本案中某资产评估公司是双方当事人共同在仲裁委员会鉴定机构名册中摇珠选中的,但仲裁庭确定的摇珠范围应是具有具体个案鉴定资质的机构,而不是在整个鉴定名册中的机构都可以作为选择对象。本案中确定的某资产评估公司在工程造价领域实际上缺乏鉴定资质,导致其作出的鉴定意见在证据合法性上存在重大瑕疵。本案的鉴定结果对双方责任认定具有重大影响,不具备鉴定资质的机构作出的鉴定结果可想而知对本案事实的认定具有误导性。

关于工程造价鉴定与资产评估的关系,部分不具备工程造价鉴定资质的机构,在实践中经常以资产评估的形式为工程造价事项出具鉴定意见,部分法院也存在对二者未作实质区分的情形。有观点甚至认为工程造价鉴定和资产评估属于同一种类。笔者认为,二者存在重大差异。一是价格估算时间点存在差异。资产评估以财产的存续时间为计价参数,价格随着财产存续期间的延续而发生变化。工程造价鉴定以工程发生时的计价条件为基础参数,工程时间或交付后的持续期不影响计价。二是可利用状况不同。资产评估不具有工程造价鉴定的属性,资产评估报告的计价结论必须明确评估原则和假定条件,这与工程造价性质完全不同。工程造价以工程发生或项目形成为鉴定条件,后续损耗不影响工程价款的鉴定。

《民事诉讼证据若干规定》第 40 条规定:“当事人申请重新鉴定,存在下列情形之一的,人民法院应当准许:(一)鉴定人不具备相应资格的;(二)鉴定程序严重违法的;(三)鉴定意见明显依据不足的;(四)鉴定意见不能作为证据使用的其他情形。存在前款第一项至第三项情形的,鉴定人已经收取的鉴定费用应当退还。拒不退还的,依照本规定第 81 条第 2 款的规定处理。对鉴定意见的瑕疵,可以通过补正、补充鉴定或者补充质证、重新质证等方法解决的,人民法院不予准许重新鉴定的申请。重新鉴定的,原鉴定意见不得作为认定案件事实的根据。”第 41 条规定:“对于一方当事人就专门性问题自行委托有关机构或者人员出具的意见,另一方当事人有证据或者理由足以反驳并申请鉴定的,人民法院应予准许。”第 36 条规定:“人民法院对鉴定人出具的鉴定书,应当审查是否具有下列内容:(一)委托法院的名称;(二)委托鉴定的内容、要求;(三)鉴定材料;(四)鉴定所依据的原理、方法;(五)对鉴定过程的说明;(六)鉴定意见;(七)承诺书。鉴定书应当由鉴定人签名或者盖章,并附鉴定人的相应资格证明。委托机构鉴定的,鉴定书应当由鉴定机构盖章,并由从事鉴定的人员签名。”

根据上述规定,某资产评估公司虽然具备资产评估领域的鉴定资格,但不具备与工程造价相关的鉴定资格,其出具的鉴定意见不能作为有效的鉴定意见,导致仲裁程序存在违反法定程序的情形。这也提醒仲裁庭,在选定鉴定机构时应结合具体案件类型确定鉴定机构可供选择的范围。没有鉴定资质的机构作出的鉴定意见与委托目的和实际情况南辕北辙,最终也将导致仲裁裁决被撤销或不予执行。同时，作为案件的代理律师，在争议处理过程中也应注重对鉴定机构的资质范围进行审查，为办理案件寻找更多的突破口。

四、延伸

（一）撤销仲裁裁决涉及的程序问题和实体问题的关系

《仲裁法》第58条规定："当事人提出证据证明裁决有下列情形之一的，可以向仲裁委员会所在地的中级人民法院申请撤销裁决：（一）没有仲裁协议的；（二）裁决的事项不属于仲裁协议的范围或者仲裁委员会无权仲裁的；（三）仲裁庭的组成或者仲裁的程序违反法定程序的；（四）裁决所根据的证据是伪造的；（五）对方当事人隐瞒了足以影响公正裁决的证据的；（六）仲裁员在仲裁该案时有索贿受贿，徇私舞弊，枉法裁决行为的。人民法院经组成合议庭审查核实裁决有前款规定情形之一的，应当裁定撤销。人民法院认定该裁决违背社会公共利益的，应当裁定撤销。"《仲裁法》规定了可以申请撤销仲裁裁决的事由，从上述列举情形来看，此类事由主要是仲裁程序违反法定情形或违背社会公共利益，而对实体问题则不予考虑。那么是否意味着撤销仲裁裁决审查时只考虑程序问题，而完全不论实体审理是否合理呢？

从司法实践来看，法院在审查时并非只考虑仲裁程序是否合法，而往往会综合考量实体和程序问题，结合实体问题审理程序是否符合法律规定和公平原则，当然撤销的裁定最终仍以程序违法的形式进行论述，但往往隐含着对程序瑕疵导致实体问题存在重大瑕疵的判断。在诉讼或仲裁过程中就专门性问题委托鉴定的必然要求就是鉴定机构具有能对专门性问题进行鉴别和判断并提供鉴定意见的活动的资质。就本案来看，程序方面因鉴定机构不具备相关鉴定资质，导致其出具的鉴定意见存在误导性，影响本案的事实认定，对本案双方主要权利义务造成重大影响，导致本案实体认定存在重大缺陷。这也引申出司法活动所追求的核心价值是司法公正，司法公正又包含两方面内涵——程序公正和实体公正，而程序公正的价值在于保证实体公正的实现。

（二）鉴定机构名册的分类和资质审查

本案中某资产评估公司本身是在仲裁机构的鉴定机构名册中，但鉴定机构名册未针对具体领域和个案情形进行必要的分类，导致其虽然通过摇珠选定，但仍不具有工程造价相关领域的鉴定资质。鉴于上述情形在实践中较为常见，且对工程造价和资产评估等相近领域是否相互具备鉴定资质存在争议，仲裁机构在通过内外审议并且与法院进行充分研究讨论的基础上，有必要针对上述共性问题进行整体解决，避免仲裁与司法审查出现分歧影响公正和效率。

鉴定机构名册应针对不同领域的鉴定进行分类，包括工程造价、资产评估、价格评估、保险公估、地产评估、会计审计等，同时加大对相关鉴定机构资质的审查力度，避免出现跨领域鉴定导致缺乏鉴定资质的情形，法院和仲裁机构应加强联动，避免双方对鉴定机构性质的认定存在差异导致仲裁司法审查标准不统一。鉴定机构涉及较多私营企业等不同主体，法院和仲裁机构应加大对鉴定机构的监督力度，可以联合建立分类评级制度，对于鉴定机构出现重大问题的应列入“黑名单”，避免不负责任的鉴定结果对司法造成误导甚至更严重的后果。

作为认定案件事实及裁决依据的鉴定报告未经依法质证

章剑舟*

一、撤销仲裁裁决理由的缘起

审理案号：（2019）川11民特1号

申请人：某某市国有资产监督管理委员会办公室

被申请人：某某水务有限公司

基本案情：

某某水务有限公司与某某市国有资产监督管理委员会办公室因特许经营合同纠纷向LS仲裁委员会提起仲裁。某某水务有限公司仲裁请求某某市国有资产监督管理委员会办公室退回购买的某市污水处理厂项目30年特许经营权出让价款未摊销余额8068.46万元和资金占用利息。

某某市国有资产监督管理委员会办公室提出仲裁反请求，请求裁决：某某水务有限公司依约向某某市国有资产监督管理委员会办公室提交200万元维护保函并支付20万元违约金；由于其未履行提标改造的义务应赔偿某某市国有资产监督管理委员会办公室损失1500万元。

---

* 章剑舟：北京安杰律师事务所的创始合伙人律师，曾在一家美国顶级律师事务所的香港办公室及两家北京红圈所工作多年。先后毕业于中国青年政治学院、北京外国语大学、美国波士顿大学，获教育学学士、法学学士和法学硕士学位。现担任深圳国际仲裁院、海南国际仲裁院、广州仲裁委员会及珠海国际仲裁院仲裁员。

仲裁庭于2018年12月20日、2019年1月24日、2019年2月21日先后3次进行了开庭审理。2019年2月21日最后一次庭审辩论结束后,首席仲裁员未征询双方当事人的最后意见。

2019年4月29日仲裁庭又通知某某市国有资产监督管理委员会办公室、某某水务有限公司进行证据质证,由1名仲裁员主持。仲裁员告知:双方当事人请求与反请求案,仲裁庭进行了3次开庭审理。庭审结束后,某某水务有限公司提交了两份证据材料,仲裁庭认为没有必要再开庭进行质证,请双方来就这两份证据进行质证。其中一份证据是某某水务有限公司单方委托某会计师事务所出具的《注册会计师执行商定程序的报告》[乐五和商(2019)第××××号],某某水务有限公司主张该报告为鉴定性意见,系某会计师事务所按照会计准则测算的,用以证明污水处理厂停运以来未摊销部分的计算方式及价款。2015年某某水务有限公司特许经营权摊销余额为79,902,222.28元。某某市国有资产监督管理委员会办公室当即提出应由鉴定机构鉴定人员来做解释。仲裁庭对是否同意某某市国有资产监督管理委员会办公室要求鉴定机构到庭接受质询未作回应。

LS仲裁委员会作出仲裁裁决:(1)某某市国有资产监督管理委员会办公室自本裁决作出之日起30日内支付某某水务有限公司79,902,222.28元及其资金占用利息(自2016年1月1日起算至付清之日止,按中国人民银行公布的同期一年期流动资金贷款基准利率计算);(2)某某水务有限公司自本裁决作出之日起30日内向某某市国有资产监督管理委员会办公室提交200万元的维护保函;(3)驳回双方其他仲裁请求。

某某市国有资产监督管理委员会办公室向LS市中级人民法院申请撤销该仲裁裁决。

二、法院的处理结果

LS市中级人民法院就案涉仲裁裁决是否应予撤销作出如下认定:对于案涉仲裁案中的某某水务有限公司庭后提交的鉴定报告,仲裁庭仅由1名仲裁员在庭后简单组织了质证。质证过程中,对于该案被申请人某某市国有资产监督管理委员会办公室提出的要求鉴定人员出庭的申请,仲裁庭未作出任何回应,亦未组织双方对鉴定报告所依据的资料开庭质证,且在某某市国有资产监督管理委员会办公室明确表示对鉴定报告的证据三性不予认可的情况下,仲裁庭在裁决中直接认定双方对鉴定报告无异议,并以此作为认定案件事实及裁决的依据,已经严重违反了仲裁的法定程序。

该案最后一次开庭结束时,仲裁员未征询当事人的最后意见,亦违反了仲裁的法定程序。

基于以上两点事实,LS 市中级人民法院最终以案涉仲裁裁决严重违反法定程序,可能影响案件正确裁决为由裁定撤销裁决。

三、评析

仲裁程序中常涉及鉴定,而鉴定意见往往是仲裁案件中的关键证据。从大数据来看,虽然仲裁裁决被法院裁定撤销的比例极低,但援引《仲裁法》第 44 条的规定,认为当事人申请鉴定人出庭而鉴定人未出庭的情形违反法定程序,进而裁定撤销仲裁裁决的案例并不鲜见。

目前国内因鉴定人出庭不符合法定程序而导致撤销仲裁的裁决主要分为以下 4 种情形:(1)当事人庭前申请鉴定人出庭,因仲裁庭未予回应或拒绝导致鉴定人未出庭的;(2)庭后鉴定人经仲裁庭指示提供补充意见,当事人申请鉴定人出庭,或一方当事人庭后提交鉴定意见,对方当事人申请鉴定人出庭,而仲裁庭未安排再次开庭的;(3)出具并签署案涉鉴定意见的鉴定人本人未出庭,由鉴定人所在机构另行安排人员出庭的;(4)鉴定人虽然出庭,但答非所问回避当事人或仲裁庭的重要问题的。

就鉴定人经当事人请求出庭而未出庭是否违反法定程序的问题,司法实践中法院掌握的尺度并不完全一致。

有些法院在裁定中直接认定当事人申请鉴定人出庭而鉴定人未出庭的,违反法定程序,并裁定撤销仲裁裁决。如在(2016)鲁民特 14 号民事裁定书中,DZ 市中级人民法院认为:“在仲裁庭审理该案时,经申请人王某某的申请,对所诉案件争议标的相关价值认定已经交由德州天和价格评估有限公司进行了司法鉴定,鉴定机构并出具了《价格评估结论书》,鉴定人员陈某某、杨某在鉴定书上签字盖章。但是在申请人要求鉴定人员出庭接受质证时,DZ 仲裁委员会没有通知鉴定人员出庭,属于违反了法定程序。经本院调查两鉴定人员,鉴定人员没有接到仲裁委出庭接受质证的通知,故,申请人请求撤销仲裁裁决的申请,本院予以支持。”又如,在(2013)赤民仲字第11 号民事裁定书中,CF 市中级人民法院认为:“某某人寿保险 CF 公司向 CF 仲裁委员会提交《鉴定人、证人出庭作证申请书》,要求鉴定人出庭接受质询。但 CF 仲裁委员会未通知鉴定人出庭接受质询……因此,CF 仲裁委员会应根据某某人寿保险 CF 公司的申请通知鉴定人出庭接受质询,并回答当事人的问题,CF 仲裁委员会未通知鉴定人出庭,违反法定程序。”因此法院裁定撤销 CF 仲裁委员会(2013)C 仲裁字第 44 号仲裁裁决。

有法院认为鉴定人未出庭的程序瑕疵需要被证明最终影响了案件的正确裁决才构成《仲裁法》第 58 条第 1 款第 3 项中的“违反法定程序”。例如,在(2015)长中民五仲字第 00236 号民事裁定书中,CS 市中级人民法院认为:“对于……两家鉴定机构派其他工作人员出庭而未派署名人员出庭的情形,本院认为,虽然两家鉴定机构未严格按照相关规定派鉴定人本人出庭,而是派其他工作人员出庭进行说明,但基于鉴定报告是由仲裁庭根据当事人的质证意见最终决定是否予以采纳,且本案申请人也并未提交证据证明该种情形会最终影响案件的正确裁决,故申请人的该项理由不成立。”

也有法院在认定鉴定人未出庭是否违反法定程序时比较关注案件审理是否符合仲裁规则。在(2019)京 04 民特 523 号民事裁定书中,BJ 市第四中级人民法院认为:“根据仲裁规则,仲裁庭有权决定是否同意当事人的鉴定申请及鉴定人员是否参加开庭。华业公司、瀚新医院认为仲裁庭拒绝鉴定人员出庭及不同意其鉴定申请违反法定程序缺乏法律依据,本院不予支持。”

1. 对于《仲裁法》第44条第2款规定的当事人请求鉴定人出庭的情形，仲裁庭有权自行判断决定同意或驳回

《仲裁法》第44条第1款与第2款分别规定了对于仲裁庭认为需要鉴定的问题如何选择鉴定部门及鉴定人是否应当参加庭审两个问题。根据《仲裁法》第44条第1款的规定，对于仲裁庭认为需要鉴定的专门性问题，仲裁庭可以自行决定交由当事人约定的鉴定部门或仲裁庭指定的鉴定部门进行鉴定。而《仲裁法》第44条第2款则规定了根据当事人的请求或仲裁庭的要求，鉴定部门应当派鉴定人参加开庭。需要注意的是，该款规定虽紧接第44条第1款，但并未明确该款是否仅适用于第1款所述仲裁庭主动对专门性问题决定进行鉴定的情形。对于《仲裁法》第44条第2款的规定是否适用于一方当事人单方提交鉴定意见的情形，可能存在不同的理解。

单从《仲裁法》第44条第2款的立法目的来看，该条款有关应当派鉴定人参加开庭的规定是为了使仲裁员及当事人均能够充分理解专业性较强的鉴定意见，从而使当事人能够对鉴定意见作出有效的针对性答辩，也使仲裁员能够对鉴定意见的证据价值作出更可靠的判断。其核心应在于使仲裁各方均能充分理解可能作为裁决依据的重要鉴定意见，而非对所有该案件项下的无论是否重要的鉴定意见都需要对各方充分论述。对于《仲裁法》第44条第1款项下仲裁庭认为需要鉴定的专门性问题所作的鉴定通常对案件最终裁决具有重要意义，可能影响裁决结果。在当事人一方请求鉴定人出庭的情况下，仲裁庭应当通知鉴定人出庭，以回答当事人和仲裁庭的提问。至于当事人一方自行委托鉴定部门作出的鉴定意见，并不必然与案件事实的认定及裁决的结果有重要关联，仲裁庭应有权根据该等鉴定意见与案件的关联性自行判断是否准许鉴定人参加开庭，以免当事人滥用权利干扰案件审理进程。仲裁庭通知鉴定人出庭，而鉴定人最终未参加开庭的，仲裁庭可以参考《民事诉讼法》第81条的规定，不将鉴定意见作为认定事实的根据。

根据《民事诉讼法》第81条的规定及其在司法实践中的适用，参照理解《仲裁法》第44条第2款中的类似规定，笔者认为，该款中的“应当”派鉴定人参加开庭中的“应当”二字不应认定为鉴定人参加开庭为法律强制性规定,而系相关鉴定意见能够作为认定事实及作出裁决的依据的前置条件。无论是仲裁庭自行主动作出的鉴定意见,还是当事人作出的鉴定意见,经当事人申请,但仲裁庭不同意鉴定人参加开庭均不应构成仲裁程序违反法定程序,只有当该等鉴定意见系认定事实的依据的情况下,鉴定人未出庭的,应认定为违反仲裁程序,相关裁决应予撤销。

事实上,法院往往在认定鉴定人未出庭是否构成违反法定程序的问题上可能更加谨慎。在(2015)长中民五仲字第00236号民事裁定书中,长沙市中级人民法院认为:“对于……两家鉴定机构派其他工作人员出庭而未派署名人员出庭的情形,本院认为,虽然两家鉴定机构未严格按照相关规定派鉴定人本人出庭,而是派其他工作人员出庭进行说明,但基于鉴定报告是由仲裁庭根据当事人的质证意见最终决定是否予以采纳,且本案申请人也并未提交证据证明该种情形会最终影响到案件的正确裁决,故申请人的该项理由不成立。”这里,法官似乎认为当事人须举证证明鉴定人未出庭的情形“最终影响到案件的正确裁决”,由此才可以支持其关于鉴定人未出庭因而仲裁程序违反法定程序的主张。

此外,《中国国际经济贸易仲裁委员会仲裁规则》第44条第3款〔1〕、《长沙仲裁委员会仲裁规则》第43条第4款〔2〕、《北京仲裁委员会仲裁规则》第35条第5款〔3〕等国内仲裁机构的仲裁规则的规定中亦均明确仲裁庭有权决定是否同意当事人请求鉴定人参加开庭的申请。在诸多撤销仲裁申请案件中,法院的裁定都体现了对仲裁规则的尊重。在(2019)京04民特

---

〔1〕 专家报告和鉴定报告的副本应转交当事人,给予当事人提出意见的机会。一方当事人申请或仲裁庭要求专家或鉴定人参加开庭的,专家或鉴定人应参加开庭,并在仲裁庭认为必要时就所作出的报告进行解释。

〔2〕 当事人有权对鉴定报告提出意见。根据当事人的请求或者仲裁庭认为必要,可以通知鉴定人参加开庭。经仲裁庭通知,鉴定人拒不到庭接受询问的,仲裁庭可以不采纳该鉴定报告,支付鉴定费用的当事人可以要求鉴定人按照约定返还鉴定费用。

〔3〕 仲裁庭认为必要或者根据当事人的请求,可以通知鉴定人参加开庭。当事人经仲裁庭许可,可以就鉴定意见的有关事项向鉴定人提问。

523 号民事裁定书中，北京市第四中级人民法院认为："根据仲裁规则，仲裁庭有权决定是否同意当事人的鉴定申请及鉴定人员是否参加开庭。华业公司、瀚新医院认为仲裁庭拒绝鉴定人员出庭及不同意其鉴定申请违反法定程序缺乏法律依据，本院不予支持。"

辽宁省铁岭市中级人民法院作出的（2020）辽 12 民特 11 号裁定书、北京市第四中级人民法院作出的（2019）京 04 民特 523 号裁定书、重庆市第一中级人民法院作出的（2017）渝 01 民特 687 号裁定书等相关司法判例中，法院亦认定，仲裁庭是否要求鉴定人员参加庭审不影响案件的正确裁决，不属于违反法定程序的情形。

综上所述，笔者认为，《仲裁法》第 44 条第 2 款有关在当事人请求或仲裁庭要求的情况下，鉴定人均应当参加开庭的规定，并非将在当事人申请的情况下通知鉴定人参加开庭作为强制性要求，而系要求仲裁庭对于作为认定事实及裁决依据的鉴定意见/报告，应当通知鉴定人参加开庭，对于与事实认定无关的鉴定意见，是否通知鉴定人参加开庭，仲裁庭有权自行决定。

2. 对于当事人出具的鉴定意见/报告，当事人申请鉴定人出庭的，仲裁庭应做出答复并给出合理理由，不得不予理会或无理拒绝

虽然根据前文相关分析，对于当事人提出的要求鉴定人出庭的申请，是否同意仲裁庭有权自行判断和决策，鉴定人的出庭并非法定强制性要求，但是对于当事人有关鉴定人出庭的申请，仲裁庭有义务做出答复并给出合理理由，不得直接不予理会，且若该等鉴定报告/意见与案件的裁决结果紧密关联可能作为裁决依据的，仲裁庭应当同意鉴定人出庭，不得不合理地拒绝当事人的申请。

在某某水务有限公司与某某市国有资产监督管理委员会办公室撤销仲裁裁决案件（以下简称案例一）中导致所涉仲裁裁决被撤销，与鉴定报告有关的主要程序性违法事由在于：（1）虽然案涉鉴定报告并非仲裁庭主动委托鉴定部门作出，但系仲裁庭最终作出裁决的核心依据，与案件的事实认定及裁决的结果息息相关；（2）鉴定报告系申请人于案后提交，且系专业机构作

出的专业鉴定报告,在被申请人明确表示异议并要求鉴定人出庭的情况下,仲裁庭未尽其法定职责,未对被申请人的请求给出任何回应,导致被申请人丧失了充分正确理解鉴定报告从而作出有效答辩的机会,其答辩权未能充分实施;(3)在未有鉴定人出庭说明情况,且申请人对鉴定报告的证据三性均不予认可的情况下,仲裁庭在裁决中直接认定双方均对鉴定报告无异议严重违反了《仲裁法》第45条的规定。在存在上述严重程序违法行为,鉴定报告未经双方当事人有效质证,其正确性和合理性均存疑的情况下,直接被仲裁庭全盘采纳作为裁决依据,必然对最终裁决的公正性产生影响。因此,法院认定案例一中仲裁庭的裁决严重违反法定程序应予撤销是完全合理合法的。

河南省安阳市中级人民法院在(2014)安中民一初字第66号申请撤销仲裁裁决纠纷一案(以下简称案例二)中,作出了与案例一不同的裁决。该案中,申请人主张案涉证据系伪造且其鉴定申请被驳回,据此作出的仲裁裁决应予撤销,但法院最终以申请人所主张证据的真伪不影响案件的事实认定为由,认定仲裁机构不存在违反法定程序的情况,驳回了申请人的撤裁申请。

与案例一不同的是,案例二中即使仲裁庭同意了申请人提出的鉴定申请,且案涉证据被证明是伪造的,对仲裁裁决的结果都不会产生任何影响,亦即案涉申请人申请鉴定的事项与案件的事实认定及裁决结果无关,仲裁庭有权行使自身权利,经告知申请人合理理由的情况下驳回申请人的鉴定申请,以免不必要的程序影响案件的审理,耽误案件进程。

而山东省德州市中级人民法院在(2016)鲁民特14号申请撤销仲裁裁决一案(以下简称案例三)中,对于申请人在质证意见中明确向仲裁委员会提出要求鉴定人出庭接受质证的申请,但仲裁委员会并未通知鉴定人出庭的情况,法院则认定该种行为属于违反了法定程序,仲裁裁决应予撤销。

笔者认为,之所以案例三中相关裁决被撤销,而案例二则被认定为合法有效的裁决,其关键在于案例三所涉鉴定报告系仲裁庭据以认定事实的依据而案例二中申请人申请鉴定事项与案件事实认定无关，且案例二中仲裁庭明确驳回了申请人的鉴定申请，但是案例三中仲裁庭未对申请人要求鉴定人出庭的申请作出任何回应，直接不予通知鉴定人出庭。案例二中申请人的合法权利均得以实现，而案例三中申请人的答辩权、质证权均因仲裁庭的不当处置而未能完整实现，直接影响了裁决的公正性。

综上所述，在认定仲裁庭对当事人提出的鉴定申请或鉴定人出庭申请的处理是否违反仲裁法定程序时，重点考量的因素为：(1)当事人提出的鉴定申请或鉴定人出庭申请所关联的鉴定意见/报告是否系认定案件事实的依据，是否将影响案件的裁决结果；(2)仲裁庭是否对当事人的申请作出了处理，如驳回当事人申请是否给出合理理由；(3)仲裁庭是否在鉴定人未出庭的情况下，将相关鉴定意见/报告作为认定事实的依据。仅当仲裁庭未予以明确处理当事人的申请或在鉴定人未出庭的情况下使用相关鉴定意见/报告作为认定事实依据时，才应当认定仲裁程序违法予以撤销仲裁，否则仲裁庭有权根据自身判断驳回当事人不合理的鉴定申请或鉴定人出庭申请。

3. 对于当事人庭后提交的证据，经双方当事人书面同意后可书面质证

对于案例一中仲裁庭对申请人庭后提交的证据是否应重新开庭质证的问题，虽然根据《仲裁法》第 45 条的规定，似乎所有的证据均应当开庭质证才符合法定仲裁程序，但这仅系根据该规定生硬地作出字面解释所得出的结论，对于该条规定的具体适用，仍需参照相关仲裁规则及案例进行理解。

根据《北京仲裁委员会仲裁规则》第 37 条第 3 款[1]、《深圳国际仲裁院仲裁规则》第 43 条第 2 款[2]、《中国国际经济贸易仲裁委员会仲裁规则》第

〔1〕 对于当事人当庭或者开庭后提交的证据材料，仲裁庭决定接受但不再开庭审理的，可以要求当事人在一定期限内提交书面质证意见。

〔2〕 对于书面审理的案件中的证明材料，或者须在开庭后补交的证明材料，当事人同意书面质证的，应在仲裁庭决定的期限内提交书面质证意见。

42条第2款[1]、《广州仲裁委员会仲裁规则》第50条第3款[2]等仲裁机构的仲裁规则的相关规定，均认可在双方当事人同意的情况下，对于当事人庭后提交的证据材料可不再开庭直接进行书面质证。此外，参考广州市中级人民法院作出的（2018）粤01民特1058号撤销仲裁裁决案民事裁定书、北京市第四中级人民法院作出的（2021）京04民特655号撤销仲裁裁决案民事裁定书等司法裁判，实践中，在当事人双方均已明确同意对庭后提交的证据书面质证的情况下（部分法院甚至认为只要双方均未提出异议即应认定同意书面质证），无论当事人是否提交书面质证材料，只要仲裁庭给出合理的书面质证期限并向双方当事人有效送达材料及质证通知，法院均认定相关证据已经法定质证程序，当事人不得以未开庭质证为由要求撤销相关裁决。

因此，在双方当事人同意就庭后提交证据进行书面质证的情况下，仲裁庭不再开庭质证完全符合法律规定，并未违反法定仲裁程序，相关裁决不应被撤销。

4. 若鉴定意见的提交方申请鉴定人出庭而另一方未提出此要求的，仲裁庭是否有权拒绝

根据《民事诉讼证据的若干规定》第3条[3]的规定，仅当一方当事人明确承认于己不利的事实的情况下，法院才可在另一方不予举证证明的情况下对该等事实予以认定。参照该等规定中所体现的法律原则与精神，在仲裁案件中，对于鉴定意见中对提交方不利的事实，即使另一方予以认可，也应当在提交方明确承认的情况下才能不经质证直接认定。

因此，如果鉴定意见的提交方申请鉴定人出庭的，即使另一方未提出相

---

[1] 对于书面审理的案件的证据材料，或对于开庭后提交的证据材料且当事人同意书面质证的，可以进行书面质证。书面质证时，当事人应在仲裁庭规定的期限内提交书面质证意见。

[2] 当事人当庭或者庭审结束后提交的证据材料，仲裁庭决定接受但不再开庭的，可以要求当事人在指定期限内提交书面质证意见。

[3] 在诉讼过程中，一方当事人陈述的于己不利的事实，或者对于己不利的事实明确表示承认的，另一方当事人无须举证证明。在证据交换、询问、调查过程中，或者在起诉状、答辩状、代理词等书面材料中，当事人明确承认于己不利的事实的，适用前款规定。

关申请，若该等意见最终将作为认定事实的依据，仲裁庭仍应当要求鉴定人出庭完成质证程序。

5. 一方当事人当庭提出鉴定人出庭申请的处理方式

虽然《仲裁法》中并未明确举证期限相关事宜，但各仲裁委员会的仲裁规则中均有举证期限的相关规定，当事人应在仲裁庭确认的举证期限内提交相关证据及要求鉴定人、证人等出庭的申请，对于当事人无合理理由未在举证期限内提交的证据等，仲裁庭有权不予采纳。但根据《民诉法解释》第102条〔1〕等相关规定所确立的原则，若当事人逾期提交的证据与案件基本事实有关的，仲裁庭仍应当予以采纳。

同理，对于一方当事人当庭提交的要求鉴定人出庭的申请，若所涉鉴定意见与案件基本事实有关，可能影响裁决的结果，仲裁庭应当同意鉴定人出庭并完成质证，若该等出庭请求无法在当次开庭中完成的，在无法取得双方当事人同意书面质证的意见的情况下，仲裁庭宜另行安排鉴定人出庭完成对鉴定意见的质证。

6. 对于《仲裁法》规定的仲裁程序应灵活理解适用

综合上文对《仲裁法》第44条、第45条相关规定的分析及对相关案例的研究，实践中对于《仲裁法》中规定的仲裁程序不应死板地仅根据字面意思理解，而应参照相关通用仲裁规则条款及法院裁判，深入理解相关规定的立法原意及适用情境，灵活地理解适用。

例如，对于《仲裁法》第44条中鉴定人是否应当出庭及第45条中是否应当开庭质证的判断，应当综合考量所涉鉴定意见/报告是否系认定事实的依据、仲裁庭是否依法做出答复、书面质证是否尊重案件当事人共同的意思表示等因素，据此判断是否符合法定程序、是否应予撤销仲裁。

〔1〕 当事人因故意或者重大过失逾期提供的证据，人民法院不予采纳。但该证据与案件基本事实有关的，人民法院应当采纳，并依照《民事诉讼法》第68条、第118条第1款的规定予以训诫、罚款。当事人非因故意或者重大过失逾期提供的证据，人民法院应当采纳，并对当事人予以训诫。当事人一方要求另一方赔偿因逾期提供证据致使其增加的交通、住宿、就餐、误工、证人出庭作证等必要费用的，人民法院可予支持。

四、延伸

综合上述分析所得出的结论，为防止裁决被撤销过分浪费资源，笔者仅就鉴定人出庭问题对仲裁员提出如下建议：

(1)庭前征求当事人对鉴定意见的书面意见并确认其是否申请鉴定人出庭，以免当事人当庭或庭后提出要求鉴定人出庭的申请，导致需要重新开庭；

(2)对于庭后安排鉴定人补充的意见，若不准备再次开庭的，宜询问当事人是否同意书面质证而不再另行开庭并记入庭审笔录；

(3)向鉴定人发出的出庭通知明确要求鉴定意见签字人本人出庭；

(4)对于当事人提出的要求鉴定人出庭的申请，无论是否同意，均应给出明确答复。

鉴定机构将鉴定事项委托给不具备鉴定资质的人员实施后由未实际参与的人员签署鉴定报告

王　宏*

一、撤销仲裁裁决理由的缘起

审理案号：(2017)鲁 14 民特 31 号

申请人：庆云县某钢结构工程有限公司

被申请人：某光电气股份有限公司

基本案情：

DZ 仲裁委员会在审理某光电气股份有限公司(以下简称某光电气公司)与庆云县某钢结构工程有限公司(以下简称某钢工程公司)建设工程施工合同纠纷一案时，曾于 2016 年 4 月 12 日委托华诚某某(北京)投资顾问有限公司(以下简称华诚某某公司)对案涉 1 号钢结构车间厂房(钢结构及地锚螺栓部分)工程造价进行鉴定。DZ 仲裁委员会于 2017 年 9 月 16 日作出(2016)D 仲裁字第 14 号裁决书，裁决：(1)某钢工程公司于本裁决生效之日起 15 日内向某光电气公司返还超付的工程款 497，340.73 元；(2)某钢工程

* 王宏：中国人民大学民商法学硕士、中国社会科学院研究生院在职博士研究生(在读)。原执业于上海市建纬(深圳)律师事务所，现执业于北京市京师(深圳)律师事务所高级合伙人律师，仲裁员，专注于民商事诉讼与仲裁、公司法、投资与并购、银行与金融等法律服务。

公司于本裁决生效之日起 15 日内向某光电气公司支付工程逾期的违约金 5892.68 元;(3)本案仲裁费 14,380 元,鉴定费 33,238 元,由某钢工程公司承担(90%)42,856.2 元,某光电气公司承担(10%)4761.8 元。某光电气公司预交的 14,380 元仲裁费不予退回,待执行时由某钢工程公司再给付某光电气公司 12,942 元。某光电气公司预交的 33,238 元鉴定费不予退回,待执行时由某钢工程公司再给付某光电气公司 29,914.2 元。

仲裁裁决生效后,申请人某钢工程公司以受委托的鉴定机构没有鉴定资质、鉴定人员没有直接参与鉴定活动为由向法院申请撤销 DZ 仲裁委员会(2016)D 仲裁字第 14 号裁决书,具体事实和理由为:(1)DZ 仲裁委员会在对本案进行仲裁时委托的对案涉钢结构工程进行工程造价鉴定的华诚某某公司没有鉴定资质;(2)华诚某某公司接受 DZ 仲裁委员会的委托后又转委托给与其没有任何关系的李某个人实施鉴定事项,华诚某某公司并未派员参加鉴定活动,并且鉴定报告所依据的"双方均认可的工程量"并不存在。综上,DZ 仲裁委员会仲裁的程序违反法定程序,裁决所依据的鉴定意见存在重大瑕疵,不应被采信。

被申请人某光电气公司称:(1)某钢工程公司的撤销申请没有任何法律依据。因某光电气公司与某钢工程公司之间存在有效的仲裁协议,裁决事项属于仲裁协议的仲裁范围且 DZ 仲裁委员会有权仲裁;DZ 仲裁委员会在审理案件时未超越职权且仲裁庭的组成及程序符合法定程序;仲裁所依据的证据不存在伪造;某光电气公司没有隐瞒对自己不利同时对案件有重大影响的证据;DZ 仲裁委员会在仲裁过程中依法履职没有枉法裁判行为;仲裁庭的裁决也没有违背社会利益,故仲裁裁决不存在《仲裁法》第 58 条规定的法定撤销情形。(2)某钢工程公司主张裁决所依据的鉴定意见存在瑕疵,对此,DZ 仲裁委员会已在裁决书第 14 页、第 15 页明确认定虽然某钢工程公司对鉴定报告提出异议,却没有提出重新鉴定申请,因此仲裁庭对鉴定意见予以采纳是合法的,并无不当,某钢工程公司的此项申请理由不成立。

某钢工程公司为证明其主张向法院提交了 3 份证据,分别是 2017 年 5

月16日的开庭笔录、华诚某某鉴字(2016)第626号鉴定报告及(2016)D仲裁字第14号裁决书。其中,提交开庭笔录用以证明华诚某某公司接受委托对案涉工程进行鉴定后,又将委托事项转委托给与其没有任何关系的李某,且在鉴定报告上签字的张某东、杨某杰并没有亲自参与鉴定过程,鉴定程序违法,结果不具有合法性、客观性;提交鉴定报告用以证明鉴定机构只是造价咨询企业,不具有鉴定资质,鉴定报告内容残缺不全,缺少审价基准日、鉴定人员资质证书、鉴定现场的影视资料,报告中虽多次出现"双方当事人认可"的话语,但鉴定报告中没有一份双方当事人签字认可的书面材料,除李某外其他鉴定人员未签名。某钢工程公司主张依据上述证据能够证明DZ仲裁委员会在确认鉴定人李某不具有鉴定资格,与鉴定机构不存在劳动关系,也不应该转委托及鉴定报告存在瑕疵的情况下仍认定"鉴定所确定的工程量与本庭认定的工程量并无冲突",采用鉴定报告中的数据作出裁决的行为违反了对证据的使用规则。某光电气公司对上述证据进行质证后认可证据的真实性,但认为需要法院核实3份证据的提交时间是否已过举证期,同时主张上述3份证据不能证明某钢工程公司的撤销理由成立;因对鉴定报告有无证明力及证明力大小的认定属于DZ仲裁委员会仲裁庭的职权范围,且仲裁委员会已充分论证其采纳该鉴定报告意见的理由,故上述证据不能证明仲裁违反法定程序,也不可能构成伪造证据。

二、法院的处理结果

DZ市中级人民法院经审理认为,华诚某某公司(鉴定机构)接受DZ仲裁委员会的委托后应自行独立完成委托鉴定事项,但其却在未经DZ仲裁委员会及双方当事人同意的情况下将鉴定事项委托给不具备鉴定资质的分公司人员李某实施,不仅如此,作为未实际参与鉴定过程的张某东、杨某杰却在其未实际参与的鉴定报告中签章。仲裁庭就专门性问题的鉴定属其仲裁程序的一部分,华诚某某公司的上述鉴定行为严重违反鉴定程序及仲裁程序,DZ仲裁委员会明知该鉴定报告存在上述严重程序问题却仍将其作为案涉工程造价事实的认定依据,显然会影响案件的正确裁决。综上,某钢工程公司提供的证据能够证明仲裁裁决存在《仲裁法》第58条规定的法定撤销情形,故某钢工程公司申请撤销仲裁裁决的请求有事实和法律依据,法院予以支持。

三、评析

笔者对DZ市中级人民法院作出撤销仲裁的裁定是持肯定意见的。商事仲裁不同于民事诉讼,仲裁是当事人合意与司法的结合,具有准司法属性。然而,任何一种审判形式都需要监督机制确保其公平性,仲裁作为裁判案件的一种形式自然也不例外。仲裁是当事人自愿达成合意,将争议提交第三方进行裁判的争议解决制度,因此"仲裁权的本质决定了仲裁监督的正当性"[1]。仲裁裁决撤销制度作为司法监督的一种形式,由仲裁裁决的当事人向有管辖权的法院主动提起申请而启动,审查的内容主要是仲裁程序事项,其立法初衷是通过司法机关对仲裁进行有效监督,维护仲裁裁决的公正性,充分尊重当事人合意。

对仲裁的监督表现为对仲裁协议效力的审查与确认以及对仲裁裁决的司法审查。司法审查具体可以分为法院撤销仲裁裁决司法审查和不予执行仲裁裁决司法审查这两种监督方式,1958年在纽约召开的联合国国际商业仲裁会议上签署的《纽约公约》,以及联合国国际贸易法委员会于1985年主持制定的《国际商事仲裁示范法》均有相关的规定。在我国,《仲裁法》首次提出了仲裁裁决撤销制度。时任全国人民代表大会常务委员会法制工作委员会(以下简称全国人大常委会法工委)主任的顾昂然在《关于〈中华人民共和国仲裁法(草案)〉的说明》中指出:"……法院对仲裁的监督方式,主要表现在两个方面,一是不予执行,二是撤销裁决。不予执行的程序,民事诉讼法已有规定。规定申请撤销裁决的程序,有利于保护当事人的合法权益,减

---

〔1〕 汪祖兴:《仲裁监督之逻辑生成与逻辑体系——仲裁与诉讼关系之优化为基点的渐进展开》,载《当代法学》2015年第6期。

少仲裁工作中的失误,美国、德国、法国、日本等许多国家都有这样的程序。"[1]

仲裁程序是仲裁法律制度的核心。"违反法定程序对当事人的直接法律后果是剥夺其法定权利,在法律上的意义应该高于某一具体案件的处理结果。因此只要有充足的证据证明仲裁的程序违反法定程序,裁决结果是否正确不影响对仲裁裁决的依法撤销"[2]。而鉴定意见作为证据体系的重要一环,无论是在仲裁程序或者诉讼程序中均有所涉及。我国《民事诉讼法》对鉴定意见的内涵亦有一定阐述,鉴定意见是指"具备资格的鉴定人对民事案件中出现的专门性问题,通过鉴别和判断后作出的书面意见"[3];"利用专门知识对比案件中的某些专门性问题进行鉴别、认定、分析和判断,最后提供的结论性意见即为鉴定意见"[4]。鉴定意见作为商事仲裁证据的一种形式,在商事仲裁事实证明过程中发挥着重要作用,甚至在有些特殊类型的案件中成为查清案件事实的主要方式或方法。《仲裁法》第 44 条规定"仲裁庭对专门性问题认为需要鉴定的,可以交由当事人约定的鉴定部门鉴定,也可以由仲裁庭指定的鉴定部门鉴定"。结合第 43 条、第 45 条关于证据的规定可知,商事仲裁与民事诉讼均认为鉴定意见是一种法定的证据类型。

鉴定意见作为运用自然科学技术解决诉讼或仲裁难题的一种重要证据形式,虽然其是由专业人士根据专业标准得出的专业结论,但是也正是因为这些专业结论往往是攻防双方都无法掌握或者不能完全掌握的专业知识,故鉴定意见的证据能力和证明力往往会给争议各方带来不确定的影响。尤其是近年来司法鉴定乱象不断被曝光,鉴定意见的公信力已经受到质疑,本

---

〔1〕 时任全国人大常委会法工委主任顾昂然:《关于〈中华人民共和国仲裁法(草案)〉的说明》,第八届全国人民代表大会常务委员会第八次会议,1994 年 6 月。

〔2〕 北京市高级人民法院《关于审理请求裁定仲裁协议效力、申请撤销仲裁裁决案件的若干问题的意见》。

〔3〕 全国人大常委会法制工作委员会民法室编著:《〈中华人民共和国民事诉讼法〉解释与适用》,人民法院出版社 2012 年版,第 99 页。

〔4〕 全国人大常委会法制工作委员会民法室编著:《〈中华人民共和国民事诉讼法〉解释与适用》,人民法院出版社 2012 年版,第 115 页。

案亦是例证之一。鉴定意见一旦被“污染”或者出现瑕疵,在很大程度上将影响案件的实体裁决,而对于“一裁终局”的仲裁程序而言,更没有实体上的救济途径,只能寻求仲裁的监督机制。就本案而言,DZ 市中级人民法院认为裁决违反仲裁的法定程序,此法定程序指的是鉴定程序。案涉鉴定人华诚某某公司转委托不具备鉴定资质的项目经理李某而非司法鉴定人完成鉴定报告,属于鉴定程序违法。鉴定机构受理鉴定委托后,应当本着依法鉴定的原则,指定本机构中具有该鉴定事项执业资格的司法鉴定人进行鉴定,[1]鉴定人员进行案涉专门事项的鉴定,包括出具鉴定报告且在鉴定报告上签字,并负有依要求参与出庭的义务。而本案鉴定机构委托进行专门鉴定事项的李某本身不具备法定资质,其依法不得履行上述义务和享有鉴定人权利,鉴定机构的行为违反职业道德和法律规定。案涉鉴定程序违法不可逆转,故依据《仲裁法》第 58 条之规定,应当撤销仲裁裁决。“我国《仲裁法》并未明确规定法院监督原则,但事实上法院对仲裁的监督贯彻于仲裁程序和仲裁裁决执行程序的始终,而加强法院对仲裁的监督,对于保证仲裁活动的顺利进行和仲裁裁决的公正性,具有特别重要的作用。”[2]尤其是在我国近年的司法实践中,最高人民法院及地方各级人民法院在处理撤销裁决案件时,有意识地减少对实体问题进行不必要的干涉。法院只有在明显存在违反程序或明显可能存在不公正的情形时,才会对实体问题进行干预;即便进行干预,大多也是以证据的合法性问题等不与实体争议直接关联的内容作为切入点。[3]

仲裁裁决在违法程序基础之上作出,实质侵害了当事人的诉讼权利和合法权益,因此法院应当依法撤销仲裁裁决,且法院在对撤销国内仲裁裁决案件进行审查时,应当既审查仲裁程序,又审查裁决的实体内容。“现行仲裁裁决撤销程序忽视撤销程序应有的诉讼特性,而单纯地强调了其非讼特

---

[1] 参见谭世贵主编:《中国司法制度》(第 4 版),法律出版社 2016 年版,第 276 页。
[2] 谭世贵主编:《中国司法制度》(第 4 版),法律出版社 2016 年版,第 176 页。
[3] 参见江伟、肖建国主编:《仲裁法》(第 4 版),中国人民大学出版社 2023 年版,第 289 页。

性。正是由于对其诉讼特性的忽视,导致了诉讼程序所应有的一些原则和程序的缺失。"[1]上述原则和程序的缺失主要指诉讼审理的基本原则——直接原则、言词原则、辩论原则等以及当事人诉讼权利的程序缺失。[2]

任何事物都具有两面性,对于仲裁的监督亦是如此,在强调法院对仲裁裁决进行司法监督的同时,也要防范仲裁裁决撤销制度对仲裁裁决的过度干涉。我国司法对仲裁的监督亦是如此,最高人民法院于 2021 年 12 月 24 日对《关于仲裁司法审查案件报核问题的有关规定》进行修正,在第 2 条、第 4 条中将撤销仲裁案件的"报核"制度进行了细化,即对于非涉外、涉港澳台拟撤销裁决案件应当向高级人民法院报核;对于涉外、涉港澳台拟撤销裁决案件应当层报最高人民法院后方可作出相应的裁决。可见我国司法对仲裁的监督程序审查一直持有相对谨慎的态度,正如迪普洛克(Diplock)法官在布雷默·瓦尔坎造船机械厂诉南印度航运有限公司(Bremer Vulkan Schiffbau and Maschinenfabrik *v*. South India Shipping Corporation Ltd.)一案中陈述的:"仲裁当然应当服从法律的管制,但此项管制不能损害仲裁的契约本质。"

四、延伸

《仲裁法》第 58 条规定:"当事人提出证据证明裁决有下列情形之一的,可以向仲裁委员会所在地的中级人民法院申请撤销裁决:(一)没有仲裁协议的;(二)裁决的事项不属于仲裁协议的范围或者仲裁委员会无权仲裁的;(三)仲裁庭的组成或者仲裁的程序违反法定程序的;(四)裁决所根据的证据是伪造的;(五)对方当事人隐瞒了足以影响公正裁决的证据的;(六)仲裁员在仲裁该案时有索贿受贿,徇私舞弊,枉法裁决行为的;(七)法院认定裁决违背社会公共利益的。人民法院经组成合议庭审查核实裁决有前款规定情形之一的,应当裁定撤销。人民法院认定该裁决违背社会公共利益的,应

---

〔1〕 张卫平:《仲裁裁决撤销程序的法理分析》,载《比较法研究》2018 年第 6 期。

〔2〕 参见张卫平:《仲裁裁决撤销程序的法理分析》,载《比较法研究》2018 年第 6 期。

当裁定撤销。"可见,撤销仲裁裁决作为法院对仲裁的一种司法监督方式,不仅从程序上进行了监督,而且包括从证据认定到法律适用以至于社会效果考量等仲裁活动的监督。司法部2021年7月31日发布的《仲裁法征求意见稿》第77条是对《仲裁法》第58条的修订,但是该条内容并未发生本质上的变化。笔者认为,对于仲裁裁决的可撤销情形,应当实质性回归到仲裁程序方面的监督和审查,在我国采取撤销仲裁裁决、仲裁裁决不予执行的双重司法监督制度下,除了违背社会公共利益的情形外,应当对证据认定、法律适用等实体层面的监督和审查保持谦抑态度。具体理由如下:

目前我国对商事仲裁的普及度并不高,市场接受度相对较低。国人了解更多的是劳动仲裁,对商事仲裁知之甚少。我们很多律师、法官、公司法务等法律职业共同体人员对仲裁的了解也是知之甚少。更有甚者,如若哪个仲裁机构的裁决被撤销或不予执行,则法院"一刀切"普遍不认可该仲裁机构的裁决,使仲裁裁决处于十分尴尬的境地,而法院过多干涉实体层面审查会损害仲裁的公信力。在部分撤销仲裁裁决案件中,法院应视具体情形更多地启动重新仲裁制度,既能体现法院对仲裁的监督,又能提高解决社会纠纷的效率、合理分配资源以及防止社会资源的浪费。

单纯从法官和仲裁员的任职资格进行比较,我国现行《仲裁法》规定的仲裁员聘任条件高于现行《法官法》规定的法官任职条件,且大多仲裁员往往不仅只受聘于某一家仲裁机构,尤其是优秀的仲裁员同时受聘于多家仲裁机构,一定程度上可以保证仲裁裁决的质量;而我国幅员辽阔,不同地区法官的业务水平还存在较大差距,尤其是在相对落后地区的法官不一定比仲裁员更熟悉商事交易安排。

就诉讼和仲裁受理案件范围来看,司法撤销仲裁裁决也应保持谦抑态度。诉讼受理范围显然宽于仲裁受案范围,仲裁仅仅受理经济纠纷,也就是我们俗称的"商事领域"的纠纷。而商事领域无非就是经济利益的博弈和衡量,只要符合争议双方的利益诉求、符合商事规则就可以裁决,从我国"对赌协议"案件裁判规则就可见一斑。最初对赌仲裁案例中法院支持与目标公司对赌，后最高人民法院指导案例“海富对赌案”[1]否定了与目标公司对赌，到“山东瀚霖案”[2]目标公司为股东或实控人回购提供连带责任担保，再到现如今《九民纪要》的减资程序，均可以看出最高人民法院其实对与目标公司的对赌之商事行为在有限度地放宽尺度，这也体现了法官对纯粹商事业务中“对赌”的一个认知过程。而仲裁从一开始就支持与目标公司的对赌，从侧面反映出仲裁裁决更符合商业逻辑或更专业。

商事仲裁与民事诉讼的法律适用标准明显不同。《仲裁法》第 7 条规定：“仲裁应当根据事实，符合法律规定，公平合理地解决纠纷。”由此可见，仲裁对法律的适用是“符合法律规定”，而《民事诉讼法》第 7 条规定的“人民法院审理民事案件，必须以事实为根据，以法律为准绳”明确了诉讼是“以法律为准绳”。准绳就是一把尺子，容不得半点偏差，而仲裁符合法律规定的言外之意是指最低标准为不违反法律规定即可，可见仲裁与诉讼所追求的侧重点是不同的。二者追求不同必然导致标准不同，标准不同的司法审查必然出现偏差，从此点看司法也不适宜对仲裁进行实体审查。

笔者认为，应当让撤销仲裁裁决案件尽早回归到争诉性质上来。2020 年 12 月 29 日最高人民法院发布的《民事案件案由规定》将“申请撤销仲裁裁决”归入“非诉讼程序案件案由”之中，似有意将撤销仲裁裁决案件之诉视为非诉程序，这种归入忽视了诉讼特性。笔者认为应将撤销裁决案件的争诉性予以充分体现，方能更好地体现司法对仲裁的应有监督之意。

关于仲裁当事人申请撤销仲裁调解书是否属于法院受案范围的问题，实质系仲裁调解书能否撤销的问题。我国《仲裁法》第 58 条仅对仲裁裁决书的撤销作了规定，并未对仲裁调解书能否撤销作出规定。最高人民法院在“李某欣申请撤销仲裁调解书案”中认为[3]，《仲裁法》第 51 条第 2 款规定：“调解书与裁决书具有同等法律效力。”基于仲裁调解与仲裁裁决均是通

---

〔1〕 参见最高人民法院民事判决书，(2012)民提字第 11 号。

〔2〕 参见最高人民法院民事判决书，(2016)最高法民再 128 号。

〔3〕 参见最高人民法院民事裁定书，(2020)最高法民再 118 号。

过仲裁方式解决民事纠纷，具有同等法律效力，都具有强制执行力。为保障仲裁当事人获得平等司法救济的权利，在制度设计上，法律赋予司法对仲裁进行监督的权力，不应狭义地理解为仅是对仲裁裁决的监督，还应包含对仲裁调解的监督。现行《民事诉讼法》第212条规定："当事人对已经发生法律效力的调解书，提出证据证明调解违反自愿原则或者调解协议的内容违反法律的，可以申请再审。经人民法院审查属实的，应当再审。"《民事诉讼法》对诉讼调解规定了当事人可以向法院申请再审，而无论是诉讼调解还是仲裁调解，都存在违反自愿原则或者调解协议的内容违反法律，以及损害当事人、案外人利益甚至社会公共利益的可能。故有必要赋予仲裁调解当事人申请撤销仲裁调解书，获得司法救济的权利。笔者认为，从司法监督的角度讲，仲裁调解书理应接受司法监督；但从仲裁调解书的整体视角观察，法院如能对仲裁调解书的撤销更多地适用重新仲裁制度，似乎更能体现司法监督的谦抑性。

笔者认为，我国《仲裁法》实施至今助力我国商事仲裁取得了长足发展，但仍存在一些问题。我们应借此次《仲裁法》修订之时机，结合我国目前商事仲裁现状，直面民事诉讼"案多人少"的窘境，让司法对仲裁的审查和监督实质性地落实到仲裁程序的正当性和合法性上，而对于实体性问题、法律适用问题以及社会效果等的考量应交给仲裁。令人欣慰的是，最高人民法院对仲裁司法审查的"报核"制度在很大程度上使司法审查回归到仲裁程序方面，客观上尊重和支持了仲裁裁决，这对于商事仲裁而言传递了一个非常好的信号。

第七章

其他的撤裁理由问题

双方当事人不存在争议和纠纷

刘　梅*

一、撤销仲裁裁决理由的缘起

审理案号：(2020)吉01民特58号

申请人：某教学仪器设备有限公司

被申请人：某房地产开发有限公司

2016年，出卖人某房地产开发有限公司与买受人某教学仪器设备有限公司签订《商品房买卖合同》，出卖人依约完成房屋交付并进行了网签备案，尚未办理过户登记。2020年，买受人希望出卖人将房屋直接过户至自然人高某名下，出卖人建议通过仲裁解除网签备案合同，再与高某重新签订房屋买卖合同。之后，双方签订仲裁协议并向CC仲裁委员会提交仲裁申请，请求解除《商品房买卖合同》。仲裁过程中，仲裁庭根据双方的申请，按照双方签订的同意解除合同的《和解协议》制作了仲裁裁决书，裁决解除《商品房买卖合同》。后因出卖人某房地产开发有限公司不配合与高某签订房屋买卖合同，买受人诉至法院请求撤销仲裁裁决书。

---

* 刘梅：华东政法大学法学硕士，1995年通过司法部全国律师资格统一考试，曾就职于刑事侦查机关、大型中外合资企业集团，后从事律师职业，现任北京市安理(深圳)律师事务所争议解决业务主任律师、深圳市律师协会商事仲裁法律专业委员会委员。

二、法院的处理结果

CC 市中级人民法院认为,根据《仲裁法》第 2 条的规定,仲裁的前提是存在争议和纠纷。本案中双方就解除《商品房买卖合同》并将房屋过户至高某名下这一核心问题,本质上不存在争议与纠纷,CC 仲裁委员会受理该案作出裁决,超出仲裁权的审查范围。另外,变更网签房屋登记备案属于行政机关行政管理事项,根据《仲裁法》第 3 条第 2 项的规定,仲裁机构亦无权作出裁决。综上,CC 仲裁委员会作出的裁决属于《仲裁法》第 58 条第 1 款第 2 项所涉的"仲裁委员会无权仲裁"的情形,依法应予撤销。

三、评析

笔者认为,CC 市中级人民法院对于当事人之间本质上不存在争议与纠纷这一认定以及作出撤销仲裁裁决的决定均是正确的,但撤销仲裁裁决所依据的法律规定值得商榷。

《仲裁法》的任务是保证公正、及时地仲裁经济纠纷,保护当事人的合法权益。仲裁是争议解决机制之一,纠纷的现实存在是启动仲裁程序的前提,也是体现仲裁价值的载体。在"当事人不存在争议或纠纷"的情况下,无论启动了仲裁还是诉讼都将面临无的放矢的局面,该种情形与是否属于仲裁权审查范围并非同一性质的问题。《仲裁法》第 2 条规定的是《仲裁法》的调整范围,易言之,该条款规定了哪些主体之间的哪些纠纷可以仲裁。《仲裁法》第 3 条又明确规定了哪些纠纷不可以仲裁。《仲裁法》第 58 条则列举了 6 种撤销仲裁裁定的情形以及兜底条款。《仲裁法》此 3 条规定已经初步构建了仲裁权的审查范围以及超权限仲裁的法律后果,但其语境均是建立于纠纷已经现实存在的基础之上。CC 市中级人民法院最终以"仲裁委员会无权仲裁"作为撤销仲裁裁决的依据,未能与本案所彰显的本质问题完美契合。

四、延伸

(一)CC市中级人民法院是否可直接以“当事人不存在争议或纠纷,不属于仲裁法调整范围”作出撤销仲裁裁决决定

笔者认为,CC市中级人民法院以“仲裁委员会无权仲裁”作为撤销仲裁裁决的依据,或因受到现行法律规定的影响。《仲裁法司法解释》第17条规定:“当事人以不属于仲裁法第五十八条或者民事诉讼法第二百五十八条规定的事由申请撤销仲裁裁决的,人民法院不予支持。”而《仲裁法》第58条规定的6种撤销仲裁裁决理由并不包括“当事人不存在争议或纠纷”这一情形,该条兜底条款“人民法院认定该裁决违背社会公共利益的,应当裁定撤销”同样不适用于本案。相较之下,因本案涉及行政管理事务的因素,且法律已经明确规定行政争议不能仲裁,适用“仲裁委员会无权仲裁”处理本案相对而言似乎是最好的选择。

那么,如果CC市中级人民法院以“当事人不存在争议或纠纷,不属于《仲裁法》调整范围”作出撤销仲裁裁决决定是否存在法律障碍?《仲裁法》有无必要将“当事人不存在争议或纠纷”也纳入规定,作为撤销仲裁裁决理由之一呢?回答这两个问题要理解设立仲裁司法审查制度的初衷。一裁终局固然保证了仲裁的高效、便捷,但是以牺牲当事人部分救济机会为代价。仲裁具有的高度自治和保密的优点同样源于当事人主动放弃司法程序的规制和社会监督。因此,为了确保仲裁健康有序发展,实现多元化纠纷解决机制的目标,法律赋予了法院对仲裁的司法审查权,作为维护当事人合法权益的最后保障。法院在司法审查中既要坚持支持仲裁的理念,又要严格履行监督职能,不能画地为牢。就题述事宜而言,法院对属于《仲裁法》调整范围内的案件尚可行使司法审查权,举重以明轻,对于根本不属于《仲裁法》调整范围的事由,法院当然可以依法撤销仲裁。因此,如果C市中级人民法院以“当事人不存在争议或纠纷,不属于仲裁法调整范围”作出撤销仲裁决定并不存在法律障碍,亦不违反《仲裁法司法解释》第17条的规定,逻辑上比适

用"仲裁委员会无权仲裁"更完善。至于有无必要将"当事人不存在争议或纠纷"也纳入《仲裁法》，作为撤销仲裁理由之一，笔者认为完全没有必要。就仲裁制度设立的目的而言，"无纠纷不仲裁"应是题中应有之义。就立法技术而言，将常识或不言自明的道理纳入法条属于多此一举，也不可能达到穷尽。

（二）"当事人不存在争议或纠纷"在仲裁实践中的表现形态

《现代汉语词典》中"争议"是指争执，"纠纷"是指争执的事情，二者意思基本相同。《仲裁法》和《仲裁法司法解释》中，"争议"和"纠纷"也处于混用状态。法律范畴的"争议""纠纷"应以具有法律上的权利义务为基础，外延小于日常生活中的相同概念。实践中，"当事人之间不存在争议"的真实原因和表现形态比较复杂，需要仔细甄别。有些当事人是因为法律知识的局限或其他主观原因，并不知晓其提出的请求在本质上并无争议，或双方的争议根本不属于法律的调整范围；有些当事人是因为对申请仲裁的事项缺乏"诉的利益"；还有为了将来可能发生的潜在纠纷得到快速解决，而基于"拟制纠纷"提前作出仲裁裁决的情形。

1. 当事人因主观原因并不知晓其请求事项在本质上并无争议，或不知晓其争议不属于法律的调整范围

在"李某与新疆前海集团有限责任公司合同纠纷"案[1]中，新疆前海集团有限责任公司（以下简称前海集团）作为受让方和转让方李某于 2015 年 4 月如约完成了股权转让合同所约定的目标公司股权过户义务及款项支付义务。2017 年 8 月，原国土资源管理部门发函告知目标公司，因其所拥有的铁矿位于野生动物自然保护区内，要求目标公司停止采矿活动。之后，目标公司被认定采矿行为违法，相继被市场监督管理部门吊销营业执照，被原国土资源管理部门注销采矿权。受让方前海集团与转让方李某协商解除股权转

---

[1] 最高人民法院民事裁定书，(2019) 最高法民申 4635 号。

让合同,双方未能达成一致。李某遂向法院起诉前海集团,请求确认双方签订股权转让合同有效,确认该股权转让合同已经依法终止。本案即属于当事人对争议事项主观认识错误。合同相对人前海集团并没有对合同效力提出异议,对于合同的履行状态,即双方已经完成股权过户和付清股权转让款的事实也不否认。因此,李某提出的诉讼请求在实质上并不存在争议。

另一种常见的与当事人主观认识有关的"争议"是纯粹的情谊行为或好意施惠行为。在情谊行为或好意施惠行为中因当事人之间并无设定法律上权利义务关系的合意,此种争议一般属于日常生活中的争执,不属于法律上的争议和纠纷,法律不应主动介入。例如,朋友之间为增进情感而许诺赠送礼物,如果许诺方未予兑现,另一方并不享有给付请求权。如果许诺方兑现后又后悔了,通常也不享有不当得利返还请求权。当事人因该等争议提起仲裁的,应归于"当事人不存在争议或纠纷"的范畴。

2. 当事人对仲裁事项缺乏"诉的利益"

诉的利益是法院受理并裁判的先决条件,是指当事人提起诉讼的必要性和实效性。如果当事人对司法救济没有真实需求或者司法介入后不能够实现保护合法权益、惩戒不法行为的实际效果,则属于没有诉的利益。该原理同样适用于仲裁。仍以前述案例为例,法院认为李某所提出的是积极的确认之诉,李某所要保护的利益是基于合同享有的合同利益,因其合同权益已经实现,故不具备通过司法判决对合同效力和履行状态进行确认的必要性,缺乏需要保护的利益。该案历经一审、二审、再审,法院均以该案不具有诉的利益裁定驳回起诉。通常来说,当事人之间不存在争议和纠纷的,案件必然不具有诉的利益。此种情形下,笔者认为,"当事人不存在争议或纠纷,不属于仲裁法调整范围"或"申请人不具有诉的利益"两种理由均成立,可择一适用。

3. 基于"拟制纠纷"预先作出裁决

"拟制纠纷",是指假设状态下的纠纷在现实中尚未发生,也可能根本不会发生。2016 年,ZJ 仲裁委员会与多家网贷公司合作,开创了"互联网 + 先予调解确认仲裁”的先予仲裁机制。ZJ 仲裁委员会在官网发布《执行同步调解确认仲裁的法律依据及最新规定》[1]，文中对该机制进行了阐述：“所谓同步调解确认仲裁（也称先予仲裁、同时仲裁），就是当事人双方在签订或履行合同的同时，为迫使双方履行确定的权利义务，防止风险发生，保障将来合法权利得以实现，避免之后再去仲裁或诉讼带来的滞后性麻烦，相互邀约用调解的办法，共同请求仲裁机构依其现有协议先行作出具有约束力和执行力法律文书（调解书或根据调解协议制作裁决书）的一种仲裁形式。这与先行赋予强制执行力的公证书一样的性质。”根据 ZJ 仲裁委员会官网披露的数据，[2]2017 年 ZJ 仲裁机构受理的网络仲裁案件 159 万余件，调解适用率达到 99%。ZJ 仲裁委员会认为该机制提前消除了矛盾，阻挡了 100 多万件案件涌向法院和有关部门，社会效果和法律效果非常明显。2018 年 6 月 5 日，最高人民法院发布《关于仲裁机构“先予仲裁”裁决或者调解书立案、执行等法律适用问题的批复》（法释〔2018〕10 号），指出“先予仲裁”存在 3 种违法情形，其中第一种就是违反了《仲裁法》第 2 条的规定，即仲裁机构只能裁决当事人之间已经发生的纠纷。最高人民法院的批复及时阻止了此类“制度创新”对法律的“突破”，保护了仲裁事业的健康发展。究其根本，ZJ 仲裁委员会的“制度创新”与其对“纠纷”的理解密切相关。其在《执行同步调解确认仲裁的法律依据及最新规定》中表达了关于“纠纷”的观点：“五、不能把仲裁和法院处理的案件，都界定为公开冲突，这既不是法律的规定，也不符合客观事实和办案实践。潜在的、公开的、不安的冲突同样是纠纷。”从该表述可以看出，ZJ 仲裁委员会已经将“纠纷”扩大至当事人的心理状态，远远超出了法律意义上的“纠纷”范畴。这一观点无限扩大了《仲裁法》甚至《民事诉讼法》、《行政诉讼法》的调整范围，在实践中表现为将假设的、不确

---

〔1〕 参见《执行同步调解确认仲裁的法律依据及最新规定》，载湛江仲裁委员会网 2018 年 2 月 11 日，http://www.zjac.org/page/7/240.htm。

〔2〕 参见《湛江仲裁机构 2017 年工作总结》，载湛江仲裁委员会网 2018 年 1 月 16 日，http://www.zjac.org/page/148.htm。

定的“拟制”纠纷作为审理裁判的对象,动摇了法律解决现实纷争的立法基础和社会功能,被最高人民法院予以否定是合理正确的。

(三)当事人串通合谋的虚假仲裁与“当事人不存在争议或纠纷”

上文论述了“当事人不存在争议或纠纷”在仲裁实践中的几种形态,其共同特点是无论当事人还是仲裁庭均无恶意或规避法律的主观故意。现实中还有一些当事人本无争议,但为了通过仲裁达到某种特定目的而故意制造“争议”的情形。此种情况涉嫌虚假仲裁,更需要提高警惕,洞察实情。

“虚假仲裁”的概念借鉴于“虚假诉讼”。根据最高人民法院《关于防范和制裁虚假诉讼的指导意见》以及最高人民法院发布的《人民法院整治虚假诉讼典型案例》进行分析,可以发现虚假仲裁并不限于当事人双方串通合谋,在当事人存在真实争议的案件中亦可能存在虚假仲裁。而本案中涉及的案例更让人怀疑是另外一种情形,即仲裁庭参与了双方当事人的串谋。该等情形中,当事人串通合谋的虚假仲裁与“当事人不存在争议和纠纷”存在竞合,本文仅对此类虚假仲裁进行探讨。

当事人串通合谋的虚假仲裁具有高度的隐蔽性,学界和业界均尝试对此类虚假仲裁的特点进行提炼归纳,以帮助仲裁员和仲裁机构提高识别能力。例如,缺乏对抗性或对抗性较弱,表现为被申请人认可申请人提供的证据和事实,被申请人举证甚少甚至不举证;双方和解意愿明显,有些当事人主动和解然后积极要求仲裁庭出具法律文书;仲裁协议形成于发生争议之后;当事人有关联关系等。此类虚假仲裁的本质是不存在争议和纠纷,故识别难度大,举证难度更大。“王某玉与玉璘公司、塞里岛公司、新玉麟公司等系列执行仲裁裁决异议案”即非常典型的虚假仲裁案例。

工商登记显示,王某玉系玉璘公司控股股东,该公司董事长为王某国。塞里岛公司系玉璘公司全资子公司。辽宁省高级人民法院某民事裁定书中确认了玉璘公司、塞里岛公司、新玉麟公司系关联公司。在“王某玉与玉璘公司、塞里岛公司、新玉麟公司等系列执行仲裁裁决异议案”中,王某玉以王某国实际控制了玉璘公司的运营和公章，玉璘公司与塞里岛公司、新玉麟公司等关联公司串通合谋虚假仲裁，以达到虚构债务、转移资产之目的，损害了自己的合法权益为由，向法院提出不予执行仲裁裁决等请求。王某玉的主要依据为大连仲裁委员会向大连市中级人民法院递交的《致大连市中级人民法院函》，该函主要内容为，该委收到来函，称该委审理的3起仲裁案件存在当事人恶意仲裁的违法行为。……该委审理的〔2013〕大仲字第×××号案（三起仲裁案中的一起）存在虚假和恶意仲裁的行为，该案所依据的主要证据的有效性存疑。如法院接到涉及以上3个案件申请执行的情形，建议中止或不予执行该仲裁裁决。大连市中级人民法院在案件审查期间，向大连仲裁委员会出具函件，要求其就相关问题作出说明并提交相关证据。大连仲裁委员会复函进一步说明，该委多次接到对3起仲裁案件进行核查的申请。该委核查中发现，3起仲裁案件中的〔2013〕大仲字第×××号案的三方当事人玉璘公司、塞里岛公司、新玉麟公司为关联公司，且该案争议的买卖合同标的物涉及大连市中级人民法院另外3起执行案件中查封的标的物，但三方当事人在申请仲裁时并未提交涉诉相关证据，故该委对裁决所依据的主要证据有效性存疑。该委作出的另外两个仲裁裁决与上述3起执行案均涉及玉璘公司，故建议法院审慎关注关联企业仲裁的情况，如发现不当仲裁情形，中止执行该3件仲裁裁决。大连仲裁委员会同时强调上述仅只是工作建议，是否构成中止或不予执行仍须法院判断。

根据大连仲裁委员的表述，上述3起仲裁案符合学界和业界对双方串通合谋虚假仲裁所总结的特征，且王某玉多年来一直坚持起诉、上诉和申诉，大连仲裁委员会对该3起仲裁案涉嫌虚假仲裁的质疑符合通常经验判断。但当事人串通合谋虚假仲裁的隐蔽性很高，法律上也要求更高的举证责任。法院最终认为，仲裁委员会无权直接否定仲裁裁决的效力，大连仲裁委员会的两封函件只是工作建议的性质。王某玉提出的仲裁各方当事人无争议，不具备仲裁前提条件的理由最终没有被法院采纳。

关于增加虚假仲裁的原因，与近年来国家加大对虚假诉讼的审查和打击力度有关系。2015 年国家将虚假诉讼入刑，确立了虚假诉讼罪，最高人民法院和最高人民检察院亦相继出台规定治理虚假诉讼，导致虚假诉讼的难度和违法成本都明显增加。而仲裁机构是民间机构，对当事人的威慑力天然地弱于司法机构，而且仲裁机构出于保密原则，与司法机关的交互较少，法律也没有规定虚假仲裁的移送制度。凡此种种，使虚假仲裁的违法成本明显低于虚假诉讼。诚然，加强仲裁机构与司法机关的联动，建立虚假仲裁线索移送制度和大数据机制等均是未来防范和打击虚假仲裁的方向，但当下仲裁庭和法院对涉嫌虚假仲裁的案件可以采取哪些举措更值得关注。

在当事人串通合谋的虚假仲裁案件中，当事人之间的关系、仲裁的真实目的、证据的真实性均比较容易隐藏，仲裁员往往靠丰富的审理经验进行识别。然而，即便产生合理怀疑，甚至内心笃信为虚假仲裁，但囿于难以证明，仲裁庭能够转圜的空间也非常狭窄。虽然《仲裁法征求意见稿》新增的“诚信仲裁原则”可以作为兜底条款使用，但该条款依然建立在一定程度的事实依据上。另外，仲裁“一裁终局”的制度安排，也使仲裁庭很难在仅有怀疑但无证据证明的情形下作出完全驳回申请的裁定，有时不得不勉强继续审理并作出裁决。但此类裁决一旦作出即难以救济，一般要等到进入法院执行阶段，由案外人提出执行异议时才有机会再论是非。但如果缺乏充分的证据，法官在审理执行异议时也会面临仲裁员同样的心理困境。此种情形下，仲裁员或法官是否可以考虑回避无法证明的障碍，另辟蹊径？例如，当事人串通合谋的虚假仲裁本质上也是“当事人不存在争议或纠纷”，在缺乏证据证明虚假仲裁的情况下，以“当事人实质上不存在争议或纠纷”驳回仲裁申请或撤销仲裁裁决，既避免了被不法当事人利用，又在保留当事人诉权的同时，将举证责任转为当事人承担。此处涉及两个法律问题需要进一步探讨，一是以此种理由驳回仲裁申请或撤销仲裁裁决后，当事人另行申请仲裁或提起诉讼的，是否应当受理？二是法院发现涉嫌虚假仲裁后是否可以依职权主动审查仲裁裁决？关于第一个问题，《仲裁法》第 9 条规定，仲裁裁决作出后，当事人就同一纠纷再申请仲裁或者向法院起诉的，仲裁委员会或者法院不予受理。这是关于仲裁"一裁终局"和不得重复仲裁或诉讼的规定。但该条规定的是"同一纠纷",既然在先的仲裁已经被确认为"实质上不存在争议或纠纷",那么当事人补充完善相关证据,证明确实存在争议和纠纷,再次申请仲裁或提起诉讼当然不违反《仲裁法》第 9 条的规定。关于第二个问题,根据《仲裁法》第 58 条规定的精神,除了仲裁裁决违背社会公共利益外,法院司法审查的启动应当保持克制。在当事人未提出申请的情况下,法院一般不得主动对仲裁裁决进行司法审查。因此,根据现行法律规定,法院在审查执行异议案件时发现涉嫌虚假仲裁的,主动审查仲裁裁决并撤销仲裁存在法律障碍。在《仲裁法》没有赋予法院针对此种情形可依职权司法审查的权力之前,笔者认为可以先行建立联动机制,即法院在发现涉嫌虚假仲裁的情况下应主动向公安机关或检察机关移送线索。

未依基础法律关系项下的仲裁约定确定仲裁管辖

黄奕波[*]

一、撤销仲裁裁决理由的缘起

审理案号:(2018)皖12民特10号

申请人:宋某

被申请人:某某合作社

基本案情:

某某公司基于《建设工程施工合同》对某某合作社享有工程款请求权。《建设工程施工合同》中明确约定,若因该合同发生争议,应向仲裁委员会申请仲裁。某某公司将该债权(工程款请求权)转让给钱某。钱某受让后,又将该债权(工程款请求权)转让给宋某。由于宋某的债权未能实现,宋某遂以某某合作社等为被告,向YQ区人民法院提起债权转让合同纠纷。YQ区人民法院经审理,认为涉案转让债权的确定应当根据某某合作社与某某公

* 黄奕波:毕业于西南政法大学,法学硕士。曾任职于深圳市福田区人民法院20余年。现任泰和泰(深圳)律师事务所合伙人律师、管委会主任、泰和泰(深圳)律师事务所商事仲裁法律中心主任。中国法学会律师法学研究会特邀研究员,深圳市福田区政协委员,深圳国际仲裁院(深圳仲裁委员会)、上海仲裁委员会、海南仲裁委员会、沈阳仲裁委员会、汕头仲裁委员会、梅州仲裁委员会、东莞仲裁委员会等仲裁机构仲裁员,深圳市西南政法大学校友会常务副会长兼秘书长,深圳市高级工商管理研究会副会长,深圳市潮汕商会副会长及法律工作委员会常务副主席兼秘书长等。

司之间的《建设工程施工合同》的约定内容进行,发生争议则应当由仲裁机构进行仲裁,遂裁定驳回宋某的起诉。后该案经 FY 市中级人民法院二审审理后,维持了一审裁定。在法院无法受理争议的情况下,宋某遂以某某合作社等为被申请人,向 FY 仲裁委员会申请仲裁。FY 仲裁委员会经开庭审理,认为本案系债权转让合同纠纷,基础法律关系为建设工程施工合同纠纷,但申请人宋某既不是《建设工程施工合同》的主体,也不是实际施工人,其以债权转让合同为由主张债权没有仲裁条款的约定,遂作出仲裁裁决,驳回宋某的仲裁申请。宋某不服该仲裁裁决,遂向 FY 市中级人民法院申请撤销仲裁裁决。

二、法院的处理结果

FY 市中级人民法院认为,本案的基础法律关系是建设工程施工合同关系,宋某通过债权转让取得涉案建设工程施工合同的相应合同权益,其依据生效的法院裁判文书向 FY 仲裁委员会申请仲裁处理其相关请求,理由成立,FY 仲裁委员会对宋某的请求应依法作出相应处理。FY 仲裁委员会在认可本案的基础法律关系是建设工程施工合同关系的情况下,认为宋某提供的债权转让协议无仲裁协议,遂裁决驳回宋某的仲裁申请,理由不能成立,应予纠正。遂法院裁定撤销该仲裁裁决。

三、评析

笔者认为,FY 市中级人民法院的上述裁定是恰当的。虽然裁定书的论述部分篇幅不长,但其逻辑清晰、结构完整。特将其精彩的行文内容摘录如下。

(一)聚焦基础关系

本案至少存在三层法律关系:(1)某某公司与某某合作社之间的建设工程合同关系;(2)某某公司与钱某之间的债权转让合同关系;(3)钱某与宋某

之间的债权转让合同关系。各个法律关系不同，且法律关系所对应的管辖规则也存在差异，因此有必要找准争议的法律关系（基础关系）。

本案中，由于宋某所提起的仲裁程序并非基于债权转让合同而追究债权转让方钱某或某某公司的违约责任，因此第2层和第3层法律关系不是本案的基础关系。本案所争议的法律关系，是宋某受让债权后，是否有权取代某某公司的地位，在《建设工程施工合同》项下对某某合作社行使工程款请求权，故建设工程施工合同关系是本案的基础关系。

（二）适用基础关系的管辖规则

确定基础关系后，应当依照基础关系的争议解决条款确定管辖。根据《民诉法解释》第33条"合同转让的，合同的管辖协议对合同受让人有效，但转让时受让人不知道有管辖协议，或者转让协议另有约定且原合同相对人同意的除外"以及《仲裁法司法解释》第9条"债权债务全部或者部分转让的，仲裁协议对受让人有效，但当事人另有约定、在受让债权债务时受让人明确反对或者不知有单独仲裁协议的除外"的规定，宋某受让债权后，建设工程施工合同关系（基础关系）中的仲裁条款对宋某具有约束力。因此，本案应当由FY仲裁委员会受理审理。

（三）对"但书"的合理解释

根据合同相对性的原则，合同中的条款内容（包括仲裁条款）只约束合同当事人，但在债权转让的法律关系项下，对于受让人而言，其作为拟制的签署主体，如何与合同相对性的原则衔接、如何分配举证规则，是司法实践中的常见难题。就该问题，结合《最高人民法院民事诉讼法司法解释理解与适用》一书对该条款的释义，上述规定实质上是推定受让人在签署债权转让合同时，对基础合同的内容应当是明知的，其在受让合同权利或承担合同义务的同时，应视为接受合同中的仲裁条款。

在推定受让人明知的同时，上述规定还设置了两种"但书"情形：（1）受让人对仲裁条款不知情;(2)受让人与合同相对人形成新的合意。但非常遗憾的是,该问题在本案中未形成交锋,故本案也未专门就该问题展开论述。

(四)司法实践的支持

司法实践中,法院通常以基础关系的争议解决条款来确定案件的主管/管辖机构。

例如,最高人民法院在(2019)最高法民辖终232号民事裁定书中认定:"西部信托有限公司与上海华信证券公司签订《债权转让协议》,约定将西部信托有限公司与福建大生公司借款合同及其附属合同项下的全部权利义务转让给上海华信证券公司……本案纠纷是上海华信证券公司受让西部信托有限公司与福建大生公司借款合同的全部权利后,上海华信证券公司依据借款合同主张福建大生公司偿还借款及利息……《民诉法解释》第33条规定,合同转让的,合同的管辖协议对合同受让人有效。本案借款合同、保证合同、股权质押合同、担保函中均约定了管辖,故借款合同以及各担保合同的管辖约定对受让人上海华信证券公司有效。"

再如,最高人民法院在(2017)最高法民辖终405号《民事裁定书》中认定:"本案系邦国公司受让中信证券公司债权后,依据中信证券公司与红顶公司签订的《资产收益权转让合同》《资产收益权回购合同》,以及与九华公司、赵伟签订的《保证合同》《抵押合同》《股权质押合同》提起的诉讼。邦国公司作为合同受让人,依据《民诉法解释》第33条的规定,应受原合同管辖协议的约束。"

四、延伸

以基础关系的争议解决条款来确定案件的主管/管辖机构,其基本法理清晰、明确,在司法实践中的争议较小。但与基础关系认定相关的其他纠纷类型(主合同和担保合同、主协议和补充协议等)的涉仲裁管辖问题,却时常成为案件的焦点难点,特别是在进入《民法典》时代后,相关的法律规则逐渐明确,故有必要对有关的裁判规则进行梳理,供读者参考。

(一)主合同和担保合同

1. 若主合同和担保合同均约定管辖法院，应根据主合同确定管辖法院

最高人民法院《关于适用〈中华人民共和国担保法〉若干问题的解释》(已失效)第129条规定:“主合同和担保合同发生纠纷提起诉讼的,应当根据主合同确定案件管辖。担保人承担连带责任的担保合同发生纠纷,债权人向担保人主张权利的,应当由担保人住所地的法院管辖。主合同和担保合同选择管辖的法院不一致的,应当根据主合同确定案件管辖。”

后来《民法典》继续沿用了该规则。《担保制度解释》第21条第2款规定:“债权人一并起诉债务人和担保人的,应当根据主合同确定管辖法院。”

因此,若主合同和担保合同均约定管辖法院,且约定的管辖法院不一致,则应根据主合同确定管辖法院。

2. 若担保合同约定了仲裁条款，则不能“从属”于主合同的管辖规则

承前述第1项的内容,由于担保合同属于从合同,基于从合同的“从属性”,应当根据主合同的争议解决条款确定主管/管辖机构。但若担保合同约定了仲裁条款,则能否仍根据“从属性”原则确定管辖?

该问题其实在《民法典》相关司法解释中已有明文规定予以解决。《担保制度解释》第21条第1款规定:“主合同或者担保合同约定了仲裁条款的,人民法院对约定仲裁条款的合同当事人之间的纠纷无管辖权。”据此,担保合同的管辖从属性,仅限于法院内部之间。

在司法实践中,已有法院作出类似的认定。例如,最高人民法院在(2016)最高法民辖终122号民事裁定书中认定:“《最高人民法院关于适用〈中华人民共和国担保法〉若干问题的解释》第129条规定的(担保合同的从属性)是在主合同和担保合同发生纠纷提起诉讼时,主合同和担保合同选择管辖的法院不一致的,应当根据主合同约定确定案件管辖法院。适用该条规定的前提是因主合同和担保合同发生的纠纷均属人民法院主管。”

因此,若担保合同约定了仲裁条款,则其不能基于"从属性"而从属于主合同的管辖规则,而应当按照担保合同的仲裁条款另行解决争议。

3. 若担保合同未约定仲裁条款,也不能"从属"于主合同的仲裁条款

在前述第2项的基础上,若主合同约定了仲裁条款而担保合同未约定仲裁条款,那么担保合同是否可以基于"从属性"而与主合同一并在仲裁机构审理? 该问题也在司法实践中逐步得以解决。

最高人民法院在(2013)民四他字第9号复函(《关于成都优邦文具有限公司、王某建申请撤销深圳仲裁委员会(2011)深仲裁字第601号仲裁裁决一案的请示的复函》)中认定:"案涉担保合同没有约定仲裁条款,仲裁庭关于主合同有仲裁条款,担保合同作为从合同应当受到主合同中仲裁条款约束的意见缺乏法律依据。仲裁庭对没有约定仲裁条款的担保合同进行审理并作出裁决,担保人王某建申请撤销该仲裁裁决中涉及其作为担保人部分的裁项的理由成立。"

同时,最高人民法院在(2015)民二终字第125号民事判决书中认定:"根据中航公司和瑞祥公司《供货合同》和《补充协议》的约定,上述问题均系履行《供货合同》和《补充协议》中产生的争议,属于仲裁管辖的范围。人民法院如果对上述争议进行实体审理,势必侵害中航公司和瑞祥公司基于仲裁条款约定而享有的选择仲裁解决纠纷的权利,违背当事人意思自治原则。因此,当主合同约定了仲裁管辖,而保证合同没有约定仲裁管辖的情况下,原则上应当先行通过当事人协商一致或者经仲裁对主债务的范围作出确认,如果债权人只对保证人提起诉讼,保证人以主合同的约定和履行情况进行抗辩,必然会涉及法院对于已经约定仲裁裁决的争议事项能否进行审理和裁判的问题,这既涉及约定仲裁管辖当事人的仲裁程序选择权,也涉及人民法院审判权的行使范围。"

因此,若主合同约定了仲裁条款而担保合同未约定仲裁条款,则担保合同不应当基于"从属性"与主合同一并在仲裁机构审理,而应当另行通过法院解决争议。

（二）主协议和补充协议

1. 通常而言，补充协议的争议解决条款是对主协议条款内容的变更

若主协议和补充协议均约定了争议解决条款，且二者的条款内容存在差异，在大部分的补充协议中会约定“本协议作为主合同的补充协议，与主合同不一致之处，以本协议为准”等类似表述，从当事人合意的角度进行考量，可以视为补充协议对主协议条款内容的变更。

同时，由于补充协议签订在后，通常也可进一步印证补充协议是对主协议争议解决条款的变更。该观点在司法实践中也得到法院的支持。

例如，最高人民法院在（2019）最高法民申4899号民事裁定书中认定：“首先从订立时间来看，《三方补充协议》成立生效的时间在《EPC总承包合同》之后，成立在后的合同视为是对成立在前的合同内容的变更；其次，从《三方补充协议》的内容来看，《三方补充协议》是对《EPC总承包合同》的补充和变更，是《EPC总承包合同》的一部分，《三方补充协议》增加中电投融和公司作为涉案合同当事人，并不影响其补充和变更原合同的法律效果。因此，根据《合同法》第77条‘当事人协商一致，可以变更合同’的规定，关于《EPC总承包合同》的争议解决应以《三方补充协议》的约定为准。”

因此，若主协议和补充协议约定的争议解决条款不同，则通常可理解为补充协议是对主协议的争议解决条款的变更。

2. 若主协议约定了仲裁条款而补充协议未涉及，补充协议的管辖则视“可分性”而有不同

在前述第1项分析的基础上，若主协议约定了仲裁条款，而补充协议未约定仲裁条款，则补充协议是否可援引主协议的仲裁条款？

司法实践中，通常以补充协议与主协议是否具有可分性作为标准，若不具有可分性，则补充协议可援引主协议的仲裁条款；若具有可分性，则各自适用不同的争议解决条款。这在司法实践中已得到法院的支持。

例如，最高人民法院在（2015）执申字第33号执行裁定书中认定：“但存

在主合同与补充协议的情形时，当事人在主合同中约定其争议纠纷由仲裁机构解决，对于没有约定争议纠纷解决方式的补充协议可否适用该约定，其关键在于主合同与补充协议之间是否具有可分性。如果主合同与补充协议之间是相互独立且可分，那么，在没有特别约定的情况下，对于两个完全独立且可分的合同或协议，其争议解决方式应按合同或补充协议约定处理。如果补充协议是对主合同内容的补充，必须依附于主合同，而不能独立于主合同存在，那么，主合同所约定的争议解决条款也适用于补充协议。"

再如，最高人民法院在(2014)民四终字第43号民事裁定书中认定："虽然黑龙江国际公司与蒙古国政府签订的合同书中约定有仲裁条款，但根据该仲裁条款的表述，其解决的是作为发包方的蒙古国政府与承包商之间的争议，并将争议区分为与蒙古国/科威特承包商之间的争议和与外国承包商之间的争议。沈阳公路公司与黑龙江国际公司签订的《施工合同书》虽约定双方合同的组成文件中包括沈阳公路公司认可的黑龙江国际公司与蒙古国政府签订的合同书的所有条款，但本案纠纷是沈阳公路公司与黑龙江国际公司、秦皇岛秦龙公司之间的纠纷，并非与蒙古国政府之间的纠纷，不在上述仲裁条款约定的仲裁事项范围内。沈阳公路公司与黑龙江国际公司、秦皇岛秦龙公司之间没有就本案纠纷订有仲裁条款，事后也没有达成书面仲裁协议……将本案移送至蒙古国国际商会进行仲裁的理由不能成立。"

另外需要说明的是，补充协议之所以被称为"补充"，必然与主协议的合同要素具有密切的联系，故有意甄别出二者鲜明的"可分性"，本身在逻辑上就存在较大的难度。因此，这也导致了司法实践中补充协议与主协议存在泾渭分明的"可分性"的情形并不多见。

对属于同一法律关系的主张未予受理

明菁宜*

一、撤销仲裁裁决理由的缘起

审理案号：(2017)云01民特93号

申请人：某某矿业开发有限公司

被申请人：蔡某某、林某某

基本案情：

针对某某矿业开发有限公司与蔡某某、林某某之间的纠纷，2017年6月5日，KM仲裁委员会作出K仲裁〔2017〕340号裁决书，裁决：(1)由某某矿业开发有限公司在本裁决作出之日起10日内向蔡某某、林某某退还保证金1,000,000元；(2)驳回蔡某某、林某某其余仲裁请求；(3)本案仲裁费用15,624元由某某矿业开发有限公司承担，该仲裁费已由蔡某某、林某某预交，故应由某某矿业开发有限公司在本裁决作出之日后10日内一并支付给蔡某某、林某某。

某某矿业开发有限公司向KM市中级人民法院申请撤销该裁决。

某某矿业开发有限公司称：第一，仲裁庭违反仲裁规则，没有保障某某

* 明菁宜：美国纽约哥伦比亚大学高级访问学者，长沙仲裁委员会仲裁员，深圳市公共就业服务中心深圳市创业导师，四川省市场经济诚信建设促进会投融资服务专委会副主任、兼任投融资服务专委会智库特聘专家，原深圳市律师协会商事仲裁法律专业委员会委员。

矿业开发有限公司的反请求权。本案中,在首次开庭后裁决下达前,某某矿业开发有限公司向仲裁庭以书面形式提出反请求,但仲裁庭没有同意,认为所有程序已经走完,不可能再开庭审理,并在仲裁裁决中明确可以另案处理。某某矿业开发有限公司签收本案裁决书后,于 2017 年 6 月 30 日向 KM 仲裁委员会以违约之诉提出新的仲裁申请,但 KM 仲裁委员会却以一事不再理的理由不予受理。第二,对方当事人隐瞒了足以影响公正裁决的证据,导致裁决结果显失公平。第三,被申请人的恶意仲裁不仅侵害了申请人的合法权益,更有碍于社会的公序良俗。综上,根据《仲裁法》第 58 条第 1 款第 3 项、第 5 项之规定,某某矿业开发有限公司请求依法撤销 KM 仲裁委员会 K 仲裁〔2017〕340 号裁决书。

二、法院的处理结果

KM 市中级人民法院认为,《仲裁法》第58 条规定,当事人提出证据证明裁决有下列情形之一的,可以向仲裁委员会所在地的中级人民法院申请撤销裁决:(1)没有仲裁协议的;(2)裁决的事项不属于仲裁协议的范围或者仲裁委员会无权仲裁的;(3)仲裁庭的组成或者仲裁的程序违反法定程序的;(4)裁决所根据的证据是伪造的;(5)对方当事人隐瞒了足以影响公正裁决的证据的;(6)仲裁员在仲裁该案时有索贿受贿,徇私舞弊,枉法裁决行为的。法院经组成合议庭审查核实裁决有前款规定情形之一的,应当裁定撤销。法院认定该裁决违背社会公共利益的,应当裁定撤销。本案中,申请人认为其代被申请人垫付了拖欠的农民工工资、工程款、土地复垦费等,要求将上述费用在被申请人主张退还的安全保证金中予以扣除。经审查,申请人的该主张与被申请人提出的退还保证金的主张实际上属于同一法律关系,均是基于双方签订的《承包协议》及《补充协议》产生的纠纷,而仲裁庭认为申请人的冲抵权属于另一个法律关系的认定有误,申请人的主张也应当予以受理。因此,本案仲裁裁决的仲裁程序违反了法定程序,法院应予撤销。

依照《仲裁法》第 58 条、第 59 条、第 60 条之规定，法院裁定如下：撤销 KM 仲裁委员会 K 仲裁〔2017〕340 号裁决书。

三、评析

（一）本案并非"同一事实"，不适用"一事不再理"原则

某某矿业开发有限公司申请仲裁所依据的合同虽与原仲裁案件所涉及的合同为同一合同，对方当事人亦为同一当事人，但并非同一事实。原仲裁案件的法律事实是关于承包协议中涉及的保证金等事实，而某某矿业有限公司请求认定的是有关垫付了拖欠的农民工工资、工程款、土地复垦费等事实，很显然二者不同。

某某矿业开发有限公司的仲裁请求具有明显的独立性，并非依附原仲裁申请人蔡某某、林某某的仲裁请求而存在，即使蔡某某、林某某不提出仲裁申请，某某矿业开发有限公司仍可依据双方签订的承包协议及补充协议中有关仲裁的约定向 KM 仲裁委员会提出仲裁申请。

因此，实际上本案并非重复提出仲裁申请，KM 仲裁委员会应当受理某某矿业开发有限公司提出的仲裁申请。

（二）法院撤销原仲裁裁决是正确的

KM 中级人民法院以仲裁庭认为申请人的冲抵权属于另一个法律关系的认定有误，申请人的主张也应当予以受理为由，认定该案仲裁裁决的仲裁程序违反了法定程序，应予撤销该仲裁裁决。

冲抵权属于抗辩权类的权利，其目的是抵销部分或全部对方的权利主张；冲抵权存在的前提是有可被冲抵的权利请求存在，没有请求就没有冲抵。原仲裁庭认定冲抵权属于另一法律关系是错误的，并以此为理由不予受理某某矿业开发有限公司的仲裁反请求，显然存在仲裁程序违法。故笔者认为 KM 市中级人民法院撤销原仲裁案件仲裁裁决是正确的。

四、延伸

（一）何为“反请求”

民事诉讼中有“反诉”，反诉是指在诉讼程序进行中，本诉被告针对本诉原告向法院提出的独立的反请求。提起反诉是被告的一项诉讼权利。《民事诉讼法》规定反诉制度的目的，一方面在于通过法院对本诉与反诉的合并审理，利用同一诉讼程序解决相关联的纠纷，以实现诉讼节约；另一方面则是为了避免因分别审理而造成的裁判相抵触。反诉具有以下 3 个特征。（1）当事人的同一性与特定性。在反诉中，本诉双方当事人的地位发生了转换，本诉的被告成为原告，本诉的原告则成为被告。（2）诉讼请求的独立性。反诉是本诉被告利用已开始的诉讼程序向原告提出的反请求，这种反请求虽然与原告的诉讼请求有密切的关系，但它本身具有独立性，不因本诉的消灭而消灭。（3）目的是抵消或吞并本诉的部分或全部诉讼请求。

参照民事诉讼中反诉的相关定义及特征，仲裁中反请求也应当具备类似的特征。而实践中，仲裁中反请求的认定大多参照民事诉讼中关于反诉的相关法学理论精神。

（二）仲裁程序进行中提出反请求的时间限制及仲裁庭处理的依据

根据《仲裁法》第 27 条“申请人可以放弃或者变更仲裁请求。被申请人可以承认或者反驳仲裁请求，有权提出反请求”的规定，原仲裁被申请人某某矿业开发有限公司是可以在仲裁程序中提出反请求的。从《仲裁法》的规定来看，并没有对仲裁当事人提出仲裁反请求的时间作出特别的限制，但通常我们认为应当在仲裁程序终结之前提出，而在裁决书作出之前，都不应当认为仲裁程序终结。

实践中各仲裁委员会的仲裁庭进行仲裁程序时，所依据的程序规则为各仲裁委员会自行制定的仲裁规则。以 KM 仲裁委员会为例，KM 仲裁委员会 2017 年适用的《KM 仲裁委员会仲裁规则》第 14 条规定：“申请人可以放弃或者变更仲裁请求。被申请人可以承认或者反驳仲裁请求,有权提出反请求……申请人变更仲裁请求,被申请人提出反请求应当在首次开庭前以书面形式向仲裁委员会或仲裁庭提出。首次开庭后,申请人变更仲裁请求,被申请人提出反请求或变更反请求的,仲裁庭认为有正当理由且可以合并仲裁的,由仲裁庭决定,期限可以适当延长,并提请仲裁委员会同意。”从该规则来看,案例中某某矿业开发有限公司提出仲裁反请求是在开庭后提出的,则该反请求是否受理需要由仲裁庭决定,而仲裁庭的决定权是基于仲裁庭认为有正当理由且可以合并仲裁。从KM市中级人民法院的裁定内容来看,案例中某某矿业开发有限公司提出了反请求,仲裁庭是可以与原仲裁案件的仲裁请求合并审理的,某某矿业开发有限公司在开庭后提出的反请求是否有正当理由我们不得而知。根据当时《KM仲裁委员会仲裁规则》的规定,此时仲裁反请求是否受理,则取决于该案仲裁庭的认定。那么仲裁庭是否就应当受理呢?

案例中,该案仲裁庭认为所有程序已经走完,不可能再开庭审理,并在仲裁裁决中明确可以“另案处理”。由此推论:首先,该案仲裁庭并不认为原仲裁被申请人在开庭后裁决作出前提出反请求的理由正当,而且从时间限制上来说,超过了仲裁庭理解的仲裁审理程序时间;其次,考虑到反请求的独立性,虽然仲裁庭对原仲裁被申请人提出的反请求不予受理,但不影响其在仲裁庭作出裁决后就其反请求另行提起仲裁请求。因此仲裁庭没有受理该仲裁反请求,并在裁决中明确可以“另案处理”。按照当时的《KM仲裁委员会仲裁规则》及《仲裁法》,仲裁庭的处理看似并无不妥,但事后当原仲裁被申请人某某矿业开发有限公司据此裁决书及原仲裁协议向KM仲裁委员会就其原仲裁反请求重新提请仲裁时,却被KM仲裁委员会以“一事不再理”为由不予受理,进而有了上述KM市中级人民法院的撤销裁决。

KM仲裁委员会对原仲裁反请求重新提请的仲裁申请不予受理引发了笔者对仲裁反请求在被仲裁庭不予受理的情形下,是否可以依据原仲裁协议提请新的仲裁申请的进一步思考。

（三）在仲裁反请求被仲裁庭不予受理的情形下，是否可以依据原仲裁协议提请新的仲裁申请

仲裁反请求的特征之一就是具有独立性。独立性意味着在一定条件下其是可以独立存在的。仲裁反请求可以独立存在的前提条件，笔者认为是基于同一当事人、同一有效仲裁协议，而是否是同一法律关系，笔者认为应当理解为是同一基础法律关系。而是不是同一基础法律关系，也是本案法院撤销仲裁裁决的事实认定内容。

首先，案例中某某矿业开发有限公司提请新的仲裁正是基于原仲裁协议，而其提请新的仲裁申请的被申请人正是原仲裁案件的申请人，因此在同一当事人、同一仲裁协议这两个条件下，对某某矿业开发有限公司作为原仲裁反请求人提出的反请求是否具有独立性的判断，至少是具备了这两个前提条件的。

其次，关于同一基础法律关系的认定，案例中，KM 市中级人民法院在裁定书中写道："经审查，申请人的该主张与被申请人提出的退还保证金的主张实际上属于同一法律关系，均是基于双方签订的《承包协议》及《补充协议》产生的纠纷，而仲裁庭认为申请人的冲抵权属于另一个法律关系的认定有误，申请人的主张也应当予以受理。因此，本案仲裁裁决的仲裁程序违反了法定程序，本院应予撤销。"笔者认为，KM 市中级人民法院在裁定书中认定的"申请人（某某矿业开发有限公司）的主张与被申请人（蔡某某、林某某）提出的退还保证金的主张实际上属于同一法律关系"中的同一法律关系应该指的是本案申请人某某矿业开发有限公司与被申请人蔡某某、林某某之间的基础法律关系，即基于双方签订的《承包协议》及《补充协议》而产生的基础法律关系，后续与此《承包协议》及《补充协议》相关的其他法律关系均是基于此基础关系产生的，没有此基础法律关系，则不可能有后续其他法律关系，"皮之不附，毛将附焉"。

最后，同一基础法律关系不等同于同一法律关系，同一法律关系笔者认

为是指同一性质的法律关系，二者具有完全的同一性、同质性，高度的重复性。因为同一性质的法律关系具有高度的重复性、完全的同质性、同一性，基于其提起重复诉讼或提请仲裁则浪费司法资源或是仲裁资源，应当参照《民事诉讼法》中"一事不再理"的原则不予受理。但若是基于同一基础法律关系，但实则不是同一法律关系，则从保护当事人合法权益、维护司法公正、促进社会可持续性发展的角度出发，对因该法律关系提起的新仲裁请求不应当适用"一事不再理"原则。本案中，原仲裁被申请人某某矿业开发有限公司提起的仲裁请求依据的是原仲裁申请人蔡某某、林某某对其的违约行为，实际上是合同违约的违约之责法律关系，而原仲裁申请人蔡某某、林某某对原仲裁被申请人某某矿业开发有限公司提起的仲裁请求是退还保证金 1,000,000 元，笔者猜测，根据原仲裁裁决事项来看，应该是原仲裁申请人蔡某某、林某某向仲裁委员会提出了终止双方签订的《承包协议》及《补充协议》之请求，也即终止合同的法律关系。

因此，笔者认为，基于同一基础法律关系产生的非同一法律关系的仲裁反请求在不被本仲裁请求审理过程中仲裁庭受理的情形下，是可以依据原仲裁协议另行提请仲裁请求的，但若申请人申请仲裁的仲裁委员会的仲裁规则另有规定的，应当依据该仲裁委员会的仲裁规则确定。实践中，如 2021 年修改后的《KM 仲裁委员会仲裁规则》第 16 条第 1、2 款规定：(1) 被申请人有权依据同一仲裁协议提出反请求。反请求的当事人限于仲裁请求的当事人。(2) 被申请人提出反请求的，应当在首次开庭前向本会提交书面反请求申请书。逾期提交的，应当向本会另案申请，但反请求被申请人同意或者仲裁庭认为有必要受理的除外。因此，若选择在 KM 仲裁委员会申请仲裁，则应当按照《KM 仲裁委员仲裁规则》中确定的反请求提请的时间内提出，若超出其规定的时间，则需按规则进行处理。

(四) 在仲裁委员会不予受理原仲裁被申请人就原仲裁反请求提请新的仲裁请求时，当事人是否可以申请撤销原仲裁裁决

仲裁的特点之一是"一裁终局"，如若需要救济，依法只能选择撤销仲裁

裁决或者申请不予执行。对于仲裁委员会作出的不予受理决定或通知等,若该仲裁委员会发布的仲裁规则未作出规定,则基本无仲裁方面的救济可能,只能选择进行诉讼。

一般来说,如果就原仲裁中的反请求重新提请新的仲裁,首先,通常双方有非常明确的仲裁协议或仲裁条款之约定,若进行诉讼,法院可能不予受理,而告知当事人需按照仲裁条款或协议约定进行仲裁;其次,原仲裁案件已经进行审理,事实等基本查明,以节约仲裁资源、便于案件审理的角度,当事人也会选择继续仲裁,而非诉讼。那是否就无仲裁方面救济的可能呢?

笔者认为,可以如本案例中原仲裁被申请人某某矿业开发有限公司选择向法院申请撤销原仲裁裁决的方案一样,向法院申请撤销仲裁裁决。

案例中,KM 市中级人民法院认为仲裁庭对冲抵权的认定错误。笔者认为,冲抵权是基于原基础合同关系衍生的仲裁行为或者诉讼行为产生的反仲裁请求或反诉行为的权利,与原基础合同法律关系不属于同一性质法律关系。我们可以将基础合同法律关系理解为仲裁法律关系产生的基础原因法律关系,基础法律关系适用的法律与案例中所述的冲抵权适用的法律依据有所不同,笔者认为二者应当区分开来。

将应整体处理的合同纠纷的一部分排除仲裁管辖

彭学武* 陈 辉**

一、撤销仲裁裁决理由的缘起

审理案号:(2021)粤12民特27号

申请人:某某物业公司

被申请人:某某设计公司

基本案情:

2011年1月6日,某某物业公司与某某设计公司签订《建设工程设计合同》,约定某某设计公司承担ZQ市某某厂房“三旧”改造工程设计,同时约

---

* 彭学武:法学博士,1998年6月被授予律师资格证书并开始律师执业生涯。现任广东盟凯律师事务所律师、副主任。现同时主要兼任以下两方面职位。社会服务:十一届深圳律师协会理事(兼任律师职业培训工作委员会主任)、深圳国际仲裁院,广州市、海南省、武汉市、南京市、南昌市、合肥市、世界仲裁中心等仲裁机构仲裁员、深汕国际仲裁院专家咨询委员会专家委员、深圳市人大常委会立法调研基地立法专家、深圳市政府采购评审专家、深圳大学法学院校友会副会长、深圳市宝安区法学会常务理事、宝安—尖岗山国家高新园区专家、方大智源科技股份有限公司等独立董事。深圳市宝安区第七届人大常委会法制和内务司法工作委员会委员。学术兼职:深圳经济特区立法研究中心特聘研究员、深圳大学知识产权学院特约教授、广东科技大学校外导师、广东省法学会民商法学研究会理事、广东省法学会企业合规研究会理事、深圳市法学会破产法学研究会常务理事。

** 陈辉:湖南大学法律硕士,泰和泰(深圳)律师事务所执业律师,深圳市律师协会商事仲裁法律专业委员会干事,深圳市金融人才协会智库专家,香港中文大学(深圳)数据经济研究院—绿色金融(深圳市)高级骨干。

定了发生争议由ZQ仲裁委员会仲裁。同年2月11日，双方签订《DG某某商住小区项目补充协议》，对设计内容、付款标准、付款方式等内容作了补充约定。

2011年3月19日，某某物业公司与某某设计公司签订《协议书》，约定某某物业公司支付120万元给某某设计公司，该款用于在合同签订后45天内理顺丙方（DG一、二、三村）关系，让丙方与某某物业公司签订正式合同，以及办理好该地块的“三旧”改造手续，则该款属于某某设计公司的劳务费，不用归还给某某物业公司。如在期限内某某设计公司无法理顺丙方与某某物业公司的关系并签订开发合作合同，则120万元作为《建设工程设计合同》《DG某商住小区项目补充协议》的设计费，在某某设计公司的设计费中扣除。2019年12月30日，ZQ仲裁委员会立案受理了某某物业公司与某某设计公司之间的建设工程设计合同纠纷案，案号为（2019）Z仲案字489号。某某设计公司请求：（1）裁决某某物业公司向某某设计公司支付设计费共2,247,071.28元；（2）裁决某某物业公司向某某设计公司支付违约金2,415,755.53元；（3）本案仲裁费40,077元、担保费8000元、保全费5000元、执行费等费用由某某物业公司承担。

某某物业公司则提出反请求，认为某某设计公司没有履行《协议书》约定的理顺案涉工程项目的开发手续及交付设计文件的义务，请求某某设计公司返还120万元及利息。

ZQ仲裁委员会认为，某某物业公司的反请求具有居间性质，非与本案基于同一事实法律关系，且《协议书》没有仲裁条款也没有仲裁协议，故仲裁庭没有管辖权，应由某某物业公司另行起诉或双方达成仲裁合意后另行仲裁，从而驳回了某某物业公司的仲裁反请求。

2020年12月30日，ZQ仲裁委员会作出（2019）Z仲案字489号裁决：（1）某某物业公司向某某设计公司支付设计费1,115,518.07元；（2）某某物业公司向某某设计公司支付违约金1,215,914.7元；（3）某某物业公司承担本案案件保全费5000元及担保费8000元；（4）驳回某某物业公司的仲裁反请求;(5)本案仲裁费用 40,077 元,由某某物业公司承担。仲裁反请求费用 21,180 元全部由某某物业公司承担。

某某物业公司向 ZQ 市中级人民法院申请撤销该仲裁裁决。

二、法院的处理结果

ZQ 市中级人民法院认为:虽《协议书》具有居间合同的性质,但双方当事人在《协议书》中明确约定如在期限内某某设计公司无法理顺丙方和某某物业公司的关系并签订开发合作合同,则 120 万元作为《建设工程设计合同》《DG 某商住小区项目补充协议》的设计费,在某某设计公司的设计费中扣除。《协议书》中的 120 万元款项在符合约定的条件下可作为《建设工程设计合同》《DG 某商住小区项目补充协议》的设计费。仲裁裁决书认定某某物业公司应向某某设计公司支付的设计费为 1,115,518.07 元,违约金高达 1,215,914.7 元。如某某物业公司的主张成立(120 万元抵作设计费),则其无须向某某设计公司支付设计费和违约金。因此,《协议书》与《建设工程设计合同》、《DG 某商住小区项目补充协议》密不可分,应作为一个整体予以处理,不能仅处理《建设工程设计合同》《DG 某商住小区项目补充协议》,而不处理《协议书》。ZQ 仲裁委员会认为其对《协议书》没有管辖权,则其对《建设工程设计合同》《DG 某商住小区项目补充协议》也不具有管辖权。故某某物业公司的申请符合《仲裁法》规定的可申请撤销仲裁裁决的情形,法院裁定撤销 ZQ 仲裁委员会(2019)Z 仲案字 489 号裁决。

三、评析

本案是申请撤销国内仲裁裁决的案件。法院在对申请撤销仲裁裁决的案件进行司法审查时,应以现行《仲裁法》第 58 条的规定作为撤销仲裁裁决的法定事由。本案中,根据某某物业公司的主张,争议焦点为仲裁庭是否对因履行《协议书》引发的争议具有管辖权。根据这一争议焦点,基于现行仲裁法律法规及司法解释的相关规定,可从以下 3 个方面进行分析。

(一)补充协议或从合同没有约定争议解决方式,是否应按主合同约定的方式解决争议

通常情况下,若双方当事人没有在合同中或争议发生后约定其争议由仲裁机构解决,仲裁机构则无权对该争议予以仲裁。按照目前法律法规及司法解释的规定,主合同约定的争议解决方式并不当然扩张至补充协议或从合同。

在主从合同仲裁条款的适用问题上,司法实践中有相当多的争议,不少业界同仁认为应当根据《担保制度解释》第21条第2款"债权人一并起诉债务人和担保人的,应当根据主合同确定管辖法院"之规定,确定补充协议或从合同适用仲裁管辖即可。笔者认为,这种理解完全忽略了仲裁与诉讼二者在实质上的区别,当事人意思自治且达成合法有效的仲裁协议,才是采用仲裁方式解决争议的前提。而诉讼作为解决纠纷的手段依靠的是国家强制力,无须当事人合意,亦不允许当事人随意排除。《担保制度解释》第21条第2款之规定显然仅针对诉讼管辖,若贸然将这一规定适用于仲裁,可能对仲裁自愿原则造成破坏。最高人民法院在制定该司法解释时并非没有意识到或遗漏了这一问题,其曾经尝试在司法解释的征求意见稿中对主从合同仲裁管辖条款适用问题加以规制。2004年7月,最高人民法院《关于适用〈中华人民共和国仲裁法〉若干问题的解释(征求意见稿)》第7条第2款曾规定"人民法院或者仲裁委员会受理主合同纠纷,当事人同时向连带责任保证人主张权利的,人民法院或者仲裁委员会可以一并审理"。但在最终出台的司法解释中却删除了该条款,之后对于主从合同的仲裁管辖条款再未提及。2021年7月30日公布的《仲裁法征求意见稿》第24条规定:"纠纷涉及主从合同,主合同与从合同的仲裁协议约定不一致的,以主合同的约定为准。从合同没有约定仲裁协议的,主合同的仲裁协议对从合同当事人有效。"值得探讨的是,这一规定是否体现当事人意思自治?

考虑到现实交易的复杂性,如主合同约定了仲裁条款,补充协议或从合

同未对争议解决方式进行约定，当纠纷出现时，当事人需要就主合同争议向仲裁机构主张权利，就从合同争议向法院主张权利。这必然增加当事人解决争议的成本，拖延争议解决时间，也有可能导致仲裁程序与诉讼程序出现互相矛盾的情况。因此，从“纠纷一次性解决”的原则出发，仲裁协议效力在主从合同中进行扩张确有其现实需求。在存在主合同与补充协议或从合同的情形下，当事人在主合同中约定其争议由仲裁机构解决，对于没有约定争议解决方式的补充协议或从合同是否可适用该约定，其关键在于主合同与补充协议或从合同之间是否具有可分性。如果主从合同相互独立、可分且没有特别约定，那么其争议解决方式则应按照各自的约定处理；如果补充协议或从合同是对主合同内容的补充或变更，且依附于主合同，而不能独立于主合同存在，那么主合同所约定的争议解决条款也应适用于补充协议或从合同。

（二）本案 3 份协议是否密不可分，应否作为一个整体予以处理

首先，判断 3 份协议是否密不可分，需要根据协议签署的主体、时间、具体内容等进行综合判断。本案中，应对《建设工程设计合同》、《DG 某商住小区项目补充协议》与《协议书》是否属于主合同与补充协议或从合同的关系进行分析。

“补充协议”就是通过协议的方式补充已有合同中存在的漏洞或对已有合同进行变更或补充。因此，从这个意义上来看，已有的合同与补充协议之间是主从关系。已有合同是主合同，补充协议则是从合同。通常情况下，主合同与补充协议会有时间差，主合同成立时间在前，补充合同成立时间在后。补充协议是主合同的附属合同，补充合同依附于主合同而存在，不具有独立性，这是主合同与补充协议的基本关系。本案中，《建设工程设计合同》约定了“发生争议由 ZQ 仲裁委员会仲裁”，《DG 某商住小区项目补充协议》系对《建设工程设计合同》中设计内容、付款标准、付款方式等内容的补充约定。《建设工程设计合同》和《DG 某商住小区项目补充协议》均围绕建设工

程项目改造设计服务事宜依次签订，都源于同一交易、同一事项，亦属于同一法律主体，且在内容上具有承接性、延续性和不可分性，完全可以认定该两份协议的主从关系。

然后双方签订的《协议书》则约定“某某物业支付 120 万元给某某设计公司，该款用于在合同签订后 45 天内理顺丙方（DG 一、二、三村）关系，让丙方与某某物业签订正式合同，以及办理好该地块的‘三旧’改造手续，则该款属某某设计公司的劳务费，不用归还给某某物业。如在期限内某某设计公司无法理顺丙方和某某物业签订开发合作合同，则 120 万元作为《建设工程设计合同》《DG 某商住小区项目补充协议》在某某设计公司的设计费中扣除”。该约定的事项并不属于建设工程设计的事项。某某物业公司与某某设计公司之间的争议属于因建设工程改造设计服务而引发的争议，但双方又在《协定书》中约定了额外的不属于建设工程设计的事项，而无论是法院还是仲裁庭，均认定此约定属于居间合同的性质，非与本案基于同一事实法律关系。笔者认为，《建设工程设计合同》与《协定书》具有独立性和可分性，《协定书》无须依附于《建设工程设计合同》而存在。从《协定书》约定的内容来看，“理顺关系与手续办理成功，则该款属某某设计公司的劳务费，不用归还给某某物业”，而此“劳务费”确有“居间行为”的特点，而后继续附条件约定，“如在期限内某某设计公司无法理顺丙方与某某物业签订开发合作合同，则 120 万元作为《建设工程设计合同》《DG 某商住小区项目补充协议》在某某设计公司的设计费中扣除”，此部分可理解为在特定条件下该 120 万元将作为设计费予以抵扣。仅当《协定书》中约定的居间行为没有成功时，劳务费可以在某某设计公司的设计费中扣除。至于《协定书》的效力、履行、争议解决等情况应当按照《协定书》的约定进行处理。因此，《协议书》不能认定为《建设工程设计合同》的补充协议或从合同，《协议书》与《建设工程设计合同》并非密不可分，亦不一定需要作为一个整体予以判断处理。

其次，本案较为棘手的问题是在无仲裁协议的情况下，被申请人提出的抵销请求仲裁庭是否应当审理。

《民法典》第 569 条规定，当事人互负债务，标的物种类、品质不相同的，经协商一致，也可以抵销。《九民纪要》第 43 条规定，抵销权既可以通知的方式行使，也可以提出抗辩或者提起反诉的方式行使。抵销的意思表示自到达对方时生效，抵销一经生效，其效力溯及自抵销条件成就之时，双方互负的债务在同等数额内消灭。可见，相关法律并未要求抵销的债务应基于同一法律关系产生，本案中，《协议书》关于“劳务费可以在某某设计公司的设计费中扣除”的约定应视为双方达成了在特定条件下抵销的合意，且并非法定不得抵销的情形，故就诉讼层面而言，对该抵销的审理既有法律依据，亦有合同依据。但问题是，在一方当事人不同意抵销的情况下，抵销权的行使需要依据《协定书》进行实质审理，但《协定书》是否属于本案仲裁庭的审理范围尤为关键，值得探讨。

笔者倾向性认为，抵销权的行使需要对《协定书》的效力、抵销条件是否成就以及实际履行情况等问题进行实质审理，涉及《协定书》争议的管辖问题，不应属于本案仲裁庭的审理范围。

（三）仲裁条款约定的仲裁事项范围对本案的影响

仲裁协议应当包括仲裁事项，但从本案判决书的内容来看，其没有引用仲裁条款的原文，故无法确定协议中仲裁事项的范围。

对于一个理性的自然人而言，一般情况下，其更多的是倾向于将其多项争议提交相同的法庭或仲裁庭进行裁判，以节约争议的解决成本。从国际惯例与理论来看，对仲裁条款或仲裁协议的解读倾向于“仲裁推定有效”。若仲裁条款系概括性条款，如“凡因本合同引发或与本合同相关的任何争议，均应提交某某仲裁机构仲裁”，在有主合同和从合同或补充协议的情形下，除变更或补充的条款之外，对于其他条款概况表述为“以主合同约定为准”，那么只要从合同或补充协议的争议与主合同有关联，在没有相反意思表示的情形下，笔者认为从合同或补充协议中的此种表述已经表明当事人之间达成了仲裁概括性的合意，并在纠纷发生时可以引用主合同中的仲裁条款。若仲裁条款仅为特定事项的仲裁条款,如表述为"因本合同引发的争议,应提交某某仲裁机构仲裁",那么,笔者认为其无法推定双方就从合同、补充协议或相关协议已经达成仲裁的合意。

四、延伸

(一)主合同约定争议解决方式为仲裁,从合同没有约定争议解决条款,债权人基于从合同产生的纠纷能否依据主合同约定进行仲裁目前仍存在争议

最高人民法院早在《关于成都优邦文具有限公司、王国建申请撤销深圳仲裁委员会(2011)深仲裁字第601号仲裁裁决一案的请示的复函》中就该问题作出了回应,即"担保合同没有约定仲裁条款,仲裁庭关于主合同有仲裁条款,担保合同作为从合同应当受到主合同中仲裁条款约束的意见缺乏法律依据"。

在(2015)民二终字第125号案件中,最高人民法院认为:"当主合同约定了仲裁管辖,而保证合同没有约定仲裁管辖的情况下,原则上应当先行通过当事人协商一致或者经仲裁对主债务的范围作出确认,如果债权人只对保证人提起诉讼,保证人以主合同的约定和履行情况进行抗辩,必然会涉及法院对于已经约定仲裁裁决的争议事项能否进行审理和裁判的问题,这既涉及约定仲裁管辖当事人的仲裁程序选择权,也涉及人民法院审判权的行使范围"。由此可见,最高人民法院坚持了主合同中约定的仲裁条款并不当然对没有仲裁条款的担保合同具有约束力的观点。

最高人民法院秉持上述观点的主要考虑在于,仲裁是当事人私权处分的产物,是仲裁条款双方授权仲裁机构处理争议的机制,其最大限度地在案件审理机构的选择上体现了当事人的意思自治。在当事人没有明确约定仲裁条款的情形下,将有关诉讼的管辖规定扩大到仲裁,将会严重损害当事人的意思自治。

但需要注意的是,如果当事人的从合同在事实上构成了主合同的"补充

协议”，与主合同构成一个整体，对此最高人民法院在(2015)执申字第33号案中明确：“如果补充协议是对主合同内容的补充，必须依附于主合同，而不能独立于主合同存在，那么，主合同所约定的争议解决条款也适用于补充协议。”此外，如果在通过个案判断可确认从合同当事人认可了主合同约定的管辖条款的情况下，也有部分法院认为主合同的仲裁条款同样适用于从合同。因此，根据此前的司法实践，在涉及主从合同之间争议解决条款约定不一致的情形时，应当具体判断主从合同之间的依附关系程度，从而确定争议解决条款的效力范围。

与司法实践中个案判断的做法不同的是，《仲裁法征求意见稿》第24条在未区分具体情形的前提下，明确规定“从合同没有约定仲裁协议的，主合同的仲裁协议对从合同当事人有效”。该等修改不再区分主从合同关系的多样性，与过往司法实践存在较大差异。若该规定被最终采纳，则主合同仲裁条款的效力将直接扩张至未约定仲裁条款的从合同。虽然该规定不是最终修订意见，但也在一定程度上反映出近年来我国司法实践对仲裁协议效力扩张的态度变化和现实需求，以及对“纠纷一次性解决”这一理念的追求。

(二)仲裁协议效力扩张的必要性

仲裁作为重要的纠纷解决方式，以尊重当事人意思自治为基石，以合同相对性为原则。但在某些特定情形下，仲裁事项可能涉及仲裁协议当事人之外的其他主体利益，如机械性地固守合同相对性，反而可能造成一种束缚。

由于现实法律问题的复杂性提升与实践中合同的多样性，为“一次性解决纠纷”，减少当事人的诉累，仲裁这一当事人合意的争议解决方式的效力扩张性必将受到持续关注。一方面需要始终秉持仲裁的核心理念和基本原则，另一方面也需要不断回应日益丰富的商事实践发展，才能让仲裁成为更加理想地解决争议的选择。

(三)域外复数合同仲裁模式之借鉴

对于复数合同可否仲裁,域外仲裁机构新近修订的仲裁规则中,逐步出现复数合同仲裁的程序规定,由此可看出各国家和地区的立法沿革和国际发展的大体趋势。域外仲裁机构关于仲裁规则中关于复数合同的代表性规定见表7-1。

表7-1 域外机构仲裁规则中关于复数合同的代表性规定

仲裁规则名称	英文	中文
《国际商会仲裁规则》	Article 9: Multiple Contracts Subject to the provisions of Articles 6(3)-(7) and 23(4), claims arising out of or in connection with more than one contract may be made in a single arbitration, irrespective of whether such claims are made under one or more than one arbitration agreement under the Rules.	第9条 复数契约 以遵守第6条第(3)至(7)款和第23条第(4)款的规定为前提,因复数契约引起的或与复数契约有关的仲裁请求,可以在单次仲裁中提出,无论该请求是依据仲裁规则项下一份仲裁协定还是多份仲裁协定提出。
《2024香港国际仲裁中心机构仲裁规则》	Article 29 – Single Arbitration under Multiple Contracts 29.1 Subject to Article 19.5, claims arising out of or in connection with more than one contract may be made in a single arbitration, provided that: (a) a common question of law or fact arises under each arbitration agreement giving rise to the arbitration; and (b) the rights to relief claimed are in respect of, or arise out of, the same transaction or a series of related transactions; and (c) the arbitration agreements under which those claims are made are compatible.	第29条 多份合同下启动单个仲裁 第29.1款 以第19.5款为前提,源于或涉及多于一份的合同的请求可在单个仲裁中提出,但须满足以下条件: (a)导致仲裁的各仲裁协议涉及共同的法律或事实问题;且 (b)请求救济的权利均涉及或源于同一交易或同一系列相关联的交易;且 (c)请求所依据的各仲裁协议彼此兼容。

续表

仲裁规则名称	英文	中文
《新加坡仲裁中心仲裁规则》	Rule 6: Multiple Contracts 6.1 Where there are disputes arising out of or in connection with more than one contract, the Claimant may: a. file a Notice of Arbitration in respect of each arbitration concurrently submit an application to consolidate the arbitrations pursuant to Rule 8.1; or b. file a single Notice of Arbitration in respect of all the arbitration agreements invoked which shall include a statement identifying each contract and arbitration agreement invoked and a description of how the applicable criteria under Rule 8.1 are satisfied. The Claimant shall be deemed to have commenced multiple arbitrations, one in respect of each arbitration agreement invoked, and the Notice of Arbitration under this Rule 6.1 (b) shall be deemed to be an application to consolidate all such arbitrations pursuant to Rule 8.1. 6.2 Where the Claimant has filed two or more Notices of Arbitration pursuant to Rule 6.1(a), the Registrar shall accept payment of a single filing fee under these Rules for all the arbitrations sought to be consolidated. Where the Court rejects the application for consolidation, in whole or in part, the Claimant shall be required to make payment of the requisite filing fee under these Rules in respect of each arbitration that has not been consolidated.	第6条 多份合同 6.1 如果案件的争议事项由多份合同引起或者与多份合同有关，申请人可以： a. 就援引的每一份仲裁协议分别提交一份“仲裁通知书”，并同时按照第8.1条的规定申请合并这些仲裁案件；或者 b. 就援引的所有仲裁协议仅提交一份“仲裁通知书”，但“仲裁通知书”中应包括对每份合同和其分别援引的仲裁协议的陈述以及对是否已经满足了第8.1条所规定的适用条件的说明。如果这样做，则申请人应被视为是开始了多个仲裁程序（每个仲裁协议对应一个仲裁程序），根据本第6.1(b)条提交的“仲裁通知书”应被视为是根据第8.1条提出的将所有该些仲裁程序进行合并审理的申请。 6.2 当申请人根据第6.1(a)条提交了两份或两份以上的“仲裁通知书”时，对于拟合并的各种仲裁程序而言，主簿应根据本规则仅收取一份案件登记费。如果仲裁院全部或部分驳回合并仲裁的申请的，申请人应当为没有被合并的个案支付本规则规定的案件登记费。 6.3 当申请人根据第6.1(b)条仅提交了一份“仲裁通知书”，而仲裁院全部或部分驳回了合并仲裁的申请时，则申请人应当针对未

续表

仲裁规则名称	英文	中文
	6. 3 Where the Claimant has filed a single Notice of Arbitration pursuant to Rule 6. 1 (b) and the Court rejects the application for consolidation, in whole or in part, it shall file a Notice of Arbitration in respect of each arbitration that has not been consolidated, and the Claimant shall be required to make payment of the requisite filing fee under these Rules in respect of each arbitration that has not been consolidated.	被合并的个案分别提交“仲裁通知书”,并且为未被合并的个案分别支付本规则规定的案件登记费。

随着与国际仲裁的接轨,国际商事仲裁当中的诸多仲裁协议效力扩张情形是否会成为今后仲裁实践的发展方向,值得我们加以关注和研究。

未准许有利害关系的第三人参加仲裁

曾超等*

一、撤销仲裁裁决理由的缘起

审理案号:(2019)甘02民特17号

申请人:某房地产开发有限公司

被申请人:苏某某

基本案情:

2009年9月18日,苏某某与某房地产开发有限公司(以下简称某公司)签订《商品房买卖合同》,苏某某购买某公司开发的某某小区一套房产。合同约定某公司应当在2010年8月30日前向苏某某交付房产,逾期交房每日按已付房款的万分之三计算违约金。合同上盖有某公司的印章,葛某某以某公司委托代理人身份加盖名章。2011年3月某公司向苏某某交付房屋,涉案小区于2018年12月开始办理不动产权证书。因某公司迟延交付房屋,未办理产权证,苏某某按合同约定向JYG仲裁委员会提起仲裁。

仲裁庭认为某公司迟延交付房屋,未办理产权证,已构成违约。2019年6月11日,JYG仲裁委员会作出(2018)J仲字第98号裁决:(1)被申请人某

---

* 曾超等:毕业于西南政法大学经济法系。现在锦天城史蒂文生黄(前海)联营律师事务所执业。目前担任深圳市律师协会商事仲裁法律专业委员会委员,阳江仲裁委员会、景德镇仲裁委员会、韶关仲裁委员会、江门仲裁委员会仲裁员。

公司于本裁决书送达后60日内为申请人苏某某办理201室房屋的不动产权证书;(2)被申请人某公司偿付申请人苏某某逾期交房违约金4681.97元;(3)被申请人某公司偿付苏某某逾期办证违约金68,174.75元;(4)驳回申请人苏某某的其他仲裁请求。以上裁决确定的违约金72,856.72元限在本裁决书送达后30日内付清。

随后,某公司向JYG市中级人民法院申请撤销上述裁决。

二、法院的处理结果

法院认为,某公司与AT商贸有限责任公司签订了碧水绿洲联合开发协议,葛某某在法定代表人处签字,之后某公司与苏某某签订商品房买卖合同时,葛某某又以某公司代理人身份在合同上加盖名章,其应当作为有利害关系的第三人参加仲裁,仲裁庭未准许其参加仲裁属于违反法定程序,仲裁裁决应予撤销。申请人提出撤销仲裁裁决的理由符合法律规定,法院予以支持。

三、评析

对于该案反映的仲裁程序中的第三人的问题,无论是学术界还是实践中一直存在争议。根据我国《仲裁法》第4条的规定,当事人欲将纠纷通过仲裁方式解决的,应当双方自愿签订仲裁协议。因此,如未签订仲裁协议的,则无法启动仲裁程序。由此看来,未签署仲裁协议的第三人则无法加入仲裁程序中。

我国《仲裁法》及相关司法解释没有关于仲裁程序第三人的明确规定。与之关联的规定仅有:(1)《仲裁法司法解释》第8条、第9条的规定[1]以及

[1] 《仲裁法司法解释》第8条规定:"当事人订立仲裁协议后合并、分立的,仲裁协议对其权利义务的继受人有效。当事人订立仲裁协议后死亡的,仲裁协议对承继其仲裁事项中的权利义务的继承人有效。前两款规定情形,当事人订立仲裁协议时另有约定的除外。"第9条规定:"债权债务全部或者部分转让的,仲裁协议对受让人有效,但当事人另有约定、在受让债权债务时受让人明确反对或者不知有单独仲裁协议的除外。"

《九民纪要》第 98 条的规定，[1]该等规定针对的是原非签署仲裁协议的当事人经继受、转让、代位后，获得原签署仲裁协议当事人享有的仲裁程序当事人地位，属于仲裁协议效力扩张的情形；[2]（2）《仲裁法》第 58 条[3]以及《仲裁裁决执行规定》第 9 条、第 18 条的规定，[4]该等规定为未签署仲裁协议的案外人对损害其权益的仲裁裁决提供权利救济的手段。

在本案事实方面，根据本案民事裁定书的表述，可推测某公司申请追加的第三人葛某某未以其个人名义与某公司、苏某某签订仲裁协议，本案也不存在上述法条所规制的仲裁协议效力扩张的情形。

在本案说理部分，法院以仲裁庭“未允许有利害关系第三人参加仲裁”属程序违法的理由撤销仲裁裁决，其依据的是《仲裁法》第 58 条第 1 款第 3 项的规定，即“仲裁庭的组成或者仲裁的程序违反法定程序的”。

---

〔1〕《九民纪要》第 98 条规定：“被保险人和第三者在保险事故发生前达成的仲裁协议，对行使保险代位求偿权的保险人是否具有约束力，实务中存在争议。保险代位求偿权是一种法定债权转让，保险人在向被保险人赔偿保险金后，有权行使被保险人对第三者请求赔偿的权利。被保险人和第三者在保险事故发生前达成的仲裁协议，对保险人具有约束力。考虑到涉外民商事案件的处理常常涉及国际条约、国际惯例的适用，相关问题具有特殊性，故具有涉外因素的民商事纠纷案件中该问题的处理，不纳入本条规范的范围。”

〔2〕参见汪蓓：《仲裁第三人程序准入制度的检视与完善》，载《华东政法大学学报》2021 年第 3 期。

〔3〕《仲裁法》第 58 条规定：“当事人提出证据证明裁决有下列情形之一的，可以向仲裁委员会所在地的中级人民法院申请撤销裁决：（一）没有仲裁协议的；（二）裁决的事项不属于仲裁协议的范围或者仲裁委员会无权仲裁的；（三）仲裁庭的组成或者仲裁的程序违反法定程序的；（四）裁决所根据的证据是伪造的；（五）对方当事人隐瞒了足以影响公正裁决的证据的；（六）仲裁员在仲裁该案时有索贿受贿，徇私舞弊，枉法裁决行为的。人民法院经组成合议庭审查核实裁决有前款规定情形之一的，应当裁定撤销。人民法院认定该裁决违背社会公共利益的，应当裁定撤销。”

〔4〕《仲裁裁决执行规定》第 9 条规定：“案外人向人民法院申请不予执行仲裁裁决或者仲裁调解书的，应当提交申请书以及证明其请求成立的证据材料，并符合下列条件：（一）有证据证明仲裁案件当事人恶意申请仲裁或者虚假仲裁，损害其合法权益；（二）案外人主张的合法权益所涉及的执行标的尚未执行终结；（三）自知道或者应当知道人民法院对该标的采取执行措施之日起三十日内提出。”第 18 条规定：“案外人根据本规定第九条申请不予执行仲裁裁决或者仲裁调解书，符合下列条件的，人民法院应当支持：（一）案外人系权利或者利益的主体；（二）案外人主张的权利或者利益合法、真实；（三）仲裁案件当事人之间存在虚构法律关系，捏造案件事实的情形；（四）仲裁裁决主文或者仲裁调解书处理当事人民事权利义务的结果部分或者全部错误，损害案外人合法权益。”

我国并未规定仲裁第三人制度,因而本案法院认定的仲裁程序所违反的法定程序只能系依据仲裁委员会规则所确定的程序。但是在本案中,法院并未指出 JYG 仲裁委员会的仲裁规则是否明确规定了仲裁第三人制度及相关的程序。如该仲裁规则并未规定仲裁第三人制度及相关程序,法院径直认定仲裁庭应当追加有利害关系的第三人参加仲裁,其观点值得商榷。其中,法院在裁定书中认为葛某某应当"作为有利害关系的第三人参加仲裁",这一表述与《民事诉讼法》关于第三人参加诉讼的表述一致,存在将仲裁制度与民事诉讼制度混为一谈的可能性。

经检索,湖南省湘潭市中级人民法院(2022)湘 03 民特 3 号一案与本案存在相似情形。在该仲裁案中,嘉原公司与新平苗圃签订了合同,嘉原公司一方签字代表为尹某,故嘉原公司向仲裁庭提出追加尹某为当事人,但仲裁庭未同意。嘉原公司申请撤销该仲裁裁决。法院认为,嘉原公司提出追加尹某为当事人,仲裁庭当庭询问新平苗圃是否同意追加,新平苗圃表示不同意追加。基于此湘潭仲裁委员会未追加尹某为当事人符合仲裁程序。对嘉原公司提出的违反法定程序的主张,法院不予支持。

实际上,更多的裁判案例显示,法院对于涉仲裁第三人的案件保持审慎的态度,不轻易以仲裁庭未追加第三人为由撤销仲裁裁决。根据案外人是否与仲裁当事人存在仲裁协议的标准分两种情形观察法院对涉追加仲裁第三人案件的审理态度,即分为:(1)追加与仲裁当事人未签订仲裁协议的案外人至仲裁程序中;(2)追加与仲裁当事人签订了仲裁协议但仲裁程序开始时不属于仲裁当事人的案外人〔1〕至仲裁程序中。笔者得到的结果如下。

(一)对于追加未签署仲裁协议的案外人至仲裁程序,法院一般不认可或不认为其属仲裁庭的审理权限

2006 年发布的最高人民法院《关于玉林市中级人民法院报请对东迅投

〔1〕 例如,A、B、C 共同签订了仲裁协议,A 向 B 提起了仲裁程序,仲裁立案时未将 C 列为被申请人,此后在仲裁程序进行中拟追加作为案外人的 C 至仲裁程序中的情形。

资有限公司涉外仲裁一案不予执行的请示的复函》认为:“广西壮族自治区玉林市人民政府(以下简称玉林政府)作为恒通公司的主管部门,路劲基建有限公司(以下简称路劲公司)作为东迅公司的主管部门,尽管亦在该合作合同上签署,但是合作合同第二章明确约定合作公司的合作双方为恒通公司和东迅公司。因此,玉林市政府和路劲公司均不是合作合同的当事人,合作合同中的仲裁条款不能约束玉林市政府。”

在(2022)京04民特146号案中,北京市第四中级人民法院认为,浙江有家公司、易云游公司并非《委托服务合作协议》的主体,此两公司与鄢某、天津有家公司之间亦不存在仲裁协议,天津有家公司申请追加无仲裁协议的主体参与签署仲裁协议的双方之间争议案的仲裁程序,无《仲裁法》及《中国国际经济贸易仲裁委员会仲裁规则》上的依据,天津有家公司主张仲裁的程序违反法定程序,于法无据。〔1〕

北京市第四中级人民法院在另一案即(2017)京04民特29号案中,更详细说明了未签署仲裁协议的案外人无权加入仲裁程序的理由。法院认为,首先我国《仲裁法》及司法解释对仲裁第三人制度均没有规定;其次仲裁程序有合意性、确定性和封闭性,仲裁当事人在仲裁程序开始时就已确定,未经当事人变更仲裁协议而增加当事人,仲裁当事人不能变更;最后,退一步讲,即使能够追加第三人,也需要现有双方当事人的明确或默示授权,且案外第三人同意参与仲裁程序,任何一方仲裁协议当事人及仲裁机构均无权强制案外第三人参加仲裁程序。〔2〕

上述案例表明,法院还是坚持了仲裁协议是当事人参与仲裁程序的基础,未签署仲裁协议的案外人一般不得加入仲裁程序中。

不过也有法院直接认为,是否追加未签署仲裁协议的案外人至仲裁程序中属于仲裁庭的审理权限。例如,在(2020)京04民特255号案中,针对申请人王某峰认为仲裁庭未追加案外人利合公司作为当事人参与至仲裁程

〔1〕　参见北京市第四中级人民法院民事裁定书,(2022)京04民特146号。
〔2〕　参见北京市第四中级人民法院民事裁定书,(2017)京04民特29号。

序中属于程序违法的主张,法院认为是否追加当事人"属于仲裁庭对案件实体处理所作出的判断,属于仲裁庭的审理权限,不属人民法院对申请撤销仲裁裁决案件的司法审查范围"[1]。

(二)对于同一仲裁协议的当事人加入仲裁程序,法院的态度有变化

在广东省广州市中级人民法院(2014)穗中法仲审字第188号案中,纺联公司与供销公司共同作为合同的甲方与丽港公司签订《合作开发房地产协议》,仲裁案中,丽港公司未将供销公司列为被申请人,纺联公司申请追加供销公司参加仲裁,仲裁庭未予同意。法院在裁定中认为,仲裁庭不同意追加当事人,侵害了作为合同共同主体供销公司参加仲裁程序的法定权利,从而撤销了仲裁裁决。[2] 该案属于同一仲裁协议的当事人加入仲裁,仲裁庭未同意追加。但该案法院显然并不认为仲裁庭有权决定是否追加第三人。

广东省广州市中级人民法院(2021)粤01民特1564号案中,法院则认为,虽然重庆金唐房地产开发有限公司同意加入仲裁程序成为第三人,但哈尔滨银行并未提供证据证明农商银行对此已经作出同意的意思表示。而且是否同意接受重庆金唐房地产开发有限公司加入仲裁程序,属于仲裁庭有权决定的事项,不属于法院审查的内容。[3]

广东省广州市中级人民法院(2022)粤01民特45号案中,法院认为,根据《仲裁法》及仲裁规则的相关规定,是否追加第三人,是仲裁庭的职权范围。仲裁庭决定不予追加第三人,程序并未违反仲裁法定程序。[4]

从后两个案例可以明显看出法院态度的转变,法院认为是否同意追加第三人属于仲裁庭的职权,不予干预。这也体现近年来法院对仲裁裁决的司法审查是有限的审查,更多的是尊重仲裁庭的决定。如《最高人民法院商

---

〔1〕 北京市第四中级人民法院民事裁定书,(2020)京04民特255号。
〔2〕 参见广东省广州市中级人民法院民事裁定书,(2014)穗中法仲审字第188号。
〔3〕 参见广东省广州市中级人民法院民事裁定书,(2021)粤01民特1564号。
〔4〕 参见广东省广州市中级人民法院民事裁定书,(2021)粤01民特45号。

事仲裁司法审查年度报告(2019 年)》指出,对于仲裁的司法审查案件所应当秉持的审查思路与裁判标准中,就包括“严格依据法定事由,审慎审查当事人提出的撤销和不予执行仲裁裁决的申请”[1]。

综上所述,本文认为,本案法院的观点或许为个例。在目前的法律制度框架下,如仲裁当事人以仲裁庭未追加第三人为由申请撤销仲裁裁决的,法院倾向于驳回该申请。

四、延伸

根据前文分析,在我国的制度框架下,不存在仲裁协议的案外人基本不可能加入仲裁程序中。然而,实践中,不可否认一些仲裁案件需要案外人的参与才得以更好地查清事实,而且近年来多发的“虚假仲裁”案件[2]也产生了越来越多的案外人权益受到仲裁裁决损害的情形。这些现象似乎都使“仲裁第三人制度”有了现实需求。因此,一方面是作为仲裁制度基石的仲裁协议的相对性不容轻易突破,另一方面是严守仲裁协议相对性的确造成了某些现实困境。在目前的制度框架下,是否可通过解释论解决这一矛盾?是否有必要建构“仲裁第三人制度”?如何建构?这些问题都是解决“仲裁第三人问题”所不可回避的。

下文笔者将从“仲裁第三人的界定”“仲裁第三人制度的必要性讨论”“国内仲裁机构仲裁规则关于第三人规定的比较”等方面对仲裁程序中的第三人问题予以分析,以期帮助读者更好地理解该问题。

(一)仲裁第三人的界定

《民事诉讼法》规定了第三人制度,并将第三人区别为有独立请求权的

---

〔1〕 参见最高人民法院:《最高法发布〈最高人民法院商事仲裁司法审查年度报告(2019 年)〉司法部相关部门负责同志介绍全国仲裁工作情况》,载微信公众号“最高人民法院”2020 年 12 月 23 日,https://mp.weixin.qq.com/s/IP7NGqahK4g4v0dt_KaHUQ。

〔2〕 “虚假仲裁”与“虚假诉讼”类似,是指仲裁双方当事人合谋假借仲裁方式达到某种目的,损害了案外人权益的情形。参见刘贵祥等:《〈关于人民法院办理仲裁裁决执行案件若干问题的规定〉的理解与适用》,载《人民司法(应用)》2018 年第 13 期。

第三人与无独立请求权的第三人。相较于民事诉讼的第三人制度,“仲裁第三人”在我国基本属于立法空白,“仲裁第三人”的概念亦未有标准的定义。因此,清晰界定“仲裁第三人”,系有效讨论“仲裁第三人”问题的前提。

关于“仲裁第三人”,有观点认为可仿照诉讼第三人定义将其分为有独立请求权的仲裁第三人与无独立请求权的仲裁第三人,也有观点认可为根据仲裁的过程分为仲裁协议第三人、仲裁程序进行过程中第三人和仲裁裁决执行过程中第三人。[1] 上述关于仲裁第三人定义的观点具有借鉴意义,但其中也存在忽视诉讼与仲裁的区别、范围存在重叠、未指出仲裁第三人的问题特征等不足。

本文在借鉴上述定义的基础上,认为仲裁第三人应当具备以下特征:首先仲裁第三人系未签订仲裁协议的案外人,其次其与仲裁裁决的结果具有利害关系,最后其系在仲裁程序进行中拟加入仲裁程序的案外人。本文所讨论的仲裁第三人仅限定于与正在进行仲裁程序的当事人未签订仲裁协议且与仲裁裁决的结果具有利害关系的当事人。

在本文定义的仲裁第三人语境下,多方当事人共同签订了一份仲裁协议或者分别签订了仲裁协议,仲裁申请人在提起仲裁时未将全部当事人列为被申请人,其他当事人申请加入仲裁时,因为存在仲裁协议,因此并不属于仲裁第三人。

(二)仲裁第三人制度的必要性讨论

仲裁程序是否应当引入第三人制度,一直有争议。对此,肯定派与否定派主要围绕仲裁的性质、仲裁的价值等方面论证各自的观点。[2]

否定派的主要观点包括以下几个方面。

(1)仲裁协议是仲裁的基础,意思自治是仲裁制度最为重要的准则。仲裁庭所具有的审理当事人争议的权力亦源于仲裁当事人的合意授权。我国

---

〔1〕 参见陆丹:《仲裁第三人设立制度建构研究》,载《湖北第二师范学院学报》2017 年第 10 期。
〔2〕 参见李军:《也论仲裁第三人制度》,载《政法论丛》2013 年第 6 期。

《仲裁法》第4条也明确规定,没有仲裁协议,一方申请仲裁的,仲裁委员会不予受理。第三人与参与仲裁的当事人均不存在仲裁协议,如果允许第三人参加仲裁,显然动摇了仲裁制度的基础。

(2)保密性是仲裁制度的重要优势。一般情形下,仲裁不公开审理,仲裁程序只限于仲裁当事人以及代理人参与,当事人之间的争议以及结果不为外界所知悉。如果允许有第三方当事人参与仲裁,仲裁的这一优势将大打折扣。

(3)仲裁制度具有民间性,仲裁程序中引入第三人制度,会使仲裁带有准司法性的色彩,与仲裁的本质相悖。

肯定派的主要观点则包括以下几个方面。

(1)仲裁的目的在于解决争议,引入第三人制度便于查明案件事实,彻底解决纠纷,避免有关联的案件因分开处理而作出相互矛盾的裁判,而且也会造成程序上的拖沓。这体现了仲裁裁决的一致性,有利于维护仲裁裁决的权威性,并且在某种程度上也体现了仲裁的效益价值。[1]

(2)仲裁的准司法性已为广大学者所认同,仲裁庭可以通知第三人参加仲裁。

(3)关于仲裁协议的扩展理论,根据合同的相关理论或基于特殊的利益衡量使仲裁协议的非签署方纳入仲裁协议中来,[2]从而解决实践中出现的具有实体法权益牵连关系的多方主体通过仲裁一次性解决纠纷的问题,[3]如公司集团中的主体与交易对手的纠纷,代理人、被代理人与交易对手间的纠纷等。

仲裁制度是以意思自治为核心原则,并以仲裁协议作为基石建构的。因而任何对仲裁意思自治原则的突破都应相当谨慎。就法经济学的角度而

〔1〕 参见李军:《也论仲裁第三人制度》,载《政法论丛》2013年第6期。

〔2〕 参见李军:《也论仲裁第三人制度》,载《政法论丛》2013年第6期。

〔3〕 参见汪蓓:《仲裁第三人程序准入制度的检视与完善》,载《华东政法大学学报》2021年第3期。

言,如仲裁第三人制度所欲实现的功能在当前的其他配套制度,如仲裁裁决的司法审查制度下得以弥补,或以突破仲裁协议相对性为代价而创设的仲裁第三人制度所能达到的效益不高,则仲裁第三人制度或许没有立法的必要。比如,如果创设的仲裁第三人制度赋予了仲裁庭更多的决定权,则可能造成仲裁制度司法化的趋向,如此仲裁制度的价值将会大打折扣。另外,基于仲裁制度的民间性,仲裁裁决通过《纽约公约》〔1〕可经签署公约的全球其他国家的承认和执行。一旦赋予其准司法的色彩,对仲裁裁决的认可与执行是否会产生影响,这一点也值得考虑。当然,这也需要更多更详细的实证研究加以分析。

此外,比较法上也仅有少数国家从法律层面规定了仲裁第三人制度,如《荷兰民事诉讼法典》规定,只有在第三方与仲裁协议各方当事人以书面协议同意,仲裁庭在听取各方当事人的意见后,才可以允许加入、介入或合并索赔请求。〔2〕

(三)国内仲裁机构仲裁规则关于第三人规定的比较

相较于法律制度的缺失,国内不少仲裁机构因无法忽视案件中的第三人问题,其基于实践中的需求,在其仲裁规则中对第三人作了相关规定。

《中国国际经济贸易仲裁委员会仲裁规则》在第 18 条专门规定了追加当事人的条款。根据该仲裁规则,追加当事人的条件是“依据表面上约束被追加当事人的案涉仲裁协议”,也就是被追加的当事人与正在进行的仲裁程序的当事人之间存在仲裁协议。如果在仲裁庭组成后申请追加的,还应征求各方当事人的意见,由仲裁委员会作出决定。该仲裁规则特别强调,如果案涉仲裁协议表面上不能约束被追加当事人或存在其他不宜追加当事人的情形的,仲裁委员会有权决定不予追加。由此可见,《中国国际经济贸易仲

〔1〕 我国于 1986 年 12 月 2 日加入该公约。

〔2〕 参见汪蓓:《仲裁第三人程序准入制度的检视与完善》,载《华东政法大学学报》2021 年第 3 期。

裁委员会仲裁规则》仍然是以仲裁协议作为基础的。根据本文前面的界定，此种情况不属于本文讨论的仲裁制度的第三人情形。

《深圳国际仲裁院仲裁规则》也有追加当事人的规定。该仲裁规则区别了两种情况：一是依据相同仲裁协议书面申请追加当事人；二是经当事人和案外人一致同意后，案外人可以书面申请加入仲裁程序。当然是否准许最终还是由仲裁庭或者仲裁院决定。前一种情况仍然是基于相同仲裁协议，后一种情况虽然事前没有仲裁协议，但是当事人与案外人一致同意后，实际上也就是达成了仲裁协议。

《北京仲裁委员会仲裁规则》关于追加当事人的规定也仅限于基于相同的仲裁协议。并且北京仲裁委员会对申请追加当事人的时间作出限制，即只能在仲裁庭组庭之前申请。如果是在组庭之后提出申请，则需要申请人、被申请人及被追加的当事人一致同意。

《上海仲裁委员会仲裁规则》关于案件当事人的追加与北京仲裁委员会的基本相同。仅限于同一份仲裁协议，而且是在仲裁庭组庭之前。组庭之后，也需要当事人及被追加的当事人一致同意。

《广州仲裁委员会仲裁规则》专门规定了案外人加入仲裁的程序，并区分以下几种情况：

(1)同一仲裁协议的案外人申请成为共同申请人；

(2)当事人申请追加同一仲裁协议的案外人为共同被申请人；

(3)无仲裁协议的案外人加入仲裁程序成为当事人；

(4)仲裁庭在审理过程中发现案件处理结果可能涉及案外人权益的，可以通知案外人，由案外人决定是否申请加入仲裁。

广州仲裁委员会的仲裁规则更加有突破性。对于同一仲裁协议的当事人追加，各仲裁机构的程序大同小异。但是对于无仲裁协议的案外人追加，广州仲裁委员会的仲裁规则增加了通知的程序，即仲裁庭有权通知无仲裁协议的案外人，是否申请加入仲裁程序由案外人提交书面申请，而无仲裁协议的案外人能否加入仲裁，仍然需要其他仲裁当事人的一致同意。

通过以上5家仲裁机构的仲裁规则对比,可以看出各仲裁机构仍然坚持仲裁协议这一基石,有同一仲裁协议的才有可能加入仲裁程序。而对于没有仲裁协议的案外人,则需要仲裁程序的当事人一致同意,实质上也就是达成了仲裁的协议。广州仲裁委员会则更进一步,增加了仲裁庭有权通知无仲裁协议的案外人这一规定。但是,这是否违反了仲裁不公开的原则,还有探讨的空间。

简言之,在没有上位法支持的情况下,我国仲裁机构对仲裁第三人规则的探索也较为保守,均坚守了将仲裁协议作为参加仲裁程序的前提条件这一态度。

纪委调查回复反映仲裁庭未能严格依法、独立公正裁决

叶旺春[*]

一、撤销仲裁裁决理由的缘起

审理案号:(2018)赣05民特69号

申请人:林某

被申请人:某房地产开发有限公司

基本案情:

2018年6月5日,XY仲裁委员会作出(2018)Y仲裁字241号仲裁裁决:(1)某房地产开发有限公司向林某支付逾期交房违约金16,487元;(2)驳回林某其他仲裁请求。仲裁费1123元,由林某承担711元,某房地产开发有限公司承担412元。该案裁决后,根据当事人信访反映,市纪委等部门进行了调查并回复,认定仲裁庭不存在"索贿受贿、徇私舞弊、枉法裁决"行为,但仲裁过程中存在工作不规范、方法不当问题,已对相关责任人进行

---

* 叶旺春:中国人民大学法学博士,深圳证券交易所金融学博士后,兼具中国、加拿大安大略省律师执业资格,现为北京大成(深圳)律师事务所合伙人、资本市场部副主任。
叶旺春律师先后毕业于西南政法大学、中国人民大学和多伦多大学,曾任西南政法大学副教授、深圳市人民政府法律顾问室专职法律顾问和深圳市福田区检察院检察官,并在博士后研究期间借调中国证券监督管理委员会从事部门规章立法工作。叶律师同时还担任深圳、海南、珠海国际仲裁院仲裁员,河套国际商事调解中心首批专家调解员,深圳市律师协会家族财富管理法律专业委员会委员,广东省律师协会跨境投资法律专业委员会委员等社会职务。

了诫勉谈话等处理。

二、法院的处理结果

XY 市中级人民法院认为:申请人林某关于某房地产开发有限公司隐瞒足以影响公正裁决的主张,没有证据证实,不能成立;根据市纪委等相关部门的调查回复,在本案的仲裁过程中,仲裁庭未能严格依法、独立公正裁决,构成程序违法,申请人林某关于仲裁程序违反法定程序的主张成立,法院予以支持。

综上,依照《仲裁法》第 58 条第 1 款第 3 项、第 59 条、第 60 条规定,法院裁定如下:撤销 XY 仲裁委员会(2018)Y 仲裁字 241 号仲裁裁决。

三、评析

本案中,有以下几个问题值得探讨。

(一)仲裁权是否属于公权力范畴

各级监察委员会与同级纪委合署办公,根据《监察法》的规定对行使公权力的公职人员进行监督、调查。《监察法》第 15 条规定:"监察机关对下列公职人员和有关人员进行监察:(一)中国共产党机关、人民代表大会及其常务委员会机关、人民政府、监察委员会、人民法院、人民检察院、中国人民政治协商会议各级委员会机关、民主党派机关和工商业联合会机关的公务员,以及参照《中华人民共和国公务员法》管理的人员;(二)法律、法规授权或者受国家机关依法委托管理公共事务的组织中从事公务的人员;(三)国有企业管理人员;(四)公办的教育、科研、文化、医疗卫生、体育等单位中从事管理的人员;(五)基层群众性自治组织中从事管理的人员;(六)其他依法履行公职的人员。"其中第 6 项"其他依法履行公职的人员"作为兜底条款,涵盖了其他未列举的行使公权力人员。2018 年 4 月,中共中央纪律检查委员会、国家监察委员会发布的《国家监察委员会管辖规定(试行)》第 4 条第 6 项明确仲裁员属于“其他依法履行公职的人员”，但2021年9月20日起施行的《监察法实施条例》在第43条并未明确仲裁员属于“其他依法履行公职的人员”。鉴于实践中仲裁员很多是兼职，其全职身份可能是公职人员，也可能是非公职人员，因此，仲裁权是否为公权力、是否应受到纪委监察监督，理论上存在争议，实践中亦存在困惑。

从理论上看，仲裁兼具私权性与司法性。一方面，仲裁员的仲裁权源于当事人达成的仲裁协议，仲裁机构必须以当事人的授权为依据解决纠纷，在此意义上，仲裁权具有私权的特征；另一方面，仲裁权的行使以国家强制力为保障，受到国家法律的保护。仲裁庭有权依据《仲裁法》对双方当事人提交仲裁的争议进行最终裁决，裁决一经作出即发生法律效力，当事人可以依照《民事诉讼法》的有关规定向法院申请强制执行。并且，《刑法》所规定的枉法仲裁罪也属于职务犯罪的范畴。从这个角度来讲，基于法律规定，仲裁权的行使是能够决定当事人权利义务的准司法行为，对当事人的权利义务有显著影响，具有公权力的属性。因此，笔者认为，纪委有权对仲裁过程进行调查，并认定仲裁庭是否严格依法独立公正裁决。

（二）由谁来认定《仲裁法》第58条规定的“仲裁的程序违反法定程序”

《仲裁法》第58条规定：“当事人提出证据证明裁决有下列情形之一的，可以向仲裁委员会所在地的中级人民法院申请撤销裁决：（一）没有仲裁协议的；（二）裁决的事项不属于仲裁协议的范围或者仲裁委员会无权仲裁的；（三）仲裁庭的组成或者仲裁的程序违反法定程序的；（四）裁决所根据的证据是伪造的；（五）对方当事人隐瞒了足以影响公正裁决的证据的；（六）仲裁员在仲裁该案时有索贿受贿，徇私舞弊，枉法裁决行为的。人民法院经组成合议庭审查核实裁决有前款规定情形之一的，应当裁定撤销……”据此规定，仲裁的程序违反法定程序的，仲裁裁决可以被撤销。并且，仲裁的程序是否违反法定程序，只能由法院组成合议庭审查核实。这意味着纪委的调查结论只能作为法院合议庭的参考,法院合议庭不应该直接以纪委的调查结论为依据认定仲裁的程序违反法定程序。合议庭应当以纪委的调查作为线索,深入调查核实,独立作出仲裁的程序是否违反法定程序的结论。这也是审判权独立行使的应有之义。

(三)纪委认定的仲裁程序问题与法院认定的“程序违法”标准是否一致

纪委认定仲裁过程存在程序问题,法院能否以此为据直接认定仲裁过程“程序违法”?笔者认为不能,因为纪委认定的仲裁程序问题与法院认定的“程序违法”标准并不一致。纪委和法院职权范围不同,相应地,二者对仲裁活动的监督目标也不一样。纪委的主要职权是调查职务违法和职务犯罪行为,其对仲裁活动的调查,主要目标是认定仲裁员是否存在索贿受贿、徇私舞弊、枉法裁决等职务违法犯罪行为。当然,基于纪委监察监督的全面性,即使纪委认定仲裁庭不存在“索贿受贿、徇私舞弊、枉法裁决”行为(如本案),也不影响其认定仲裁过程中存在工作不规范、方法不当问题,并对相关责任人作出诫勉谈话等处理。但是,法院对仲裁活动的审查目标,不是发现职务违法犯罪行为,而是审查仲裁活动是否存在前述《仲裁法》第 58 条规定的、当事人可以申请撤销裁决的情形。由于行使职权的目标不一样,纪委和法院审查仲裁活动问题的标准也显然不一致。法院应当严格按照《民事诉讼法》和《仲裁法》的规定对仲裁活动行使司法审查权,而纪委调查依据的标准要宽泛得多,其依据不限于《监察法》《仲裁法》等法律法规的规定,还包括地方党委等党组织确立的制度规范,甚至包括单位内部制定的工作规范。这可以解释为什么纪委在本案中认定仲裁过程存在工作不规范、方法不当问题。

本案中,虽然纪委基于其职权认定仲裁过程中存在工作不规范、方法不当问题,但是这些“工作不规范、方法不当问题”是否可以上升到《仲裁法》第 58 条规定的“违反法定程序”,需要法院合议庭进一步按照最高人民法院司法解释确立的标准进行审查。2006 年 9 月 8 日起施行的《仲裁法司法解释》

第20条规定,《仲裁法》第58条规定的“违反法定程序”,是指违反仲裁法规定的仲裁程序和当事人选择的仲裁规则可能影响案件正确裁决的情形。据此,法院合议庭需要明确以下两大问题,方可认定仲裁活动“违反法定程序”。(1)仲裁活动违反的必须是《仲裁法》规定的仲裁程序,而非一般工作规范。这一点就与纪委调查存在比较大的不同。举例而言,仲裁裁决没有严格按照仲裁委员会内部的工作规范履行内部审批手续,会被纪委认为“工作不规范、方法不当”,但不应该被法院认定为“违反法定程序”,因为仲裁委员会的内部工作规范不属于《仲裁法》规定的仲裁程序。(2)仲裁活动违反《仲裁法》规定的仲裁程序必须达到“可能影响案件正确裁决”的程度。不是所有违反仲裁程序的行为都会影响案件正确裁决,此司法解释对违反仲裁程序的严重性程度提出要求,以限制法院对仲裁裁决的撤销权,维护仲裁裁决的严肃性。

(四)法院裁定的说理问题

根据笔者在中国裁判文书网查到的本案(2018)赣05民特69号民事裁定书,XY市中级人民法院并未根据《仲裁法司法解释》第20条的规定,在民事裁定书中具体说理解释本案的仲裁过程怎么符合《仲裁法》第58条规定的“违反法定程序”。该民事裁定书仅简单地陈述:“根据XY市纪委等相关部门的调查回复,XY仲裁委员会(2018)241号仲裁裁决在仲裁过程中,仲裁庭未能严格依法、独立公正裁决,构成程序违法,申请人林某关于仲裁程序违反法定程序的主张成立,本院予以支持。”至于仲裁庭具体存在哪些违反法定程序的情形,这些情形是否足以达到“可能影响案件正确裁决”的程度,该民事裁定书没有明确交代,公众无法知晓。至于纪委所认定的仲裁过程“工作不规范、方法不当问题”,具体指哪些问题,也没有公开披露。这与最高人民法院《关于加强和规范裁判文书释法说理的指导意见》中关于裁判文书应当释法说理以“提高裁判的可接受性”,应当增强裁判行为的透明度以“提升司法公信力和司法权威”的相关要求不相一致。

四、延伸

党的十九届四中全会第四次全体会议通过的《中共中央关于坚持和完善中国特色社会主义制度　推进国家治理体系和治理能力现代化若干重大问题的决定》提出,要“推动各类监督有机贯通、相互协调”。仲裁活动具有公权力特征,应当接受纪委监察监督;同时,法律也赋予了法院司法审查仲裁权力。纪委监察监督与仲裁司法审查之间应当互相配合,相互衔接,共同保障仲裁活动的依法依规进行。

一方面,法院司法审查应该重视纪委监察部门针对仲裁员的纪律调查和处分行为。纪委监察部门针对仲裁员的纪律调查,可以为法院的司法审查提供有力的线索,并在某些情况下成为法院司法审查的依据。比如,对于仲裁员的索贿受贿,徇私舞弊,枉法裁决行为,2018 年 1 月 1 日起施行的《仲裁司法审查规定》第 18 条、《仲裁法》第 58 条第 1 款第 6 项和《民事诉讼法》第 237 条第 2 款第 6 项规定仲裁员在仲裁该案时的索贿受贿、徇私舞弊、枉法裁决行为,是指已经由生效刑事法律文书或者纪律处分决定所确认的行为。这意味着,如果纪律处分决定确认仲裁员存在索贿受贿、徇私舞弊、枉法裁决行为,法院合议庭可以直接据此撤销仲裁裁决。当然,笔者认为,基于《刑法》规定的罪刑法定原则,如果仲裁员的索贿受贿、徇私舞弊、枉法裁决行为构成犯罪,法院必须根据生效刑事法律文书进行认定。

另一方面,由于职权分工和审查标准不同,法院对仲裁活动的司法审查必须依据法律规定进行,不宜简单、直接地采纳纪委监察部门的调查结论。以本案为例,虽然纪委认定仲裁过程存在“工作不规范、方法不当问题”,江西省 XY 市中级人民法院应进一步根据《仲裁法》的规定,分析仲裁庭是否存在违反仲裁法定程序的情形,并认定这些情形是否足以达到“可能影响案件正确裁决”的程度。如果仲裁活动不存在《仲裁法》第 58 条规定的“违反法定程序”情形,法院不应当依据纪委的认定撤销仲裁裁决。当然,如果法院在行使司法审查权过程中,发现仲裁员存在职务违法犯罪行为,应当将相关线索移送纪检监察部门,由纪检监察部门进行调查。

对涉及刑事诉讼的案件未予中止审理

曾锐彬*

一、撤销仲裁裁决理由的缘起

审理案号：(2020)陕01民特164号

申请人：乔某

被申请人：周某、陕西某产管理有限公司

基本案情：

2019年10月23日，XA仲裁委员会作出了关于周某与乔某、陕西某产管理有限公司的仲裁裁决。仲裁裁决后，乔某以仲裁裁决违反了《仲裁法》第58条第1款所规定之情形为由向法院申请撤销仲裁裁决。乔某认为，陕西某产管理有限公司及其法定代表人涉嫌非法吸收公众存款罪被公安机关立案侦查，并且其在庭审时向仲裁庭提交了相关证据，要求将案件移送公安机关处理或者中止审理，但仲裁庭强行裁决，属于仲裁程序违法。

二、法院的处理结果

经过审理查明，XA市中级人民法院认为，在本案中原仲裁申请人周某

---

* 曾锐彬：毕业于中国政法大学，取得民商法学硕士学位。毕业后曾在深圳检察系统工作达12年，现任广东华商律师事务所高级合伙人律师，担任深圳市人民检察院人民监督员、深圳市税务局特约监督员、南山区纪委特邀监察员、光明区特邀行政执法监督员、东莞仲裁委仲裁员等多个社会职务。

已经就其与陕西某产管理有限公司的纠纷向公安机关报案,公安机关亦已对陕西某产管理有限公司及其法定代表人涉嫌非法吸收公众存款罪立案侦查,案件已由检察院依法向法院提起了公诉。根据先刑后民的原则以及《XA 仲裁委员会仲裁规则》第 54 条第 1 款第 2 项的规定,"本案必须以另一案的审理结果为依据,而另一案尚未审结的,中止仲裁程序"仲裁委员会应中止仲裁案件的审理,将案件移送公安机关,但仲裁庭未中止审理,违反了仲裁法定程序。此外,在本案审理期间,陕西某产管理有限公司及其法定代表人涉嫌非法吸收公众存款罪一案同时也在审理。法院认为,我国《仲裁法》的受案范围为平等的公民、法人和其他组织之间发生的合同纠纷和其他财产权益纠纷,仲裁机构无权裁决涉嫌非法集资犯罪的刑事纠纷。综上,法院对乔某以仲裁裁决程序违法为由申请撤销仲裁裁决予以支持。

三、评析

在上述案件中,我们不难归纳出申请人申请撤销仲裁的理由为:仲裁的案件涉及刑事诉讼,仲裁庭应中止仲裁而未中止,导致仲裁程序违法。但法院的处理措施是否正确且唯一呢?为探究法院对这一撤销仲裁裁决理由的处理,笔者借助威科先行数据库对类似案件进行检索[1],共检索到 34 篇民事裁定书,其中当事人主张案件涉及刑事程序,仲裁裁决违法的共 14 篇。然而与上述案例不同的是,法院对这 14 起当事人申请撤销仲裁裁决的案件均不予支持,驳回了当事人的申请。法院驳回的理由主要有以下 4 种:(1)当事人未能提供充分的证据证明仲裁纠纷已经涉及刑事程序[2];(2)涉及刑事程序的案件与仲裁案件之间的关联度不够,仲裁庭无须依据刑事案件的

〔1〕 笔者在威科先行数据库进行案例检索,以"撤销仲裁裁决、刑事程序"为标题搜索词,限定案由为民事,共检索到 34 篇民事裁定书,从中筛选出了 14 篇与本案申请理由大致相同的裁定书。

〔2〕 参见北京市第四中级人民法院民事裁定书,(2021)京 04 民特 444 号;辽宁省辽阳市中级人民法院民事裁定书,(2019)辽 10 民特 31 号;北京市第二中级人民法院民事裁定书,(2015)二中民特字第 07487 号;上海市第一中级人民法院民事裁定书,(2021)沪 01 民特 140 号;湖南省长沙市中级人民法院民事裁定书,(2020)湘 01 民特 68 号。

结果进行仲裁，故无须中止仲裁[1]；(3)即便涉及刑事程序的案件与仲裁案件存在关联，但是否需要中止仲裁属于仲裁庭自由裁量的范围，并非一定要中止[2]；(4)仲裁案件是否涉及刑事犯罪，刑事犯罪行为是否影响仲裁案件的审理，是否应待刑事案件处理完毕后进行仲裁审理，属于仲裁庭对案件实体审查的范畴，并不是《仲裁法》第58条所规定的违反仲裁程序的撤销事由，也不是法院审查撤销的范围。[3] 与之对应的是，法院支持仲裁裁决并未违反法定程序的理由主要有：(1)当事人未能举证证明仲裁纠纷已经涉及刑事程序；(2)刑民交叉并不必然影响民事案件的审理，刑事案件与仲裁案件之间的关联性不够；(3)当事人之间的仲裁条款合法有效，是双方达成一致的意思表示，仲裁庭有权依法作出仲裁[4]。

上述系列案件的矛盾在于，法院、仲裁庭和当事人三者对仲裁案件纠纷涉及刑事程序时，仲裁庭是否需要中止仲裁，并将仲裁案件移送公安机关或者仲裁庭从根本上是否无权仲裁的问题有不同的看法。由于目前我国只有部分仲裁规则[5]对中止仲裁程序作出了较为原则性的规定，即双方当事人共同或分别请求中止仲裁程序，或出现其他需要中止仲裁程序的情形的，仲

---

[1] 参见广东省广州市中级人民法院民事裁定书，(2020)粤01民特1453号；江苏省镇江市中级人民法院民事裁定书，(2020)苏11民特7号；江苏省常州市中级人民法院民事裁定书，(2018)苏04民特64号；浙江省杭州市中级人民法院民事裁定书，(2017)浙01民特51号；江西省赣州市(地区)中级人民法院民事裁定书，(2016)赣07民特5号。

[2] 参见北京市第二中级人民法院民事裁定书，(2017)京02民特19号。

[3] 参见北京市第四中级人民法院民事裁定书，(2020)京04民特187号；北京市第四中级人民法院民事裁定书，(2019)京04民特583号。

[4] 参见广东省深圳市中级人民法院民事裁定书，(2016)粤03民特896号。

[5] 《中国国际经济贸易仲裁委员会仲裁规则》第45条"程序中止"中规定："(一)双方当事人共同或分别请求中止仲裁程序，或出现其他需要中止仲裁程序的情形的，仲裁程序可以中止。(二)中止程序的原因消失或中止程序期满后，仲裁程序恢复进行。(三)仲裁程序的中止及恢复，由仲裁庭决定；仲裁庭尚未组成的，由仲裁委员会仲裁院院长决定。"

裁程序可以中止。此外,部分地方的仲裁规则[1]中虽明确了可以中止的情形,但其中并不包含仲裁案件涉及刑事程序的情形,且我国《仲裁法》并未对仲裁案件涉及刑事程序是否需要中止作出相关规定,事实上仲裁案件是否中止仍属于仲裁庭自由裁量的范围。因而在法律和仲裁规则对此均无明确规定的情况下,仲裁机构如放弃当事人赋予的管辖权,将案件移送刑事程序处理,其程序正当性和公信力将面临巨大挑战,故仲裁庭通过自由裁量很有可能会选择继续仲裁。而当事人基于仲裁庭的仲裁范围和仲裁规则的规定,会认为仲裁庭无权仲裁刑事案件或者认为仲裁庭没有中止仲裁违反了仲裁程序,故向法院提起撤销仲裁裁决的申请。法院在审理这类撤销仲裁裁决的申请时,则需要根据《仲裁法》第 58 条的规定[2]对当事人的申请理由进行判断,最终认定是否撤销仲裁裁决。

对于上述案件中法院的裁判理由是否合理,笔者认为需要根据当事人的不同主张从以下两方面进行分析判断。

其一,当事人主张仲裁案件涉及刑事程序,仲裁庭无权仲裁。根据我国《仲裁法》第 2 条"平等主体的公民、法人和其他组织之间发生的合同纠纷和其他财产权益纠纷,可以仲裁"之规定,仲裁庭只能仲裁平等民事主体之间的财产纠纷,对人身纠纷和刑事纠纷不具有仲裁的权力。因而当仲裁案件与刑事案件属同一事实、同一主体时,仲裁案件就失去了可仲裁性,若此时仲裁庭仍坚持作出仲裁裁决,则仲裁庭的仲裁裁决违反了《仲裁法》第 58 条

---

[1] 《西安仲裁委员会仲裁规则》第 47 条"程序中止"中规定:"(一)双方当事人共同或者一方当事人请求中止仲裁程序,或者出现其他需要中止仲裁程序的情形的,仲裁程序可以中止。(二)任何一方当事人申请恢复仲裁程序,或者本会、仲裁庭认为有必要恢复的,仲裁程序恢复。(三)仲裁程序的中止及恢复,仲裁庭组成前,由本会决定;仲裁庭组成后,由仲裁庭决定。"

[2] 《仲裁法》第 58 条规定:"当事人提出证据证明裁决有下列情形之一的,可以向仲裁委员会所在地的中级人民法院申请撤销裁决:(一)没有仲裁协议的;(二)裁决的事项不属于仲裁协议的范围或者仲裁委员会无权仲裁的;(三)仲裁庭的组成或者仲裁的程序违反法定程序的;(四)裁决所根据的证据是伪造的;(五)对方当事人隐瞒了足以影响公正裁决的证据的;(六)仲裁员在仲裁该案时有索贿受贿,徇私舞弊,枉法裁决行为的。人民法院经组成合议庭审查核实裁决有前款规定情形之一的,应当裁定撤销。人民法院认定该裁决违背社会公共利益的,应当裁定撤销。"

"裁决的事项不属于仲裁协议的范围或者仲裁委员会无权仲裁的"之规定，法院可以据此撤销仲裁庭的仲裁裁决。如果仲裁案件与刑事案件并非同一事实、同一主体，则基于双方达成的仲裁条款是双方之间的真实意思表示，且双方的仲裁约定合法有效，仲裁庭有权在此情况下对双方之间的财产纠纷作出仲裁裁决，仲裁裁决并不违反法定程序，法院无权撤销合法的仲裁裁决。此外，值得一提的是，仲裁庭是否无权仲裁并非法院可以依职权主动予以审查的事项，而必须由当事人提出这一主张。故如果当事人未主张仲裁案件纠纷涉及刑事程序，仲裁庭无权仲裁，法院却直接认定仲裁案件与刑事案件为同一事实、同一主体，仲裁庭无权对此仲裁，并以此为由撤销仲裁裁决，这一做法有违法律规定，不应认可其正当性。

其二，当事人主张仲裁案件涉及刑事程序，仲裁庭应当中止仲裁，将案件移送公安机关，而仲裁庭未中止仲裁，其仲裁程序违法。目前在我国的法律体系中，仅在民事诉讼中提到了关于刑民交叉的案件的处理措施[1]，其背后的法理在于，相较于民事案件侵犯的法益和危害性，刑事案件无论是在价值位阶上还是保护的紧迫性上都远超民事案件，故法院在审理民事案件中发现涉嫌刑事犯罪且属于同一事实的，应当移送公安机关，以保证刑事和民事案件审理结果的一致性。虽然我国《仲裁法》未明确规定对于《仲裁法》未作出规定的部分可以参照适用《民事诉讼法》的有关规定，但基于《仲裁法》对执行、涉外仲裁规则以及仲裁时效作出了适用《民事诉讼法》的有关规定，可以认为《仲裁法》未规定的部分可以参照适用《民事诉讼法》的相关规定。因此，当仲裁案件涉及刑事程序时，仲裁庭可以参照适用民事诉讼中对"刑民交叉"案件的处理措施，对仲裁案件进行相应的处理。但仲裁案件涉及刑事程序并不必然意味着要移送仲裁案件，仲裁庭应当审查仲裁案件与刑事案件的关联度，审查是否需要以刑事案件的结果作为仲裁案件的仲裁

---

〔1〕 最高人民法院《关于在审理经济纠纷案件中涉及经济犯罪嫌疑若干问题的规定》第 11 条规定："人民法院作为经济纠纷受理的案件，经审理认为不属经济纠纷案件而有经济犯罪嫌疑的，应当裁定驳回起诉，将有关材料移送公安机关或检察机关。"

依据。如仲裁案件与刑事案件并无关联,并不属于同一事实、同一主体,则仲裁庭无须将仲裁案件移送公安机关,其所作的仲裁裁决亦不违反仲裁法定程序。而当仲裁案件与刑事案件关联度较大时,无论是基于刑事案件的紧迫性和危害性,还是为了避免重复仲裁浪费司法资源,仲裁庭在此种情况下,都应将仲裁案件移送公安机关。但在仲裁庭未中止仲裁的情况下,法院能否以仲裁程序违法为由撤销仲裁裁决呢?根据《仲裁法司法解释》第20条"仲裁法第五十八条规定的'违反法定程序',是指违反仲裁法规定的仲裁程序和当事人选择的仲裁规则可能影响案件正确裁决的情形"之规定,在法律和仲裁规则均没有规定仲裁案件涉及刑事程序需要中止的情形下,仲裁案件涉及刑事程序是否中止属于仲裁庭自由裁量的范围,并非法定中止事由。即便是仲裁庭没有中止仲裁,也不违反法定仲裁程序,因而仲裁庭是否中止并不属于法院撤销仲裁裁决的法定审查事由,在当事人之间的仲裁约定合法有效的情形下,仲裁庭有权作出仲裁裁决且仲裁程序合乎法律,法院对此不应支持当事人申请撤销仲裁裁决的主张。

四、延伸

自1994年公布《仲裁法》以来,我国一直保持着以一部《仲裁法》规范处理仲裁活动的立法模式,仲裁制度在高效解决纠纷、妥善化解矛盾、促进社会主义市场经济健康发展和服务对外开放等方面亦发挥了重要作用。[1] 仲裁之所以成为最受当事人青睐的非诉纠纷解决机制,是因为仲裁活动最能体现当事人的意思自治,包括当事人可以在不违反法律的情况下自由选择仲裁机构、仲裁程序以及仲裁规则。此外,得益于仲裁"一裁终局"的特征,仲裁在效率上远胜于其他争议解决方式,因而在商业贸易中得到了广泛的适用。但随着经济贸易的快速发展,民众对仲裁的需求日益增大,现行《仲裁法》暴露了一些与实践不相适应的问题,其中最为重要的一点便是仲裁的

〔1〕 参见孙巍:《中国仲裁立法的二元模式探讨》,载《中国法律评论》2022年第3期。

公信力有待提高,[1]而仲裁的公信力则源自仲裁能够保持其自治地位,避免司法机关对仲裁的干预。《仲裁法》第58条规定了法院有权撤销违反法律规定的仲裁裁决,因而法院在保障仲裁公信力方面有着举足轻重的作用。但由于《仲裁法》对仲裁撤销事由的规定并不完善,且该规定较为笼统宽泛,给法院进行司法监督带来极大的阻碍。尤其是在《仲裁法》以及仲裁规则并未规定仲裁案件涉及刑事程序,仲裁庭应中止仲裁的情况下,法院若任意干预仲裁庭的自由裁量,破坏仲裁的自治地位,撤销此类仲裁裁决,会造成当事人对仲裁程序的不信任,当事人无法预估仲裁庭作出的"一裁终局"案件是否会被司法机关以笼统的不清楚的理由撤销,从而增加了仲裁裁决的不确定性,降低了仲裁的公信力。相反,如果法院严格把握撤销仲裁裁决的事由,避免因无谓的程序瑕疵或者属于仲裁庭自由裁量范围的事由而贸然撤销仲裁裁决,彰显司法支持仲裁的态度,表明其支持仲裁的立场,则有利于提高公众对仲裁的信任度,更有利于提高仲裁的效率,维持仲裁"一裁终局"的特征。

通过对域外法系的仲裁法进行研究,笔者发现,对于仲裁案件涉及刑事程序,仲裁庭无权仲裁或者仲裁庭应中止仲裁的规定,仅在属于大陆法系的《德国民事诉讼法典》第1059条有一定的体现,其规定依据德国法的规定,在争议不能用仲裁解决的情况下,法院可以主动审查并予以撤销。除此以外,笔者未能在各国的仲裁法中检索到对仲裁案件涉及刑事程序是否需要中止或者仲裁庭无权仲裁的规定。目前,各国对撤销仲裁裁决的法定审查事由呈现出从实质审查转向程序审查的趋势,逐步减少司法机关对仲裁的干预,体现了司法机关坚持、支持和尊重仲裁的理念[2]。

综上所述,当仲裁案件涉及刑事诉讼程序,但仲裁庭已经作出仲裁裁决时,当事人如想要向法院提起撤销仲裁裁决之诉,主要存在两种理由,其对

---

〔1〕 参见刘华东:《健全仲裁制度 不断提升我国仲裁国际竞争力和影响力》,载《光明日报》2022年6月18日,第5版。

〔2〕 参见李先宇:《论我国仲裁裁决撤销程序》,重庆大学2020年硕士学位论文,第22页。

应的证明对象有所不同,法院的裁判结果也有所区别。

第一种理由是,当事人以仲裁案件涉及刑事程序,仲裁庭无权仲裁为由提起撤销仲裁裁决之诉。此时对当事人来说,最重要的是需要证明仲裁案件与刑事案件之间存在较强的关联度,即仲裁案件和刑事案件属于同一事实、同一主体,从而证明仲裁庭无权对本案件进行仲裁,仲裁案件缺乏可仲裁性,因而仲裁庭所作出的仲裁裁决符合《仲裁法》第 58 条“仲裁委员会无权仲裁”的情形,当事人有权申请撤销仲裁裁决。此时基于《仲裁法》对仲裁范围和撤销仲裁裁决事由的规定,法院有合理且合法的理由撤销仲裁庭的仲裁裁决,支持当事人的主张。

第二种理由是,当事人以仲裁案件涉及刑事程序,仲裁庭应当中止仲裁而未中止,违反了仲裁程序为理由提起撤销仲裁裁决之诉,此时当事人需要证明的,除了仲裁案件与刑事案件属于同一事实、同一主体外,还需要证明其已经在仲裁程序中明确向仲裁庭提出了中止申请,从而证明仲裁庭在未中止仲裁的情况下所作出的仲裁裁决程序违法。但由于是否中止仲裁程序并将仲裁案件移送公安机关属于仲裁庭自由裁量的范围,因而即便是仲裁庭未中止仲裁程序,其所作出的仲裁裁决也不存在违反仲裁法定程序的情形。此外,仲裁案件是否涉及刑事程序属于仲裁庭实体审理的范围,并不属于法院程序审查的事由,因而在当事人未主张仲裁庭无权仲裁时,法院无权直接审查仲裁案件与刑事案件之间的关联度。因此,在当事人主张仲裁庭未中止仲裁,仲裁程序违法的情况下,法院基于对增加仲裁公信力和维护仲裁自治地位的考量,很大程度上会支持仲裁庭的仲裁裁决,认定仲裁裁决合乎法定程序,进而驳回当事人的申请,故不建议当事人以此为由提起撤销仲裁裁决之诉。

仲裁申请人未先向破产管理人申报债权而直接申请仲裁

吴旺根*

一、撤销仲裁裁决理由的缘起

审理案号:(2020)赣0602民特74号之一

申请人:某房地产开发有限公司

被申请人:郑某、封某

基本案情:

2014年2月18日,封某(借款人)因资金周转需要向郑某(出借人)借款2,000,000元,双方签订了一份借款合同,合同约定借款利息按月利率2%计算,借款人逾期不能归还借款本息的除应承担继续履行的违约责任之外,还应当赔偿实现债权的一切费用(包括但不限于仲裁费用、律师代理费用及评估、鉴定、保全、拍卖等费用),如发生纠纷,双方同意交由LS仲裁委员会仲裁。某房地产开发有限公司作为保证人在借款合同上盖章。2016年8月29日,某房地产开发有限公司被某区人民法院受理破产重整,进行了公示,并

* 吴旺根:西南政法大学、厦门大学毕业,全日制硕士研究生学历,法律硕士、法学学士、工商管理硕士。现担任北京市隆安(深圳)律师事务所高级合伙人律师,兼任天津、沈阳、厦门、海南、珠海、东莞、肇庆、梅州等多家仲裁委员会仲裁员,深圳市人大常委会组成人员法律助理、深圳市中级人民法院破产管理人负责人之一、深圳市律师协会企业破产清算法律专业委员会副主任、深圳市涉外律师领军人才、西南政法大学广东省校友会副会长等职务。

确定了债权申报期限。2017 年 4 月 7 日,因封某未按约定归还剩余借款本息,郑某向 LS 仲裁委员会申请具有给付性质的仲裁。2017 年 4 月 13 日,郑某向申请人的破产管理人申报债权,申报债权本金 1,500,000 元,孳息 693,000 元。

2019 年 12 月 4 日,LS 仲裁委员会作出(2017)第 36 号仲裁裁决,裁决:(1)封某在本裁决书送达之日起 15 日内归还郑某借款本金 1,500,000 元及利息(利息以 1,500,000 元为基数,自 2014 年 9 月 16 日起按月利率 2% 计算至款清之日止);(2)封某在本裁决书送达之日起 15 日内支付郑某实现债权费用 88,900 元;(3)某房地产开发有限公司对封某的本裁决第一、第二项义务承担连带清偿责任,某房地产开发有限公司承担连带清偿责任后有权向封某追偿,仲裁费用 23,670 元由封某承担,某房地产开发有限公司承担连带责任。

后某房地产开发有限公司认为 LS 仲裁委员会仲裁裁决有误,向受理破产的法院申请撤销 LS 仲裁委员会作出的裁决。

二、法院的处理结果

YH 区人民法院认为,第一,《破产法解释(三)》第 7 条第 2 款规定:"管理人认为债权人据以申报债权的生效法律文书确定的债权错误,或者有证据证明债权人与债务人恶意通过诉讼、仲裁或者公证机关赋予强制执行力公证文书的形式虚构债权债务的,应当依法通过审判监督程序向作出该判决、裁定、调解书的人民法院或者上一级人民法院申请撤销生效法律文书,或者向受理破产申请的人民法院申请撤销或者不予执行仲裁裁决、不予执行公证债权文书后,重新确定债权。"2016 年 8 月 29 日 YH 区人民法院作出(2016)赣 0602 民破 1 号民事裁定书,受理了某房地产开发有限公司破产重整案,据此,YH 区人民法院作为受理破产申请的法院对申请撤销仲裁裁决具有管辖权。第二,《破产法解释(三)》第 8 条规定:"债务人、债权人对债权表记载的债权有异议的,应当说明理由和法律依据。经管理人解释或调整后,异议人仍然不服的,或者管理人不予解释或调整的,异议人应当在债权人会议核查结束后十五日内向人民法院提起债权确认的诉讼。当事人之间在破产申请受理前订立仲裁条款或者仲裁协议的,应当向选定的仲裁机构申请确认债权债务关系。"本案中,郑某在向LS仲裁委员会申请仲裁之后才于2017年4月13日向破产管理人申报债权,在郑某未向管理人申报债权之前,LS仲裁委员会无权进行仲裁。故依照《仲裁法》第58条第1款第2项的规定,法院裁定撤销LS仲裁委员会(2017)L仲案字第36号的裁决的第3项,即撤销某房地产开发有限公司对封某的偿还义务承担连带清偿责任,某房地产开发有限公司承担连带清偿责任后有权向封某追偿。

三、评析

仲裁一直以来被认为是一种准司法行为,是当事人寻求救济的另一种法律途径。相较于民事诉讼而言,其"一裁终局"性是仲裁最突出的高效优势,但由此带来的弊端也显而易见。因此,向法院申请撤销仲裁裁决系当事人通过申请司法监督进行救济的途径。

对于申请法院撤销非涉外的仲裁裁决案件,法院应当根据《仲裁法》第58条之规定进行审查。依据《仲裁法》第58条的规定,当事人申请撤销仲裁裁决的理由有:(1)没有仲裁协议的;(2)裁决的事项不属于仲裁协议的范围或者仲裁委员会无权仲裁的;(3)仲裁庭的组成或者仲裁的程序违反法定程序的;(4)裁决所依据的证据是伪造的;(5)对方当事人隐瞒了足以影响公正裁决的证据的;(6)仲裁员在仲裁该案时有索贿受贿、徇私舞弊、枉法裁决行为的。此外,法院认定该裁决违背社会公共利益的,也应当裁定撤销。

在法院撤销仲裁裁决理由是"仲裁委员会无权仲裁的"的案件中,基于案件本身并不属于仲裁委员会仲裁范围,无权仲裁的仲裁委员会所作出的仲裁裁决势必存在程序瑕疵或实体瑕疵,甚至是二者兼有。例如,在本案中法院认为,仲裁被申请人已进入破产程序,仲裁申请人未向破产管理人申报债权直接提起仲裁,即便与被申请人于破产前存在合法有效的仲裁条款,仲裁委员会仍无权仲裁,故撤销了LS仲裁委员会的裁决。而重新梳理本案之后可发现LS仲裁委员会不仅无权仲裁,且其作出的仲裁裁决也系错误的裁决。

某房地产开发有限公司认为,根据《破产法解释(三)》第8条的规定,作为破产债务人某房地产开发有限公司的债权人郑某,如对债权表记载的债权有异议,首先应当向管理人提出异议,经管理人解释或者调整后仍不服,或者管理人不解释、不调整的,才能在债权人会议核查结束后15日内,基于仲裁条款向选定的仲裁机构即LS仲裁委员会申请确认债权债务关系。由此可知,第一,LS仲裁委员会无权裁决。在郑某未向某房地产开发有限公司管理人申报债权且提出异议的情况下,仲裁委员会径直作出了仲裁裁决,违反了《破产法解释(三)》第8条之规定。第二,LS仲裁委员会所作裁决亦有错误。根据《破产法解释(三)》第8条的规定,债权人对债权表记载的债权有异议的,可向法院提起债权确认的诉讼,有仲裁条款或者仲裁协议的,应当向选定的仲裁机构申请确认债权债务关系。故而即便在有权仲裁的情况下,LS仲裁委员会仅能作出确权裁决,而不能直接作出给付裁决。

不仅如此,《企业破产法》第46条第2款规定:"附利息的债权自破产申请受理时起停止计息。"但是LS仲裁委员会裁决某房地产开发有限公司对封某计算至还清之日止的债务利息承担连带责任,且某房地产开发有限公司在裁决作出之日前已经被法院受理破产。因此,LS仲裁委员会的裁决违反《企业破产法》关于破产止息的规定。

综上所述,LS仲裁委员会作出的此裁决违反了《企业破产法》的多条规定,YH区人民法院撤销裁决理由充分,于法有据。

四、延伸

(一)专属管辖与集中管辖的冲突

因违反《企业破产法》及其司法解释相关规定而导致仲裁裁决被法院撤销的案件数量并不多。经笔者查询,2019年4月1日至2021年12月31日,北京市第四中级人民法院共收到国内商事仲裁司法审查案件 2192 件,其中申请撤销仲裁裁决的有 1731 件。在这 1731 件撤销仲裁裁决的案件中,申请事由是“仲裁委员会无权裁决的”仅占 5%,[1]因此,这 5% 的案件中内含破产因素的案件数量更是寥寥,故而笔者将结合本案来讨论仲裁与破产之间的“碰撞”,并分析“碰撞”产生的原因和逻辑。

本案中,郑某曾提出,YH 区人民法院无权受理撤销 LS 仲裁委员会仲裁裁决的申请,其理由是:根据《仲裁法》第 58 条的规定,申请撤销仲裁的受理法院为仲裁机构所在地的中级人民法院。YH 区人民法院既不是 LS 仲裁委员会所在地的法院,也并非中级人民法院,故而 YH 区人民法院受理撤销 LS 仲裁委员会仲裁裁决的申请违反了《仲裁法》所规定的地域管辖和级别管辖。对此,YH 区人民法院认为,《破产法解释(三)》第 7 条第 2 款规定:“管理人认为债权人据以申报债权的生效法律文书确定的债权错误,或者有证据证明债权人与债务人恶意通过诉讼、仲裁或者公证机关赋予强制执行力公证文书的形式虚构债权债务的,应当依法通过审判监督程序向作出该判决、裁定、调解书的人民法院或者上一级人民法院申请撤销生效法律文书,或者向受理破产申请的人民法院申请撤销或者不予执行仲裁裁决、不予执行公证债权文书后,重新确定债权。”而 YH 区人民法院已经于 2016 年 8 月 29 日作出(2016)赣 0602 民破 1 号民事裁定书,受理了某房地产开发有限公司破产重整案。基于该事实,YH 区人民法院作为受理某房地产开发有限公司破产重整的法院,有权撤销 LS 仲裁委员会作出的错误仲裁裁决。

由此可以看出,对于 YH 区人民法院是否有撤销 LS 仲裁委员会作出的仲裁裁决的管辖权,郑某与 YH 区人民法院存在不同的观点。郑某认为 YH 区人民法院无权撤销裁决的依据源于《仲裁法》第 58 条,即撤销仲裁裁决应由作出仲裁裁决的仲裁委员会所在地的中级人民法院专属管辖,而 YH 区人

---

〔1〕 参见北京市第四中级人民法院:《北京市第四中级人民法院国内商事仲裁司法审查年度报告(2019—2021)》,载北京市第四中级人民法院网,https://bj4zy.chinacourt.gov.cn/article/detail/2022/03/id/6596698.shtml。

民法院认为自己有权撤销裁决的依据是《破产法解释(三)》第7条第2款,即由受理破产申请的法院集中管辖。

当有两个或以上的法律规范就同一法律事实均作出规定且可同时适用时,就发生了法律规范竞合现象。[1] 本案中所出现的管辖权冲突便是法律规范竞合现象中"法律冲突"项下的一种具体表现。在实务中,不同的法院对该管辖权冲突的适用与理解也不尽相同甚至大相径庭。

在(2019)粤01民特521号案中,申请人亿阳信通股份有限公司申请撤销广州仲裁委员会于2018年8月9日作出的(2017)穗仲案字第15453号裁决,被广州市中级人民法院驳回申请。后该案被亿阳信通股份有限公司上诉至广东省高级人民法院,案号为(2019)粤民辖终324号。上诉人亿阳信通股份有限公司(原审申请人)请求撤销一审裁定,将案件移送至黑龙江省哈尔滨市中级人民法院审理,理由是:黑龙江省哈尔滨市中级人民法院已于2019年3月21日作出(2019)黑01破申6号民事裁定书,裁定受理亿阳集团股份有限公司的破产重整申请。而亿阳信通股份有限公司提起本案诉讼及一审法院受理本案均在亿阳集团股份有限公司的破产重整申请被法院受理之后,《企业破产法》第21条规定:"人民法院受理破产申请后,有关债务人的民事诉讼,只能向受理破产申请的人民法院提起。"因此,本案应由黑龙江省哈尔滨市中级人民法院管辖。一审裁定认定事实不清、适用法律不当,应予纠正。[2] 对此,广东省高级人民法院则认为,《企业破产法》第21条的规定目的在于通过集中管辖来实现对企业所涉债权债务情况的全面掌握,从而便于法院对破产财产依法分配、让各债权人的债权及时受偿。最高人民法院《关于适用〈中华人民共和国企业破产法〉若干问题的规定(二)》第47条第3款规定:"受理破产申请的人民法院,如对有关债务人的海事纠纷、专利纠纷、证券市场因虚假陈述引发的民事赔偿纠纷等案件不能行使管辖权的,可以依据民事诉讼法第三十七条的规定,由上级人民法院指定管辖。"

---

〔1〕 参见王炜:《专属管辖与集中管辖冲突的法律适用》,载《人民司法》2020年第20期。

〔2〕 参见广东省高级人民法院民事判决书,(2019)粤民辖终324号。

该条款表明,对申请破产的债务人所涉民事诉讼实行集中管辖虽为原则,但并未排除法律关于专门管辖等民事诉讼特别规定的适用。《仲裁法》作为专门规范仲裁及与仲裁相关民事诉讼程序的法律,其第58条已经对撤销仲裁裁决的受理法院作出了规定。因此,涉案仲裁裁决由广州仲裁委员会作出,广东省广州市中级人民法院作为该仲裁机构所在地的中级人民法院,受理撤销涉案仲裁裁决的申请合法有据,一审裁定适用法律和处理结果均无不当,应予维持。[1]

对比广东省高级人民法院和YH区人民法院对两个案件作出判决所依据的法律和适用理由,不难发现YH区人民法院认为《企业破产法》所规定的集中管辖优于《仲裁法》所规定的专属管辖。而广东省高级人民法院认为,即便《企业破产法》对已经被受理破产申请的破产债务人所涉一般民事案件的管辖权有所规定,但并不当然排斥《仲裁法》对撤销仲裁裁决法院管辖权规定的适用。但广东省高级人民法院在(2019)粤民辖终500号一案中,根据《企业破产法》第21条及《破产法解释(三)》第7条第2款的规定,认为由受理破产申请的广东省江门市中级人民法院撤销广州仲裁委员会(所在地为广州市)作出的(2018)穗仲案字第24700号裁决符合法律规定。

笔者认为,对于企业破产前已经存在合法有效的仲裁协议,在破产申请受理后才申请仲裁,后又申请撤销仲裁裁决的情形,厘清管辖权冲突适用问题归根结底是厘清冲突背后所适用的法律规范之间的关系,决定哪一种法律规范优先适用,并且探求规定背后的立法目的以使其适用具有正当性。

1. 从法律适用规则角度分析《仲裁法》与《企业破产法》的优先适用性

《立法法》第103条规定:“同一机关制定的法律、行政法规、地方性法规、自治条例和单行条例、规章,特别规定与一般规定不一致的,适用特别规定;新的规定与旧的规定不一致的,适用新的规定。”首先,就法律位阶而言,《仲裁法》与《企业破产法》均是全国人民代表大会常务委员会制定的效力仅

---

〔1〕 参见广东省高级人民法院民事判决书,(2019)粤民辖终324号。

次于宪法的法律,属于同一位阶。在法律位阶的比较上,无法得出《仲裁法》和《企业破产法》适用的优先性。其次,就法律内部体系结构而言,《仲裁法》调整仲裁法律关系,《企业破产法》调整破产法律关系。二者就管辖所作出的规定均属于意在解决民事纠纷的程序性法律规范。就一般民事诉讼程序而言,仲裁程序与破产程序均属于特别规定。但贵州省高级人民法院在(2020)黔民辖终15号案件的判决中指出,申请撤销仲裁裁决案件,依据《仲裁法》第58条的规定,应由仲裁委员会所在地中级人民法院受理,依据《企业破产法》第21条的规定,应由受理破产申请的法院管辖。《企业破产法》第21条是关于破产衍生诉讼专属管辖的规定,其相对于《仲裁法》的相关规定属于特别条款,在破产程序中应当优先适用。[1] 最后,就法律颁布的时间而言,《仲裁法》颁布于1994年8月31日,其中第58条关于撤销仲裁裁决的管辖法院的规定已纳入当时的《仲裁法》。《企业破产法》虽然是基于《企业破产法(试行)》(已失效)而产生的,但其关于破产债务人民事诉讼由受理破产申请法院管辖的规定却产生于2006年8月27日《企业破产法》颁布时。故而,相对于《仲裁法》第58条的规定,《企业破产法》第21条显然属于新规定。

2. 从《仲裁法》与《企业破产法》的立法目的分析二者适用的优先性

李曙光先生曾在《破产法的目标》一文中写道:"破产法的经济目标是一方面,从产权的角度出发,所有的利益相关者对公司的财产都享有求偿权……另一方面,法经济学强调提高破产法的实施效率,就是要实现利益相关人的风险分担和激励的最优配置,以降低破产程序的实施成本,提高破产程序的收益,实现破产财产的最大化,兼顾效率和公平。"[2]《企业破产法》第31—34条对可撤销的低价转让等欺诈破产行为以及偏颇性清偿等个别清偿行为的要件和效果进行了极其详细的规定,这些规定为《企业破产法》独

---

〔1〕 参见贵州省高级人民法院民事判决书,(2020)黔民辖终15号。

〔2〕 李曙光:《破产法的目标》,载中国人大网,http://www.npc.gov.cn/zgrdw/npc/xinwen/rdlt/fzjs/2007-03/22/content_362858.htm。

有并由管理人独立行使，其立法宗旨在于维护专属于全体债权人的固有权益。[1] 因此，《企业破产法》是一部强调实施效率和公平、维护全体债权人利益的法律。其集中管辖的规定也体现了以整合司法资源的方式来节约实施破产程序成本、最大限度保障债权人公平受偿的权利。但《仲裁法》不同，仲裁强调意思自治，申请仲裁的前提必须是当事人之间达成了合法有效的仲裁条款或者仲裁协议。《仲裁法》中没有就涉破产因素的仲裁作出任何规定，可以认为《仲裁法》在制定时，并未将破产因素考虑在内。故而，就立法角度而言，《企业破产法》集中管辖的规定显然是更有利于撤销仲裁裁决后破产程序的继续进行。不仅如此，在实务中，仲裁委员会所在地的中级人民法院若受理涉及破产当事人的撤销仲裁裁决案件，不可避免地需要调查破产当事人彼时的具体情况，而已经受理破产申请的法院对该些情况无疑是更加了解的。

但值得注意的是，《企业破产法》并不排斥《仲裁法》的仲裁协议效力。并不能因为具有管辖权冲突，就认为《企业破产法》排斥仲裁协议的效力。无论是《企业破产法》第 20 条规定的暂时中止仲裁程序，还是《破产法解释（三）》第 8 条规定的经管理人解释或调整后仍对所记载的债权不服再向选定的仲裁机构申请确认债权债务关系，都只强调应先让管理人接管破产债务人的财产、了解债权债务情况，再对债权进行确认，而非直接认为破产前所达成的仲裁协议或仲裁条款无效。

综上所述，笔者认为，虽然《仲裁法》与《企业破产法》对撤销仲裁裁决的管辖规定有所冲突，但无论是从《立法法》所规定的法律规范适用规则上，还是立法本意，抑或达到节约司法资源、保障后续破产程序有条不紊继续进行的目的，由受理破产申请的法院管辖似乎是更应该被优先考虑的。

（二）撤销仲裁制度与不予执行仲裁裁决制度的关联与完善建议

在当下对不服仲裁裁决结果的救济中，撤销仲裁裁决和不予执行仲裁

---

〔1〕 参见金春：《破产法视角下的仲裁：实体与程序》，载《当代法学》2018 年第 5 期。

裁决是两条不同的途径，二者均属于仲裁裁决的司法审查，既存在共同性，也存在差异性。[1] 撤销仲裁裁决的情形规定于《仲裁法》第58条，前文已载，此不赘述。不予执行仲裁裁决的情形规定于《仲裁法》第63条，该条规定："被申请人提出证据证明裁决有民事诉讼法第二百一十三条第二款（现为《民事诉讼法》第248条第2款）规定的情形之一的，经人民法院组成合议庭审查核实，裁定不予执行。"根据《民事诉讼法》第248条第2款的规定，被申请人提出证据证明仲裁裁决有下列情形之一的，经法院组成合议庭审查核实，裁定不予执行：第一，当事人在合同中没有订立仲裁条款或者事后没有达成书面仲裁协议的；第二，裁决的事项不属于仲裁协议的范围或者仲裁机构无权仲裁的；第三，仲裁庭的组成或者仲裁的程序违反法定程序的；第四，裁决所根据的证据是伪造的；第五，对方当事人向仲裁机构隐瞒了足以影响公正裁决的证据的；第六，仲裁员在仲裁该案时有贪污受贿、徇私舞弊、枉法裁决行为的。除此之外，《民事诉讼法》第248条第3款同时规定，法院认定执行该裁决违背社会公共利益的，裁定不予执行。

通过对比不难发现这两条仲裁救济途径所规定的适用情形基本一致，而这二者并非选择排斥关系，而是程序上的递进关系。在当事人申请撤销仲裁裁决不被法院支持时，还可以进一步向法院申请不予执行仲裁裁决。[2] 这就不可避免会导致当事人滥用救济途径，浪费司法资源，甚至利用法律救济，恶意损害其他当事人的权益。对此，就仲裁救济制度完善而言，笔者有如下建议。

（1）将撤销仲裁裁决事由与不予执行仲裁裁决事由进行区分，避免当事人滥用救济途径，恶意延长诉讼时间。

（2）细化和适当增、减撤销仲裁裁决事由与不予执行仲裁裁决事由。就现行《仲裁法》而言，无论是撤销仲裁裁决事由还是不予执行仲裁裁决事由，都规定得过于笼统，基于司法监督的目的，应当尽可能地将可救济的情形列

---

〔1〕 参见苏阳：《仲裁裁决救济制度完善研究》，西北师范大学2021年硕士学位论文，第26页。

〔2〕 参见苏阳：《仲裁裁决救济制度完善研究》，西北师范大学2021年硕士学位论文，第27页。

举出来，赋予当事人更多的救济权利。[1]

(3)优化仲裁救济途径的程序，将更多因素纳入考虑范围。例如，将破产因素纳入仲裁救济程序设计考量，尽可能避免出现与其他法律规范冲突适用的情形。

民商事仲裁的本意是节约司法资源，高效快速地解决当事人之间的纠纷。撤销仲裁裁决作为救济途径之一，其程序设计也应当符合设立仲裁的本意。因此，在多元化法律发展且民商事仲裁被更多当事人选择的背景下，建立一个事由明了、流程简洁、高效公平，既符合程序正义又符合当事人期待的仲裁裁决救济途径迫在眉睫。

---

〔1〕 参见苏阳：《仲裁裁决救济制度完善研究》，西北师范大学 2021 年硕士学位论文，第 38 页。

发包人与承包人之间的仲裁条款不能约束实际施工人

邢　鹏*

一、撤销仲裁裁决理由的缘起

审理案号:(2020)湘04民特18号

申请人:某投资有限公司(发包人)

被申请人:王某(实际施工人)

基本案情:

实际施工人王某依据承包人与发包人之间的仲裁条款,向仲裁机构申请仲裁,申请发包人向王某支付拖欠工程款。仲裁机构经审理后,裁决发包人向王某支付工程款以及相应利息。发包人随后向当地中级人民法院提起诉讼,请求撤销该仲裁裁决,具体理由为:(1)发包人与实际施工人之间没有仲裁协议,实际施工人不具有提起仲裁的权利;(2)承包人应当参与本案仲裁,仲裁庭遗漏必须参加的仲裁当事人属程序违法;(3)仲裁裁决未按照《招标投标法》和《建工司法解释》(已失效)进行裁决,系适用法律错误;(4)仲裁裁决违背社会公共利益,应予撤销。

---

* 邢鹏:北京大学经济学硕士,长期专注金融、房地产与建设工程领域重大疑难案件争议解决,现为北京大成(深圳)律师事务所律师,深圳市律师协会商事仲裁法律专业委员会委员,深圳市企业并购促进会专家顾问。

二、法院的处理结果

HY 市中级人民法院受理后，归纳出该案 4 个争议焦点：(1) 申请人（发包人）与被申请人（实际施工人）之间是否受原仲裁条款约束；(2) 仲裁程序是否违法；(3) 仲裁裁决内容是否属于法院审查范围；(4) 仲裁是否违背社会公共利益。

经查明事实，法院认为，第一，发包人与承包人之间的建设工程施工合同约定有仲裁条款，根据合同相对性原则，该仲裁条款应当约束发包人与承包人，而不能约束非合同当事人的实际施工人，故实际施工人应当向法院主张权利，该权利不受发包人与承包人之间仲裁条款的限制。因此，申请人与被申请人之间无仲裁协议，根据《仲裁法》第 58 条第 1 款第 1 项撤销仲裁裁决。第二，本案应当追加案外人，即案涉承包人参与诉讼，在查明发包人欠付承包人工程价款的数额后，判决申请人在欠付建设工程价款范围内对实际施工人，即本案被申请人承担责任。基于上述理由应当认定仲裁违反法定程序，根据《仲裁法》第 58 条第 1 款第 3 项的规定撤销仲裁裁决。第三，申请人认为仲裁裁决明显违法的，经审查该部分撤销仲裁申请属于仲裁机构实体审查范围，不属于《仲裁法》第 58 条规定应当由法院审理的范围，法院不予审查。第四，民商法中的社会公共利益主要表现在破坏社会主义市场经济秩序，是指违反市场管理的法律及行政法规，进行非法经济活动。而本案不属于法律及行政法规规定指向的损害社会公共利益的行为，法院不予支持。综上，法院依据《仲裁法》第 58 条的规定撤销该仲裁裁决。

三、评析

关于申请撤销仲裁裁决的案件，法院根据《仲裁法》第 58 条的规定进行审查。本案仲裁当事人之间没有仲裁协议，仲裁审理违反法定程序，该裁决被依法撤销，法院裁定于法有据，符合法律规定。

(一)仲裁协议是当事人申请仲裁的前提与基础

《仲裁法》第 4 条规定:“当事人采用仲裁方式解决纠纷,应当双方自愿,达成仲裁协议。没有仲裁协议,一方申请仲裁的,仲裁委员会不予受理。”因此,仲裁机构受理仲裁的前提必须是双方存在仲裁约定,就争议事项明确达成仲裁合意。

挂靠、转包、违法分包现象在建设工程领域屡见不鲜,与发包人签订建设工程施工合同的承包人并未亲自履行合同义务,实际履行施工合同的为其他个人、企业或者其他组织,由此产生了实际施工人这一法律主体。“实际施工人”概念源于《建工司法解释》,该解释第 26 条规定了实际施工人享有突破合同相对性、向与其没有合同关系的发包人主张工程款的特殊诉权。当时立法出发点是为了更好地保护农民工利益,解决社会上出现的拖欠农民工工资的问题,带有明显的政策考量。但实际施工人如何行使特殊诉权该解释并未详细规定,因此在司法实践中产生了诸多争议。笔者认为,实际施工人完成了本应承包人履行的合同义务,基于法律规定突破合同相对性享有对发包人的特殊诉权,应当仅限于建设工程款,并不等同于实际施工人承继了发包人与承包人之间的权利与义务。发包人与施工人之间的仲裁约定,对实际施工人无约束力,实际施工人无权据此向发包人申请仲裁。

(二)程序公正是仲裁活动得以顺利开展、确保仲裁裁决具有公信力的有效保障

如果仲裁程序欠缺公正,裁决结果不仅无法获得当事人的接受与认同,更有可能被法院撤销裁决或不予执行。《仲裁法》第 58 条第 1 款第 3 项明确规定,若仲裁庭的组成或者仲裁的程序违反法定程序的,当事人可以向仲裁委员会所在的中级人民法院申请撤销裁决。因此,各仲裁机构均依据《仲裁法》制定了一套严谨的仲裁规则。这不仅要求仲裁机构自身,也要求申请该仲裁机构进行仲裁的当事人双方在仲裁活动过程中都必须遵循该仲裁

规则。

对于实际施工人向发包人主张工程款，转包人或者违法分包人是否应当加入诉讼以及其在诉讼中居于何种当事人地位，最高人民法院《关于审理建设工程施工合同纠纷案件适用法律问题的解释（二）》（已失效）第24条〔1〕明确规定，“实际施工人以发包人为被告主张权利的，人民法院应当追加转包人或者违法分包人为本案第三人，在查明发包人欠付转包人或者违法分包人建设工程价款的数额后，判决发包人在欠付建设工程价款范围内对实际施工人承担责任”。相较于《建工司法解释》第26条的规定，发包人是否参加诉讼，已经由“可以”修改为“必须”。实际施工人突破合同相对性向发包人直接主张工程款时，转包人或者违法分包人必须以第三人的身份参与诉讼。这一变化的考量是只有转包人或者违法分包人参加诉讼，给其分配举证责任，才有助于查清发包人欠付工程款的具体数额，准确界定发包人应当承担责任的范围。根据《仲裁法司法解释》第20条的规定，《仲裁法》第58条规定的“违反法定程序”，是指违反《仲裁法》规定的仲裁程序和当事人选择的仲裁规则，可能影响案件正确裁决的情形。本案仲裁只将发包人与实际施工人列为当事人，转包人或者违法分包人未能加入仲裁程序，遗漏了必须参加仲裁的当事人，属程序严重违法，法院以此为由撤销该案裁决符合法律规定。

（三）申请人提到的“仲裁裁决明显违法”与“仲裁裁决违背社会公共利益的”两点理由，均未得到法院支持

仲裁裁决是否违法，属于仲裁实体审查范围，不属于司法审查范围。仲裁裁决违背社会公共利益体现的是对社会公共利益的侵犯，为保持对仲裁的独立性和公信力的应有尊重，不应过于扩大化解释。本案作为平等民事主体之间的工程欠款纠纷，不属于司法审查的适用情形。

〔1〕 相关规定参见《建工司法解释一》第43条。

仲裁是我国重要的纠纷解决机制,相较于诉讼程序,仲裁的“一裁终局”对于纠纷当事人来说更为高效,在解决商事纠纷中发挥了重要作用。正是因为仲裁实行“一裁终局”,一旦作出仲裁裁决,当事人无权请求重新仲裁。制定仲裁裁决撤销制度是国家通过司法监督仲裁的方式之一,也是保护仲裁当事人合法权益的有力手段。法院依据《仲裁法》第 58 条的规定撤销本案仲裁裁决,充分体现了仲裁司法审查应当秉持的有限监督原则和尊重当事人意思自治及仲裁庭的自由裁量权等基本原则。

四、延伸

在建设工程领域,虽然国家三令五申明确禁止挂靠、转包、违法分包等,但各种乱象依然客观存在,而且产生了实际施工人现象,这是造成建设工程法律关系错综复杂的主要原因之一。目前,最高人民法院对实际施工人的权益持有限保护原则,一方面承认其现实性,指明其合法权益的正当保护路径,另一方面则设置必要的限制条件,避免因过度保护导致社会产生误解,理解成对上述工程乱象的一种变相鼓励。实际施工人如何正确主张工程款,特别在有仲裁约定的情形下,避免重蹈类似本案仲裁裁决被撤销的不利后果,笔者认为有必要做进一步探讨。

为厘清讨论问题的边界和适用情形,应当区分不同类型的实际施工人,结合不同的法律关系展开分析。在司法实践中,实际施工人主要包括 3 种类型:一是非法转包关系中的承包人;二是违法分包关系中的承包人;三是不具备相应施工资质的挂靠施工人。根据《建工司法解释一》第 43 条的规定〔1〕,实际施工人突破合同相对性直接起诉发包人限于转包和违法分包关系中的实际施工人,并不包括挂靠关系中的实际施工人。为讨论方便,笔者将其中第一种类型非法转包和第二种类型违法分包中的实际施工人纳入同

〔1〕《建工司法解释一》第 43 条第 2 款规定:“实际施工人以发包人为被告主张权利的,人民法院应当追加转包人或者违法分包人为本案第三人,在查明发包人欠付转包人或者违法分包人建设工程价款的数额后,判决发包人在欠付建设工程价款范围内对实际施工人承担责任。”

一类别,第三种类型挂靠实际施工人纳入另一类别,下文笔者分别进行分析。

(一)转包和违法分包中的实际施工人

在转包和违法分包关系中,转包合同和分包合同因违法而无效,但发包人与承包人之间的总包合同依然有效。仲裁条款作为争议解决条款,独立于合同效力之外,即使合同无效,仲裁条款也依然有效。当存在仲裁约定的情况时,实际施工人究竟是通过诉讼还是申请仲裁,需要根据不同情形加以判断。

(1)如果总包合同约定仲裁条款,而转包或者违法分包合同未约定仲裁条款,实际施工人不是总包合同当事人,不受仲裁条款约束,应当依法向发包人提起诉讼,法院应当将转包人或者违法分包人列为该案第三人。上文探讨的撤销裁决案即属于本情形,相关理由不再重复。

2022 年 12 月 27 日,最高人民法院发布第 198 号指导性案例,进一步确认本观点,统一类案裁判规则。198 号指导性案例的裁判要点为:实际施工人并非发包人与承包人签订的施工合同的当事人,亦未与发包人、承包人订立有效仲裁协议,不应受发包人与承包人的仲裁协议约束。实际施工人依据发包人与承包人的仲裁协议申请仲裁,仲裁机构作出仲裁裁决后,发包人请求撤销仲裁裁决的,法院应予支持。

(2)如果总包合同与转包合同或分包合同均约定了仲裁条款,由于实际施工人已经通过仲裁约定明确排除法院管辖,实际施工人向发包人提起诉讼将不会被法院受理。

在(2021)最高法民申 1073 号案中,最高人民法院认为"通常情况下,实际施工人以发包人为被告主张发包人在欠付工程价款范围内承担责任的,人民法院应当受理。然而,本案的特殊之处在于市政公司与中赢公司及中赢公司与向荣公司均约定有仲裁条款,排除了人民法院管辖。本案的基础法律关系为市政公司与中赢公司签订了《建设工程施工合同》及中赢公司与向荣公司签订了《四方中学内部承包协议》,故向荣公司应当受到仲裁条款的约束。发包人在欠付工程价款范围内对实际施工人承担责任,需以发包人与承包人之间的工程价款结算为前提,而前述事实的认定业经仲裁条款排除人民法院管辖。一审法院裁定驳回向荣公司起诉及二审法院裁定驳回向荣公司上诉并无不当”。

由于实际施工人不能直接向发包人提起诉讼,只能依据转包合同或者分包合同申请仲裁,而发包人与承包人之间的工程款结算,也只能依据总包合同约定通过仲裁解决,实际施工人将不能根据《建工司法解释一》第 43 条的规定突破合同相对性向发包人主张工程款。由于仲裁的保密性原则,除非发包人或者转包人、分包人主动披露,否则实际施工人无法掌握工程结算情况。实际施工人只能通过仲裁主张工程款,这显然不是一个最佳解决方案。

(3)如果总包合同无仲裁约定,而分包合同或者转包合同中约定仲裁条款,实际施工人将发包人、转包人或者分包人作为共同被告提起诉讼,由于实际施工人与转包人或者分包人之间已经排除了法院管辖,本案亦不会被法院受理。

最高人民法院已经有类似案例。在(2014)民申字第 1591 号案中,最高人民法院认为“杰出建筑公司(实际施工人)主张工程价款的基础法律关系是其与中交公路公司(转包人)之间的合同关系,而双方在合同中约定了仲裁条款,排除了法院管辖权。杰出建筑公司将兰渝铁路公司(发包人)、中交公路公司(承包人)作为共同被告起诉至甘肃省陇南市中级人民法院,违背了杰出建筑公司与中交公路公司通过仲裁处理双方争议的约定”。

值得探讨的是,从制定诉讼策略角度考虑,如果实际施工人依据《建工司法解释一》第 43 条的规定仅起诉发包人,法院受理后再依职权追加转包人或者分包人为第三人,目的是查明发包人与转包人或者分包人之间的工程欠款情况。由于第三人无权提出管辖权异议,基于管辖恒定原则,实际施工人向发包人提起的诉讼,法院应当继续审理。当然,可能出现的另一种情况是发包人或者承包人因工程款另案向仲裁机构申请仲裁,则本案有可能会被中止审理,待仲裁查明工程欠款情况之后,本案才会继续审理。

(二)挂靠中的实际施工人

挂靠中的实际施工人通常是借用有资质的施工企业,以该施工企业名义与发包人签署施工合同承揽工程,该过程中主要包括两种合同:一是施工合同,由具有出借资质的施工企业与发包人签订,经常以合法形式对外披露,一旦认定为挂靠,该合同自始无效;二是以内部承包合同为主要形式的挂靠协议,这类协议基本不对外披露,后期内部办理工程款结算时才会适用,该合同亦因违法自始无效。

在司法实践中,《建工司法解释一》第43条关于实际施工人的特殊诉权是否适用于挂靠中的实际施工人,一直存在争议。笔者认为,结合法律条款文义理解,该特殊诉权仅限于转包和违法分包中的实际施工人,并不适用挂靠中的实际施工人,这一观点现已逐渐成为主流裁判观点。[1] 因此,挂靠中的实际施工人能否直接向发包人主张工程款,基于何种法律依据,以及发包人与承包人之间的仲裁约定能否排除诉讼,需要分开讨论。鉴于申请仲裁是以达成仲裁合意为前提,对签约双方的主观判断尤为重要。

(1)如果发包人明知或者应当知道挂靠事实,名义上是与被挂靠的承包人签订施工合同,但实际是与实际施工人磋商签署,则施工合同无效,但争议条款依然有效。此种情形下,发包人与实际施工人事实上围绕订立、履行建设工程施工合同而形成一系列法律关系,双方当事人之间因此产生债法上的请求权,实际施工人可以直接起诉发包人。在(2021)最高法民终985号案中,最高人民法院认为:"龙安建筑公司与龙凤城投公司之间并无合同

---

〔1〕 参见最高人民法院民事裁定书,(2017)最高法民申3613号;最高人民法院民事判决书,(2018)最高法民终391号、(2018)最高法民终611号均持类似观点。最高人民法院民事审判第一庭2021年第20次《专业法官会议纪要》亦明确观点:《建工司法解释一》第43条规定不包含借用资质及多层转包和违法分包关系中的实际施工人。

关系，其直接请求龙凤城投公司向其支付工程款，首先要明确其与建安集团之间是分包、转包还是挂靠关系。建安集团与龙安建筑公司签订的《一标段分包协议》《剩余工程分包协议》尽管名为分包合同，但综合考虑以下因素，一审判决认定二者之间构成借用资质即挂靠关系符合客观实际……在挂靠关系中，挂靠人能否依据被挂靠人与发包人之间的合同向发包人主张权利，主要取决于发包人在缔约时对挂靠关系是否知情：知情的，挂靠人可以基于事实关系直接向发包人主张权利；反之，则不可以。”

问题是，如果施工合同中约定仲裁条款，但实际施工人非合同当事人，是否受该仲裁条款约束？笔者认为，仲裁协议本质上是合同，源于当事人达成的仲裁合意。仲裁协议一方面赋予仲裁机构管辖权，另一方面则排斥法院的司法管辖权。如果实际施工人以被挂靠人的名义与发包人签署合同并约定仲裁，在发包人明知的情况下，既然认定发包人与实际施工人之间建立了事实合同关系，也应当认定二者之间达成了仲裁合意。如果实际施工人申请仲裁，则意味着实际施工人愿意受仲裁条款的约束，仲裁机构应当依法受理。当然，实际施工人在仲裁立案时应当对前述发包人知情事实完成基本举证。而对于发包人，如果仅因实际施工人非仲裁条款当事人而提出异议，则应当证明发包人在约定仲裁条款时完全是基于与被挂靠人之间的信任而订立的，如果其知道被挂靠人将合同权利与义务转让于挂靠人，则不会订立该合同，这对发包人显然绝非易事。

在(2020)最高法民申4893号案中，最高人民法院认为“本案中，胡某斌、万某华、李某印在再审申请中提出，案涉《合同协议书》系李某印在华泰公司要求下以中泰公司名义签订的，协议签订后，李某印才与胡某斌、万某华协商合作施工事宜。据此可知，李某印主张案涉工程价款的基础法律关系是其以中泰公司名义与华泰公司签订的协议书，而该协议书中约定了仲裁条款，此条款具有独立性且排除了人民法院的管辖权。李某印将发包人城投公司、转包人有色公司作为共同被告起诉至一审法院，有违双方此前关于通过仲裁方式处理争议的约定。胡某斌、万某华虽然与李某印签有《合同协议书》,属于内部合作关系,但其并未与城投公司、有色公司或华泰公司就案涉工程的发包、转包、分包等事宜存在法律上的直接关系,其以实际施工人的身份提起本案诉讼欠缺事实与法律依据。即便胡某斌、万某华与华泰公司形成事实上的建设工程施工合同关系,亦与李某印的诉讼地位相同,不能以此排除案涉仲裁条款的适用。二审法院结合案涉事实,对胡某斌、万某华、李某印的身份予以审查并认定其应受案涉仲裁条款的约束,于法有据”。

(2)如果发包人对实际施工人的挂靠事实不知情,说明发包人在意思表示上从未与实际施工人达成合意,则实际施工人的权利义务相对人只能是被挂靠人,实际施工人不能直接向发包人提起诉讼。根据合同相对性原则,即使其中有仲裁约定,也应当严守合同相对性,各自向合同相对方通过仲裁方式主张。

在(2020)最高法民申6892号案中,最高人民法院认为“案涉军事医学研究院与中铁建工公司订立的《建设工程施工合同》约定,双方发生争议时提交北京仲裁委员会仲裁。天龙公司与中铁建工公司之间签订的合作合同也约定了类似的仲裁条款。二审法院综合考虑本案天龙公司系挂靠中铁建工公司施工,天龙公司与军事医学研究院之间并无直接的权利义务关系,在告知天龙公司有权要求中铁建工公司履行协助配合义务,由其以中铁建工公司名义依据《建设工程施工合同》向军事医学研究院主张权利,如果中铁建工公司无理拒绝,则天龙公司可以依据其与中铁建工公司之间的合作合同向中铁建工公司主张权利的同时,认定本案不属于人民法院受理范围,裁定驳回天龙公司的起诉,并无不妥”。

综上所述,建设工程领域的实际施工人能否直接向发包人主张工程款,一直是个争议不断的话题。特别在有仲裁约定的情况下,或诉或裁虽不影响实体权利,但在程序方面,最为直接的是争议解决的经济成本和便利性完全不同。

上文案例的仲裁裁决被撤销后,实际施工人王某转而向当地法院提起诉讼,经当地法院一审、二审审理后,最终判决仍支持了王某的诉讼请求,其中关于工程款的判项与仲裁裁决基本一致，但显著增加各方当事人的诉累。[1] 因此，为避免仲裁裁决被法院撤销，实际施工人应当结合请求权基础对案涉法律关系进行全面梳理，在确定实际施工人权利主张路径后，再探究发包人与实际施工人之间关于仲裁是否达成合意，才能从根本上决定案件是通过诉讼还是仲裁寻求解决。

---

〔1〕 参见湖南省衡阳市中级人民法院民事判决书，(2021)湘04民终1868号。